내한선교사편지번역총서 **6**

기전여학교 교장 랭킨 선교사 편지

내한선교사편지번역총서 **6**

기전여학교 교장
랭킨 선교사 편지

넬리 랭킨 지음
송상훈 옮김

서문

　미국남장로교 해외선교부 한국선교회(Korea Mission) 최초 교육전문선교사인 랭킨 선교사에 대한 이해를 돕기 위해 『미셔너리(The Missionary)』를 바탕으로 초기 미국남장로교의 한국선교 역사를 나름대로 간략하게 정리했습니다.

　1891년 12월 미국남장로교 해외선교부 실행위원회에 당시 신학교 졸업반이던 전킨(Junkin)과 레이놀즈(Reynolds)는 "왜 우리는 한국에 가고자 하는가(Why we wish to go to Korea)"라는 글을 써 보내며 한국선교를 희망하였고 실행위원회에서 한국선교회가 결정되었습니다. 1892년 여름이 끝나기 전 테이트(Tate) 목사 남매, 전킨 목사와 부인, 레이놀즈 목사와 부인, 그리고 데이비스 양(Miss Linnie Davis)으로 구성된 소위 7인의 선발대(a band of seven pioneers)가 한국으로 출발했습니다. 당시 한국선교회 예산은 해외선교부 운영자금 중 1/400에 해당할 뿐이었습니다.

　미국남장로교 한국선교회는 1893년 1월 선교지역분할협정 즉 예양협정(禮讓協定, Comity Agreement)에 따라 전라도와 충청도를 선교하게 되었습니다. 1893년 6월 정해원(정서방, Chiung Sopang)을 전주로 보내서 전주성 남문 밖 전주천 건너편에 집을 구입한 것이 호남지역 선교의 시작이라고 할 수 있습니다. 1894년과 1895년은 동학(Tong Hak)농민혁명으로 선교가 어려웠고, 1896년에 전주선교부(Chunju Station)를 남문 밖 완산(完山)에 설립했습니다.

　그런데, 완산이 조선왕조와 관련된 성스러운 땅이라는 이유로 양반들의 반발이 심하자 전주선교부는 다른 곳으로 옮겨가야했습니다.

선교부는 정부로부터 토지와 돈을 받고 서문 밖 즉 현재 예수병원과 신흥학교가 있는 화산으로 옮기게 되었는데, 1903년에서야 선교부 전체가 이주를 마치고 선교사 촌을 형성하게 되었습니다. 전주성 밖에 자리 잡은 선교사들에게 전주성 안의 양반들은 호의적이지 않았는데 전주를 성경에 나오는 여리고(Jericho)성으로 표현한 선교사도 있을 정도였습니다.

전주선교부에서 학교 교육에 관한 최초의 시도는 해리슨 목사(Rev. W. B. Harrison)에 의해 이루어졌습니다. 그는 1901년 7월 1일 기독교인 가정의 8명의 사내아이로 학교를 실험해보았다고 보고했습니다. 그런데 이 실험은 참담한 실패(dismal failure)였습니다. 이유는 초등(primary) 과정만 있는 한계 때문이었습니다. 중등(academy) 과정이 없기에 지도자가 되거나 영향력을 발휘할 수 있는 자원을 확보하지 못했던 것입니다. 다른 원인으로는 재정 부족과 인력 부족이었습니다. 해리슨 목사 표현대로 학생을 제외하고는 모든 것이 부족하다고 할 정도였습니다. 1902년 테이트 선교사(최마태, Mattie S. Tate)에 의해 시작된 여학교도 당시 남녀차별 등의 사회적 환경 탓으로 남학교보다 더 큰 어려움을 겪었습니다.

일할 곳은 많고 일꾼은 부족한 현실에서 선교학교 교육에 대한 필요성을 절감한 한국선교회는 1906년 연례회의에서 결의하여 교육 전문 선교사를 파견해달라고 해외선교부 실행위원회에 청원하기로 했습니다. 전킨 목사가 대표로 "마케도니아 사람의 울부짖음"(The Macedonian Cry)이라는 절박한 내용의 글을 보냈는데 이런 노력의 결과로 1907년 2월 랭킨 선교사가, 같은 해 3월에 니스벳(J. S. Nisbet, 유서백) 목사 부부가 전주로 오게 되어 여학교(Girls' School)와 남학교(Boys' School)를 각각 담당하게 되었습니다.

그러나, 교육 전문 선교사들이 왔지만 제대로 된 시설과 지원이 없었습니다. 미국에서 오기로 한 지원이 없어서 실망한 니스벳 목사는 사비를 들여 1908년 하반기에 8칸 기와집을 짓고 전주선교부에 남학교 건물로 사용하라고 임대하였습니다. 물론, 여학교의 사정은 남학교보다 훨씬 좋지 않았습니다.

신흥(The New Dawn)학교로 이름을 바꾼 남학교는 1909년 6월 17일 보통과 125명 중 5명의 첫 졸업생을 배출했는데 이들이 같은 해 고등과에 최초 입학생이 되었습니다. 1908년 1월 사망한 전킨 목사를 기념하는 전목사기념여중학교(The W. M. Junkin Memorial School for Girls)로 이름을 바꾼 여학교는 1910년 10월 3일 첫 고등과 입학생을 갖게 되었습니다. 이날에 대해서는 1910년 10월 6일 편지에 자세히 나와 있습니다. 그런데 안타깝게도, 그토록 갈망하던 새 학교 건물이 지어지고 얼마 지나지 않은 1911년 8월 13일 랭킨 선교사는 맹장염으로 돌아가셨습니다.

랭킨 선교사 편지를 번역하는 동안 랭킨 선교사가 살아서 제 앞에서 편지를 쓰거나 편지에 있는 내용을 행하고 있는 듯한 느낌을 여러 번 받았습니다. 특히, 딸이 미국 남부의 보수적인 도시 서내너에서 상류층의 편한 삶을 살아가기를 바란, 근면 성실하고 엄격하며 가족을 위해 희생하신 아버지께 쓴 긴 편지를 읽으면서 가슴이 먹먹해지기도 했습니다.

랭킨 선교사의 편지 내용을 제대로 전달하려고 노력했지만 그렇지 못했다면 잘못은 옮긴이인 저에게 있습니다. 이 번역을 통해 부디 랭킨 선교사의 삶이, 한국에 대한 사랑이, 교육에 대한 열정과 헌신이, 사람과 하나님에 대한 사랑이 오롯이 드러났으면 합니다.

2022년 3월 31일
옮긴이 송상훈

차례

번역문

원문

해제

1. 자료 소개

랭킨 선교사의 편지 번역의 원자료는 랭킨 선교사가 1907년부터 1911년 8월 사망 때까지 쓴 편지 중 미국 장로교역사연구소(Presbyterian Historical Society)에 소장되어 있는 것입니다. 한남대학교 사학과 교수를 역임한 서의필(John Nottingham Somerville: 1928~) 박사와 그의 부인 서진주(Virginia Bell Somerville: 1927.6.16.~2006.8.26.) 여사가 원본을 복사한 후 타자기를 이용하여 전사(傳寫, transcribe)한 다음 한남대학교 인돈학술원에 자료를 보관하였습니다.

2. 편지의 저자

저자 소개는 랭킨 선교사의 스승이자 친구인 불 부인의 추모글로 대신합니다.

넬리 B. 랭킨

나는 조지아의 디케이터(Decatur)에 위치한 애그너스 스콧 대학에서 넬리 랭킨을 처음으로 알게되었다. 주일학교에서 내 반 학생이었던 그녀와 나는 4년간 아주 깊은 친구 사이가 되었다.

그녀는 조지아 서배너의 좋은 장로교 가문 출신이었다. 그녀의 아버지는 그 도시의 독립장로교회(Independent Presbyterian Church)의 장로였다. 그녀는 어린 시절에 그녀 자신의 집보다는 할머니와 이모와 더 많이 살았다. 서배너에서의 그녀 가정의 지위 때문에 도시의 가장 유쾌한 사교 모임에 갈 수도 있었지만, 그녀는 곧 이 세상이 자신을 만족시켜 줄 수 없다는 것을 알게 되었다.

그녀는 항상 생명과 좋은 정신으로 흘러넘치고 있었고, 학교에서의 모든 축제와 장난 등의 주동자였다. 그러나 선생님들과 학생들 사이에서 가장 신뢰받는 인기 있는 학생이었다. 신앙생활에서 그녀의 지속적인 성장은 거의 눈에 띄지는 않았지만, 그녀가 학교를 떠나기 전에 그녀의 생각과 마음은 세상과 구별된 것에 있었던 것은 분명했다.

애그너스 스콧을 졸업하고 청년 시절을 마음껏 즐기고 있을 때, 그녀의 삶은 큰 슬픔으로 어두워졌다. 갑자기 그녀의 오빠가 사고로 사망했다. 그녀는 오빠의 죽음이 가져온 끔직한 공허감에서 헤어나지 못했다. 이 시기 즈음에 그녀는 정신적인 것에 더 관심을 갖기 시작했다. 이 일이 있은 지 얼마 되지 않아 사교성이 아주 좋은 친구이자 성경 교사인 블라젯 선생님(Miss Blodgett)의 영향을 받기 시작했는데 그녀는 랭킨 선교사에게 많은 면에서 아주 유용했다.

그녀의 부모님들은 그녀가 선교사가 되겠다고 한 것에 반대했다. 그리고 당분간 동의를 유보했었다. 그런데 아버지가 1907년 한국으로 떠나는 것에 마침내 동의했다. 그녀는 언어를 아주 빠른 속도로 잘 배웠고 그녀가 접촉하는 모든 사람에게 크게 사랑을 받았다. 그녀는 전주로 보내졌고, 그곳의 여학교를 감독하게 되었다. 그녀는 그 학교를 높은 수준으로 끌어올리는데 쉼 없이 정성을 쏟았고, 전주에서의 사역에 지울 수 없는 발자취를 남겼다.

그녀는 아주 사랑스럽고 건강한 성격이었으며, 아이들을 아주 좋아했고 아이들을 행복하게 만들기 위해 기꺼이 자신을 바칠 태세가 되어있었다.

강하고 건강해 보였지만, 그녀는 자주 병에 걸렸는데 1911년 여름에 급성 맹장염에 걸린 것이 정점이었다. 그녀는 너무 늦은 시기에 수술을 받아서 생명을 건질 수 없었다. 그녀는 우리의 손이 뻗을 수 있는 곳을 넘어서 아버지의 집으로 갔다. 그녀는 전주에 있는 학교에 얼마간의 유산을 남겼는데, 그 돈을 통해 그녀는 여전히 영향력을 끼치고 있다.

우리와 사역이 그녀를 그렇게 간절히 원하고 있던 때에 우리가 왜 그녀를 계속 데리고 있을 수 없었는지 불가사의한 일이다. 그러나 우리는 하나님께서 천국에서 그녀를 원하셨다는 것을 알고 있다.

아주 정력이 넘치며, 정신력 강한 사람을 죽음과 연관시키는 것이 불가능하다. 종종 너무도 그녀를 다시 보고 싶어 했더니 헛것이 보이기도 했었다. 며칠 전 대전에서 돌아왔을 때, 전주가 두루 보이는 언덕에 조용히 있는 랭킨 선교사의 무덤을 보고서 눈물을 억누를 수가 없었다. 우리가 1908년 첫 안식년을 마치고 돌아왔을 때 우리를 그렇게 반갑게 맞아주었던 것과 대비되었기 때문이다.

1907년에서 1911년. 선교지에서 보낸 단지 4년이었지만 이 시간은 그녀의 주님이시며 스승이신 분을 영화롭게 하는 단 한 가지의 목적만을 가지고 이곳의 사람들과 보낸 차고 넘치는 시간이었다.

리비 앨비 불

Nellie B. Rankin

My first acquaintance with Nellie Rankin was at Agnes Scott Inst., Decatur, Ga., where as a pupil in my Sunday School class she and I were fast friends for four years.

She came from a good Presbyterian family in Savannah. Ga. Her father was an elder in the *Independent* Presbyterian Church of that city. When a child she lived more with her grandmother and aunt than in her own home.

Although by reason of her family's position in Savannah she had entree into the gayest society of the city, she soon became conscious that the world could not satisfy her.

She was always overflowing with life and good spirits, the ring leader in every feast and frolic in the school, and yet always a trusted favorite among teachers and pupils. Her gradual growth in her spiritual life was hardly perceptible but before she left school it was very evident that her mind and heart were on things separate from the world.

After leaving Agnes Scott, while enjoying her young lady-hood to the full, her life was darkened by a great sorrow. Her elder brother was suddenly killed in an accident. She never recovered from the terrible void his death made. It was about this time that she turned more to spiritual things. Soon after this she came under the influence of a wonderfully winning friend and Bible teacher, Miss Blodgett, who proved very helpful to her in many ways.

Her parents were opposed to her being a missionary and withheld their consent for some time but her father finally agreed to her leaving for Korea, in 1907. She learned the language rapidly and well and was greatly beloved by all the people with whom she came in contact. She was sent to Chunju and was given the oversight of the Girls' school there. She gave herself untiringly to the upbuilding of the school and left an ineffaceable impress upon the work at Chunju.

She was so lovable and wholesome, so fond of children and so ready to give herself to making them happy.

Though seeming to be strong and well, she had frequent attacks of illness which culminated in the summer of 1911 in an acute case of appendicitis. She was operated on when it was too late to save her and she passed beyond our reach into the Father's home. She left a sum of money to the school at Chunju and through that channel also her influence is still being felt.

We count it as one of the mysteries why we could not keep her when we and the work needed her so sorely. But we know that He needed her up there.

It is impossible to associate death with one as vigorous and strong and often have I longed to see her again until I could almost feel her presence. As we came from Taiden a few days ago, I could scarcely keep the tears back as I contrasted her warm welcome to us when we returned from our first furlough in 1908 with the silent grave on the hill overlooking Chunju.

1907~1911—Just four years on the field, four overflowing full years spent among this people with the one aim of glorifying Her Lord and Master.

Libbie Alby Bull.

3. 편지의 내용

여기에 번역된 랭킨 선교사의 편지는 총 52편이다. 연도별로 보면 1907년 12편, 1908년 10편, 1909년 10편, 1910년 12편, 마지막으로 1911년 8편이다.

랭킨 선교사 편지는 사적 내용의 편지로 수신자는 랭킨 선교사의 가족인 아버지, 어머니, 남동생 월(Will), 여동생 룻 그리고 이모와 친구 조지아(Georgia)이다. 가족에게 보낸 편지 중 남동생 월에게 보내는 편지가 절반 가까이 되며, 친구 조지아에게 편지는 다섯 통이다.

편지에는 아버지와의 갈등, 동생에게 충고하기, 고향 친구를 통해 친구 가족과 고향 소식 듣기, 한국 생활 적응, 언어 학습, 학교 건축, 교육, 소풍, 텃밭 가꾸기, 전도 여행, 한국 내 다른 지역 방문, 일본 여행 등 선교사 자신의 삶을 일기처럼 그대로 보여주는 내용이 많다.

편지를 주로 쓴 장소는 전라북도 전주로, 랭킨 선교사는 전주선교부(Chunju Station) 소속이었다. 미남장로교 한국선교회에는 랭킨 선교사 생존 시 전주, 군산, 목포, 광주에 선교부가 있었는데 연례회의에 참석하기 위해 이들 선교부를 방문하거나 여행 중 머무르는 경우 그곳에서 작성하기도 하였다. 그 외의 장소로는 평양, 서울, 그리고 전도 여행 중 머물던 지리산 뱀사골의 골짜기로 추정되는 곳, 일본 여행 장소 등이 있다.

4. 편지의 가치

첫째, 이 편지는 가족의 일, 선교사 내부 갈등 등 아주 사적인 내용을 담고 있어 랭킨 선교사뿐 아니라 당시 선교사들의 사적이고 인간적인 모습을 알게 해준다.

둘째, 우리나라의 세시풍속, 김장, 의복, 장례, 보쌈, 집 구조, 전주에 관한 글 등을 통해 당시를 알 수 있는 민속사적 가치가 있고, 선교사들이 어떤 시각으로 한국 문화를 보았는지 비교문화적 관점에서 볼 수 있다.

셋째, 군대해산, 의병(righteous army), 고종 양위사건, 국권침탈 등 당시 일어났던 역사적 사건과 일본의 정책에 대한 선교사들의 생각을 알 수 있다.

마지막으로, 이 편지 모음은 선교부 활동에 있어서 공식 문서로는 알 수 없었던 배경을 제공한다. 따라서 1907년부터 1911년까지 전주선교부 활동을 이해하는데 도움을 주는 사료적 가치가 있다고 할 수 있다.

랭킨 선교사 편지에 등장하는 주요 인물

Nellie B. Rankin(1879.12.25.~1911.8.13.)
  1907년 8월 2일 편지에 본인 이름을 Nelly Beckwith Rankin라고 밝힘.
  랭킨 선교사의 사망확인서에 나온 공식 이름은 Cornelia B.Rankin임.
한국명 나은희(羅恩希)
출생지 미합중국 조지아주 서배너(Savannah, Georgia)
출신대학 애그너스 스콧 대학(Agnes Scott College, https://www.agnesscott.edu/)
모교회 서배너 독립장로교회(Independent Presbyterian Church, Savannah, Ga.)
  https://ipcsav.org/
한국 도착 1907년 2월 13일 수요일(음력 1월 1일)
주요경력 전목사기념여중학교(The W. M. Junkin Memorial School for Girls) 교장

아버지 James Lee Rankin(1846.4.14.~1933.9.30.)
어머니 Susie Somers Wade Rankin(1852.5.27.~1926.5.13.)
오빠, 짐 James Lee Rankin Jr.(1875.7.25.~1900.10.13.)
본인 Nellie B. Rankin(1879.12.25.~1911.8.13.)
남동생, 윌 William Scott Rankin(1883.11.15.~1931.5.24.)
여동생, 룻 Ruth Somers Rankin(1889.12.29.~1954.5.27.)

이모(Aunt) Florence Wade Gardner(1848.3.28.~1914.12.17.)
외삼촌(Uncle) William Hampton Wade Sr.(1859.8.17.~1929.5.15.)
외숙모(Ada) Ada Morse Hull Wade(1872.4.24.~1953.3.19.)
외삼촌 아들(조카) William H. Wade Jr.(1908.1.30.~1955.12.6.)

조지아 Georgia Law Edmondston Harper(1878.9.1.~1967.11.16.)
조지아의 남편, 윌 William Edward Harper(1873.4.24.~1954.8.3.)
조지아의 아들, 윌리엄 Col. William Edward Harper, Jr.(1905.8.14.~2002.2.7.)
조지아의 딸, 앨리더 Alida Harper Fowlkes(1908.6.8.~1985.1.21.)
조지아의 여동생, 노라 Nora L Edmondston Whitehead(1886.9.26.~1920.8.31.)
조지아의 사촌, 캐리 Carrie Belle Axson(1878.3.8.~1954.11.3.)

서의필, 서진주의 글

한국에서 1907~1911년 선교사로 사역한 넬리 랭킨 선교사가 쓴 여기에 있는 편지들은 너무 서둘러 복사가 되었습니다. 따라서 제가 손글씨를 타자로 옮기는데 많은 실수를 했습니다. 또한, 이 편지들이 격식을 차리지 않은 편지들이다 보니, 그녀 스스로도 종종 문장을 끝내지 않거나, 철자를 실수했거나, 생략을 사용하기도 하였습니다.

때때로 랭킨 선교사의 손글씨 때문에 또는 편지가 오래되어서 이 해되지 않는 단어들이나 문장들이 있었습니다. 이런 부분을 표시하기 위하여 저는 대부분 물음표를 붙였습니다.

이 편지들을 통해서 우리는 한국에서 선교사로서의 생명을 바친, 서배너의 저명한 가문 출신의 좋은 교육을 받은 젊은 여성의 모습을 볼 수 있습니다. 우리는 멀리 고국 미국에서 또한 그곳에 있는 가족들에게 벌어지고 있는 일들에 대해서 아주 관심이 많은 완벽하게도 보통의 사람을 보게 됩니다. 그녀는 아주 유능하며 매우 총명한 사람인 것이 분명합니다.

랭킨 선교사는 전주에 묻혀 있는데, 그녀의 무덤은 조그마한 선교사 묘지에 있습니다. 그녀는 3천 달러가 넘는 상당한 유산을 남겼으며 그것의 이자는 오랜 세월 한국의 여성 교육을 돕는 데 전액 사용되고 있습니다.

서의필, 서진주[1]

---

1 John Nottingham Somerville(1928.~) 서의필, Virginia Bell Somerville(1927.6.

These letters of Miss Nellie Rankin, missionary to Korea from 1907~1911, have been copied very hastily and hence there are many mistakes I have made in typing. Also since these are informal letters, she herself often failed to finish sentences, misspelled words, used abbreviations, etc.

Sometimes because of her writings or the age of the letters there were words or sentences which simply could not be made out. In most cases I have just put a question mark to indicate this.

From these letters we have the picture of a young lady, well educated, from a prominent home in Savannah who gave her life as a missionary in Korea. We see a perfectly normal person who was deeply interested in what went on back in the States and in her family there. Obviously she was a most efficient and brilliant person.

Miss Rankin is buried in Chunju and her grave is in the little missionary cemetery. She left a legacy of something over $3,000.00 and the interest has been used all these years to help in the education of women in Korea.

John Nottingham Somerville, Virginia Bell Somerville

16.~2006.8.26.) 서진주 부부가 랭킨 선교사의 자필 편지를 타자로 전사함. 서의필 박사에 대해서는 다음 기사 참조. https://www.christiantoday.co.kr/news/275022

번역문

1907년 초 [샌프란시스코와 뉴올리언스를 오가는 Southern Pacific사의 Sunset Express]

사랑하는 어머니,

주변 모든 이들이 이야기하고 있고, 봐야 할 낯선 풍경들이 항상 있으며, 무엇보다도 기차의 진동 때문에 이 상황에서는 글쓰기가 다소 어렵습니다. 그렇지만 저는 전망차에 있는 작은 책상에 아주 편안하게 앉아 있습니다.

전혀 예상하지도 못했는데 텍사스주의 샌안토니오(San Antonio)에서 수요일 아침 일찍 핸콕(Hancock) 부부가 저와 함께하였습니다. 그래서 아주 즐거운 여행이 되었습니다. 핸콕 부부와 빈센트 씨, 그리고 저 이렇게 네 명이 정말로 좋은 시간을 보냈습니다. 우리는 더할나위 없이 편안하며 풀맨(Pullman) 차량의 네 칸을 이용하고 있습니다. 침대차 두 칸과 식당차 한 칸 그리고 전망차 이렇게 됩니다. 엔진에 석유를 사용하기에 석탄재가 없으며 지금까지는 먼지도 거의 없습니다. 지금껏 제가 본 엔진들 중 가장 큰 것들입니다. 기차 바퀴는 지름이 약 6피트로 저보다 큽니다. 캐슬 캐니언(Castle Canyon)과 같은 아름다운 광경도 있었지만 지금은 대평원에 있습니다. 잡목들이 있으며, 저 멀리에는 아주 낯설고 울퉁불퉁한 모양을 한 아무것도 자라지 않는 바위산들이 있습니다.

내일 우리는 하루 종일 로스앤젤레스에서 머물며 관광을 할 계획입니다. 화요일과 수요일은 더웠습니다만 오늘은 아주 좋은 날입니다. 하늘은 맑고, 바람은 차가우며 건조합니다.

언젠가 자세한 내용을 적어 보낼게요. 이 편지는 단지 제가 안전하고 건강하며 행복하다는 것을 알려드리기 위해서 보내드리는 것입니다.

어머니의 딸 넬리 올림.

1907년 2월 20일 [한국, 전주]

사랑하는 어머니,

마침내 목적지에 도착했습니다! 이 편지는 제 여정의 역사를 말하는 것이 아닙니다. 여정에 대해서는 며칠 뒤에 써 보낼 것인데 그 편지를 회람하시면 됩니다. 이 편지는 몇 가지 다뤄야 할 일들에 관한 것이라 모두가 읽을 수 있는 편지에 넣고 싶은 것이 아닙니다. 그래서 다룰 일들에 대해서 지금 말씀드리고 간단하게 여정을 알려드릴게요. 일본에서 여드레를 보낸 후에 앨비 선생님(Miss Alby)[1]이 있는 군산으로 증기선을 타고 왔습니다. 폭풍우 때문에 평상시보다 이틀이 더 걸렸습니다. 어머니, 제가 왜 선지자 요나(Jonah)와 같다고 생각하게 되었는지 아시겠죠? 테이트 여선교사님(Miss Tate[2])이 부산에서 저와 함께 해주어서 여정의 절반은 그분과 함께였습니다. 우리는 눈보라가 심한 날 군산에 도착했으나 따뜻하고 가슴에서 우러난 환영을 받았습니다. 군산에서 하루와 한나절(역자: 1.5일) 머물고 금요일에 전주에 도착했는데, 저녁 무렵이었습니다.

어머니와 아버지는 저의 안전에 대해서 걱정하셨습니다. 미국에

---

1 Elizabeth Augustine Alby Bull(1869.11.26.~1957.5.11.) Alby는 랭킨 선교사와 Agnes Scott College의 주일 학교에서 교사와 학생의 관계로 만남. 랭킨 선교사가 Miss라고 표현했지만 이미 1901년 5월 15일 서울에서 Rev William Ford Bull(1876.2.2.~1941.12.17.)과 결혼하였음. 친근함의 표현으로 보고 Miss Alby를 앨비 선생님으로 번역함.
2 Martha Samuel "Mattie" Tate(1864.11.24.~1940.4.12.)

서보다 일본과 한국에서 여성이 특히 외국 여성이 훨씬 더 안전하다는 말씀을 드립니다. 전주는 아름답습니다! 도시가 아름답다는 것은 아닙니다. 도시는 한국에서 볼 수 있는 짚으로 된 지붕을 가진 진흙 집들의 흔한 덩어리들입니다. 그런데 경치는 정말 웅장합니다! 우리 집에서는 다른 어느 곳에서도 본 적이 없는 웅장한 풍경을 볼 수 있습니다. 눈으로 하얗게 된 높고 큰 산들이 사면에서 우리를 둘러싸고 있으며 일출과 일몰은 말로 표현할 수 없을 정도로 웅장합니다. 오늘 약간의 햇볕과 눈이 있었습니다. 지금 눈이 너무 심하게 내리고 있어서 "제가 있는 산"과 저의 왼쪽에 있는 모든 산들이 하나도 보이지 않습니다. 전주는 이곳 왕국에서 다섯 번째의 도시인데 성벽으로 둘러져있습니다. 우리 선교부는 성벽 바로 바깥의 동산들 위에 있습니다. 우리는 상당히 큰 장소를 가지고 있으며, 각각의 집은 로마의 양식을 따라서 하나의 동산에 한 채씩 건축되었습니다. 테이트 여선교사님과 제가 있을 우리 집은 아직 완성되지 않았습니다만 아주 매력적이며 아주 편안할 것입니다. 중국 목수들이 다음 달에 와서 마무리를 할 것인데 그래서 우리는 약 육 주 후면 입주할 수 있기를 희망하고 있습니다. 입주하기 전 기간에 저는 테이트 목사님 부부(Mr. and Mrs. Tate)[3] 가정에 머물 것입니다. 테이트 여선교사님은 시골 지역(outstation)에 아주 많이 나가 있으며 현재의 집도 시내에 있습니다. 테이트 목사님 부부는 중년이며 훌륭한 분들입니다. 테이트 목사님의 부인은 의사입니다. 그분들에게는 자녀가 없습니다만 저를 양녀로 받아들이셨으며 정말 저에게 더할 나위 없이 잘해주십니다.

---

3 Rev Lewis Boyd Tate(1862.9.28.~1929.2.19.)와 Martha Barbara Ingold Tate(1867.5.31.~1962.10.26.) 1905년 9월 혼인함.

월요일에 예수 그리스도를 믿지 않는 이 나라 사람들이 사용하는 언어에 대한 첫 수업을 했습니다. 정말 끔찍합니다! 아침을 먹자마자 전킨 목사님(Mr. Junkin)[4]이 저를 한 시간 가르칩니다. 그런 다음 현지인 선생님이 옵니다. 그녀는 영어를 한 단어도 모릅니다. 선생님과 저는 글자와 소리를 점심(dinner)[5] 먹을 때까지 계속 반복합니다. 그런 다음 짧은 산책을 하고 밤까지 공부합니다. 매일 아침 여섯 시에 일어나지만 하루는 그저 쏜살같이 날아가 버리고 오늘 수요일까지 편지 쓸 시간도 없었습니다. 저는 전킨 목사님께 한국어를 배우지 못하는 일이 있어도 편지는 써야겠다고 말씀드렸습니다.

한국인들이 보여준 환영에 정말 감동했습니다. "고향을 떠나 아주 먼 곳으로 오셨습니다. 당신이 오셔서 우리는 아주 기쁩니다." "우리 소녀들을 가르칠 선생님을 보내 달라고 오랫동안 기도했는데 당신을 보내주셔서 정말 감사드립니다."라는 말은 들을 때마다 가슴 뭉클했습니다. 한국어로 제 이름의 순서를 바꾸어 말하기가 낯설지만, 문자 그대로 평화라는 뜻이며, 넬리(Nellie)는 "넓은"이라는 뜻이라 전체 의미는 "넓은 평화"가 됩니다.

이제 용건에 대해 말씀드리겠습니다. 세관에 물건과 화물 가격을 신고해야만 합니다. 저에게 즉시 서배너에서 뉴욕까지 그리고 뉴욕에서 제물포까지의 화물에 대해 지불했는지 알려주세요. 서배너에서 뉴욕까지의 화물은 어머니께서 지불하실 것으로 알고 있는데 뉴욕에서 제물포까지의 화물비를 지불했는지 알려주세요. 제가 떠난 후에 제 앞으로 뉴욕의 플레밍 리벨(Fleming Revell)[6] 출판사에서 책이 안

---

4 Rev William McCleery Junkin Sr.(1868.2.13.~1908.1.2.)
5 랭킨 선교사는 미국 남부지역 출신임. 당시 미국 남부 사람들은 점심을 dinner로, 저녁을 supper라고 함.

왔다면 동생 롯(Ruth)[7]더러 그들에게 편지를 쓰라고 해서 저에게 즉시 그 책을 보내라고 해주세요. 책 제목은 잊어버렸지만 캐리(Carrie Belle)[8]가 롯에게 제목을 알려줄 수 있을 것입니다. 그녀가 추천한 새 책이었고 종교서적입니다. 그리고 롯에게 『레이디스 홈 저널(Ladies Home Journal)』이나 『새터데이 포스트(Saturday Post)』를 보낼 필요가 없다고 하십시오. 이곳 선교부에서 두 개 다 받아보고 있기 때문입니다. 아버지께서 기간이 많이 지나지 않은 『인디펜던트(Independent)』를 보내주시면 여기서는 환영입니다. 태평양을 지나는 화물비용이 비싸고 볼티모어에서 수에즈 운하를 거쳐 오는 비용이 훨씬 더 싸다는 말을 들었습니다. 아버지와 윌(Will)에게 뉴욕이 아니라 볼티모어에 있는 노스 저먼 로이드(North German Lloyd)에 편지를 해서 일본 유센카이샤(郵船會社)와 연결해서 한국으로 물건을 배로 보낼 수 있는지 물어보도록 하십시오. 로이드(Lloyd)는 일본으로 갑니다. 그러나 그들이 유센카이샤라는 일본 여객선과 연결이 된다면 우리에게서 가장 가까운 군산항으로 물건을 바로 보낼 수 있습니다. 그리고 비용을 보내주십시오. 제가 서배너에서 물건을 주문하는 것이 샌프란시스코에서 주문하는 것보다 쌀 수도 있습니다. 중국에 보낸 상자가 되돌아온 것을 기억하실 겁니다. 미국 정부가 소포우편제도를 오래 전에 채택했는데 서배너 우체국에서는 그 사실을 모르고 있습니다. 윌이 우체국 부국장을 알고 있으니 이것에 대해서 알아보라고 하십

---

6 1870년 설립된 기독교 서적 전문 출판사. 설립자 Fleming H. Revell(1849.12. 11.~1931.10.11.)의 누나 Emma Revell(1843.7.5.~1903.10.10.)은 유명한 부흥사 Moody(1837.2.5.~1899.12.22.)의 부인임.

7 Ruth는 일반적으로 '루스'로 표기하나, 구약 성경의 Ruth와 연관해 '롯'으로 표기함.

8 Carrie Belle Axson(1878.3.8.~1954.11.3.) 랭킨 선교사의 절친한 친구 조지아 (Georgia)의 사촌.

시오. 소포 내용물의 가치가 3달러 이하이며 한국, 일본 혹 중국으로 보내지는 것들은 관세가 없고 비용이 아주 적게 듭니다. 서배너 우체국에서 그것에 대해 모른다면, 이곳 한국에서는 "구하기 불가능한" 잡화 같은 조그마한 물건들을 적은 돈으로 고향에서 보낼 수 있는지 알아보도록 하십시오. 어쨌든 비용이 얼마나 드는지 알고 싶습니다.

군산에 도착했을 때 어머니께서 보낸 편지를 봐서 기뻤는데, 룻이 보낸 편지도 일부 이곳 주소로 도착했습니다.

앨비 선생님을 방문했을 때 영어를 조금이라도 할 줄 아는 선생님의 자녀가 한 명도 없다는 것을 알고 크게 실망했습니다. 물론 그 아이들은 한국인입니다[9]. 그들은 아주 좋은 아이들이며 저를 이해시키기 위해 무척 노력했습니다. 앨비 선생님을 3월에 방문하기로 약속한 이유는 테이트 여선교사가 그때 군산으로 가서 여자성경학교(Bible classes for women)를 열기로 했기 때문입니다. 그런데 제가 한국어를 잊어버릴 것 같고 3월쯤이면 누군가가 이곳에 남아서 집이 어떻게 되어가는지를 지켜봐야 할 것이라서 가지 못할 것 같습니다. 집이 완성되기를 무척이나 기다리고 있습니다. 집이 모양을 갖추면 사진을 찍어 보내겠습니다. 한국의 새해에 도착했기 때문에 샘에서 악귀를 쫓아낸다거나 하는 기이한 관습들을 봤습니다. 한국의 종교는 정말로 마귀숭배입니다. 교회가 한쪽에는 여성 또 다른 쪽에는 남성으로 나누어져 있고 상대 쪽을 건너볼 수가 없어서 정확한 숫자는 모르지만 거의 4백 명 정도 모였음이 틀림없습니다.

---

9 1901년 결혼한 Bull 목사 부부에게 다섯 명의 자녀가 있었는데, 1907년 랭킨 선교사가 방문하던 때는 William Ford Bull Jr.(1902.2.22.~1965.2.4.), Mary Virginia Bull Moose(1903.5.1.~1982.7.), Margaret Gertrude Bull(1905.2.25.~1985.12.3.), Cornelius Griffin Bull(1906.12.2.~1908.1.12.) 이렇게 4명의 자녀가 있었음.

글쓰기를 처음부터 다시 해야 하기에 아주 아이가 된 느낌입니다. 저는 새로운 글씨로 서명을 할 것입니다. 모든 것이 아주 낯설고 어색합니다만 적어도 3년간은 열심히 공부하면 어느 정도 가능합니다. 모든 것을 언급하는 데 있어서 세 가지 방법이 있습니다. 하나는 높임말로 윗사람들에게 쓰는 말이고, 또 하인들에게 쓰는 낮춤말 그리고 아이들에게 쓰는 말이 있습니다. 이것들은 절대로 섞어서 쓰면 안 됩니다. 한국어를 배우면 한자도 배워야만 합니다. 왜냐하면 고전이 다 한자로 되어있기 때문입니다. 한자를 말하는 이유는 제가 학교 선생님이 될 것이기에 고전을 반드시 알아야만 하기 때문입니다! 저는 다른 어떤 것도 할 시간이 없을 것이랍니다. 전킨 부인(Mrs. Junkin)[10]의 집에 차 마시러 갈 것이기에 지금 더 많이 공부해야만 합니다. 사랑한다고 모든 이들에게 전해주세요. 이모(Aunty)에게는 곧 편지하겠다고 알려주십시오.

사랑하는 딸 올림.

---

10 Mary Leyburn Junkin(1865.1.21.~1952.11.2.)

1907년 3월 20일 [한국, 군산]

사랑하는 동생아,

1야드나 되는 긴 편지들에 대해서 들어봤지. 이 편지가 그렇게 긴 편지일 거야. 내가 군산에서 무엇을 하고 있는지 틀림없이 궁금해하고 있지. 나는 (군산에서) 전주로 곧바로 갔는데, 앨비 선생님께서 곧 고향으로 되돌아갈 예정이라 다시 방문해달라고 해서 지난주에 군산으로 다시 왔단다. 테이트 여선교사님이 여자성경학교에서 가르치고 있는데 그 성경학교는 블라젯 선생님(Miss Blodgett)[1]의 성경학교와 비슷하지만 사경회(conference)[2]의 성격을 더 갖는다고 볼 수 있단다. 여성들이 와서는 몇 주일씩 공부를 한다. 테이트 여선교사님이 이곳으로 올 때 나도 같이 와서 좋은 시간을 보내고 있다.

이곳에는 좋은 사람들이 몇 있다. 나는 고국에서 할 것이 없는 의사나 목사들만이 외국에 나간다고 사람들이 말하는 것을 들었다. 그런데 나는 그런 말을 하는 사람들에게 여기 우리의 한국에서 사역하는 사람들의 일부를 보여주고 싶구나. 다니엘 의료선교사[3](Dr. Daniel)는 내가

---

1 May N. Blodgett(1864.11.12.~1961.5.6.) Alby의 추모글에 따르면 Miss Blodgett
   은 랭킨 선교사가 대학 졸업 후 오빠의 죽음으로 어려움을 겪을 때 의지했던 성경
   교사임.
2 conference를 사경회로 번역함. 사경회(査經會)는 성경을 가르치고 배우는 교회의
   특별 집회를 말함. 사경회에 대해서는 Rev. J. Fairman Preston, "The Sah
   Kyeong Hoi," *The Missionary*(November 1904), pp.546-47을 참조할 것.
3 Dr Thomas Henry Daniel(1879.9.16.~1964.1.29.)

알게 된 가장 사랑스런 남자란다. 그는 정말 멋있게 생겼어. 그리고 젊은 사람 중에서 가장 쾌활한 사람 중 한 명이란다. 그는 미국에서 아주 군침 도는 제안들을 거절하고 (내게 거절했다고 말하지는 않았지만) 이곳에서의 사역에 그저 열정적이란다. 그와 그의 아내 그리고 나는 나이가 거의 같고 내가 그의 누이를 알고 있어서 (나는 애그너스 스콧 대학에서 그의 누이를 만났단다.) 우리는 이미 아주 좋은 친구들이란다. 그리고 서울에 있는 레이놀즈 목사님(Mr. Reynolds)[4]도 역시 매력적인 남자란다. 나머지 분들도 모두가 다 (편지 원문의 글씨를 알아볼 수 없음.)

내가 애틀랜타를 통과할 때, 내가 그곳을 지나간다는 사실 때문에 플린 목사님(Mr. Flyn)이 고민을 하고 있었다. 그분의 교회가 니스벳 목사님[5](Mr. Nisbet)을 후원하고 있는데 니스벳 목사님과 그의 부인이 2월에 떠날 예정이었기 때문이다. 니스벳 목사님 부부도 전주에서 나와 같이 있게될 것인데 체스터 박사님(Dr. Chester)[6]이 우리를 같이 가게 하지 않았는지 이상하다고 생각했단다. 그런데, 지금은 그들을 기다리지 않았던 것에 대해서 너무도 감사하단다. 그분들은 "다코타(Dakota)"호를 타고 출국했는데, 일본 해안에서 난파되었단다. 그분들 말로는 난파된 것은 용서받을 수 있는 일이 전혀 아니라서 아무런 이유도 제기되지 않을 것이라고 하더구나. 이 배는 보험금을 내지도 않았는데 보험금을 원했단다. 어찌 되었건 완벽하게 좋은 날 벌건 대낮에 일본 해안에서는 유명한 암초에 갔단다. 해도에도 나와 있고 워낙 유명해서 돛단배들도 몇 마일 이전에 피해 가는 곳인데 일부러

---

4 William Davis Reynolds(1867.12.11.~1951.4.2.)

5 John Samuel Nisbet(1869.8.6.~1949.12.20.)

6 Dr Samuel Hall Chester I(1851.1.17.~1940.4.27.), 미국남장로교 해외선교부 실행 위원회 대표(Secretary for the Executive Committee of Foreign Missions).

경로에서 1마일을 벗어나서 그 암초 위로 왔다니! 모든 이들이 모든 것을 잃었단다. 니스벳 목사님 부부가 결혼한 지 몇 년 되어서 예쁜 것들을 많이 모았는데 그들의 은제품 같은 것들이 바다 밑바닥에 있단다. 그것들을 건져낼 것이라는 것에는 회의적이다. 니스벳 부인의 말에 따르면 규율 같은 것은 전혀 없었다고 한다. 그 배의 선원들이 먼저 보트에 탔고, 승객들은 삼판(sampan) 즉 조그마한 일본식 배에 의해서 모두 구조되었다고 한다. 니스벳 부인과 남편만이 구명정을 타고 뭍으로 내려진 유일한 승객이었는데 그들은 그렇게 되도록 강력히 요구했다. 정부가 철저한 조사를 요구할 것을 정말로 원한다. 니스벳 목사님 부부는 오늘 군산에 도착하는데 정말 해도 해도 너무 한 것 같아. 니스벳 부인은 갈아입을 옷 한 벌도 건질 수가 없었단다! 배를 타고 올 때 힘들기는 했지만, 나는 내 삶의 마지막 날까지 도리스(Doris)호를 타고 왔다는 것에 감사할 것 같아. 나와 내 물건들이 함께 있어서 다행이란다.

어제 말 타기를 재미있게 했단다. 불 목사님은 내가 아직 가본 적은 없는 그의 시골 지역(outstation) 사역을 위해서 아주 좋은 조그마한 한국 조랑말을 가지고 있단다. 이곳의 말들은 셰틀랜드(Shetland) 조랑말보다 큰 것은 거의 없는데 대개가 아주 난폭하단다. 어떤 경우에든지 막 문단다. 그런데 이 작고 귀여운 놈은 성질이 좋아서 아주 보물이란다. 우리가 가는 길은 대개가 논 사이의 논두렁이란다. 그리고 우리는 이곳 큰 평야에 있단다. 내가 말을 타고 가면서 어떤 장소에 도달했단다. 뛰어서 건너갈 수는 없었단다. 그런데 그 길은 폭이 겨우 30센티 정도 되는데 논두렁은 다소 경사가 심하게 되어있었다. 무엇을 해야 했겠니? 그런 좁은 길에서 눈 딱 감고 되돌아갈까? 그래야만 했어. 달리 방법이 없었어. 그 조랑말이 한국에서 키워졌거든.

그래서 네 발을 한꺼번에 꼿꼿하게 하더니 마치 서커스의 말들이 묘기를 부릴 때 하는 것처럼 뒤돌았단다. 논두렁에서 아래로 전혀 미끄러지지 않았지. 오늘은 비가 올 것 같아. 그러나 비가 오지 않으면 나는 다시 말을 타고 나갈 거야. 비록 말을 탈 때 남자용 말안장에 옆으로 걸터앉아야 하지만 말이야.

룻에게 다음 주에 전주 엽서와 괜찮은 한국 엽서도 보낼 거라고 전해주렴. 이곳에는 남자 선생님이 있는데 그분이 며칠 전에 엽서라고 몇 개를 썼단다. 만약에 엽서의 내용을 어느 누구에게도 말하지 않겠다고 룻이 약속한다면 이것이 정말로 흥미로운 기념품이 될 것이라고 룻에게 알려주려고 한단다.

멤피스(Memphis)에서 보낸 너의 편지를 아주 즐겁게 읽었다. 좋은 시간을 보내고 있구나, 그렇지? 네가 재미있게 보내는 시간에 대해서 모두 써서 보내주렴. 이곳은 어떤 파티도 없어서 파티에 대해서라면 정말 듣고 싶으니까.

우리의 친구들 중 누구라도 나에 대해서 궁금해하면 그 사람에게 나의 안부를 전해주렴. 그리고 자주 편지하렴. 매주 가족 중 누군가에게 편지를 써보려고 하는데 편지가 어떻게 도착하는지 모르겠어. 우리가 보내는 편지는 먼저 막일꾼들이 가져가고 게다가 서울에서 자주 오랫동안 지체되거든.

너무 늦기 전에 내 집에 대한 사진 몇 장을 갖고 싶다. 어떤 사진이건 찍기 전에 이 집이 다 완성되기를 기다리고 있단다.

전주를 나서기 전날에 우리는 딸기, 블랙베리, 산딸기(raspberries)를 옮겨 심었단다. 우리가 괜찮은 것들을 가지게 될 거라는 것을 알겠지. 테이트 여선교사가 미국에서 과일나무 몇 그루를 주문했단다. 그래서 우리는 제철에 과일을 가지게 될 거야. 여기에는 감이 아주 많아. 한국산 감은 일본산보다 훨씬 좋다고들 해. 그런데 일본산 감이 보존이 더 잘 된단다. 테이트 부인이 가을부터 보관한 감을 여전히 조금 가지고 있는데, 먹어보니 맛이 있더라.

신문의 흥미로운 부분을 오려둔 것과 어떤 잡지에서건 좋은 이야기가 있으면 잘 간직해두렴. 모두에게 나의 사랑을 전해주고 내가 이곳에서 완벽하게 건강하게 있으며 진짜 뚱뚱해졌고 나의 삶을 즐기고 있다고 말해주렴. 지금 한국어를 조금 배우고 있는데 내가 아주 그렇게 바보라고는 느끼지 않는다. 잘 소통하지는 못하지만 내가 원하는 것을 얻을 수는 있거든. 만약 포사이드 의료선교사(Dr. Forsythe)[7]가 서배너를 방문하거든, 그분이 하는 말을 반드시 들으렴. 그분은 아주 뛰어난 분이라고 해. 그리고 그분이 전주에 사시기 때문에 전주 선교부에 대해서 너에게 모든 것을 말씀해 주실 거야.

지금껏 받아본 가장 긴 편지일거야, 그렇지 않니?

너에게 사랑을 전하며, 넬리.

---

7 Dr Wylie Hamilton "W.H." Forsythe(1873.12.25.~1918.5.9.), 한국명: 보의사.

1907년 3월 29일 [한국, 전주]

사랑하는 넬리 이모,

혹시라도 멀리 떨어진 이곳에 있는 저의 안전에 대해서 어떤 근심이라도 가지고 계신다면, 저는 미국의 남부지역(black belt)에 있는 어떤 여성들보다도 훨씬 더 안전하다는 것을 곧바로 확인시켜드릴게요. 제가 편안하고 안락한 삶을 포기하고 결핍의 삶을 산다거나 힘들게 산다는 상상을 하시면서 저에게 연민을 쏟아내고 계셨다면 제가 서둘러서 이모에게 이모가 생각하는 안타까움은 자리를 잘못 찾았노라고 말씀드릴게요. 저는 더할 나위 없이 편안하답니다. 딱 한 가지 어려운 것이 있다면 제가 사랑하는 모든 사람들이 너무 멀리 있다는 것입니다. 또 한 가지 어려운 점을 덧붙인다면 제가 한국어로 의사소통을 하지 못한다는 것이지요.

제가 서배너를 떠날 때까지 성탄 선물 상자는 도착하지 않았습니다. 그래서 그 상자는 화물상자에 넣어져서 수에즈 운하를 거쳐서 오고 있는 중입니다. 이모를 방문하라는 초대장이 들어있는 편지도 또한 늦게 도착했으며 도리스(Doris)호로 전달되어왔습니다. 그 편지를 샌프란시스코를 떠난 지 이틀 뒤에 읽었습니다. 이모의 편지를 보고 기뻤답니다. 워싱턴을 방문할 수 있었다면 더 좋을 일이 없었겠지요. 다시 이모를 보고 싶었는데 그렇지 못해 안타깝습니다. 그리고 워싱턴을 한 번도 보지 못했던 것이 아쉽습니다. 그곳을 꼭 보고 싶었는데요. 그 일은 제가 "귀국"하면 할 좋은 일 중 하나로 둘게요.

미국을 횡단하는 여정은 즐거웠답니다. 저는 중국으로 가던 중인 저의 친구 핸콕 부부를 텍사스의 샌안토니오에서 만났습니다. 우리는 아주 상냥하고 즐거운 사람들과 어울리게 되었습니다. 우리가 탄 풀맨 기차 칸에 있는 모든 이들이 캘리포니아주로 향하고 있었습니다. 이곳으로 넘어오는 여행은 즐거운 것은 아니었습니다. 제가 배를 잘 못 타거든요. 그리고 내내 날씨가 거칠었답니다. 와이팅(Whiting) 부부를 호놀룰루에서 만나서 아주 즐거운 하루를 보냈답니다. 그분들은 짐[1](Jim)의 친구들이랍니다. 넬리 이모, 호놀룰루는 이 세상에서 가장 아름다운 곳이에요! 바다에서 이리저리 휩쓸려 지친 처자에게는 이곳은 정말 낙원이었어요.

일본에서 거의 2주일을 머물렀어요. 다카마쓰(高松)의 에릭슨 목사님 부부(Mr. and Mrs. Erickson)[2]가 고베(神戶)에서 저를 만났는데 제게 다카마쓰에 있는 그들을 꼭 방문해달라고 했습니다. 이곳 현(縣, province)에 외국인 가정은 딱 두 곳이라 제가 진짜 일본의 모습을 봤다는 것을 아시겠죠? 오래된 성 중에서 가장 유명한 성이 그곳에 있어요. 일본 전체에서 가장 아름답다는 정원이 있고요. 이런 것들과 세토 내해(Inland Sea)[3]를 통과하는 여행 때문에 그곳에서 머문 것이 정말 좋았어요. 일본에서는 어느 것도 현실적으로 보이지 않아요. 저는 내내 아름다운 그림책을 지닌 어린아이와 같다고 느꼈고 꿈에서 깨어난 뒤 모든 것이 꿈이었다는 것을 알게 되는 것이 두려워서 주변

---

1 Jim은 James를 줄여 부르는 말로, 랭킨 선교사의 오빠 James Lee Rankin Jr.(1875.9.28.~1900.10.13.)으로 추정됨.
2 Swan M Erickson(1881.11.25.~1946.10.29.), Lois J Erickson(1881.2.20.~1960.)
3 세토 내해(瀨戶內海, 세토나이카이)는 혼슈 섬과 시코쿠 섬, 규슈 섬 사이의 좁은 바다를 말함.

의 모든 시끄러운 소리가 나면 숨소리도 없이 조용하게 만들려고 했답니다.

한국의 군산으로 넘어오는 여정은 좋았으며 특별한 일은 없었어요. 저는 군산에서 저의 친구인 불 부인(Mrs. Bull)⁴을 만나 3일간 있었습니다. 40마일 되는 전주까지의 길은 가마를 탔습니다. 얼마나 흥미로웠는지 상상이 되실 거예요. 해안가에 있는 잇닿은 낮은 산들을 넘은 다음, 우리는 대부분의 날을 큰 평야에서 보냈는데, 길은 논 사이의 두렁을 걸어서 가는 길이었답니다. 논은 꽁꽁 얼어있었고 눈으로 덮여있었어요. 오후에 우리는 다시 산들이 있는 곳에 도착했고 어두워져서야 우리 선교부가 지어져 있는 조그마한 산에 올랐습니다. 이곳 둘레는 아름답습니다. 사면에서 우리를 둘러싸고 있는 산들은 장엄합니다. 저는 항상 산을 좋아했었는데 아주 즐겁게도 저는 마침내 산들을 저의 집이라고 부르게 되었네요.

전주는 성벽으로 둘러싸인 아주 큰 도시입니다. 왕국에서 다섯 번째 도시인데 저희는 서문(West Gate) 바로 밖에 있습니다. 일본인들이 모든 것을 통제하고 있는데 많은 면에서 불쌍한 한국인들을 치욕스럽게 대하고 있습니다. 사람들은 한국인들이 일본의 일부로 받아들여졌다기보다는 일본에 의해 점령당한 적(foe)이라고 생각할 것입니다. 그렇지만 우편배달과 같이 우리가 감사히 여기는 현대 제도가 몇 가지 있기는 합니다. 우리는 적절한 시간이 되면 도로가 전반적으로 개선되리라 기대하고 있는데, 일본인들은 전주에서 가장 가까운 항구인 군산까지 놓을 철도 조사를 마쳤습니다. 이것에 대해서 우리는 즐겁고 만족할 것입니다.

---

4 Mrs. Bull과 Miss Alby는 동일 인물임.

한국인들은 자신의 몸과 가정을 깨끗하게 할 수도 있을 것 같은데 그렇지 않습니다. 그러나 겸손과 예의에 있어서는 일본인들보다 훨씬 앞서 있습니다. 일본인들은 역겹습니다.

저의 집은 아니 테이트 여선교사와 제가 있을 집이니 우리 집이라고 하는 것이 맞겠네요. 우리 집은 아직 완성되지 않았고 중국인 목수들이 와서 마무리하기를 기다리고 있답니다. 이 집은 예쁘고 편안한 작은 집인데 집이 완성되면 사진을 보내드릴게요. 음식에 관해서인데요, 우리는 고국에 있는 모든 채소들을 가지고 있답니다. 과일도 있고 아름다운 딸기, 블랙베리, 산딸기도 있어요. 고기류는 아주 형편없지만 여기는 상당히 우아하게 생긴 사냥감이 있는데 저는 이곳에 와서 꿩과 들오리를 맛나게 먹었답니다. 제가 고기를 썩 좋아하는 것은 아니라서 저에게는 정말 안성맞춤입니다. 음식에서 제가 그리워하는 유일한 것은 우유예요. 저는 우유에 대해서라면 어린애와 같답니다. 한국인들은 한 번도 소에서 젖을 짜지 않아요. 그래서 암소는 젖을 내지 않습니다. 군산에 있는 저의 친구가 하루에 3쿼트 (quarts) 젖을 생산하는 소를 가지고 있는데 이것은 한국에서 기적이랍니다. 전주 선교부 어느 누구도 암소를 가지고 있지 않아서 우리는 깡통에 있는 우유를 먹는답니다.

한국의 기후는 아주 좋다고들 합니다. 지난 달 내내 좋았습니다. 지금은 제비꽃이 피었고요 모든 것들이 싹을 빠르게 틔우고 있어서 곧 온 세상이 푸르고 아름다울 것입니다.

우리 모든 식구들 즉 기독교인들과 원입교인들에게서 받은 환영은 정말로 가슴 뭉클한 것이었습니다. 많은 사람들이 "오셔서 정말 기쁩니다. 우리는 오랜 동안 우리 소녀들을 위해서 선생님을 보내달라고 기도해왔습니다."라는 말을 할 때 제가 이곳에 온 것이 정말로 기뻤답니다.

볼 것과 할 것이 너무도 많아서 외로움이 있을 시간이 없습니다. 저는 행복합니다. 언어는 끔찍하지만 다른 사람들도 그 언어를 배웠는데 저라고 못하겠습니까?

니스벳 목사님 부부는 전주 선교부에 막 도착했습니다. 그분들은 다코타(Dakota)호가 가라앉았을 때 그 배에 있었습니다. 고국에 있는 사람들이 이 사건에 대해서 철저한 수사를 요구해주기를 희망합니다. 제가 볼 때 너무 수상합니다. 구름 한 점 없는 맑은 대낮에 다코타호가 항로에서 3마일을 벗어나서 일본 해안에서 가장 유명한 암초 중 하나에 걸리다니요. 그 암초는 해도에도 나와 있고, 큰 등대가 지키고 있는데요. 어떤 명령도 내려지지 않았고 구명정을 타고 내린 사람은 단지 일곱 명의 승객뿐이랍니다. 모든 물건은 분실되었고요. 그리고 배가 절반 밖에 가라앉지 않았는데도 배 위에, 주변에 어떤 파수꾼도 세우지 않아서 배가 약탈되었어요. 건질 수도 있었던 선실의 짐도 도난당했습니다. 아주 끔찍한 일이에요. 저는 이 사건 뒤에 무언가가 있다고 믿고 있어요.

사촌 넬리와 사내아이들 그리고 사촌 리나에게 저의 사랑을 전해주세요. 주소를 한국 전주로 해서 곧 편지해주세요. 이모에게 큰 사랑을 전합니다.

이모를 사랑하는 조카 넬리 올림.

1907년 3월 30일 [한국, 전주]

사랑하는 어머니,

우편이 다소 섞여서 오기 때문에 어머니께서 지난번에 보낸 두 개의 편지가 일주일 간격으로 도착했습니다. 그래서 질문에 대한 답을 한꺼번에 드릴게요. 룻의 청구서에 관한 것인데요. 사람들이 실수를 한 것이에요. 저는 그 실수에 대해서 그 사람들에게 편지를 썼습니다. 허드슨(Hodson) 씨의 성탄절을 위해 선교사회(missionary society)에서 제가 책을 몇 권 주문했는데 두 권을 제외하고는 다 보내줬어요. 두 권도 나중에 전달하겠다고 했고요. 아마 룻이 말하는 청구서는 이 책들 중의 하나의 청구서일 것입니다. 말씀드렸듯이 그 책들에 관해서는 그 사람들에게 편지를 보냈습니다. 그런데 제가 떠나기 바로 전에 제 자신이 사용할 책 한 권을 주문했는데 그 책이 오지 않았어요. 그래서 제가 룻에게 말해서 편지해보라고 한 겁니다. 룻이 편지를 보냈겠지요. 상자들과 오리털에 관한 청구서는 그것들이 무엇이건 저는 어떤 것도 산 적이 없습니다. 울프(Wolf) 상점에서 온 청구서에 관해서는요. 윌이 에핑(Epping)을 위해서 산 장미 청구서입니다. 그리고 알뿌리(bulbs) 화초 청구서는 제가 어머니께 남긴 돈에서 지불해야 할 거예요. 장갑에 대한 레니(Leny) 상점의 청구서는 올바른 것이라 지불해야 한다고 제가 편지한 것 같네요. 저는 저의 화물이 그렇게나 많을 줄 꿈에도 생각하지 못했습니다. 물건들이 오고 있다니 정말로 정말로 기쁩니다. 다음 문제는 그 물건들을 전주로 옮겨오는 것인데요. 모든 물건을 먼저 막노동꾼들이 운반하기 때문인데 배가 출발할 때 난리도 아닌 일이 벌어집니다. 제 기억에 화물비로 사용하도록 25달러를 어머니께 남겨두고 온 것 같아요. 5월 1일에 45달러가 있을 것입니다. 그리고 아버지께서는 나머지 전부를 받으시려면 11월까지는 기다리셔야 할 것입니다. 그런데 이 청구서들을 다 지불하시면 룻을 시키시든지 아니면 어머니께서 직접 저의 정확한 입출금 내역서를 만들어주시기를 바랍니다. 그래야 제가 어떤 상태인지를 알게 될 것이에요.

불 부인과 10일간 아주 좋은 시간을 보냈는데 아마도 더 오래 있었을지도 모릅니다. 저는 군산에서 전주까지 먼 여정을 오롯이 혼자 하는 것에 대한 걱정이 되어서 니스벳 목사님 부부와 함께 전주로 가는 것을 원했습니다. 니스벳 목사님 부부는 우리 선교부 소속으로 난파당한 선교사들입니다. 이곳 현재 날씨는 완벽한데 저는 여전히 두터운 속옷과 안감이 들어간 옷(lined dresses)을 입고 있습니다. 한낮에 볕에 있을 때는 약간 따뜻하지만 아침과 저녁에는 아주 서늘하답니다. 저는 옷에 변화를 주는 것에 별로 신경 쓰지 않아요.

우리는 어제와 오늘 한 사람을 시켜서 우리 밭을 갈게 했습니다. 최대한 신속하게 우리 텃밭을 제대로 만들려고 합니다. 편지에 제가 무엇을 먹는지 궁금해 하셨지요? 약 2주 전에 고향에 있는 몇 사람들에게 우리가 얼마나 다양한 것들을 가지고 있는지를 써 보낸 것 같아요. 어느 것이든 뭐든지 다 있습니다. 수박이 잘 되지는 않아요. 그렇지만 수박을 대신할 아주 괜찮은 셀러리가 있고 온갖 과일이 있는데 딸기, 산딸기, 블랙베리가 풍성합니다.

목요일에 우리는 근처의 높은 산 중 하나에 갔습니다. 전주는 두 개의 높은 산줄기들 사이의 계곡에 있는데 산 위에는 오래된 산성[1]이 있습니다. 사슬처럼 되어있는 이 산들의 능선을 따라서 거친 바위들로 된 자연이 만든 성벽이 있습니다. 과거에는 중국의 만리장성처럼 사람들이 바위 층의 뾰족한 끝에서 이웃 산들로 이어지는 성벽을 만들었습니다. 그리고 둘러싸인 계곡은 전쟁 시 피난처로 사용했지요. 정문은 고개에 있는데 돌의 두께가 10에서 15피트나 됩니다. 그 산성에는 큰 사찰이 있는데 많은 소년으로 구성된 한 무리가 스님이 되기 위해서 훈련받고 있는 것을 봤습니다. 오는 길에 우리는 기름집(oil mill)을 방문했습니다. 기름은 우리가 (?)라고 부르는 것에서 만들어집니다. 씨앗을 갈아서 자루에 넣어둡니다. 그리고 아주 큰 추가 경사면을 타고 자루 위로 내려옵니다.[2] 기름 색은 우리나라의 면화 원유기름과 거의 같은 색이며 기름의 원료인 식물은 고향에 있는 SC 곡물 중 하나와 비교할 수 있겠네요.

우리 집에 대해서 다시금 실망했습니다. 목수들이 몇 주 전에 와서 일하도록 되어있었는데 오지 않고 있어요. 그래서 저는 집이 언제 완성될지 모르겠습니다. 삼촌(Uncle)께서 제가 홍콩에서 제 가구를 가져오는 것은 어떠냐고 하신 것에 대해서 말씀드릴게요. 저는 홍콩에서 단지 두 주 걸리는 거리밖에 떨어져있지 않답니다! 홍콩에 가는 데만도 적은(?) 경비가 들 거예요. 미국 물건들은 매우 뛰어나지만 선택의 폭이 좁아요. 일본에서는 아주 형편없는 물건들만을 구할 수 있어요. 그리고 중국에서 이곳으로 오는 화물비용은 필요이상으로 많습니다. 샌프란시스코에서 가구 가격을 알아봤는데 제 물건들이면

---

1 전라북도 전주시 완산구에 위치한 전주 남고산성(全州 南固山城)을 말함.
2 Rev. W. M. Junkin, "Korean Mission Report," *The Missionary*(May, 1907), pp.236-7.에서 기름장수(oil manufacturer)에 대한 언급을 참고할 것. 선교사들 일행이 방문한 곳은 나중에 전주남문교회의 장로가 되는 최국현의 기름집인 것으로 보임.

그곳에서는 세 배나 더 들었을 것입니다. 화물 비용은 더 들었겠지요. 이곳으로 보내지는 화물 비용이 아주 높습니다.

롭슨 치과의사(Dr. Robson)의 청구서에 관한 것입니다. 그분이 충치를 하나 때우고 치료했으며, 이 하나를 깎아 내고 한 개인지 두 개인지는 잊었지만 속을 채워 넣었습니다. 재료는 모두 아말감(amalgam)입니다.

1907년 4월 17일 [한국, 전주]

사랑하는 조지아(Georgia),

네 편지는 내가 끝내주는 것이라고 부르는 것인데 내가 받은 편지들에서 가장 만족을 주는 편지 중 하나란다. 네가 크게 흥미를 가지는 것과 네 집안 구성의 아주 작은 세세한 것까지도 말해줘서 네가 내 곁에 있는 것처럼 보였단다. 여러 베개가 들어있는 상자에 대해서 네가 말했을 때 그것은 마치 내가 너를 곧 찾아갈 때 혹시라도 발가락을 찧고 놀래지나 말라고 경고라도 하는 듯싶었어. 그 편지를 여러 번 다시 읽었는데 그때마다 재미있었다. 이런 편지를 읽으면 정말 내가 1만 마일이나 떨어져 있고 내가 직접 그것들을 볼 때까지 7년[1]이라는 시간이 남아있다는 것을 새삼 느낀다. 나는 유럽을 경유해서 돌아갈 것을 고민하고 있기 때문에 이번 봄부터 또는 가을부터 7년인지는 모르겠어. 이곳에서 시간은 너무도 빨리 지나가서 7년이라는 시간이 그렇게 멀리 떨어진 것 같지는 않아. 이 말은 특별한 효과를 위해서 하는 말이 아니야. 정직히 말하는데 나는 정말 행복하고 할 일이 너무 많아서 하루에 해야 할 것을 다 한 적이 없단다. 나는 답장해야 할 서신이 정말로 너무도 많이 밀려있어. 그렇지만 너와 이야기하려고 오늘은 건너뛸 거야. 한국어에 도무지 가망이 없어 보이는 때가 있단다. 그래도 한국어에 정말 필사적으로 매달린다. 오늘과 같

---

1 당시 선교사들은 6년 근무 후 1년을 안식년(furlough)으로 함.

은 날은 누구라도 술을 진탕 마시게 만드는 날이야. 바깥은 날이 아주 좋지만 나는 공부하고, 공부하고, 계속 공부하는데 그렇게 공부해봐야 오늘 아침 이른 시간에 배운 것 말고는 더 아는 것이 없단다. 한국어 문법 같은 것은 세상 어디에도 없어. 괜찮은 교과서도 없는데 내 언어교사는 영어는 한 단어도 모른단다. 모두가 나름의 어려움이 있어. 그런데 사전에서 뭐라도 찾으려면 한자에 대한 연구도 해야 한단다. 고전이 한자에서 파생되었기 때문에 학교 선생님은 (내가 곧 선생님이 될 것인데) 반드시 한자도 상당히 알아야 한단다. 자만해서 하는 말이 아닌데, 모두들 내가 아주 잘하고 있다고 하더라. 우리 남장로교 한국선교회 연례회의(Annual Meeting)가 있는 9월에 1년 차 시험을 치르려고 해. 전킨 목사님이 말하기를 (그분은 나의 학습 지도자다.) 이 속도를 유지하고 올 여름에 시간을 허비하지만 않으면 내가 해낼 수 있을 거래. 이 말은 1년 치 학습을 7개월 만에 끝내야 하고 길고 습하며 지치게 만드는 여름 동안 많은 시간을 공부하느라 써야 한다는 거다.

낮 동안에는 바느질이나 책 읽을 시간이 한순간도 없단다. 그 낯선 글자들을 보느라 내 눈이 너무 피곤해져서 저녁에는 책을 전혀 읽고 싶지도 않다. 그런데 무엇보다도 가장 힘든 것은 이런 계절에 방 안에만 틀어박혀 있어야 한다는 것이다. 정말 좋은 때란다. 양털로 된 속옷을 입고 아침, 저녁으로 약간 불을 때야 할 정도로 서늘하기는 하다. 그렇지만 햇살은 따스하고 좋단다. 벚나무와 복숭아나무가 만개했고, 다른 나무의 잎들도 부드러운 싹을 드러내고 있다. 산은 야생 진달래로 뒤덮여있는데, 야생 진달래는 라일락의 은은한 색조를 지니고 있단다. 이곳 진달래는 우리가 야생 진달래라고 하는 것이 아니라 공원에서 보는 것과 같은 진달래란다. 야생 제비꽃은 아름다운 진한 보라색인데 활짝 피어있고, 꽃사과(crab apple)도 흔하단다. 보리밭은 아주 멋있는 초원인데, 잔디는 아직 다소 갈색이다. 아름다운 풍경을 보려고 편지지에서 눈을 들어보니까 내 집 뒤로 푸른 산들이 다섯 개나 연이어 있구나. 네가 이곳에 와서 나를 찾아오면 좋겠는데, 그럴 거지?

네가 이곳에 올 즈음에는 내 집이 완성될 거야. 네 맘에 들 거야. 이 집은 그림 같은 기와지붕이 있는 겉모양이 아주 근사한 집이란다. 모든 일이 끝나고 잔디밭에서 쓰레기가 다 치워지면 사진 몇 장 찍을 거야. 창문은 넓이가 4피트가 되는 특별히 좋은 것들이야. 중국인 목수들이 일을 하고 있단다. 괜찮은 혼성곡(medley) 같지 않니? 미국인 사장에, 중국인 노동자에, 사용하는 언어는 한국어라. 한국어는 정말 힘든 언어다. 한국어를 말하는 것이 언젠가는 자연스럽게 되겠지만 처음에는 너무도 고통스럽게 배워야 한단다.

코니(Connie)와 맥컨(Mrs. MacKan) 부인에 대해서 들은 점이 흥미로웠어. 이곳에서는 월간 『하퍼스(Harper's)』를 구독하는 사람이 없고 신문가판대에도 없단다. 그래서인데 멜처스 씨(Mr. Melchers[2])에 관한 기사가 실린 것을 구하면 내게 보내주렴. 그래 주면 무척 고맙겠다. 다른 세상 소식들도 아주 흥미로웠어. 이곳에 오고 나서 그 소식들 중에서 몇 가지를 들었는데 그중 하나가 아주 흥미로웠단다.

로버슨 씨(Mr. Robertson)의 사망 때문에 앤지(Angie)가 성대한 결혼식을 하지는 못하겠구나. 이번 봄에 행복으로 가는 거친 길을 시도하려는 사람은 또 누가 있니?

내 친구 불 부인이 오월 초에 미국으로 떠나는데 그분이 그리울

---

2 Gari Melchers(1860.8.11.~1932.11.30.) 당대 미국의 최고 예술가 중 한 명.

거야. 내년에는 아마도 많이 못 보게 되겠지만, 그분이 이곳 전주에서 단지 40마일 밖에 떨어져있지 않다는 것을 아는 것도 좋거든. 지난달에 그분을 뵙고 좋은 시간을 보냈어. 내가 언어시험을 통과하면 1월에 학교 사역을 시작할 것 같아. 이 모든 것은 9월에 제물포에서 열릴 예정인 연례회의에서 결정될 것이란다. 만약 내가 통과하면 언어공부를 많이 해야 할 거야. 앞으로 이 언어시험을 3년간이나 봐야 한단다[3]. 쉴 틈도 없이 해야 할 일이 너무도 많다!

G 씨가 너의 친구였기에 그 사람의 사망 소식을 듣고 아주 안타까웠다. 하나님이 부르실 때는 젊다는 것이 변명이 되지는 않잖아. 조지아야, 불쌍한 사람들이 죽는 것을 볼 때, 그들 중 어떤 사람들은 정말 어리거든, 그들의 운명과 삶을 나의 운명과 삶과 비교해보면서 마음이 정말 아프단다. 정말이야. 어린 여자가 있었어. 나이 어린 생과부인데 남편이 그녀를 버려두고 하와이로 가버렸어. 물론 어디서나 끔찍한 일은 있지만 이곳에서 특별히 그래. 그 불쌍한 것이 상심과 폐결핵으로 죽어가고 있는데 그녀의 고통을 보면 너무 불쌍해. 어린아이들도 이곳에서 고통을 받고 있는데, 다른 어떤 계층보다도 악마와 귀신 숭배의 결과로 고통을 받고 있단다. 돈이 있다면 그들을

---

3 Rev. Luther McCutchen, "MEN AND CHRISTIANITY IN KOREA."(*The Missionary*(October, 1905), pp.501-3)를 보면 언어시험준비를 위해 사람들을 피해서 절에 가서 공부하는 내용이 나올 정도로 언어시험은 선교사들에게 큰 스트레스였음. 언어는 당시 한국어라고 하지 않고 조선말이라고 함. "Missionaries, Mokpo Station,"(Station Reports to the Seventeenth Annual Meeting of the Southern Presbyterian Mission in Korea(1908), pp.42-9)을 보면 "Chosun Mal,"(Korean Language.)이라는 표현이 있음. "Report of Language Committee,"(Station Reports to the Seventeenth Annual Meeting of the Southern Presbyterian Mission in Korea(1908), p.46)을 보면 시험은 필기(written)시험과 구술(oral)시험으로 구분되며, 3년 차 시험을 통과해야 졸업한 것(declared graduated)으로 됨.

위해 고아원을 시작하고 싶은데.

나는 거의 150파운드 나간다. 네가 마지막으로 나를 봤을 때보다 10파운드나 더 나가니까 내가 찌고 있다는 것을 알겠지. 아들 윌리엄 (William)이 건강하게 잘 자라고 있다니 기쁘다. 엽서용 사진을 더 찍으면, 나를 기억해주고 그 아이의 귀여운 짓을 모두 말해주렴.

남편 윌(Will)[4]이 행동을 잘하도록 유념해야겠어. 그렇지 않으면 곧 너는 과부가 될지도 몰라. 그런 긴장을 오래 견디어 낼 사람이 어디 있니. 나의 집으로 이사 들어가면 (나는 지금 테이트 목사님 부부의 집에 살고 있단다.) 세세한 것을 모두 말해줄게. 그러는 동안에 곧 글을 써서 네가 앞서 했던 것처럼 편지와 즐거움을 전해주렴. 너의 어머니와 노라(Nora), 제니(Jennie), 그리고 너의 남편 윌과 아들 윌리엄에게도 안부를 전해주렴.

너에게 사랑을 전하며, 너의 최고의 친구 넬리.

---

4 조지아의 남편 William과 랭킨 선교사의 남동생 William이 이름이 같고 줄여서 부르는 말 Will도 같기에, 독자들의 편의를 위해 원문과는 달리 번역에서는 남편 윌, 아들 윌리엄 등으로 표기함.

1907년 4월 30일 [한국, 전주]

사랑하는 어머니,

토요일이 별스럽게 바쁜 날이 아니었다면 편지를 써 보냈을 것이며 그 편지가 어머니 생신에 맞춰 도착해서 지구의 이쪽 편으로부터 소망과 인사를 전했을 것인데 아쉽습니다. 이 편지가 어머니 생신보다는 며칠 늦을 것 같지만 그럼에도 제가 전하는 사랑과 소망은 같습니다. 어머니께서 생신에 이곳에 계셔서 이 나라를 보셨으면 좋을 텐데요. 지금 모든 것들이 아름답습니다. 조팝나무, 라일락, 진달래가 사방에 야생 상태로 피어있습니다. 여기서는 흔히 볼 수 있는 아름다운 식물이 있는데, 꽃은 송이로 되어있고 조그마한 배꽃 또는 꽃사과를 아주 많이 닮았어요. 야생 제비꽃이 아주 흔합니다. 향은 없지만 아주 크고요 흰색부터 짙은 보라색까지 다양하며 흰색부터 짙은 마젠타 색까지 로열 핑크 색조를 가지고 있답니다. 저는 이렇게 빨간 제비꽃은 전에 본 적이 없어요. 여름에 복숭아씨 몇 개를 보내드릴 거예요. 복숭아 열매는 별것 없지만 꽃은 아주 아름답고요. 아주 오래 가고요 매우 크답니다. 아몬드(flaming almond) 꽃보다 훨씬 더 아름답습니다. 포사이드 의료선교사의 뜰에 있는 분홍색 복숭아나무를 보셨으면 좋았을 텐데요. 그저 그림입니다. 저는 흰 꽃을 더 좋아하지만요. 새 잎이 있어서 나무들이 아주 아름답습니다. 그리고 넓은 보리밭은 머리를 내밀고 있고 두 개의 아름다운 녹색을 보이고 있습니다. 우리 선교부는 아름답게 위치하고 있으며 모든 면에서 삶은 순조롭게 진행되고 있습니다.

전킨 목사님께서 저에게 포사이드 의료선교사가 보낸 편지를 보여주었어요. 그 편지에 서배너에 갔던 것과 우리 가족을 모두 만난 것에 대해서 썼더군요. 그분은 어땠나요? 방문하는 동안 있었던 것에 대해서 전부 말씀해주세요. 제 생각에 어머니를 뵙기 위해서 집으로 찾아갔을 것이 틀림없어요. 어머니께서 저보다 먼저 우리 선교회의 우상 같은 사람을 보셨네요. 모든 선교사들이 그분을 아주 좋아하고 모든 현지인들이 그분을 우러러보는 것을 보니 그분은 아주 좋은 분임에 틀림없을 것입니다. 어머니께서는 가장 가난한 고아 소년부터 명망 있는 이 진사[1] 가문의 식구들까지 그분의 이름인 "보의사"를 언급하는 것만 봐도 아실 겁니다. 그분의 어머니와 여동생이 그분과 함께 한국으로 올 것입니다. 선교부에 결혼하지 않은 여자가 한 명 더 있다는 것이 아주아주 기쁠 거예요. 모든 부인들이 제게 사랑스럽게 대해주시지만 결혼하지 않은 여자가 아주 그리워요. 전킨 부인이 저에게 특히 잘해주시며 저도 그분을 아주 좋아합니다. 주일 저녁마다 그분과 함께 저녁을 먹는데, 두 살짜리와 두 달짜리 이렇게 어린 아주 귀여운 아이들이 두 명 있어서 저는 그분 집을 방문하는 것을 좋아합니다.

아버지께서 『인디펜던트』를 정규적으로 보내시는 것을 잊지 않으셨으면 합니다. 여기에는 일간 신문이 없고 샌프란시스코를 떠난 후 지금껏 일간 신문을 봐 본 적이 없기 때문입니다. 아버지께서 『컨트리 라이프 인 아메리카(Country Life in America)』를 제게 보내주실 수 있으시다면 저는 보고 싶습니다. 저 자신도 보고 싶지만 한국인들도

---

1 1908년 4월 3일자 랭킨 선교사의 편지를 보면 선교사들이 진사를 어떻게 이해했는지 알 수 있음. "진사는 미국의 박사와 같은 높은 학술적 성취에 해당함.(Chinsa is a high scholastic title corresponding to our MAD LTD. PhD. etc.)"

미국의 풍경을 보기를 좋아하기 때문입니다. 방문객[2]들이 있을 때 다른 모든 것들이 시큰둥해지면 그 잡지에 나오는 그림으로 즐겁게 해줄 수 있기 때문입니다.

앨비 선생님 생각이 자꾸 들면서 안쓰럽다는 생각을 합니다. 남편 불 목사님이 제때에 표를 예약하지 못했습니다. 부부가 이번 봄에 안식년 휴가를 떠납니다. 태평양을 횡단하는 표는 8월에야 구할 수 있습니다. 여행을 하는데 그런 일이 있다니요! 그 결과 그분들은 시베리아 횡단열차를 이용해서 귀국할 예정입니다. 어린아이들을 네 명이나 데리고 가는데, 그중 한 아이는 겨우 다섯 달이라서 굉장히 힘든 일이 될 것입니다.

앨비 선생님은 이번 주에 서울로 가서 그곳에서 유럽으로 갈 것입니다. 몇 년 뒤에 저도 휴가를 유럽을 거쳐서 가겠지만 저는 증기선을 타고 갈 것입니다. 샌프란시스코를 거쳐서 가는 것보다 아마도 더 쌀 것입니다. 시베리아 철길에 대해서 들은 것이 있어서 그 길에 대해서라면 사양하겠습니다.

토마토 수프를 만드는 요리법을 보내주세요. 이번 여름에 토마토를 많이 수확할 것 같습니다. 아직 땅에는 옮겨 심지 않고 상자에

---

2 남장로교선교사들은 구경을 선교에 도움되는 것으로 여겼음. Cameron Johnson, "Curiosity as a Missionary Aid in Korea,"(*The Missionary*(November, 1901), pp.513-15). 구경하는 사람들이 시도 때도 없이 찾아왔고 가장 많은 날은 5월 어느 날씨 좋은 날 458명이 왔다고 함. 그래서 해리슨 부인(Mrs. Harrison)(결혼 전 이름은 Linnie Davis)과 잉골드 의료선교사(Dr. Ingold)가 매달 음력 1, 15일 선교사 집 구경하는 날로 지정하고 개방함.
구경꾼은 영어로 koogyung, kougung, cougeners(sightseers), ku-ge-ung, Koong Yung Coon 등 다양하게 표기함. Margaret W. Bell, ""Koong Yung Coon" in Korea. Experiences of an Evangelistic Visitor," *The Missionary*(March, 1906), pp.105-6 참조.

두었지만 아주 좋아 보입니다. 우리는 연유(煉乳)를 먹어야만 하겠지만 그래도 저는 여전히 수프를 조금 먹기를 원합니다.

저는 계속해서 번창하고 있는데 학생 생활을 하다 보니 몸이 계속 늘어나네요. 저는 거의 150파운드 정도 나갑니다. 전에 이렇게 많이 나가 본 적이 없죠. 그리고 계속 찌고 있답니다. 치수를 더 크게 늘려서 입고 싶은 마음은 없는데 단추가 서로 맞지 않아서 슬픕니다.

4월 마지막 날이지만 서재의 난로 옆에 앉아 있습니다. 오늘 많은 비는 아니지만 비가 조용히 계속 내렸고 바람이 많았고 전체적으로 추운 느낌입니다. 과일나무 몇 그루 심는 것을 감독하고서 이제 막 들어왔습니다. 어느 한국 여인이 오늘 아침 복숭아, 자두, 살구 묘목을 많이 보내왔습니다. 저는 이 나무들이 이 비를 맞기를 바랐습니다. 비를 맞고 나서 쬐는 불은 참 편안한 느낌을 줍니다.

아무도 최근에 편지를 쓰느라고 일부러 애쓰는 사람은 없어 보이는군요. 룻이 보낸 편지 말고는 거의 한 달 동안 가족들에게서 편지를 받은 적이 없습니다. 우리는 이번 주말에 외국에서 보낸 편지를 기다리고 있습니다. 저는 편지가 많이 와 있기를 바랍니다.

가을에 어머니께서 제게 백합(flag lily) 몇 뿌리 보내주시면 좋겠습니다. 푸른색과 흰색입니다. 뿌리를 1온스가 초과하지 않는 (？)소포에 3이나 4온스 무게로 보내주십시오. 무거우면 두 개의 소포로 나누어 보내주십시오. 고향에 있는 우체국 근무자가 "견본 뿌리"라고만 쓰라고 했습니다. 왜냐하면 작은 견본 소포라는 항목으로 가니까요. 고향의 재미있는 일에 관한 기사가 실린 신문을 보내주시면 즐겁게 받아보겠습니다. 여기에 잡지가 아주 많이 있지만 지역 기사를 다룬 잡지는 없습니다.

제 물건에 관한 물품 구입대장을 아직도 못 받았으며, 10일 전까지 스튜어드(Steward) 것도 받지 못했습니다. 화물을 선적한 청구서의 복사본을 보내달라고 요구했습니다만 그것에 대해서 더 소식을 들은 바도 없습니다. 화물들이 다음 달 안으로 들어오기를 바라고 있습니다. 그렇지 않으면 장마 때 들어오게 되는데 그러면 가을까지 제물포나 군산에 보관되기 때문입니다. 군산으로 가는 길이 여름철에는 통행이 거의 불가능하기 때문입니다.

이모, 외삼촌, 외숙모(Ada)와 헐(Hull)[3] 부부에게 사랑한다고 전해주세요. 질레스피 부인(Mrs. Gillespie)에게, 또한 저의 소식을 묻는 이들에게 안부를 전해주십시오. 고향 식구들에게 사랑을 전하며. 어머니의 생신인 27일에 좋은 일들만 가득하시길 간절히 바랍니다.

사랑하는 딸 넬리 올림.

---

3 랭킨 선교사의 외삼촌 William Hampton Wade Sr.(1859.8.17.~1929.5.15.)와 외숙모 Ada Morse Hull Wade(1872.4.24.~1953.3.19.)는 나이 차이가 있음. 숙모의 아버지는 Frederick Marcus Hull(1935년생), 어머니는 Harriet Greene Gladding Hull(1918년생), Hull 부부는 외숙모의 부모를 일컫는 것으로 보임.

1907년 5월 26일 [한국, 전주]

사랑하는 윌에게,

또 새로운 한 주의 첫날인데 내가 예견했던 것처럼 너에게 편지를 쓰지 못했구나. 그래도 지난 번 편지했을 때나 상황이 똑같기 때문에 새로운 소식을 못 들은 것은 없을 거다. 너의 편지를 받은 지 꼭 한 달이 되었다. 뉴올리언스, 멤피스 등 네가 이동한 곳에 대해서 규칙적으로 쓴 일기더구나. 너의 편지 구석구석을 즐겁게 읽었는데 이제는 또 다른 편지를 받을 날이 꽉 찬 것 같다.

아주 큰 소식이 한 가지 있는데 내게는 굉장한 의미가 있는 것이란다. 방문객이 한 명 있는데 여자고 굉장히 좋은 사람이란다. 그 사람은 볼티모어의 엘리너 가우처(Miss Eleanor Goucher)란다. 여대(The Woman's College)[1] 총장인 가우처 박사님(Dr. Goucher)과 세 딸[2]이 세계 일주 중인데 작년 10월에 미국을 나섰단다. 제닛 가우처 양(Miss Jeanette Goucher)을 2년 전에 한 번 만났고 내쉬빌(Nashville)에서 작년 여름에 다시 만났는데 그녀도 괜찮았다. 그런데 전킨 부인이 자기

---

1 현재 Goucher College(참고: https://www.goucher.edu/explore/who-we-are/history/)

2 John Franklin Goucher(1845.6.7.~1922.7.19.), Janet Goucher(1880.10.31.~1974.1.20.), Eleanor Goucher(1882.4.~1943.10.14.), Elizabeth Goucher(1883.5.9.~1964.9.3.). 가우처 박사에 대해서는 "미감리회선교시대(1884~): 복음 수용과 선교사 내한." 참조.
https://kmc.or.kr/about-kmc/history-of-kmc

여자 조카의 가장 절친한 친구가 엘리너이며 또한 엘리너가 한국에 있는 자신을 방문할 것이라는 내게 말을 해줘서 기뻤단다.

엘리너는 지난주에 도착했다. 그녀 방문을 엄청 즐기고 있다. 그녀는 키가 작고 예쁜 사람이다. 그리고 오러 애덤스(Ora Adams)의 머리칼과 아주 비슷한 숱이 많은 빨간 머리칼을 가지고 있다. 옷도 아주 아름답게 입고, 부유해서 예쁜 것들을 많이 가지고 있다. 문명사회에서 온 사람을, 특별히 젊은 미혼 여성을 다시 보는 것은 즐거운 일이다. 우리는 내가 일이 없을 때면 항상 같이 있단다. 그녀가 오면 소풍을 가려고 지금껏 미루어 두어서 내게는 놀 시간이 더 많아질 것이다. 우리 선교부에 있는 모든 사람들이 어제 소풍을 가서 즐겁게 놀았다. 처음부터 그녀가 좋았다. 내가 우리 선교부에서 가장 어려서 그녀가 나와 같이 지내야 했는데 다행히도 그녀가 꺼리는 것처럼 보이지 않아서 모든 것이 괜찮았다. 그녀는 이곳에서 3주를 머물 것이고 그런 다음 서울에서 다른 이들을 만날 것이다.

소풍을 가기에 좋은 계절이다. 장미꽃들이 꽃망울을 터뜨리기 시작하고 작약(peonies)은 활짝 피었다. 그 꽃들은 아주 아름다우며 하얀색부터 짙은 빨간색까지 다양하다. 들장미가 만발해서 어디에 발을 디디든지 들장미를 볼 수 있다. 고향에 있는 들장미보다 이곳의 들장미가 작은 것 같다. 그래도 길고 둥글게 무더기로 자라고 향기도 매우 좋다. 사실 숙박시설이 전혀 없다고 하는 것이 맞는 말이다만, 있는 숙박시설이 좋기만 하다면, 일본처럼 한국에 숙박시설이 뭐라도 있다면 관광객들에게 매우 좋은 곳이 될 텐데. 집들은 아름답지 않지만 경치는 정말이지 아름답고 꽃들도 예쁘다.

5월 27일

오늘 어머니의 생신인데 4월에 쓴 편지가 오늘 도착했으면 좋겠다.

전킨 부인 집에서 엘리너와 함께 일주일을 보내려고 그 집으로 갈 짐을 이제 막 다 꾸렸다. 지난밤에 룻과 이모가 보낸 편지가 왔고, 이모가 보낸 "레코드"가 왔다. 레코드를 보내 주신 것에 대해서 고맙다고 전해드리고 다음 주에 편지를 하겠다고 말씀드리렴. 룻이 그러는데, 가족들 모두가 내 편지들에 대해서 불평을 하고 있다더라. 내가 이곳으로 오고 나서 두 번을 제외하고는 매주 가족 중의 누군가에게는 편지를 했는데 이해할 수가 없구나. 지난주가 편지를 못 한 주란다. 네게 편지를 그때 하려고 했는데 어쩐 일인지 편지를 할 수가 없었다. 함께 시간을 보낼 엘리너가 곁에 있어서 나의 오후 시간은 너무도 빨리 지나가버린다. 엘리너가 떠난 후 또 다른 사람을 보려면 오랫동안 기다려야 하기 때문에 나는 할 수 있는 한 그녀와 즐겁게 지낼 것이다.

룻은 화젯거리가 많은 편지를 쓰는 재주가 좋다. 그 애가 보내는 편지는 항상 즐겁다. 네 편지는 지금껏 아주 흥미로운 내용들은 별로 없었으니까 내가 편지를 자주하지 않는 것에 대해서 불평하지 말아라.

오늘 수확한 딸기를 네가 보았으면 좋았을 거야. 테이트 목사님이 거의 5갤런이나 되는 딸기를 수확해서 내가 어린 여학생들을 위쪽으로 불러서 딸기 잔치에 초대했다. 여학생들이 정말 맛있게 먹었단다. 딸기는 이곳 토종작물은 아니지만 아주 잘 자란다. 이곳 선교부에 있는 사람들은 모두가 딸기를 가지고 무엇을 해야 할지 다 알고 있다. 나는 딸기를 항상 두 쪽으로 나누지만 아주 크면 그것들을 때때로 세 조각이나 네 조각으로도 자른다. 아버지께서 혹시 딸기를 심으시려고 한다면 "듀이(Dewey)" 품종이라고 알려드려라. 테이트 부인이

2년 전에 약 50개를 주문했었고, 우리 선교부뿐 아니라 실제적으로 남장로교 한국선교회 전체에 딸기를 공급했단다.

나의 안부를 묻는 모든 이들에게 그리고 모든 가족들에게 내가 사랑한다고 전해주렴. 너에게 좋은 일만이 있기를 바라며.

누나 넬리.

1907년 8월 2일 [한국, 전주]

사랑하는 넬리 이모(Aunty Nelly),

낯선 이 나라에 오고 나서 얼마 안 지나 편지를 드렸는데, 이모에게 아무 소식이 없는 것으로 봐서 편지가 분명 중간에 다른 곳으로 사라진 것 같아요.

편지를 드린 후 많은 일들이 있었어요. 가장 중요한 것은 제 집으로 이사를 가서 살림을 시작했다는 것입니다. 운이 좋게도 제가 지금 테이트 여선교사님과 살고 있는데 그분은 마치 현지인처럼 말을 할 줄 알고 아주 좋은 한국인 하인을 데리고 있기에 일이 순조롭게 진행되고 있습니다. 우리 집은 1층짜리 아주 편안한 작은 독채인데 지붕아래 물건을 저장할 좋은 다락방이 있습니다. 저는 이 집을 잘 찍기를 기다리는데 사진을 보내드리고 모든 것을 세세히 설명해드릴게요. 여학교가 세워지면 우리 집과 거의 L자 형태로 될 것입니다. 저의 두 방은 서재와 침실로 각 14×16피트인데 학교가 들어설 장소와 가까운 서쪽 끝에 위치하고 있습니다. 사용된 회반죽은 종이펄프와 석회를 혼합한 것인데 회반죽의 일부는 굉장합니다. 제 방 안에 칠해진 회반죽은 아주 좋은 것은 아니어서 흰색에 가까운 연한 노란색으로 다시 칠했어요. 하얀 나무와 어울려 방이 매우 예쁘고 매력적으로 됐어요. 가구와 사진을 방에 정리했더니 방이 정말로 좋아졌어요. 멀리 떨어진 이곳에서 제가 가지게 될 것이라고 꿈꾸었던 것들보다 훨씬 더 좋습니다. 북쪽 지방의 미국 북장로교와 미국 감리교 선교사들의 몇 명은 아주 좋은 집을 가지고 있어요. 우리 남장로교 선교사들의 집은 그분들 집만큼은 아니어도 편안한 집입니다. 테이트 여선교사님은 여기에 온 지 14년이 되었고 좋은 사역자입니다. 그분은 시간의 많은 부분을 시골에서 성경학교를 하며 보내기에 저는 혼자 있게 되는 때가 많습니다. 간호사(trained nurse)인 코델 양[1](Miss Cordell)이 9월에 배편으로 이곳에 온다는 것과 우리와 함께 노처녀의 집(우리는 우리 집을 이렇게 부릅니다.)에 머물 것이라는 소식에 기쁩니다. 지금 미국에 있는 우리 포사이드 의료선교사가 이곳으로 나올 때 우리는 큰 병원을 하나 지을 것을 기대하고 있습니다. 시간이 지나면 코델 간호사가 옮겨가겠지만 우리가 함께 있을 내년 혹 내후년까지 그녀가 좋은 사람으로 같이 있기를 진정으로 희망합니다. 테이트 여선교사님은 내년 봄에 휴가차 미국으로 되돌아갑니다.

여름은 매우 힘든 계절이더군요. 어쩔 수 없이 공부시간을 줄일 수밖에 없었습니다. 사람 머리가 이곳 여름 날씨에는 잘 돌아가지 않아요. 안타깝게도 이번 여름에 1년 차 시험을 치르고자 하는데 시험을 치를 엄두가 나지 않아요. 지난 2, 3주간 공부를 거의 못 했기 때문입니다.

어린아이 셋이 놀러와 가까운 곳에서 제가 미국에서 가지고 온 인형들과 장난감들을 갖고 놀고 있습니다. 저는 한국에서 장난감을 본 적이 없기에 이렇게 행복해 보이는 어린이들을 본 적도 없습니다. 제가 아는 한 인형도 절대적으로 부족합니다.

살림을 하는 것이 가장 중요한 사건이었지만 가장 유쾌한 일은 볼티모어의 엘리너의 방문이었습니다. 엘리너는 볼티모어의 여대(The

---

1 Emily Cordell McCallie(1873.10.14.~1931.5.3.).

Woman's College) 총장 가우처 박사님의 딸입니다. 가우처 박사님과 딸들이 세계일주 중인데 엘리너가 전킨 부인을 방문하려고 이곳에 왔습니다. 엘리너가 오기 전까지는 제가 얼마나 젊은 미혼 여성들을 그리워했는지 몰랐습니다. 전킨 부인이 저에게 엘리너와 같이 있도록 초대해주었습니다. 그래서 그녀가 이곳에 머무는 한 달 동안 마치 몸의 일부가 붙은 채로 태어난 쌍둥이(Siamese twins)처럼 지냈습니다. 제가 공부하는 시간을 빼고는 결코 떨어져 본 적이 없습니다. 아주 사랑스런 젊은 미혼 여성인데 그녀가 떠났을 때 저는 몹시도 그리워했습니다.

저는 룻이 볼티모어의 여대(The Woman's College)에 진학했으면 하는데 룻은 가을에 버지니아주 스턴튼(Staunton)에 있는 메리 볼드윈(Mary Baldwin) 대학으로 진학할 예정입니다. 제가 고향을 떠나지 않았으면 룻이 작년에 대학으로 가느라 집을 떠났겠지요. 그 아이가 벌써 성인이 거의 됐다니 믿기가 힘든 일이에요. 그 애는 저보다 키도 작지 않고 아주 예쁜 아이입니다. 그래도 우리 눈에는 룻이 영원히 어린아이일 것입니다.

전주 선교부 전부가 연례회의에 참석하기 위해서 9월 1일 서울로 올라갑니다. 한국의 장로교회가 이번 가을에 조직될 것입니다. 저의 또 다른 고향인 이 나라의 수도를 몹시도 보고 싶어요.

올 여름 어떻게 지내셨어요? 에드워드(Edward)는 어디서 무슨 일을 하고 어디에 있을 것인가요? 편지를 길게 써 주세요. 제게 이모와 이모 가족들에 대해서 모두 써 주세요. 사촌 넬리와 사내아이들 그리고 사촌 리나에게 저의 사랑을 전해주세요.

이모에게 큰 사랑을 전하며 사랑하는 조카 넬리 올림.

추신: 편지에 서명하다 보니 재미난 일화가 생각나네요. 며칠 전 자신들의 영어를 드러낼 기회를 가진 것을 기뻐하던 일본인 경찰 두 명이 인구조사를 한다고 왔습니다. 그들은 "우리들의 완전한 이름과 미국의 출신 지역"을 원했습니다. 제가 이름을 Nelly B. Rankin이라고 적었더니 그 일본인은 B가 무엇을 뜻하는지를 알아야만 하겠다고 우겼습니다. 그래서 제가 Beckwith라고 했습니다. 그 사람이 Beckwith 발음을 못 해서 거의 죽을 뻔하더라고요. 그 모습을 보고 웃음이 났는데 저의 체통을 지킬 수가 없었어요. 그에게 계속해서 Beckwith라고 했답니다. 그 사람이 떠났을 때, "넬리 이모가 그 사람의 발음을 들었다면 재미있어 하셨을 것이다"라고 했습니다. 전에 어느 때도 Beckwith가 그렇게 무참히 살해당한 적은 없다고 감히 말씀드립니다.[2]

---

2 일본인이 th발음을 제대로 하지 못함을 말하고 있음. 랭킨 선교사의 공식 이름은 Cornelia Beckwith Rankin인데 Cornelia를 Nellie 또는 Nelly로 줄여서 씀.

1907년 9월 15일경 [한국, 서울]

[편지 원본의 앞 쪽이 사라짐.]

언어시험을 본 선교사 중 한 분은 한국에 온 지 20개월이다. 내가 니스벳 목사님 부부보다는 한 달 일찍 왔지만 시험을 앞두고 5주 전에 의사의 지시에 의해 공부를 포기할 수밖에 없었다. 니스벳 목사님 부부는 좋은 선생님과 함께 마지막 순간까지 열심히 공부했지. 결국 나와 니스벳 부부는 같아졌지 뭐야. 니스벳 목사님은 아주 총명한데다가 공부도 잘하는 사람이라 그분을 이긴 것에 특별히 기뻐한단다. 내가 하는 말이 상당히 뽐내는 것이라고 들을지도 모르겠다만 자랑하는 것으로 들리게 할 의도는 없단다. 정말 뼈 빠지게 공부를 하고 나서 성공했다는 것을 알게 되는 것은 마음을 편하게 해주거든.

어제 오후 한국에서 본 곳 중 가장 아름다운 장소로 소풍을 다녀왔단다. 우습게 들릴지도 모르지만 죽은 자들이 가장 좋은 장소를 차지하고 있다는 것은 사실이다. 그리고 어제 소풍을 간 곳은 최근에 자리에서 쫓겨난 황제의 할아버지 무덤이란다. 아주 훌륭한 길이 봉분까지 이어져 있고 정식 공원이기 때문에 주변은 훌륭한 상태로 보존되어 있다. 상상할 수 있는 최고의 잔디란다. 거대한 둥근 흙무더기의 무덤은 지름이 15피트이고 높이가 12피트란다. 무덤 앞에는 여러 가지 형상이 새겨진 돌들이 있고, 또 큰 제단석이 있는데 모두가 회색 화강암으로 되어있다. 제사를 할 때 사용하는 위패를 보관한 건물과 위패와 다른 것들을 보관한 건물이 서너 개 있다. 모든 왕족의 무덤들과 마찬가지로, 나무는 모두가 좋은 것들이다. 시내에는 궁궐이 네 개가 있다. 지금 사용 중인 궁궐은 우리의 영사관에서 가깝다. 난 그 궁궐을 담장 바깥에서 봤단다. 지금 사용 중인 궁궐을 제외하고라도 나머지 궁궐들은 땅이라도 밟아볼 수 있는 허가서를 받기를 희망한단다.

여기에 오고 난 다음부터 북쪽 지방에 많은 소동이 있다는 것을 들었다. 사회적 불안함이 많이 있지만 우리가 있는 지역까지 퍼지지 않았으면 한다. 이 백성들이 지도자가 있었더라면 황제가 폐위[1]되었을 때 전국적인 봉기가 일어났을 것이다. 한국인들에게 가해지는 불의에 대해서 방관자가 되기는 참 어려운 일이다. 한국인들은 참으로 놀랍게도 잘 참아오고 있다. 그런데 반대로 3천 년이라는 국가 역사에 의해서 증명되는 것이 있다면 그것은 어떠한 일이 있든 한국은 기독교를 믿지 않는 상태로 자치정부를 가질 능력이 없다는 것이란다. 몇 백년 간 백성들은 부패하고 무자비한 공직자들에 의한 압제를 받아오고 있었다. 그러나 한국 사람들은 몇 가지 좋은 특성들을 가지고 있는데 어떤 저명한 사람이 한국이 군사력이 아니라 도덕적인 힘에 의해서 동양에서 주도권을 쥐는 나라가 될 것이라고 믿는다고 말하는 것을 들었단다.

서울은 인구가 25만 명이고 넓은 지역을 차지하고 있다. 장로교공의회[2]가 열리고 있는 교회까지 (전차를 타기도 하면서) 45분을 가야만 한다.

이번 주에 평양에서 큰 회합이 있단다. 이때 한국의 첫 장로교 노

---

1 1907년 7월 19일 고종양위사건(高宗讓位事件).
2 미국남북장로교, 호주장로교, 캐나다장로교의 연합체(general council of Protestant Missions).

회가 조직[3]될 것이다. 우리 선교사들 중 많은 수가 참석할 것이다. 많은 이들이 그곳에 갈 때 나는 레이놀즈 부인(Mrs. Reynolds)[4]을 방문하려고 한다. 연례회의가 다 끝난 것이 아니고 23~26일 동안 또 다시 모인다. 그러는 동안 서울을 더 보고 싶다. 나중에 좀 더 자세하게 쓸게. 이것을 다 본 다음에 룻에게 보내줘. 혹시라도 볼티모어에 가서 엘리너를 보게 되면 내가 그러더라고 엘리너는 끝내주는 사람이라더라고 하렴.

빨리 편지 해줘. 오랫동안 소식을 못 들었다.

모두에게 많은 사랑을 보내며 넬리.

3 1907년 9월 17일 '조선예수교장로회 대한로회'(일명 '독노회') 조직됨.
4 Patsy Bolling Reynolds(1868.9.28.~1962.3.11.)

1907년 11월 4일 [한국, 전주]

사랑하는 윌에게,

내가 매달 첫날 편지를 하겠다는 계획을 지키려고 하고 있다는 것을 알겠지? 편지 쓰는 날이 1일은 아니지만 그래도 1일과 아주 가깝다. 내가 너에게 약 2주 전에 편지했다는 것 알지?

오늘 아침에 우편배달부가 일본어가 잔뜩 쓰인 편지를 한 통 가지고 왔는데 "Nan 부인"이라고 적혀 있었다. 'a'라는 철자는 넓게 발음이 되어서 우리가 'ar'를 발음하는 것처럼 될 수도 있다. 내가 그 사람에게 여기 그런 사람 살지 않는다고 했더니 나에게 "Nan 부인" 혹은 Miss Nan이 아니냐고 물어보더구나. 아니라고 했지. Nan이 아니라 An이라고 했단다. 나는 Nan이라는 사람을 모른다고 했지. "이 주소를 읽어 보시요"라고 우편배달부가 말해서 읽어봤더니 "Nan 부인 서문 밖에"라고 쓰여 있었다. 그런데 그 우편배달부는 "서문 밖에"라고만 했고 그래서 나는 "테이트 여선교사에게 가져가 봐라. 어쩌면 Nan이라는 사람을 알 수도 있을 것이다"라고 하며 서로 "이야기했다." 편지에 우표가 붙어 있지 않은 것을 발견하고서 나는 그 편지가 공식적인 서류일 것이라고 생각했었는데 과연 그랬다. 편지의 내용은 소포가 하나 왔는데 내가 13센트의 세금을 내야 한다는 내용이었다. 오늘 오후에 우편을 통해 석면 매트(asbestos mats)를 집으로 보냈다. 네가 친절하게 도와줘서 고마워. 너희들이 아니면 이러한 사소한 것들을 누구에게 부탁할 수 있겠냐? 우리는 5달러 이하의 물건에 대해서는 위원회에서 발행되는 수표를 사용할 수가 없단다. 그런데 필요한 작은 것들이 너무도 많잖니. 아무것도 구할 수 없는 지역에 있는 것이 어떤 것인지를 너는 모를 것이다. 오늘 코델 간호사가 흔한 깅엄(gingham) 천 하나도 구할 수 없다는 것이 웃기지 않냐고 하더라. 군산에서는 몇 가지 물건을 구할 수 있다. 왜냐하면 그곳이 항구라서 일본인들이 아주 많아 시장이 열리기 때문이란다. 그런데 여기서는 다른 문제야. 나는 한국어를 잘 배우고 있는데 너무 많은 것을 기대하지는 못하겠다. 왜냐하면 배워야 할 것들이 그렇게 많이 있다는 것을 알게 되면 기가 죽거든. 코델 간호사는 지금 한창 철자를 익히고 기초적인 발음을 하느라 정신없다. 내가 그녀와 같은 입장이 아니라 다행이란다.

휴가를 어머니와 룻이랑 보낼 수 있고 박람회[1]에서 아주 좋은 기회를 가졌다니 기쁘구나. 네가 다니는 회사는 직원들을 차별 없이 잘 대해주지? 볼티모어에 가게 되면 엘리너를 꼭 만나봐라. 아 참! 내가 호기심을 불러일으킬 만한 실수를 하고도 그 실수한 것에 대해 얘기해 주지 않았구나. 서울에 있을 때, 전주 "10,000 Goucher"라고 적힌 국제 전보가 한 장 왔단다. 이것을 읽은 사람들은 가우처 박사 가족들이 우리에게 10,000달러를 보냈다고 생각했단다. 나도 또한 너에게 그렇다고 편지에 썼지. 우리에게는 엄청 놀라운 일이었다. 며칠이 지나도 우리는 믿을 수가 없었단다. 그때 누군가가 전신 암호표를 찾아보면 혹시 뭔가라도 알 수 있지 않을지라고 제안했단다. 그런데 오! "Gouch"라는 말은 "교육 목적의 특별한 선물"이라는 것을 의미하는 것이었단다. 우리는 이제 "r"자가 없는 것으로 생각하기로 했

---

1 제임스타운 300주년을 기념한 세계박람회 Jamestown Exposition. 1907년 4월 26~12월 1일까지 열림.

단다. 기부자는 사우스캐롤라이나의 그래험(Mr. Graham)이라는 분인데 남자대학을 설립하는데 사용하라고 착수금으로 10,000달러를 기부한 것[2]이다. 나는 그래도 그 돈에서 5천 달러를 가지고 좋은 학교를 짓는 것을 공상하고 있었단다. 현재로서는 우리에게 충분한 공간을 줄 괜찮은 일을 계획하려고 하고 있단다. 나는 아마 학교건물에서 지내려고 한다. 아직 새 집에 정착을 하기도 전에 이사 나갈 것을 생각하고 있으니 꼭 임시 하숙생 같은 느낌이 든다. 어쨌든 나는 이곳에서 겨울을 한 번 더 보낼 거란다. 겨울에는 테이트 여선교사가 미국에 있을 것이란다. 그러면 코델 간호사가 혼자 있게 되겠지.

코델 간호사는 매우 쾌활하고 지내기에 어렵지 않은 사람이지만 그렇다고 아주 편안한 그런 사람은 아니다.

전킨 부인에게 여자 조카가 있는데, 엘리너와 아주 친하단다. 그 조카가 일 년 반 동안 이곳에 와서 전킨 목사님의 아들들을 가르칠 것이다. 그녀의 이름은 엘리자베스(Elizabeth Moreland)[3]인데 동양으로 여행을 갈 핑계를 만들고 있단다. 룻에게 편지를 해서 내년 가을에 불 부인과 함께 한국으로 와서 여기서 겨울을 보내고 봄에 다른 일행들과 함께 돌아가라고 했다. 그해에 고국으로 갈 사람들이 상당히 많을 것이다. 엘리너는 방문하러 출국하여 그해 귀국하는 사람들과 함께 돌아갈 것이라고 하는구나. 그녀는 어떤 생각이 있으면 그대

---

2 *The Missionary*(September, 1907), pp.424-26. "선교사들과 다른 구체적인 목적을 지원하기 위해 17,500달러가 해외선교회 위원회를 통해서 작정되었습니다. 이 금액 중 1만 달러는 사우스캐롤라이나의 C. E. 그래험씨로부터 왔는데, 한국 전주에 학교 건물을 짓는데 사용될 것입니다.(Through the Foreign Mission Committee $17,500 were pledged to the support of missionaries and other specific objects. Of this amount $10,000 came from Mr. C. E. Graham, Greenville, S. C., to be used in erecting a school building at Chunju, Korea.)"

3 Elizabeth Moreland(1883.5.17.~1967.11.20.)

로 할 것이다.

엘리너가 이곳에 있었을 때, 엘리너의 동생 엘리자베스는 일본에
머물면서 그곳에 완전히 매료되었단다. 그녀를 초대한 사람이 교장
으로 있는 학교에 영어 선생님이 부족하다는 말을 듣고서 한 학년도
동안 영어교사를 하겠다고 했단다.

그 학교는 큰 감리교 여학교라 아버지인 가우처 박사님도 동의를
해서 엘리자베스는 지금 일본에 있다. 그녀는 새해 무렵에 우리를
방문하기 위해 올 수도 있다. 엘리너 만큼이나 좋은 사람이기를 바라
고 있다. 어쨌든 (전킨 부인의 조카) 엘리자베스(Elizabeth Moreland)와
나는 재미있는 시간을 보낼 것이다.

다음 주에 룻에게 사진 몇 장과 몸통옷(waist)을 보내려고 한다.
사진사가 사진을 완성한다면 말이다. 그것들이 도착하는지 잘 지켜
보고 있어라.

일본에 있는 에릭슨 목사님 부부에게 성탄절을 함께 보내자고 편
지로 초대했다. 그분들은 내가 미국에서 한국으로 오는 길에 일본에
서 방문했던 사람들이다. 그분들은 아직 확답은 주지 않고 그때가
되어야 알 수 있을 것이라고 했다. 그분들이 오기를 바란다. 서울에
있는 레이놀즈 목사님 부부가 전킨 부인을 보러 올 것이다. 그래서
사람들이 많이 모이게 될 것 같다. 전킨 목사님께서 포사이드 의료선
교사가 오면 저녁을 크게 대접하겠다고 약속했단다. 나와 포사이드
의료선교사의 생일[4]이기 때문이란다. 그런데 포사이드 선교사가 되
돌아오지 않고 다른 의사가 대신 오게 될 것이 거의 확실하기에 만찬

---

4 Dr Wylie Hamilton "W. H." Forsythe(1873.12.25.~1918.5.9.)와 Nellie B.
   Rankin(1879.12.25.~1911.8.13.)은 생일이 같음.

에 대해서 걱정이 되기 시작한다. 그러나 전킨 목사님은 내게 걱정할 필요가 없다고 했단다.

전킨 목사님 부부의 아이들과 나는 요즘 들어서 할 일도 하지 않은 채 잘 놀고 있다. 오랫동안 산책을 하기에도 아주 좋은 날씨이다. 우리 선교부의 거의 절반 정도가 지방으로 내려가 있고, 남자는 단 한 사람만 남아있다.

지금은 자야 할 시간이고 아주 바쁜 하루를 막 끝냈지만 다음 날 해야 할 힘든 일들이 있기에 이제 그만 써야겠다.

다음날 저녁

저녁 잠자리에 드는 기도를 드리기 전에, 나는 코넬 간호사에게 한국어를 보여주기 위해 잠시 멈춰야 했다. 교사 역할을 하게 되면 자신이 배운 것이 많구나라고 느끼게 된다. 자신의 언어인 한글을 제대로 쓰는 한국인들은 거의 없다. 이유는 한글을 약간 배우지만 철자를 공부하지는 않기 때문이다. 대부분 경우에 있어서 하나를 제대로 배워야 학점을 주는 체계(Carnegie system)가 유효하지만 항상 그런 것만은 아니다. 조금 전에 코넬 간호사를 가르치는 한국인 선생님의 철자를 고쳐주었다. 철자를 고쳐주었다고 해서 아주 잘했다고만은 생각하지 않는다. 어린이들이 재잘거리는 것을 들으면 나도 저렇게 말을 잘했으면 하고 바라지 않은 때가 없었다. 장례식을 볼 때마다 그 사람이 돌아가시기(to ro kas so) 전에 자기가 알고 있는 단어를 모두 내게 유언으로 남겨서 팔았으면 하고 얼마나 바라는지 모른다! 오늘 아침에 'boil'이라는 단어 때문에 뜻하지 않은 어려움을 겪었다. 옷과 관련해서, 물과 관련해서, 국과 관련해서, 채소와 관련해서, 또 다른 것들과 관련해서 boil이라는 단어가 다 다르게 사용되니 더 이상 못 하겠다고 손들어 버렸다. 같은 뜻인데 다른 말로 표현되는 것들이 있을 뿐만 아니라 대부분은 높임말을 가지고 있다. 선생님들이 드시는 밥에 내가 먹는 밥과 같은 말을 써서는 안 된다. "아이고 Igo" 너무도 다루기 어렵다.

성탄절 때 재미있었던 일 전부를 편지에 써주렴. 어디에 갔었는지 말해 줘. 그리고 누구를 데리고 갔는지 말해주면 다른 사람에게 말하지 않을게. 에핑(Epping)이 올해 너랑 같이 연휴를 보내게 되니? 옛 친구들이 없는 이곳에서의 성탄절은 분명 이상한 일이 될 거야. 여기에 칠면조는 없지만 성탄절 만찬을 할 거야. 그래서 그리 행복하지 않은 나라에서 사람들이 외로움을 덜 느끼도록 만들 거야. 칠면조라는 것을 여기 사람들은 모른다고 했지. 한국인들은 칠면조(turkey)와 비슷한 발음을 가진 토끼(teu key)라는 단어는 가지고 있단다.

날씨가 아주 좋다. 춥고 하늘은 구름 한 점 없으며 바람도 없고 나뭇잎은 아름답다.

매달 첫째 날에 편지를 해라. 내 소식을 조금이라도 듣고자 하는 사람들에게 많은 사랑을 전해주렴. 그리고 너에게도 많은 사랑을 전하마.

사랑하는 누나 넬리.

1907년 12월 16일 [한국, 전주]

사랑하는 어머니께,

11월 15일과 16일에 보내주신 편지를 몇 시간 전에 받고 저의 안전에 대해서, 전쟁에 대한 동요와 잘못된 소문에 관해서 어머니께서 걱정하실까 봐 서둘러서 편지를 드립니다. 어떤 엉터리 잡지들을 읽고 계시는지 상상이 가지 않네요. 현재 전라도(Chulla Do)만큼 이렇게 평온한 곳은 없습니다. 앞으로도 그리리라 생각됩니다.

일본인들이 현재의 황제를 권좌에 올리고 군대를 해산[1]시켰을 때, 한 연대가 반란을 일으켰고 상당한 동요가 있었습니다. 서울에 있는 동안에 소규모의 많은 공격이 지방에 있다는 말을 들었지만 우리가 있는 지방은 조용합니다. 주변에는 많은 의병(righteous army)이 무리 지어 돌아다니고 있습니다. 그들은 무법적인 한국인들로 흩어져 있는 마을에서 머리칼을 잘랐거나 "진보"의 표식을 보이는 사람은 누구나 물건을 빼앗고 위협합니다. 그러나 그들은 주로 사람이 아주 적은 지역에 있습니다. 그들은 일본인들도 몇 명 죽였는데 그 일로 인해서 그 지역에서 일본인들이 더욱더 가혹해졌습니다. 일본인들과 우리와의 관계는 그냥 좋은 관계입니다. 모든 외국인들이, 특히 서울의 어느 신문 편집장이 한국에서의 일본과 일본의 통치수단을 비판해왔지만 선교사들은 비록 개인 생각을 고국에 써 보냈을지라도 한국인들에게

---

1 1907년 7월 31일 밤, 대한제국 순종 황제 대한제국군 해산함.

어떤 감정도 표현하지 않도록 각별히 조심합니다. 두 나라 사이의 전쟁에 관한 것인데요, 전쟁은 불가능합니다. 일본인들은 한국에 대단위의 군대를 주둔시키고 있으며, 어떤 소요가 일어나건 즉시 진압할 수가 있습니다. 그리고 모든 무기를 다 빼앗아 가버렸기 때문에 심지어 사냥꾼들도 사냥을 못 하고 있습니다. 일본과 미국에는 한국과 일본의 전쟁을 일으키고자 하는 세력들이 있다는 생각이 드네요. 만약 동양에 있는 사람들에게 문제가 생기더라도, 문제를 일으키는 사람들은 우리 선교사들이 아니라 엉터리 기사를 쓰는 사람들입니다.

우리는 일본인들이 한국인을 대하는 것이 아주 싫습니다. 우리가 전쟁 당시에 그랬듯이 한국인들은 그들의 가축을 숨겨야 합니다. 일본인들이 빼앗아 갈 수 있는 모든 것들을 빼앗아 가기 때문입니다. 저는 단 한 명의 일본인과 사업상 거래를 맺고 있는데 그 사람은 사진을 인화해주는 일을 합니다. 그는 키가 작지만 굉장히 괜찮은 사람입니다.

우리의 권익을 지켜 줄 좋은 영사관이 있다는 것을 기억하십시오. 일본은 우리가 불안해하지 않는다는 것을 보게 될 것입니다. 그리고 우리 영사는 명성을 더해 가고 있습니다. 동양에 관한 기사가 나오면 조심스럽게 읽으시고 약간의 의심을 하고 보세요. 오늘 코델 간호사에게 온 뉴욕 신문의 긴 기사를 보고 큰 소리가 오갔습니다. 그 기사에 따르면 한국과 일본 사이에 곧 전쟁이 있을 것인데 미국 젊은 여성이 그 사건에 끼어 있다는 것입니다. 황후가 미국 젊은 여성이고 어느 장로교 선교사의 딸이라고 하며 사진까지도 실었더군요. 신문의 칼럼 두 곳을 모두 그녀의 일생과 한국에서의 이상한 관습에 대한 기사로 채웠더군요. 이것은 처음부터 끝까지 조작된 것입니다.

그 황제는 어떤 미국인과 결혼한 적이 없습니다. 신문에 난 그런 사람도 없고 한국에 있다는 관습들은 온통 거짓말입니다. 너무했어요. 그 기사에 따르면 그녀는 기독교인이고 한국 여성들의 관습처럼 조랑말을 탔다는데요. 이상한 냄새가 나지 않아요? 한국 여성이 말을 타다니!!! 불가능한 일이고 충격적인 행위입니다! 이번 여름에 제가 말을 타는 것을 원했거든요. 그런데 제가 말 타는 것에 대한 가부를 정하기 위해 우리 선교부에 있는 사람들이 전체 회의를 했어요. 제가 말을 탄다는 아주 부적절한 일 때문에 학교를 망치게 하는 것은 아닌지 저는 걱정이 되었어요. 회의에서는 여자가 말을 타는 것이 미국인들의 특이한 관습 중 하나라고 한국인들이 생각할 것이며 또한 운동이 저에게는 많은 도움이 될 것이라는 결론이 나서 제게 말을 타도록 해주었습니다. 여성이 말을 탄다는 것을 언급하시면 한국 여성은 발작을 일으킬 것입니다!

이 기사에 따르면 날씨가 뜨거워지면 뜨거워질수록 사람들이 더 두꺼운 누비옷을 입게 되어 두 사람만 지나가도 거리가 막힌다고 되어있습니다. 한국인들은 바보가 아닙니다. 미국 사람들이 이런 바보 같은 일을 하지 않듯 한국인들도 이런 어처구니없는 일을 하지 않습니다. 아주 더울 때 한국인들은 아주 엷은 옷을 입으며 어린이들은 머리에 댕기를 합니다.

젊은 여성 미국인 황후의 기사는 우리를 어리둥절하게 만들었습니다. 늙은 황제는 몇 년 전 황후의 죽음 이후 다른 아내를 맞아들이지 않았습니다.

최근 테이트 여선교사님이 지방에 있을 때 한 일본인 병사가 그분을 찾아와서는 누군가가 어떤 형태로든지 힘들게 하는 일은 없냐고 물었습니다. 특별히 주위에 의병들은 없는가라고 물었습니다. 테이트 여선교사님은 그 군인에게 정말로 아무 일도 없다고 장담하였습니다. 그러자 그 군인이 언제라도, 무슨 일이라도 일어나면 자신에게 알려주면 테이트 여선교사님의 안전을 지켜 주겠다고 했습니다.

순전히 인간의 관점에서 본다면 우리는 미국에 있는 많은 사람들보다 정말로 더 안전합니다. 그러니 저에 대해서는 전혀 걱정하지 마십시오. 돈을 주시겠다는 제안은 정말이지 고맙습니다만 저는 새로운 이 땅에서 벗어나기 위해 그 돈을 요구할 일이 결코 없었으면 합니다. 7년 중에서 일 년이 거의 지나갔습니다. 선교지 근무 첫 기간을 7년에서 5년으로 줄이자는 운동이 진행 중이라는 소문이 있습니다. 시간은 빠르게 지나고 있으며 가장 힘든 해 중에서 한 해가 지나갔습니다. 모두들 첫 두 해가 가장 힘들다고들 하더군요. 물론 외로움을 느낀 때도 있었습니다. 그리고 때로는 가족들 모두를 다시 보려고 여기 오면서 경험한 힘든 여행을 다시 해서 미국으로 돌아갈 생각도 했습니다. 그러나 행복한 한 해였습니다. 정말로 힘들기는 했지만 어떤 한순간도 이곳에 온 것을 후회해본 적이 없습니다.

엘리자베스는 보면 볼수록 더욱 마음에 듭니다. 겨울철 사역이 진행 중이라서 제가 엘리너와 함께 있을 때 했던 어떤 것도 엘리자베스와는 같이 못 하지만 그녀는 참 좋은 젊은 미혼 여성이고 그녀가 이곳에 1년 반 있다는 생각을 하면 기쁩니다. 코델 간호사와는 아주 좋은 것은 아닙니다. 제가 그녀를 좋아하지 않는다거나 그녀가 좋은 사람이 아니라는 것은 아닙니다. 다만 그녀는 전적으로 마음이 통하는 그런 사람은 아니라는 것입니다. 그녀는 일종의 매우 새침한 사람입니다. 그녀는 저보다 상당히 나이가 들었습니다. 그녀가 뜻하지 않게 저에게 말해서 알았답니다. 우리 둘을 보면 전혀 상상이 가지 않을 것입니다. 그녀가 훨씬 어려 보이거든요. 그녀는 끔찍이도 비밀스럽습니다. 제가 말했듯이 그녀가 제게 우연히 나이를 말하고서는 여기서 절대로 자신의 나이를 남에게 말하지 말라고 하지 뭡니까? 이곳 한국에서는 상대방의 나이를 묻는 것이 공손한 것으로 여겨집니다. 그런데 그녀는 자신의 나이를 말하지 않으려고 하고 저는 그녀가 떡을 얼마나 많이 먹었는지(이곳에서는 나이를 묻는 방식입니다.)를 제가 사람들에게 말해주겠다고 하는 것을 보면 사람들은 참 웃기다고 할 것입니다. 세상이 좁으니 제발 이 편지를 회람하지 말아주세요. 코델 간호사가 앤 하몬(Ann Harmon)의 처제니까 이 편지가 이곳으로 다시 보내질 수도 있어요.

기근이 들려고 합니다. 미국 물건들은 아직 도착하지 않았습니다. 그것들은 한국 땅 어딘가 우리가 모르는 곳에 있습니다. 서울에 있는 레이놀즈 목사님 부부가 이번 주에 성탄절을 보내기 위해 와서 우리는 들떠 있습니다. 이곳 선교부에 있는 선교사들 중 누구도 자신들이 청구한 것을 받지 못했습니다만 모두가 조금 더 받았으면 하고 있습니다. 날씨가 계속해서 변함없이 춥습니다. 매일 아침은 20°F(역자: -6.7°C)도 정도고 하루 종일 영하의 날씨입니다. 그러나 진흙탕 길이 되지 않아서 아주 좋습니다. 그것에 대해서 감사를 드립니다. 세숫대야에 있는 얼음은 전혀 개의치 않습니다.

서울을 방문했을 때의 마지막 날과 군산에서 기다리는 동안이 제가 편지를 못한 때입니다. 모두가 편지 못한 것에 대해서 뭐라고 하더군요. 저는 그저 편지를 쓰고 싶지 않았고 편지를 안 한 것이 한 달이 됐다는 것도 잊었습니다. 프레스톤 부인[2](Mrs. Preston)이라고 6월에 오는 사람은 오랜 저의 학교 친구입니다. 늦게라도 편지 한 것이 안 한 것보다 좋지요? 오늘 페이프 선생님(Nina Pape)[3]에게서 온

---

2 Annie Shannon Wiley Preston(1879.1.15.~1983.10.31.)

선물을 받게 될 것입니다. 모두에게 사랑을 전해 주시고 어린(?) 딸 걱정은 마십시오.

　넬리 올림.

3　Nina Anderson Pape(1869.8.29.~1944.3.6.) 교육운동가. 여성 교육, 유치원 교육의 선구자.

1908년 1월 3일 [한국, 전주]

그리운 윌에게,

네가 보낸 성탄절 편지가 오늘 도착했다. 그 편지가 약간 늦었지만 편지가 와서 좋았고 잘 읽었다. 26일에 어머니께 긴 편지를 드리면서 정말 행복한 성탄절을 보냈다고 했다. 그러니 성탄절과 관련된 네 소망은 이뤄졌다. 새해에는 어떤 고통과 슬픔도 없었으면 한다는 너의 다음 소원은 우리 모두의 마음이 슬픔에 잠겼을 때 왔다. 슬픈 일이 없었다면 너에게 1월 1일 편지를 썼을 거야. 어제 일찍 나의 가장 진실한 친구들 중의 한 사람인 전킨 목사님이 일주일이라는 짧은 기간 앓다가 돌아가셨다. 그분 가정에서 성탄절을 보냈다고 네게 편지했다. 그날 그분은 다른 모든 이들과 마찬가지로 좋아 보였다. 그는 어린아이가 둘 있고, 그 아이들보다 나이 더 먹은 두 명[1]의 아들이 있다. 지난여름에 전킨 목사님 부부가 모유(the baby's milk) 때문에 어려움이 많았다. 모유를 신선하게 만들어줄 얼음도 없었고 갓 낳은 메리(Mary)가 좀 까다로웠거든. 성탄 전에 얼음이 꽁꽁 얼었다. 24일

---

1 1907년 당시 생존하던 전킨 목사의 자녀들. 둘째 Rev. Edward Leyburn Junkin(1894.8.23.~1982), 셋째 Dr William McCleery Junkin Jr.(1896.5.28.~ 1963.6.11.), 여섯째 Dr Marion Montague Junkin(1905.8.23.~1977.6.18.), 일곱째 Mary Moreland "Toya" Junkin(1907.3.9.~1960.2.15.), 전킨 목사 사망 당시 부인은 여덟째 Alfred Caruthers Junkin(1908.8.13.~1980.9.24.) 임신 중이었음. http://www.frontierfamilies.net/family/junkin/family/JosephJunkinI/fam 00170.htm

전킨 목사님은 생각했던 것보다 얼음이 두껍다는 것을 알고서 얼음 창고를 채우려고 얼음을 잘랐다. 그날 저녁 얼음이 녹기 시작했어. 그래서 전킨 목사님이 성탄절 아침에 최대한 일찍 일어나서는 막일꾼들이 전주천에서 얼음을 가져오자마자 본인이 열심히 얼음을 채워 넣었는데 점심시간까지 그렇게 했다. 아침 한술 먹을 시간과 성탄 나무에 쓴 시간만 쉬었다. 그분은 몇 년 동안 위에 문제가 있어서 고통을 받았으며 그것 때문에 매우 조심해야만 했다. 26일 내가 그분의 집을 나섰을 때 그분은 피곤해 보이기는 했는데, 두 시간 후에 오한이 왔다. 우리는 처음에 전킨 목사님이 추운 데서 일해 감기에 걸렸고 그 때문에 위에 통증이 왔을 거라고 생각했었다. 장티푸스(Typhoid)의 증상이 곧 나타났고 화요일에는 폐렴이 찾아왔고 어제 사망[2]했다. 그분은 항상 아팠는데 그때가 마지막 병이라는 것을 느끼고 있는 것 같았다. 그렇지만 그는 아주 행복했으며 사는 것도 좋지만 하나님의 뜻이라면 떠날 준비가 됐다고 여러 번 말씀하셨다. 한국에 최초로 온 우리 선교사들 중의 한 명으로 약 42살이고 유난히도 총명하고 성공한 사역자이셨다. 전킨 목사님 가정은 내게는 아주 유쾌한 곳이었다. 그분들은 매우 상냥하고 손님들을 아주 환대했다. 전킨 부인은 미국으로 아이들과 함께 돌아갈 것이다. 어린아이 둘이 있으면 사역을 많이 할 수도 없고 또한 미국에 있는 학교에 다닐 때가 된 큰 사내아이 둘과 함께 있고 싶어서란다. 눈이 빠지도록 그들을 그리워할 것이야. 전킨 부인과 나는 더할 나위 없이 친한 사이가 되었고 그분이 이곳 전주에 일 년 더 있을 것을 기대하고 있었다.

---

2 전킨 목사는 1908년 1월 2일(목요일) 39세의 일기로 사망함. 1907년 성탄절(12월 25일)은 수요일임. 12월 31일은 화요일임.

코넬 간호사는 나보다 훨씬 나이가 많다. 굉장히 엄격하고 전혀 사교성이 없다. 그래서 그녀와 같이 집에 있을 때면 밥 먹는 시간 말고는 그녀를 거의 보지 않는다. 전킨 목사님의 사망 때문에 이곳에서 우리 사역이 크게 어려움을 겪을 것 같아. 전킨 목사님은 한국에서 가장 훌륭한 사역자 중 한 명으로 또한 한국어를 잘 하는 몇 안 되는 사람 중 한 명으로 여겨졌었다. 그분 한국어를 참 잘하셨다!

다니엘 의료선교사가 전킨 목사님을 진료하려고 왔다. 그 사람에게는 아주 슬픈 업무였지만 그의 짧은 방문 동안에 나는 좋은 시간을 보냈다.

동상 걸린 네 손을 기억하니? 동상에 걸리는 것보다 더 좋은 일이 없어서 나도 동상에 걸렸다. 새끼손가락이 동상에 걸렸는데 끔찍이도 쑤셨다. 다니엘 의료선교사가 어제 코카인 주사를 놓고 마취를 한 후 그 손가락을 절개했다. 그래서 며칠간 싸매놓고 고름을 빼내야 한다. 난 의사가 너의 손을 꽉 누르고 연고를 바를 때 네가 아파서 깡총깡총 뛰던 모습을 기억한다. 내 오른손도 심하게 부풀어 올라있고 손가락 두 개가 꽉 쪼인 상태로 붕대로 감겨 있다. 글쓰기가 약간 고통스럽고 매우 어려우니 엉망인 글씨들을 용서해다오.

내가 일본에 관한 것들을 말해줬으니 왜 내 편지가 너에게 도착하지 않았는지 설명이 될 거다. 나는 단언컨대 모든 소포들을 받았다고 즉시 신고했다. 그리고 이모에게도 빈번하게 근사한 우편을 보내는데 이모는 내 소식을 못 들었다고 하는구나. 나는 이모가 소포를 보내 준 것과 특별히 옷을 만들어 입으라고 연습용 무명천 몇 개와 문양을 보내주신 배려에 감사를 드렸다. 삼촌에게는 돈을 보내주신 것에 대해 감사를 드렸고, 이모에게는 나를 위해서 마련해준 것들에 대해서 감사를 드렸다.

미국에 있는 통장에 대한 것인데 살펴야 할 것들이 너무 많았기 때문에 내가 지금 하는 말에 대해서 맹세는 못하지만 내 기억하기로는 내가 가지고 있는 돈을 다 인출했을 때 은행에서 통장을 보관했었다. 내가 공식적으로 은행에 요구해서 그 통장이 없으면 새 통장을 만들고 너에게 주라고 할 터이니, 만약 이 일이 되지 않으면 이 일을 바로잡기 위해서 무엇을 해야 하는지 내게 말해주렴. 은행 사람들이 내 돈의 이자를 구좌에 넣었을 때 누구의 통장에 넣었니? 그들이 너에게 통장을 보여주지 않으면 그 이자가 적금되었는지 내가 어떻게 알 수 있겠니? 내 생각으로는 약간 웃긴 일 같다.

오늘 아침 굉장히 많은 성탄절 편지들이 왔고 소포를 보냈다는 통지서들이 몇 개 왔다. 그것 외에도 르누아르교회(Lenoir Church)의 여신도회(the Ladies' Society)에서 보낸 『레이디스 홈 저널』 구독 통지서가 있었다. 그리고 니콜슨 씨(Mr. Nicholson)와 그의 여동생이 보낸 『우먼스 컴패니언(The Woman's Companion)』 구독 통지서가 있었다. 삽화가 많은 이 두 잡지를 보게 될 것이기 때문에 내가 보던 『컨트리 라이프(The Country Life)』를 네가 갱신하지 않기를 바란다. 그림들은 재미있게 봤지만 읽을 만한 것이 많지 않고, 지금 읽을 것들은 거의 모두 가지고 있기 때문이다. 니스벳 부인이 『새터데이 포스트』를 가지고 있는데 그것을 읽을 시간도 없다. 내 생각으로 『컨트리 라이프』가 그림만 보기에는 너무 비싼 잡지기에 대신 책을 가졌으면 좋겠다. (네가 『컨트리 라이프』를 갱신할 거라고 너무도 당연히 여기고 있는 건가?)

오리(Aurie)와 빈더(Vinda)가 보낸 소식을 매우 즐겁게 읽었다. 그들에게 나의 사랑과 새해에 좋은 일만 있기를 바란다는 말도 전해주렴. 그 아이들이 매해 티 없이 맑은 "재잘거리는 소녀"로 있으면 좋겠다.

"약방(yak-bang)[3]"에 가서 손 상처를 소독해야 하기에 작별할 시간이다. 은식기들을 즉시 보내라. 나이프와 수저를 보내렴. 얼 부인 (Mrs. Earle)이 지난달에 은식기를 많이 구했으니 괜찮을 거야.

내가 향수병에 심하게 걸렸지만 네 편지가 나에게 많은 도움이 됐다. 새해에는 가장 큰 행복이 그리고 많은 큰 즐거움이 있기를 바란다.

많은 사랑을 전하며 넬리.

니콜스 씨(Mr. Nichols)로부터 긴 편지를 막 받았다고 어머니께 전해주렴. 그 사람이 결혼에 대해서는 한마디도 안 했다는 것도. 내가 아는 것은 그것뿐이란다. 잉크 얼룩이 많아서 미안하다.

---

3 Mrs. Mattie Ingold Tate, M.D., "Chunju Medical Work. Beginnings, Experiences, and Results at Chunju, Korea,"(*The Missionary*(February, 1907), pp.80-1) 테이트 부인(잉골드 의료선교사)가 작성한 〈전주 의료 사역: 한국 전주에서의 시작, 경험, 그리고 결과〉라는 글을 보면 전주에서 의료사역 초기 역사를 알 수 있음. dispensary를 당시 사람들이 약방이라는 이름으로 불렀음을 랭킨 선교사의 편지로 알 수 있음.

1908년 2월 3일 [한국, 전주]

사랑하는 월에게,

정오(12시)에 이 편지를 쓰기 시작했는데 얼마나 많은 방해를 받을지 모르겠다. 오늘은 새해 인사를 받는 날인데 아주 부산스럽거든. 이 은둔자의 나라(Hermit nation)에서 새해는 큰 날인데 고향에서의 성탄절이 생각난다. 어제[1]는 한국식 부활절(Korean Easter)[2]이라서 많은 이들이 새 옷을 입었단다. 훌륭한 옷을 입고 있는 소년, 소녀들과 젊은 사람들이 아주 멋져 보였다. 교회 가는 길에 16살쯤 되어 보이는 한 사내를 만났는데 그 사람 옷이 멋져서 그 옷에 대해서 이야기하련다. 약혼했기 때문에 머리를 올렸고 짚으로 만든 독특한 "약혼 모자"를 쓰고 있었다. 완전히 하얀 그의 바지를 1인치 넓이의 주황색 끈으로 발목에서 묶었다. 겉에 입는 긴 옷은 화려한 빨간색으로 된 것인데 녹색으로 안감을 받쳤다. 그래서 걸을 때 그 옷이 앞뒤로 나부끼면 녹색이 보인다. 이 화려한 빨간색 옷 위에다가 자줏빛이 나는 파란(purple-blue) 얇은 천의 옷을 입었는데 매우 우아했다. 그 사람은 아주 멋쟁이였다. 어린 소녀들도 매우 화려했다. 한 어린아이는

---

1 1908년 2월 2일(일)이 음력 설날.

2 부활절 세례를 받으면서 하얀 새 옷을 입었던 기독교인들의 전통에서 시작하여, 부활주일 깨끗한 새옷을 입는 관습이 생겼다고 함. 이후 시간이 흘러 부활주일에 깨끗한 옷을 사 입으면 행운이 그렇지 않으면 불운이 따른다는 미신이 생겼다고 함. https://www.bhg.com/holidays/easter/easter-traditions/new-clothes-on-easter-sunday/

1인치 넓이의 빨강, 녹색, 노랑, 자주, 주황, 분홍 그리고 파란색으로 된 천들로 만들어진 조끼(역자: 색동저고리)에 빨간 치마를 입고 있었다. 사람들이 조끼와 치마를 함께 입은 모습을 보면 처음에는 깜짝 놀랄 수도 있지만 곧 그림같이 아름답다고 할 것이 분명하다. 토요일 저녁에 우리는 아주 정성 들여 만든 선물들을 받았다. 우리 각자가 이렇게 생긴 "떡 탑(bread tower)[3]"을 받았단다.(원본에 그림이 있음.) 한 국인들은 오븐이 없어서 이 떡은 기름에 튀겨진 쌀가루나 보릿가루로 만든다. 이 탑은 한국인들이 가지고 있는 시럽과 같은 것으로 붙여놓은 작은 두루마리들이다. 가장 위에 있는 3개의 층은 밝게 빛나는 빨간 것으로 뒤덮여 있었는데 빨간 이것들과 다섯 가지 뿔 모양의 것들이 튀긴 보리로 붙여져 있었단다. 매우 예술적이란다. 이러한 환상적인 떡들은 매우 대중적이란다. 우리가 받은 것들 중의 일부는 크기가 식빵 한 조각만 했다. 그리고 튀겨진 "쌀(입쌀, up sal)"이 그 떡 위에 있었다. 어떤 소녀가 예쁘게 생긴 "주머니(chu money)"를 가지고 왔는데 그것을 룻에게 보낼 것이다. 작년에는 샘과 집과 마을에서 악귀를 몰아내는 꽹가리와 북소리의 소음 때문에 귀가 먹어버리는 줄 알았다!!! 토요일에 그 소리가 약간 들렸지만 어제와 오늘은 폭죽 소리 말고는 조용하다. 아마도 사람들이 배부르게 먹고 즐긴 다음에 악마들을 대접할 것 같다.

성인 남자 몇이 "절 하러(chul[4] how)" 왔다.

오늘 아침 내가 수업 받고 있는 동안에 아이들이 끊임없이 와서는 새해 복 많이 받으라고 했단다.

---

3 bread tower는 유과를, 식빵 한 조각만 한 것은 백산자를, 시럽은 조청을 말하는 듯함.

4 세배 즉 절하는 것을 발음대로 절(chul)로 표현한 것으로 보임.

바로 지금 우리는 서로 교류하면서 엄청나게 재미있는 시간을 보내고 있다. 지난주에 YMCA의 브록맨 씨(Mr. Brockman)[5]와 북장로교 선교사인 케이진 목사님(Mr. Kagin)[6]이 이곳에 왔단다. 우리는 정말이지 즐거운 시간을 가졌다. 브록맨 씨는 서울에 있을 때 내게 매우 잘해주었다. 그래서 내가 그들을 위해 좋은 저녁식사를 준비했단다. 이번 주에 북장로교 선교사들 중 한 가정을 모셔서 시골교회 여자성경학교에서 가르치게 할 것이다. 또한 서울에 있는 레이놀즈 목사님도 그 성경학교를 위해 올 것이다. 그는 한국인 조사(助事, helper)를 두 명 데리고 올 것인데 매일 조금씩 성경을 번역[7]할 것이다. 레이놀즈 부인과 아이들[8]은 3월 1일경에 내려올 것이다. 그들이 이곳으로 이사 왔기 때문에 전킨 목사님이 남기고 간 일을 레이놀즈 목사님이 맡을 수 있다.

서울에서 정말이지 좋은 젊은 미혼 여성을 만났다. 쿡(Miss Cook)이라는 사람인데 우리 영사의 아내를 방문하고 있었지. 토요일에 엽서를 받았는데 그녀가 곧 나를 방문하러 내려오겠다는 내용이었다. 엘리자베스가 다음 주에 서울에 가는데 쿡 양에게 엘리자베스와 함께 내려오라고 할 것이다. 우리는 서울에 있는 감리교 젊은 미혼 여성이 몹시도 끔찍한 상태에 있다는 말을 들었다. 남감리교 여자 선교사들은 서울에서 굉장히 안 좋은 지역에 머물고 있다. 그녀와 코델 간호사는 스캐리트(Scarritt[9])에서 교육을 같이 받은 친구 사이란다.

5 Francis Marion "Frank" Brockman(1878.5.21.~1929.6.10.)

6 Edwin Kagin(1879.2.16.~1975.7.29.)

7 William D. Reynolds, "How We Translated the Bible into Korean,"(*Union Seminary Magazine* 22(1910-11), pp.292-303)에 따르면 1910년 4월 2일 토요일 저녁 번역이 끝남. "번역 다 되었소(Punyuk ta toyusso)"

8 레이놀즈 목사 부부의 자녀는 William Davis Reynolds III(1893~1893), John Bolling Reynolds(1894.8.20.~1970.3.20.), Carey Mebane Reynolds Wilson(1899.8.10.~1969.7.2.), Ella Tinsley Reynolds Groves(1902.12.11.~1997.12.19.).

우리는 전주에 내려와서 회복하라고 그녀를 초대했단다. 그들이 그녀를 내려보낼지는 아주 회의적이지만 혹시라도 ·허락한다면 쿡 양과 남감리교 여자 선교사 이렇게 두 명의 방문객이 있을 예정이란다.

엘리자베스와 나는 서쪽에 있는 큰 괴물(great monster)[10]인 나의 산을 오르고 싶어 거의 미칠 지경이다. 맥커첸 목사님(Mr. McCutchen)[11]이 우리와 산행을 끝까지 함께하겠다는 약속을 했을 때 우리의 소망은 다시 살아났다. 전킨 목사님이 마지막으로 가족들과 아침을 먹던 12월 26일 우리가 이 산행을 계획했었기에 이 계획이 다시 살아났다고 한 것이란다. 전킨 부인과 아이들, 그리고 엘리자베스는 3월 마지막 날에 이곳을 떠난다. 그래서 그들이 가기 바로 전에 산행을 할 것이다. 이 늙은 친구에게는 늦봄까지도 눈이 머문다.

『미셔너리(The Missionary)』[12]에 한국의 축제에 대해서 빠뜨리지 않고 전부 써서 보냈다. 『미셔너리』의 편집장인 윌리엄스 목사님(Mr. Williams)[13]이 글을 쓰라고 나에게 상당 기간 압박하고 있었단다. 그

---

9 1892년 Scarritt Bible and Training School로 개교 후 1924년 Scarritt College for Christian Workers로 교명을 바꿈. 간호사 교육을 위해 작은 병원이 시작되었으나 재정적 이유로 1905년 중단됨. 1988년 폐교함. 이 학교 출신의 한국인으로 독립유공자이며 덕성학원 설립자인 차미리사(車美理士)(1878.8.21.~1955.6.1.)가 있음. 1910년 입학하고 2년의 과정을 마치고 졸업함.
   https://en.wikipedia.org/wiki/Scarritt_College_for_Christian_Workers
10 전라북도 완주군과 김제시, 전주시에 걸쳐 있는 높이가 796m인 모악산(母岳山)을 언급하는 듯함. 큰 산을 뜻하는 岳을 惡(monster)으로 오해한 듯함.
11 Rev Luther Oliver McCutchen(1875.2.21.~1960.11.20.), Josephine Cordelia Hounshell McCutchen(1876.10.4.~1967.8.3.) 두 사람은 1908년 9월 17일 혼인함. 둘 사이 자녀 없음.
12 미국남장로교 해외선교부에서 발행하는 월간 소식지로 해외선교지와 미국교회의 매개 역할을 할 목적으로 1867년(?)에 설립됨, 1911년 10월호를 마지막으로 발행하고 1911년 11월부터 The Missionary Survey로 통합됨.
13 Rev Henry F. Williams(1847.11.4.~1933.2.11.)

글에 모두 썼기 때문에 그 내용은 반복하지 않을 거다. 언젠가 그 글이 인쇄되어 나오면 보렴. 그 글을 쓴 것은 내가 한국에 온 지 1년을 기념하는 거란다.

내가 너에게 "그 사랑스러운 화병들이 얼마나 많은 기쁨을 주고 있는가!!!"라는 말을 하지 않았던 것 같다만 종종 그 말을 하려고 마음먹었단다. 서울에서 화병을 올려 둘 조각된 검은 나무로 된 조그맣고 예쁜, 탁자 비슷한 받침대 세 개를 샀다. 그것들로 약 5피트 높이의 책장 꼭대기를 장식한다. 그것들은 어마어마할 정도로 보기 좋고 내게 많은 즐거움을 준다. (여기서 말하는 화병들은 네가 세인트루이스에서 나에게 가져다 준 것이다.)

내 서재는 아주 예쁘며 사람들이 경탄해한다. 전주를 방문하고 있는 젊은 총각 둘이 우리 집이 아주 편안하고 매력적이어서 이곳에서 살면 좋겠다고 하더구나. 그런데 윤년(leap year)이라서 그들은 선택(bids)을 기다리고 있다고 했다. 우리는 "찜한 것"을 즐기는 일은 9월에 있는 연례회의에서 적합한 사람들을 다 보고 날 때까지 기다리기를 원한다고 했다.

에핑이 결혼을 했구나!! 미니(Minnie)(?)는 하지 않았고. 이런 성급한 것들을 더 많은 사람들이 하면 너의 머릿속에도 개념이 생길 것이다. 배우자를 선택할 때 내가 좋은 시누를 원하고 있다는 것을 마음에 기억하고 있어라. 요즘 무엇을 하고 있는지, 사는 것은 즐거운지 편지해 줘. "그 사이에 편안히 지내렴."(Kwoo sae e pyen au e ha si o.)

모두에게 특히 너에게 사랑을 보낸다.

사랑하는 누나 넬리.

1908(?)년 4월 3일 [한국, 전주]

사랑하는 윌에게,

토요일 편지를 하지 않았을 때는 내가 만우절 장난을 하려고 했던 것은 아니었는데 어쩌다 보니 그날 편지를 못 했다. 아침과 오후에 학생들에게 시험을 치르게 하고 있었기 때문에 그 일을 마친 후 전혀 편지 쓸 생각이 들지 않았단다.

이 편지는 월요일 점심 식사 시간에 쓰고 있다. 고쳐야 할 시험지들이 산더미처럼 쌓여서 사방에서 나를 노려보고 있는데 한가롭게 있는 내 자신이 로마가 불타고 있을 때 혼자 바이올린을 켜고 놀았던 네로 황제와 같다고 느껴진다.

매일 매일 골칫거리가 있지만 오늘의 특별한 골칫거리는 뭘까? "결혼"이란다. 놀라지 마라. 결혼에 대해서는 나는 오래전에 입장을 정리했으니까. 내가 "입양한 딸"에게 청혼이 많이 들어온다. 아주 괜찮은 젊은 여자인데 많은 청혼을 받았거든. 그런데 사람들이 결혼 후에도 내가 도울 수 있다고 생각을 해서 청혼하는 것 같아. 그래서 이제부터는 나에게서 한 푼도 못 받을 것이라고 공개 발표 했단다. 가장 최근 청혼한 사람의 어머니께서 오늘 오후에 나를 방문할 예정이다. 입양한 딸 쪽 사람들이 최종 책임을 져야만 하지만 신중한 생각 끝에 나는 그 결혼에 찬성할 마음을 먹었다. 올 겨울에 그녀에게 약간 실망했다. 그래서 나는 그녀를 내보내고 싶단다. 얼마 전에 시내의 가장 부유한 집안 중의 한 곳에서 청혼을 해왔는데 그 남자가 기독교인이 아니고 그 집안이 부인을 여럿 두고 있을 만큼 부유한 집이라서 내가 거부권을 행사했다. 내가 선호하는 남자는 모든 것을 빼앗겨 버린 성경의 욥(Job)처럼 아주 가난하지만 열심히 일하는 기독교인이다.

우리의 초급반 주일학교가 성장하고 있다. 어제는 거의 400명이 왔다. 조금 나이 먹은 어린이들이 등에 업고 온 어린 아이들과 갓난아이들을 셈하지 않고도 383명이었다. 내가 이 모든 아이들을 가르친단다. 내가 얼마나 힘겹게 버티고 있는지 알겠지.

여기에 있는 파리는 정말로 끔찍하다. 파리는 모든 오물과 끔찍한 병들 때문에 번창하며, 우리들의 집으로 그것들을 가지고 온다. 나는 이러한 손님들을 접대할 마음이 전혀 없다. 내 방들에 모기장을 설치하려고 한다. 미국산(産) 철망을 구했고, 한국인 목수가 설치하는 일을 하고 있는데 참 잘하고 있다.

복숭아나무의 싹이 부풀어 오르고 있다. 그래서 오늘 오후에 가지치기(spray)하려고 한다. 네가 이곳에 와서 대신 일해주면 좋을 텐데.

조그마한 뜰에 지난 주 잔디를 입혔다. 좋아 보인다. 아니 푸르게 되면 좋아 보일 것이다. 조금씩 조금씩 내가 사는 곳을 가꾸고 있다. 제철보다 앞선 제비꽃들이 몇 송이 피어있는데 나무는 아직 생명의 표시를 보이지 않는다.

네가 보낸 서배너 신문을 기쁘게 읽었다. 네가 보낸 것들을 제외하고는 받은 것이 없다. 낯선 이름들이 너무 많이 나와서 스스로가 전보다 훨씬 더 이방인이 된 것 같다.

엘리너는 이달 16일에 일본에서 배를 타고 간다. 흑사병이 발생했기 때문에 시베리아를 거쳐 가는 것을 포기해야 했다. 그녀가 귀국한 뒤 네가 그녀를 찾아와주면 좋겠다는 말을 너에게 말해달라고 하더구나. 그녀의 아버지가 돌아오시기 전에 시골집으로 갈지 안 갈지는 모르겠다고 했다. (그녀의 아버지는 5월에 영국으로 간다.) 시내에 있는 집으로 전화를 해보고 없으면 시골집 피케스빌(Pikesville) 동네의 "앨토데일(Altodale)"을 찾아라. 그녀가 너에게 할 말이 몇 가지 있다고 하더라. 그녀는 이제 동양에서의 여행을 끝났다고 생각하는 듯하다. 사람들이 관광하는 것을 그녀만큼이나 즐기지 않을 때 관광한다는 것이 따분할 것이 틀림없을 것이라서 그녀를 탓하지 못할 것 같다. 올여름에 네가 그곳으로 가기를 바란다.

은그릇 장식 디자인을 보니 매우 기쁘다. 디자인 사진의 일부분을 보내줘서 고맙다. 디자인을 고르라는 말을 들었다면 나는 그것이나 그것과 아주 비슷한 폴 리비어(Paul Revere) 제품을 고르려고 생각했었는데, 봐 내가 선생님 하기에 적합하지.

네가 집에 있는 동안에 룻이 집에 없었다니 참 안됐다. 봄과 여름 대부분을 돌아다닐 거니 아니면 리치먼드에서 정착할 거니? 그 사람들이 봉급을 인상해주었니? 네가 그렇게 쉬지 않고 일을 하면 그들이 너에게 임금을 잘 줘야만 한다고 생각한다.

오늘 아침에 전주에서 두 번째로 부자인 사람이 딸을 학교에 입학시켰다. 그녀가 많은 것을 하기에는 다소 늦었고 진도를 "따라잡아야" 하지만 그 가문과 친해질 기회를 위해서 또한 우리 학교가 얻을 명성 때문이라도 그 여학생을 얻는 기회를 잃고 싶지 않았단다. 시내에 사는 부유한 집안의 사람들은 딸들이 좁은 안마당을 떠날 것을 거의 허락하지 않기 때문에 "김 진사(Chinsa)와 이 진사가 우리에게 그들의 딸을 보낸다"는 말할 기회를 갖게 되어서 기쁘다. 진사는 석사, 박사 등에 해당하는 학식이 많은 사람에게 붙여지는 칭호란다.

신분이 높은 부유한 가정 출신의 소녀가 3명이 있다. 그들의 부모가 기독교인들은 아니지만 세 명 중 둘은 세례를 받았고 열심히 믿고 있다. 이번에 들어올 이 소녀도 세례를 받으면 좋겠다. 여학생들 대부분은 기독교 집안 출신이다. 적어도 부모 중 한 명은 믿는 사람이다. 몇몇은 믿지 않는 집안 출신이고 우리가 학생들을 가르치게 되면 적어도 가정에 예수를 전할 기회를 갖게 된단다. 내가 한문을 모르지만 그들은 배움을 존중하기에 나를 친근하게 맞아준다. 여기 부유한 여학생들은 참 좋다. 그들 중 둘은 내가 가장 좋아하는 아이들이다. 공부도 잘하고 잘난 척하지도 않고 공부하라면 거부하거나 회피하지도 않는다. 그리고 다른 모든 학생들과 매우 친하다. 그들은 나이가 가장 많은 학생들 중 두 명인데 모든 면에서 나를 도우려고 한다. "부인[1]이 그것을 좋아하지 않을 것이다"라는 말은 그들에게는 절대적인 금지가 된다. 그들은 내 방에 와서 쉴 새 없이 이야기하는 것을 좋아한다. 그들의 얘기를 통해 한국인들의 관점을 상당히 많이 배울 수 있기에 그 아이들이 와서 이야기하도록 내버려 둔단다.

오늘 김치에 쓸 고추를 심었다. 이번 심은 고추가 미국의 마을 하나를 통째로 맵게 할 만큼 될 것이다.

모두에게 사랑을 전하며 그리고 특별히 너에게 사랑을 전한다.

사랑하는 누나 넬리.

---

1 당시 랭킨 선교사나 테이트 여자선교사를 결혼하지 않았음에도 부인(Pooin)으로 호칭한 예.

1908년 4월 5일 일요일 [한국, 목포]

사랑하는 월에게,

내가 목포에서 도대체 무엇을 하고 있는지 정말 궁금해 하고 있을 것이다. 최근에 편지를 하지 않았기 때문에 도대체 무엇을 하고 있는 지에 대해서 궁금했을 것이다. 네가 엄청나게 많은 질문을 한 편지를 집에 두고 와서 모든 것에 대해서 답을 할 수는 없지만 먼저 어떤 일들이 있었는지에 대해서부터 시작하마. 약 3주 전에 광주와 목포 에서 자신들의 선교부를 방문해달라는 편지가 왔다. 다음 한 해 동안 학교 사역을 하느라 손과 발이 묶이게 될 것을 알고 있어서 방문하기 로 결정했단다.

나는 지금 녹스 선교사(Miss Knox)[1]와 애그너스 스콧 대학(Agnes Scott Institute) 친구인 프레스톤 부인을 방문하고 있다. 나는 지난주 토요일에 전킨 부인과 아이들 그리고 전킨 부인의 조카 엘리자베스 와 함께 전주에서 나왔다. 엘리자베스와 나는 월요일에 출발해서 이 곳에 오게 되어있었고 엘리자베스는 화요일에 이곳에서 전킨 부인과 만나게 되어있었는데 일요일에 끔찍한 폭풍이 일어서 배들이 해안을 떠나지 못했고 그래서 예정대로 진행되지 못했다. 그리고 배를 타기 위해서 1주를 기다려야만 했다. 나의 이번 군산 방문은 슬펐다. 다니

---

1 Miss Knox(Elizabeth L. Knox Wilson)(1881.7.19.~1962.3.13.)와 같은 해 한국으로 온 Dr Robert Knox(1880.3.3.~1959.3.), Maie Philadelphia Borden Knox(1885. 12.24.~1967.2.6.)와 주의해서 구별할 것.

엘 의료선교사 가족과 함께 있었는데 내가 간 그 주 수요일에 그 부부는 아기 토마스 2세(Thomas Jr)[2]를 묻었단다. 어린 톰은 내가 알고 있던 아이들 중에서 가장 사랑스런 아이였고 나는 그 아이를 끔찍이도 사랑했었단다. 그 아이는 전에 한 번도 아파 본 적이 없었던 항상 강하고 건강한 아이였다. 위 질환이 약간 생겼었는데 그것이 악화되어서 10일간 앓다가 죽어버렸다. 아이 엄마인 내 친구 새디(Sadie)가 그 아이의 최근 귀여운 짓들에 대해서 계속 이야기를 해서 그 아이가 더욱더 그리워졌다. 다니엘 의료선교사가 버드만 의료선교사(Dr. Birdman)[3]를 불러서 자신을 돕도록 했지만 아무 소용이 없었다.

버드만 의료선교사는 젊은 독일인이다. 아주 덩치가 크고 영리하며 쾌활한 사람이고 지금껏 만난 기독인들 중에서 가장 좋은 사람 중의 한 명이다. 그는 우리와 같이 내려왔으며 좋은 동료다. 이곳 목포는 그의 선교부이다. 엘리자베스는 배가 정박해 있는 얼마 안 되는 시간에 맞춰 선교부에서 나갔고, 오후에 배를 타고 떠났다. 그녀는 지금껏 만나 본 미혼 젊은 여성들 중에서 가장 좋은 사람 중 한 명이다. 전킨 부인은 건강하지 않은 어리디 어린 두 아이들을 데리고 출발해야만 했다. 그분이 정말로 걱정이 된다. 그분은 한국에 전킨 목사님의 무덤 말고도 세 아이의 무덤[4]을 남기고 간다.

목포는 우리 남장로교 한국선교회 선교부들 중에서 가장 매력적

---

2 다니엘 의료선교사 부부는 1904년 7월 18일 혼인함. 1908년 당시에 자녀로 Marion Sterling Daniel Blue(1905.8.3.~1986.1.14.), Thomas Hall Daniel(1907.~1908.), Frank Dunnington Daniel(1908.5.3.~1978.7.26.)이 있었는데 편지에서는 둘째 Thomas의 사망에 대해서 이야기 함.

3 Ferdinand Henry Birdman(1872.12.16.~1925.)

4 전킨 목사 부부는 George Garnett Junkin(1892.4.23.~1894.11.30.), Sidney Moreland Junkin(1899.1.8.~1899.3.17.), Frances M Woods Junkin(1900.4.3.~1903.4.23.)을 한국 땅에 묻음.

이지 못한 곳이란다. 그렇지만 이곳에서 즐겁게 지내고 있다. 프레스
톤 부인에게는 두 명의 귀여운 어린아이[5]가 있는데 갓난아이가 특별
히 귀엽다. 버드만 의료선교사와 맥컬리 목사님(Mr. McCallie)이 같은
집에 머무르고 있으니 여기에 상당히 많은 식구들이 있다는 것을 알
겠지. 프레스톤 목사님은 시골로 전도 여행 갔는데 오늘 집에 들어올
예정이다. 그분이 오면 우리가 광주로 언제 갈지를 결정할 것이다.
프레스톤 목사님이 우리를 데리고 갈 예정이다. "우리"란 그분의 부
인과 어린아이들, 녹스 선교사 그리고 나를 의미한다. 우리는 벨 부
인(Mrs. Bell)[6]과 오웬 부인(Mrs. Owen)[7]을 방문할 것이다. 버드만 의료
선교사는 증기선에서 매우 아팠다. 그리고 일본에서 장티푸스에 걸
렸고 지금도 절대 건강한 것은 아니지만 한국인들이 의사에게 몰려
들기 때문에 휴식도 취할 수가 없다. 그래서 남장로교 한국선교회는
그가 건강해지고 강해지기를 바라서 이곳에 머무르지 않고 가능한
많은 곳을 방문하기를 바란다. 맥컬리 목사님은 지방 전도여행을 갈
것이다. 그래서 집 문을 닫게 되면, 버드만 의료선교사가 우리와 함
께 광주에 갈 수도 있을 거다. 광주는 상당히 멀리 떨어져있다. 우리
는 강을 타고 약 40마일을 올라갈 것이다. 일본 여관에서 하룻밤을
보낼 것이고 말과 가마를 타고 20마일을 더 갈 것이다.

광주에서 전주까지 육로로 갈 생각을 하니 너무 기쁘다. 나는 녹
스 선교사를 집으로 데려간다고 생각하니 이틀 동안 걸리는 여정이

---

5 프레스톤 목사 부부는 자녀로 Samuel Phea Preston(1904~1904), Miriam Wiley
   Preston St. Clair(1908.9.26.~2005.3.22.), Mrs. Annie Shannon Preston
   Cumming(1907.10.21.~2003.12.8.)가 있음.

6 Margaret Whitaker Bull Bell(1873.11.26.~1919.3.26.)

7 Georgiana Emma Whiting Owen(1869.9.12.~1952.1.24.)

전혀 두렵지 않다. 우리와 함께 가면서 우리를 보호해달라는 말로 버드만 의료선교사를 설득해서 같이 전주로 갈 수도 있다. 나는 정말 그렇게 하고 싶다. 그래서 그가 전주로 갈 것을 희망해 본다. 이틀간의 여행이지만 하룻밤을 주막(Korean inn)[8]에서 묵어가기보다는 교회에서 머무를 수 있을 것이다.

월! 내 화물에 대해서 할 이야기가 한 가지 있다. 물건이 담긴 나무통이 깨져서 열려있었고 니콜슨 씨(Mr. Nicholson)가 내게 준 금도금 된 작고 예쁜 시계와 그림들을 포함해서 많은 물건들이 도난당한 것을 알지. S. S. 회사가 스튜어드(Steward)를 통해서 도난 물품의 18달러 피해에 대해서 38엔을 지불했다. 깨지거나 물 때문에 피해를 당한 물건들에 대해서는 보험금 지불을 거부했단다. 보험회사 사람들이 어머니께 말한 것을 스튜어드 씨에게 써서 보냈는데 그는 도난품에 대한 38엔 말고는 받은 것이 전혀 없다고 했다. 돈이 똑같아서 생각해봤더니 일본의 S. S. 회사가 뉴욕에 있는 보험회사 사람들로부터 38엔을 받은 것 같다. 일본에서 물건이 든 나무통이 털렸으니, 물에 흠뻑 젖은 것 등등에 대한 피해보상을 받아야겠다. 보험회사 사람들에게 이 일에 관해 편지를 해서 무엇을 해야 하는지 알아봐 줄래.

조명을 어떻게 하느냐고 네가 물은 것 말고는 다른 질문들은 다 잊어버렸다. 우리는 석유를 사용하고 있다. 스탠더드 오일 컴퍼니 (Standard Oil Company) 것을 쓰고 기름통 하나에 2엔인데 그 통에 얼마나 들어있는지는 모른다.

---

8 주막을 "chumak"(Korean inn)으로 표기함. Miss Ethel Kestler, "Hospital at Kunsan, Korea,"(*The Missionary*(October, 1907), pp.496-97)을 참조.

일본인들이 모여 있는 모든 항구에는 상당히 현대식 건물이 지어지고 있다. 좀 더 좋은 집에 살려면 돈을 내야만 하기에 한국인들은 초가지붕에 진흙으로 된 집에서 산다.

황제가 현대 양식의 아름답고 새로운 궁궐[9]을 거의 완성했다. 일본인들이 이 건물을 "정부" 용도로 쓴다고 빼앗아 버렸다. 그리고 서울에 있는 오래된 궁궐 중의 하나에 황제를 가두어 두고 있다. 그 궁궐은 내가 9월에 서울에 있는 동안 들어가 본 적이 있는 곳이란다. 한국인들에게 끝없는 인내력이 없다면 (?)가 피로 써질 것이다.

점심 식사가 준비되었다. 점심을 먹자마자 한국 소녀들을 몇 명 만날 거다. 그런 후 우리는 등산 할 것이다. 자, 이제 안녕.

모두에게 나의 사랑을 전해주렴. 그리고 편지를 빨리 하라고 전해주렴.

많은 사랑을 보내며 넬리.

---

9 덕수궁 석조전.

1908년 5월 22일 [한국, 전주]

조지아(Georgia)!!

넌 정말 끝내준다. 지난번 너의 편지만큼 웃을 수 있는 편지를 오랫동안 받아본 적이 없었다. 아마도 내가 의도했던 것보다 네가 훨씬 더 많이 기다렸으리라고 걱정하면서, 네가 보낸 공식적인 점심에 관한 책을 보내준 것에 대해 감사의 글을 막 쓰고 났는데 네 편지가 도착했다.

3월 대부분은 1월 2월과 마찬가지로 전킨 목사님 집에서 보냈다. 이것이 내게 주어진 마지막 기회 같아서 그들과 가능한 많은 시간을 보내야만 한다는 느낌이 들었기 때문이다. 엘리자베스는 마지막 3주를 나와 함께 보냈는데 그녀는 보면 볼수록 더 사랑스러웠다. 물론 인생에 남겨진 공백은 상당히 큰 것이다. 목포까지 그들과 함께 갔고 그런 다음 대개 주위에 사는 사람들을 방문하며 보냈다. 프레스톤 목사님 가족과 함께 목포에서 2주간 있었다. 프레스톤 부인과 나는 애그너스 스콧 대학(Agnes Scott)에서 2년을 함께 있었는데 내가 이곳으로 나온 후 처음으로 만나게 되었단다. 우리가 마지막으로 만난 곳은 찰스톤에 있는 일본인 마을(the Japanese village in Charleston)[1]이 었다. 두 어린애가 있는데 여섯 달 된 아이는 정말 귀엽다. 목포에서

---

1 테네시주가 미합중국에 가입한 100주년을 기념하는 국제박람회(Tennessee Centennial and International Exposition, 1897.5.1.~1897.10.31.) 당시 이국적인 분위기를 연출하면서 Charleston에는 일본 마을을 조성함.

광주로 갔는데 내 인생에서 가장 좋았던 때 중 하나였다. 말을 상당히 많이 탔고, 시골을 자세히 봤다. 그곳에 있는 모든 사람들을 매우 좋아한다. 그리고 그중 몇은 나를 좋아하기에 아주 만족스러운 방문이었다. 집으로 돌아오면서 말 타기 기록을 세웠다. 하루에 전체 거리인 74마일을 단숨에 와버렸다. 상당히 말을 많이 탄 거란다. 그리고 가장 주목할 사항이 무엇인가 하면 그 다음날 몸이 괜찮았다는 것이다. 돌아온 다음부터 아주 바빴다. 밀린 공적 편지에 답장을 쓰고, 새로운 학교 건물에 대한 계획에 계속 매달리고, 그리고 텃밭의 배치를 감독했다. 또한 잊어버린 한국어를 되살리려고 했지만 그 일은 소용없었다. 내가 하루에 한 단어를 쓰지 않으면 그것을 잘못 사용하게 되거나 잊어버리게 된다는 것과 전체를 다시금 배워야만 한다는 것을 알게 되었다. 집에서 나가 있던 동안에도 매일 조금씩 공부를 했지만 돌아와 보니 상당히 많이 잊어버렸다는 것을 알게 되었다.

한국은 4월, 5월 그리고 10월, 11월에 경관이 정말이지 아름답다. 고향에서 그렇게 귀하게 여겨지는 진달래가 여기서는 야생 상태로 지천으로 널려있다. 너는 이곳의 제비꽃만큼이나 다양한 색상을 가지고 있는 것을 본 적이 없을 것이다. 이 다양한 색상들이 눈앞에 펼쳐지면 마음이 온통 흥분된다. 어느 날 우리는 "무등산(Moodongsan)" 다른 말로 다른 산들이 필적할 수 없는 산을 올랐고 꾸밈없는 즐거움에 가슴이 거의 "터질 뻔"했다. 산 전역이 진달래로 덮여있고, 골짜기는 보리 때문에 가장 선명한 녹색을 띠고 있었다. 다른 색들도 곳곳에 흩어져 있었다. 온갖 이름을 가진 바다처럼 갖가지의 모양과 크기를 지닌 산들이 모든 곳에 있었다. 일단 발을 떼기만 하면 그리 멀게 느껴지지 않는데 이러한 지역들을 사람들이 찾지 않는 것이 참 안타까운 일이다.

아들 윌리엄에 대해서 한 말들을 아주 재미있게 읽었다. 아동복을 입고 있는 그 아이의 사진을 보내겠다는 약속을 잊지 않았으면 좋겠구나. 옷을 차려입고 찍은 윌리엄의 사진이 좋았다. 그 소식 즉 오랫동안 말해왔던 윌리엄의 여자 동생이 정말 태어날 것이라는 말을 듣고 배꼽을 잡고 웃었다. 행복한 여인이여!! 우리 선교부에는 어린아이가 없다. 목포로 가는 길에 군산에 들렀을 때 내 마음은 "내 아이" 때문에 계속 아팠다. 4일 전에 어린 톰이 죽었단다. 아주 아름다운 아이였고, 내가 본 아이 중 가장 행복하고 귀여운 아이였는데. 나는 그 애를 미치도록 좋아했다. 그 애의 죽음이 내게는 크게 다가왔다. 아이의 엄마인 내 친구 새디는 그 아이에 대해 얘기하기를 좋아했었고 나는 그 말을 듣는 것을 즐겼었는데, 새디의 방에 들어갈 때마다 아이가 있던 작은 침대와 그 아이의 즐거운 웃음소리를 들을 수 없는 것을 알고는 내 마음은 찢어지는 듯했다. 내가 이곳에 도착한 날인 1907년 2월 13일에 그 아이가 태어났었다. 그래서 그 아이가 특별히 내 아이라고 생각했었단다. 다니엘 의료선교사는 그 아이를 매우 자랑스러워했지. 그 사람은 톰에 대해서 전혀 말을 할 수가 없었다. 넌 내가 그 사람 앞에서 바보가 되는 것 알고 있지. 내가 만나고자 하는 이상형에 가장 가까운 사람이다. 어느 날 다니엘 의료선교사가 뭔가 바보 같은 일을 하고 있었다. 그래서 내가 그 사람 부인에게 "왜 저이를 좀 더 나아지게 만들지 않나요?"라고 물었거든, 그러자 그녀가 "그이가 좀 더 좋은 사람이면 당신이 사랑에 빠질 수도 있지 않겠어요, 그래서 저는 그이가 더 이상 좋아지기를 원하지 않아요"라고 했단다. 새디는 참 괜찮은 사람이다. 다니엘 의료선교사를 무지 사랑하고 있고 모든 이들이 그이를 사랑한다는 것을 기쁘게 생각한단다. 한국인들에게는 포사이드 의료선교사가 가장 인기 있는 것 같아 보인다만 다니엘 의료선교사는 외국인인 우리 남장로교 한국선교회 선교사들이 가장 좋아하는 사람이란다.

너와 함께 아침을 보내며 네게 모험담을 이야기해주고, 남에게 웃음을 전염시켜주는 너의 웃음소리를 들을 수 있으면 좋을 텐데.

네가 애를 낳자마자 노라(Nora)를 시켜서 태어난 아이가 어떤 성격이고 아들 윌리엄(William)이 갓 난 동생을 어떻게 생각하는지 내게 편지하라고 해줘. 네 친구가 너를 찾아왔었니? 그리고 너는 어떻게 지내고 있었니?

테이트 여선교사님이 약 2주 뒤면 미국으로 간다. 코넬 간호사와 내가 노처녀 집을 운영해야 한단다. 한국의 북쪽 지방에 있는 미혼남에게서 편지를 받았다. 그 편지에 누구라도 채광하러 오는 사람이 있다면 그 사람이 "선택"할 수 있느냐고 물어왔다. 그는 이번 여름에 이쪽 지역들을 방문할 것인데 만약 코넬 간호사가 선택된다면 나는 혼자서 장황하게 수다를 떨고 있게 될 것이다. 나는 그 신사를 본 적이 있기 때문에 내가 전주에 남게 될 것을 확신하고 있다.

다음 달에 멋있는 젊은 의사가 이곳을 찾아온다. 광주에 있는 윌슨 의료선교사(Dr. Wilson)[2]이다. 아서라! 그 사람은 약혼했거든. 그리고 그녀의 약혼자가 이번 가을에 이곳으로 온단다. 그래서 가망이 없다. 목포보다 더 가까운 곳에 약혼을 하지 않은 남자는 한 명도 없다. 그러니 여기서 기회가 거의 없다는 것을 알겠지. 슬프다. 하루하루 지날수록 내 머리칼은 희어지고 머리가 벗겨지고 있구나.

1년이 넘게 선교사를 하면서 아직도 해고되지 않고 있다니! 언젠

---

2 Robert Manton Wilson(1880.1.11.~1963.3.27.) Miss Knox(Elizabeth L. Knox Wilson)(1881.7.19.~1962.3.13.)와 1909년 혼인함.

가 여기서 떨어져 나가게 될 것인데 그때 폭발 소리가 커서 전 세계가 폭발의 진동을 느낄 수 있을 것이다. 나를 짐으로 싸서 미국으로 보내버릴 것이기 때문이다. 모든 새로운 소식과 집안에서 일어나는 일들을 계속해서 우편으로 전해주렴. 그러면 그 편지를 받는 곳이 어디든지 내가 집처럼 편할 것이다.

너의 남편 월과 너의 처갓집 에드먼스턴(Edmonston) 식구들에게 나의 사랑을 전해주렴. 제니(Jennie Bryan)[3]는 요즘 무엇을 하고 있니? 그리고 제니의 남편 코너렛 씨(Mr. Connerat)는 남편 역할을 잘하고 있니?

네 편지를 정말 재미있게 보고 있으니 편지를 할 수 있을 때마다 편지를 해주렴. 며칠 전 밤에 너의 결혼식에 참석한 꿈을 다시 꾸었단다.

너에게 아기 이름을 적은 목록을 보낼 수도 있었는데 아기 이름을 이미 지었다니 아쉽다. 그런데 내가 아기 이름을 목록으로 만드는 것은 쓸모없는 시간 낭비일거다. 공부할 것이 산처럼 쌓여있다.

너에게 많은 사랑을 보낸다. 또한 편히 지내기를 바라고 딸을 순산하기를 바란다.

너의 진실한 친구 넬리.

---

3 Virginia Bryan Connerat(1878.8.9.~1959.7.6.), William Henry Connerat Jr.(1872.12.30.~1944.1.4.)

1908년 6월 4일 [한국, 전주]

사랑하는 어머니께,

제 손에 안전하게 온 우편환(money order)[1]에 대해서 뭐라 감사를 해야 할지 모르겠습니다. 얼마 전 제가 편지 드렸듯이 일본 여행을 1년 정도 포기해야만 했고 현재는 전주에 머물 것을 생각하고 있습니다. 돈을 절약해서 다음 해에 가려고 합니다. 약 6주 전에 작년 여름처럼 몸이 몹시 나빠졌고 계속해서 속이 심하게 메스꺼웠습니다. 결혼 후로는 의사 일을 하지 않고 있는 오웬 부인이 하루 세 번 소금 성분 약(salts)을 처방해 주었는데 온열 찜질도 하고 있습니다. 끔찍이 많은 양이었는데 효과가 있었습니다. 제 삶에서 이만큼 건강해 보인 적은 없었다고 스스로 생각했습니다. 항상 건강하다고 느낍니다. 이렇게 해가 긴 날에는 종종 졸리기도 하지만 전보다 혈색이 더 좋아졌습니다. 저는 계속해서 살이 찌고 있으며 슬프게도 등 아래쪽으로 옷을 계속 늘려가고 있답니다. 이번 봄에 속에 받쳐 입는 옷을 벌써 네 개나 망쳤습니다. 혹시 어머니나 룻이 저에게 줄 옷을 만들고 계신다면 등을 반드시 넓게 해 주세요.

제가 오늘 무엇을 하고 있었다고 생각하세요? 산으로 둘러싸인 한가운데에서 뱃놀이를 하고 있었답니다. 레이놀즈 목사님이 작고 예

---

1 money order와 postal order는 같은 것은 아니지만 1900년대 초반이라는 시대적 배경을 고려해 우편환으로 번역함. 우편환(郵便換)은 우체국을 통해 돈을 거래하는 것을 말함.

쁜 배를 가지고 있답니다. 벨 목사님(Mr. Bell)[2]의 아들 헨리와 윌슨 의료선교사가 광주에서 와서 여기에 있습니다. 그분들이 배를 수리했고 오늘 오후에 강(river)[3]에 가서 배를 타면서 좋은 시간을 보냈습니다. 재미있었습니다. 모레 모두가 연꽃 연못(lotus pond)[4]으로 소풍을 갈 것입니다. 그곳으로 배를 보내서 좋은 시간을 가질 것입니다. 헨리는 저와 같이 있고 윌슨 의료선교사는 니스벳 목사님 부부와 같이 있습니다. 헨리는 11살인데 제가 알고 있는 어린 소년 중에서 가장 좋은 아이입니다. 윌슨 의료선교사는 멋있고 좋은 사람입니다. 벨 목사님 소유의 좋은 말 두 마리가 여기에 있기에 우리는 오후에 항상 말 타러 갑니다. 말을 탈 때 헨리가 종종 제 뒷자리에 앉고 레이놀즈 목사님의 딸인 캐리(Carey Reynolds)[5]는 윌슨 의료선교사 뒤에 타는데 우리 넷은 아주 즐거운 시간을 보냅니다.

테이트 여선교사님이 미국으로 떠났습니다. 그래서 저와 코델 간

---

2 Eugene Bell(1865~1925.9.28.)과 1894년 혼인한 Charlotte Ingram "Lottie" Witherspoon Bell(1867.5.13.~1901.4.12.) 사이에서 Henry Venable Bell(1896.5. 27.~1967.6.8.), Charlotte Witherspoon Bell Linton(1899.1.6.~1974.5.)을, 첫 부인과 사별 후 1904년 혼인한 Margaret Whitaker Bull Bell(1873.11.26. ~1919.3.26.) 사이에서 Holland Scott Bell(1911.7.2.~1912.2.24.), William Ford Bell(1914.3.15.~1994.2.22.)을 낳음. 교통사고로 사별 후 1921년 혼인한 Julia Dysart Bell(1872.10.16.~1952.1.26.) 사이에는 자녀가 없음.
북한에서 결핵퇴치운동을 벌이는 유진벨재단과 벨 목사의 관계는 유진벨재단 누리집 참조.
https://www.eugenebell.org:50008/load.asp?subPage=140
3 전라북도 전주시 도심을 북서쪽으로 가로지르는 전주천을 선교사들이 강으로 표현함. 전주 시내와 선교사들이 사는 마을 사이를 전주천이 흐름. Mrs. Ada Hamilton Clark, "Beautiful for Situation,"(*The Missionary*(June, 1910), pp.300-1)을 보면 전주천을 "little river"로 표현함.
4 전라북도 전주시 덕진구에 위치한 전주 덕진연못(德津池). 연꽃으로 유명함.
5 Carey Mebane Reynolds Wilson(1899.8.10.~1969.7.2.)

호사는 다시 좀 더 편하게 숨을 쉬고 있습니다. 그분은 여러 가지를 혼란스럽게 합니다. 그분이 곁에 있을 때 별로 유쾌하지가 않습니다. 코델 간호사는 테이트 여선교사님에게 법석을 떨 듯이 제게도 난리를 부려 저를 피곤하게 만들곤 했습니다. 그러나 테이트 여선교사님이 모든 것에 상관인 양 명령하듯 하고 일부러 방해하는 것에 제가 역겨움을 느꼈듯이 코델 간호사도 그렇게 느꼈습니다. 정말 안 좋은 일이에요!! 코델 간호사는 여전히 그분을 두려워하지만 저는 그렇지 않습니다. 그래서 테이트 여선교사님은 제가 관련된 일들을 자기 마음대로 하려던 것을 포기했습니다. 테이트 여선교사님이 이곳 선교지에서 가장 힘든 일은 다 하면서 살아가기에 전주 선교부 모두가 안쓰러워하는데 그분이 미국으로 출국할 때 여기 있는 모든 사람들의 마음이 편안해진답니다.

우리는 저의 식탁을 서재 탁자로 사용하고 있었습니다. 그런데 지난밤에 우리가 근사한 식사를 했었고 그때 저는 새로운 탁자를 사용했습니다. 정말이지 예뻐 보이더군요. 어머니 것과 같은 끝부분에 장식이 된 방석을 한 쌍 만들었습니다. 그리고 윌이 세인트루이스에서 제게 가져온 예쁜 꽃병 중의 하나에 좋아 보이는 스위트피(sweet peas) 한 무더기를 꽂았습니다. 우리는 제가 일본에서 구한 푸른 자기를 몇 개 사용했습니다. 새로운 감자와 완두콩을 가지고 있고 며칠 뒤면 사탕무를 갖게 될 것입니다. 저는 우아한 아일랜드 감자를 몇 개 가지고 있습니다. 스튜어드(Steward) 상점에서 씨를 구했습니다. 우리는 딸기가 자랑거리입니다. 이렇게 훌륭한 딸기가 이다지도 많이 있는 것을 어머니께서는 보신 적이 없을 것입니다. 어제 레이놀즈 부인이 제게 얼음을 조금 줬습니다. 전킨 목사님이 성탄절에 그렇게 열심히 일해서 우리가 아이스크림을 만들었던 바로 그 얼음이랍니다. 으깬 딸기와 깡통에 든 크림을 한 통 사용했을 뿐인데 정말로 우아했습니다. 겨울에 우리는 웅크리고 살아가지만 여름철에는 텃밭이 있어서 고상하게 삽니다. 우리는 다음 주에 딸기를 조금 저장하려고 합니다. 저는 맥커첸 목사님을 위해서 얼마를 남겨두려고 합니다. 그분이 지금 미국에 있는데 그가 돌아올 때 새색시인 맥커첸 부인이 먹을 딸기가 전혀 없을 것이기 때문입니다.

검은 구두 한 쌍이 든 소포와 짝이 안 맞는 흰 구두 한 쌍이 든 소포를 제외하고 다른 소포들은 아직 도착하지 않았습니다. 가게에서 구두가 짝짝이로 보내졌을 수도 있다고 생각하십니까? 윌에게 말씀하셔서 이 일에 대해서 편지를 하라고 하십시오.

윌의 사진이 월요일에 왔습니다. 그것을 받은 것이 제가 한국에 온 이래로 가장 기분 좋은 일이었습니다. 꼭 닮았더군요. 흠잡을 것 하나 없이 훌륭하지 않습니까? 이것을 책상 위에 올려놓고 이따금씩 봅니다. 도자기를 배로 보냈다는 우편 연락이 또한 도착했습니다. 없어도 크게 문제되지는 않습니다만 뚜껑 있는 움푹한 그릇(tureen)이 있는 도자기 세트였으면 합니다. 화장실 용품에 대해서 물어보셨지요. 세면대가 깨졌지만 다른 모든 것들은 무사하고 굉장히 잘 사용하고 있습니다. 서울과 일본에서는 보내주신 화장실 용품들을 구할 수 없습니다. 미국 상품들이 어마 어마하게 비싸고 일본 도자기들은 아주 잘 깨지고 약합니다. 일본인들은 겉모양이 좋아 보이는 것들을 만들지만 그것들은 오래가지 않습니다!

이런 것들에 대해서 돈을 다 지불하고 5월, 6월 배당금(dividends)을 받고 나면 제 구좌에 돈이 얼마나 있는지를 알 수 있는 명세서를 갖게 되겠지요. 돈이 남아있을 것이라 확신합니다만, 구좌에 돈이 남게 된다면 6%로 정시에 적립시켜주십시오. 넘는 것이 있으면 제게 보내주십시오. 제 옆에 땅이 조금 있는데 일본인들이 차지할까 봐 걱정됩니다. 언제인가 우리 선교회가 그 땅을 필요로 할 것인데 현재 너무 쪼들리고 있어서 당장은 살 수가 없답니다. 제가 이것을 사 두었다가 선교사회가 나중에 필요할 때 저에게서 가져가기를 원합니다. 우리가 이 땅을 살 돈을 갖지 못하면 머지않아서 일본인들에 의해서 이리저리 끌려다니게 될 것입니다. 우리가 지금 이 땅을 살 수 없다는 것은 참 안타까운 일입니다.

제가 50달러를 정기예금에 넣으라고 했는데 은행에 그냥 두세요. 룻에게 그 돈으로 제가 성탄절 쇼핑할 것을 대신하도록 시킬 것이니까요.

어머니께서 룻을 집에 1년간 더 데리고 있을 생각이시라면 그 아이가 다음 해에 학교에 가게 되는 대신 한국으로 왔으면 합니다. 여행에서 얻는 것은 상당히 많을 것이고 여기에 자기 돈을 몇 백 달러만 투자하면 비싼 것도 아닐 것입니다. 7월 마지막 날에 벨 부인과 함께 한국으로 올 수도 있고 다른 일행들 즉 체스터 박사님 또는 포사이드 의료선교사와 함께 조금 늦게 출발할 수도 있습니다. 테이트 목사님 부부는 다음 해 봄에 고국으로 돌아갑니다. 아마도 유럽을 거쳐서 갈 것인데 그렇게 하면 룻에게는 아주 좋은 일이 될 것입니다. 유럽을 통해 돌아가지 않고 태평양을 거쳐서 돌아간다면 일본(?)회사로부터 세계 일주 표를 아주 크게 할인받을 수 있습니다. 룻은 일본, 한국 그리고 아마도 중국, 인도, 이집트 그리고 유럽이나 아니면 시베리아, 러시아와 유럽의 중요한 것들을 볼 수 있습니다. 어머니가 계신 그쪽 끝에서 보면 이것은 아주 힘든 여행처럼 보일 수도 있습니다. 하지만 전혀 그렇지 않고 어머니 생각하시는 것보다 이곳은 훨씬 더 문명화되어 있습니다. 그 아이에게 숙박을 제공할 것입니다. 교육적인 면에서 상당히 그 아이에게 도움이 될 것입니다. 저는 여기서 마지막까지 머무르라고 요구하지 않을 것이고 다음 봄에 테이트 목사님 부부와 함께 집으로 보낼 것을 약속드립니다. 그분들은 좋은 사람들이며 사우스캐롤라이나까지 룻이 계속 함께할 것입니다. 룻이 자기 돈을 내야만 하지만 그만큼 다시 보상을 받게 될 것입니다. 새 옷은 전혀 필요 없을 것입니다. 만약에 룻이 가을에 오게 되면 "허락한다(yes)" 한 단어만 전보로 보내 주세요. 그러면 제가 그 애에게 편지해서 자신이 가져와야 할 것과 또한 저에게 가져다줄 것들에 대해서 알려줄 것입니다. 어머니가 아끼는 아이를 저 멀리 보내는 것을 좋아하지 않는 것을 알고 있습니다만 학교에 가서 떨어져 있는 시간보다 더 머물게 되는 것은 아닙니다. 그리고 저는 정말로 룻이 보고 싶습니다. 그 아이가 잠시 동안 여기에 머물렀으면 좋겠습니다. 한국은 전적으로 안전한 곳입니다. 이틀 정도 여행을 해야 총각을 볼 수 있고 총각인 그 두 사람 즉 윌슨 의료선교사와 버드만 의료선교사도 약혼해 있기 때문에 이곳에 와서 결혼할 생각은 갖지 못할 것입니다. 저도 안전하다는 것을 어머니도 아시겠죠.

목욕을 하고 자야 할 시간을 넘겼습니다. 안녕히 주무십시오. 그리고 안녕하십시오. 제가 룻을 마중하기 위해 일본에 갈 일이 생기지 않는다면 저는 종적을 감추어 버릴 것입니다. 언젠가 룻을 보내주실 거면 제발 이번에 보내주세요.

모든 이들에게 사랑을 전하며 넬리 올림.

1908년 6월 11일 [한국, 전주]

사랑하는 조지아(Georgia)에게,

네가 5월 3일과 10일에 보낸 편지가 오늘 아침에 왔다. 네 편지가 너무 너무 재미있어서 써야 할 다른 편지가 많이 있지만 그것들을 안 쓰고 너랑 이야기를 나누려고 한다. 너는 어쩜 그렇게 재미있으면서 자연스러운 글을 쓸 수가 있니? 네 편지를 읽고 나면 너랑 같이 재미난 이야기를 맘껏 나누었다는 생각이 든다.

내가 편지를 거의 하지 않았다는 너의 공격에 나는 사실이라고 말할 수밖에 없구나. 근데 말이야 한 번 이상은 썼잖아. 4월에 목포에서 편지를 썼는데 그 편지는 네가 나에게 편지를 한 다음에 네게 도착했을 것이다.

오늘 즐거운 소풍을 간다거나 새 보물을 찾아 부지런히 움직일 수도 있겠구나. 행복한 사람아! 올해가 작년보다는 좀 더 쉬운 해가 되기를 진심으로 바라고 기도한다. 바느질을 어떻게 하고 있는가에 대한 세세한 글을 잘 읽었다. 가족들은 무엇을 하고 있는지 궁금하다. 이제 보니 너의 남편 윌의 새 셔츠와 너의 새 가운이 보이는구나. 새로 태어날 아기를 위해 준비한 상자를 보면서 우리가 얼마나 즐거워했는지 기억하니? 지금 상자가 두 개가 있고 기뻐할 즐거운 것들이 더 있구나. 최근 군산에서 두 아이가 태어났다. 그중 한 애는 여기 전주에 있었으면 했단다. 이곳에는 아기가 없거든 우리에게도 아기가 있었으면 한다.

새로운 것들을 많이도 보냈더구나. 사교계의 젊은 여성(The Society Girls)들은 요즘 잘 하고 있구나. 몰리(Mollie)는 특별한 언급을 받을 자격이 있지. 하워드 부인(Mrs. Howard)[1]이 좋은 일이 있을 거라니 참 잘 됐다. 오랜 동안 기다렸었는데 이번에는 실망하지 않으면 좋겠다. 내가 만날 때마다 그녀는 항상 기분이 좋았었고 그녀를 만나는 것은 항상 즐거운 일이었다. 안부를 전해주고 축하드린다는 말도 함께 전해주렴. 제니도 좋은 일이 있을 거라고? 내 대신 사랑한다는 말을 전해주고 그녀가 아들 딸 중 무엇을 낳고자 하는지 내게 꼭 알려주렴. 이런 내기는 정말 재미있거든. 그리고 아들이건 딸이건 간에 생각했던 것과 다르다고 해도 만족할 줄 알아야 한다.

목포에서 보낸 편지에 목포까지의 여행에 대해서 썼단다. 거기서 광주로 갔거든. 광주는 정말로 멋있는 곳이다. 그곳에서 좋은 시간을 보냈다. 모든 이들이 내게 참 잘해주어서 재미있는 시간을 가졌다. 그곳에 새로 온 의사는 정말 매력적인 사람인데, 그곳에서 참 즐거운 시간을 가졌지. 그는 지금 전주를 방문하고 있는데 조금 전 두 시간 동안 그를 재미있게 해주고 왔단다. 현재 그가 하는 주요한 말은 "집 지을 계획"이란다. 어떤 상황에서는 집 짓기를 계획하는 일은 매우 매력적일 수도 있는데 그 사람이 말하는 M이 이번 가을에 한국에 올 뉴욕에 있는 아가씨라면 그 계획이 그렇게 흥미진진한 것은 아니야. 그가 때때로 나를 아주아주 화나게 만들곤 하지만 그는 좋은 사람이란다. 며칠 전 아침에 그 사람이 나를 길길이 날뛰게 했는데 오후에는 함께 승마를 재미있게 했다. 아무리 노력을 해도 계속 기분 나쁜 상태로 있을 수가 없었다. 그 사람은 상대방이 화나 있다는 사실을

---

1 Sarah Harper Howard(1875.2.26.~1970.6.11.): 조지아의 시누이.

그냥 모르는 척해버리니까 상대방이 기분 나쁜 상태로 계속 있지 못하게 된단다. 내가 광주에서 보낸 편지에 그 사람에 대해서 어떻게 말했는가를 캐리(Carrie Belle)[2]가 너에게 보여준다면 내가 그 사람에게 상당히 많은 시간을 쓰고 있는 것을 알 수 있을 것이다. 74마일 이내에 총각이 한 명도 없을 때 멋있는 사내가 나타나서 정말로 끌리게 만들면 그 사람이 약혼을 한 상태라고 해도 또한 그 사람이 약혼녀인 최고의 미녀에게 무엇을 해 줄 것인가에 대해서 매번 말을 한다고 해도 정말로 괜찮다.

한국어를 다시금 파고들고 있다. 한국어는 정말로 악마(fiendish) 같은 언어다. 20명이 한 반인 소녀들을 주일학교에서 가르치고 있는데 종종 큰 벽에 부딪힌단다. 관용어(慣用語 idiom)는 이상한 방식으로 만들어지고, 그 관용어들이 어떤 단어에서는 다른 뜻으로 사용되기때문에 머리카락이 희끗희끗하게 된다. 나는 모든 것이 만족스럽다. 전에 보다 훨씬 더 좋아 보이고 몸무게가 150파운드 나가고 항상 얼굴 혈색도 좋다.

쿡(Miss Cook)이라는 아주 매력적인 미혼 여성이 있는데 서울에 있는 우리 영사의 아내를 방문하고 있다. 작년 가을에 만나서 그녀를 상당히 봤다. 올 여름에 귀국을 하는데 가기 전에 나를 방문할 수도 있다. 딸기가 한창인 이 시기에 우리와 함께 있도록 되어있었는데 그녀는 이제서야 막 일본에서 돌아왔다. 그녀를 만나는 것 말고는 우리 남장로교 한국선교회 전체가 연례회의로 모일 9월까지는 재미있을 일은 하나도 없다. 다니엘 의료선교사가 군산에서 이곳으로 와서 하루 있다 가면서 군산으로 오라는 말을 했다. 다니엘 의료선교사

---

2 Carrie Belle Axson(1878.3.8.~1954.11.3.): 조지아의 사촌.

와 그의 아내 새디를 무척 좋아하기에 불 부인이 돌아오는 8월에 군산에서 한 주 머물 것을 생각하고 있다. 그러나 그 일은 불확실하다. 다니엘 의료선교사는 이상적인 사람이고 그와 아내 새디가 내게 너무도 잘해 주고 있다. 이렇게 맘이 맞는 세 사람을 거의 찾아보지 못할 것이다.

너의 딸 앨리더(Alida)[3]에게 무엇인가를 보내고 싶은데 우리가 시장에서 살 수 있는 것들이 한정되어 있다. 한국인들은 수를 놓는다거나 예술작품을 만드는 일을 거의 하지 않는다. 그런데 어쨌든 은단추 한 쌍을 만들게 할 것이다. 일하는 사람의 속도가 느려서 너에게 가기에는 시간이 걸릴 것이다. 그래도 앨리더의 겨울 코트에 쓰려고 할 때쯤에는 너에게 도착해 있을 것이다. 딸이 아니라 대신 아들 프랭크(Frank)가 태어나면 프랭크 더러 여동생이 태어나면 주도록 간직하라고 하렴.

테이트 여선교사님이 미국으로 떠났고 코넬 간호사와 내가 노처녀의 집을 지키고 있다.

엘리자베스가 떠나서 정말로 외로웠다. 정말로 좋은 사람이었고 함께한 시간이 너무도 많아서 그녀가 떠났을 때 땅이 꺼지는 줄 알았다. 다음 달에 오는 남자 선교사 한 분이 그녀를 좋게 생각한단다. 그런데 나는 다른 무엇을 찾을 수가 없을 것 같아. 나는 엘리자베스가 훌륭한 사역자가 될 것이기에 그 사람이 한국으로 올 때 같이 왔으면 하고 바란다.

윤년에 대한 전망은 좋지 않다. 선교사들 중에서 총각은 단지 세

---

3 Alida Harper Fowlkes(1908~1985.1.21.). 앨리더는 후에 조지아주의 오랜 건물을 복구하고 보존하는 일을 함. http://www.harperfowlkeshouse.com/alidas-legacy/

명이 있는데 그중 두 명은 올 겨울에 약혼자들이 올 것이다. 그리고 아무도 나머지 한 사람을 은혜로운 선물이라고 생각하진 않는다. 나는 동반자 없이 이렇게 오랜 동안 잘 지내 와서 죽을 때까지 혼자서 계속 끝까지 살아갈 수도 있다. 그렇지만 누군가가 나타나면 어떤 일이 생길지도 몰라. 이곳에서는 모든 일들이 너무도 빨리 처리하니까 너는 그것에 대해서 미리 듣지는 못할 것이다.

너무도 졸리는구나. 그래서 더 이상 못 쓰겠다. 너의 어머니, 아버지[4]께 많은 사랑을 전해주렴. 아버지께서 상당히 힘들어하신다고 들었는데 네가 걱정하는 만큼 아프시지 않았으면 좋겠다. 노라(Nora)[5]가 힘들게 됐다는 말을 들어서 안됐다. 북부에서의 여행이 많은 도움이 되기를 바란다.

남편 월과 네게도 사랑을 전하고 아가 둘 다에게도 사랑의 입맞춤을 보낸다.

너의 신실한 친구 넬리.

---

4 Charles Edmondston(1849.4.28.~1909.10.5.): 조지아의 아버지. Alida Stark Law Edmondston(1853.5.29.~1935.9.18.): 조지아의 어머니.
5 Nora L Edmondston Whitehead(1886.9.26.~1920.8.31.): 조지아의 여동생.

1908년 10월 1일 [한국, 전주]

사랑하는 넬리 이모(Aunt Nelly),

이모의 편지를 받고 얼마나 기뻤는지 모르실 거예요. 편지가 꼭 2주 전에 도착했는데 그때 바쁘지 않았으면 즉시 답장을 드렸을 것입니다. 우리는 네 곳에 선교부가 있고, 일 년에 한 번씩 만나서 전반적인 사안, 방법과 수단 등에 대해서 토론을 하는데 올해는 전주에서 모였습니다. 몇 달간 준비를 했었지요. 조금 늦게 텃밭에 채소를 심어두고 가장 좋은 것들은 모아 두었습니다. 우리가 좋은 시간을 함께 보내기 때문에 연례회의는 참 행복한 일입니다. 우리들 몇에게는 모임이 일하는 것만은 아닙니다. 코델 간호사와 저의 집에 10명의 손님이 머물렀는데 이렇게 많은 식구들에 대비한 계획을 세워야만 했고 다른 일들을 도와야만 했습니다.

우리 집 식구가 올 겨울에 세 명이 될 것입니다. 미주리의 세인트조셉 (St. Joseph)에서 버클런드 선교사(Miss Buckland)[1]가 새로 이곳으로 오게 됐습니다. 버클런드 선교사에게 매료되었습니다. 그녀는 저보다 나이는 많지만 상상력이 풍부하고 활기가 넘치는 여성입니다. 만난 지 얼마되지 않은 사람을 아주 좋아하는 편은 아닌데, 이곳에서 간호사 두 분을 알게 된 끝에 이번에 새로 온 사람을 아주 좋아하게 되었습니다.

3년 동안 저희들을 위해 계획된 규칙적인 언어 공부가 있습니다.

---

1 Sadie M. Buckland(1865.2.14.~1936.12.22.)

제가 2년 차 필기시험과 구술시험을 통과했다는 기쁜 소식을 전합니다. 제가 원하는 것을 한국어로 자연스럽게 말할 수 있을 때까지는 시간이 조금 더 걸리겠지만 전반적으로 한국어로 소통을 잘하고 있습니다. 올 겨울에는 여학교 일을 맡아 할 것이고 지방 사역을 조금 할 것입니다. 기금 부족 때문에 기숙학교는 아직 지어지지 못했습니다. 그래서 제가 매일 세 시간 가르치고 나머지는 한국인 선생님이 가르치십니다. 지방에서는 성경학교에서 가르치는 것 말고도 다른 것을 가르칠 수도 있습니다. 여성들이 너무 무지한데다 또한 몹시 배우고 싶어 하기에 "언문(Eunmoon)" 즉 한국인들의 현지어를 아마도 마지못해 가르치게 될 수도 있습니다.

동봉한 조그마한 지도에 한국에 있는 남장로교 한국선교회 모든 선교부의 위치와 영어이름이 표시되어 있습니다. 전주는 군산에서 약 30마일 정도 떨어져 있습니다. 군산과 전주 사이에는 한국의 큰 평야²가 있습니다. 여기는 산이 매우 많은 작은 왕국입니다.

우리는 전라북도의 남쪽에 있습니다. 우리 선교부에는 매우 좋은 사람들이 몇 있고, 사람들은 서로 매우 친하게 지냅니다. 일본인들은 특히 시골에서 어려움이 있었고 지금도 있지만, 한국인들은 선교사들을 전적으로 믿고 있으며 우리는 어떠한 어려움도 없습니다. 그리고 고향의 시골지역보다도 정말로 안전합니다.

로렌스(Lawrence)의 꿈이 실현되는군요. 제가 (?)에 있었을 때 그 아이가 선원이 되겠다고 얼마나 자주 얘기했는지 기억하세요? 이모께서는 절대 안 된다고 항상 말씀하셨죠. 에드워드(Edward)의 책들에다가 삽화를 그려 넣으실 건가요? 에드워드는 어디에 있나요? 에드

---

2 호남평야(湖南平野).

워드는 결혼을 했나요, 아니면 아직 그대로인가요?

한국과 미국이 가까이 있다면 얼마나 좋을까요. 그러면 집에 더 자주 갈 수 있을 텐데. 여기서 하는 일에 행복해 합니다. 그래도 집에 있는 사람들을 더 자주 볼 수 있으면 더없이 행복할 텐데요.

한국에 대한 책들을 몇 권 읽고 있다고 하셨죠. 이곳 상황을 제대로 이해하는 것은 정말 어렵습니다. 두 개의 또렷한 집단과 또렷한 관점이 있기 때문입니다. 헐버트 씨(Mr. Hulburt)[3]가 한국에 대해 쓴 책은 부정확한 것들이 있긴 하지만 아주 만족감을 주는 책입니다. 반면에 이름이 생각나지는 않지만 Mr. "?"라는 사람으로 대표되는 일본 측[4]이 있습니다. 우리의 "대한(Taihan)"(한국인들이 자신의 나라에 대해 부르는 말)은 일본 용과 깊고 푸른 바다 사이에 있습니다.[5] 한국보다 인내심이 적은 나라는 누구라도 이것을 견딜 능력도 없고 견디지도 않을 것입니다.

전주로 된 주소의 편지가 정말로 제게 전달되는 것을 아셨으니 종종 편지를 하시겠지요. 사촌 넬리(Nelly)와 레나(Lena)와 사내아이들에게 저의 사랑을 전해주십시오.

이모에게 많은 사랑을 드리며 사랑하는 조카 넬리 올림.

---

3 Homer B. Hulbert, *The Passing of Korea*(New York: Doubleday, Page & Company, 1906).

4 George Trumbull Ladd, *In Korea with Marquis Ito*(New York: Charles Scriber's Sons, 1908).

5 원문에는 Our Taihan(the Korean name for Korea) is between the Japanese dragon and the deep blue sea라고 되어있음. 이 표현은 between the devil and the deep blue sea라는 표현과 연결됨. 출애굽기 14장에 묘사된 이집트 탈출 후 뒤쫓아오는 이집트 군대와 앞을 가로막은 홍해 사이에서 어찌할 줄을 모르는 이스라엘 사람들의 상황을 말함. 요한계시록에서 dragon은 devil을 말하는데, 일본 용과 깊고 푸른 바다 사이에 한국이 있다는 표현을 보면 랭킨 선교사의 한국과 일본에 대한 시각을 알 수 있음.

1908년 10월 20일 [한국, 전주]

사랑하는 아버지께,

어제 받은 아버지의 편지 때문에 우울해졌습니다. 불행했던 과거
들이 너무도 많이 떠올랐기 때문입니다. 우리가 다시 할 수만 있다면
과거의 잘못한 것들을 바꾸기 위해서 무엇을 못 하겠습니까? 아버지
편지를 보고서 저도 힘이 들었으며, 편지 때문에 생각난 제가 후회하
는 일들이 너무 많아서 정말이지 우울해졌습니다. 그러나 한 가지
아니 두 가지에 대해서는 만족합니다. 첫 번째로는 아버지께서 야간
일을 그만하실 것이기에 아버지 얼굴을 식구들에게 더 많이 보여주
신다는 것이고 두 번째로는 아버지께서 편지를 더 자주 하신다는 것
입니다. 아버지를 상기시켜 주는 데는 짐(Jim)[1] 오빠가 보낸 편지가
필요했습니다. 오빠는 정말 성숙했어요. 제가 종종 오빠가 사물을 보
는 관점을 생각해보는데 그 관점들은 놀랍게도 성숙했어요. 제가 나
이를 먹으면 먹을수록 요절한 짐 오빠가 더 훌륭했었다고 생각합니
다. 아주 성숙한 사람이었지요. 오빠는 아주 상식적이고 실용적인 시
점에서 사물을 봤습니다.

식구들 모두 제 무덤가에 꽃을 심을 기회는 결코 갖지 못할 것입
니다. 왜냐하면 이곳 한국에서 저의 건강이 그대로 지속되면, 이야기

---

1 랭킨 선교사의 오빠는 사고로 25세에 사망함. James Lee Rankin Jr.(1875.9.28.
   ~1900.10.13.)

의 마지막 부분에 "끝"이라는 단어가 쓰일 때까지 살려고 하기 때문입니다. 혹시 여유 있는 시간이 있으면 지금 저에게 쓰십시오. 이곳에서는 몇 마디 소식을 듣는 것을 얼마나 바라는지 모르실 것입니다. 제가 무엇을 먹는지는 신경 쓰지 않지만 아버지께서 아침으로 무엇을 드시는지 어떻게 지내시는지 그리고 더피(Duffy)[2] 동네에서는 어떤 일들이 일어나고 있는지 알고 싶습니다. 우리가 서로 멀리 떨어져 있지 않게 만들 것은 뭐든지 다 듣고 싶습니다. 이곳에서 제가 불행하거나 혹은 외로워하다가 종종 우울해진다는 생각은 하지 마십시오. 저는 그렇지 않기 때문입니다. 제 과거에는 후회할 것들이 많았지만, 한순간도 후회해 본 적이 없고 앞으로도 후회하지 않을 일은 이곳에 온 것입니다. 제 인생 전체에서 한 가지 가치 있는 일입니다. 어머니와 아버지는 제가 이곳에 오는 것에 대해서 반대하신 것이 얼마나 많은 아픔을 제게 주었는지 결코 모르실 것입니다. 무엇보다 마음이 아팠던 것은 반대하시는 아버지의 마음도 아팠다는 것을 아는 것입니다. 제가 전혀 관심 없어한다고 생각하셨지요? 저는 이곳에 와서 기쁘고 이곳에서 잘 할 수 있기만 한다면 저는 만족할 것입니다.

바쁘냐고요? 그렇다고 해야겠네요. 우리들은 사역자가 어서 되라고 심하게 재촉받고 있습니다. 사역자를 배출하기 위해서 모든 채찍이 사용되지요. 그런데 이번 상황에서는 시험이라는 좋지 않은 채찍이 쓰입니다. 언어시험이 하나 더 남아서 열심히 공부해야만 합니다. 그렇지 않으면 내년 여름에 연례회의에서 언어시험에 통과하는 사람

---

2 1910년 United States Federal Census에 따르면 랭킨 선교사 아버지 주소는 105 Duffy Street East, Savannah, Chatham, Georgia임. 아버지 직업은 회계감사 (occupation: auditor).

들의 이름이 불릴 때 저의 이름이 없는 것을 알게 되는 불명예를 겪어야 합니다. 이번 해에 많은 이들이 구두시험에서 떨어졌습니다. 그들은 필기시험에는 통과했지만 구두시험은 꿀 먹은 벙어리가 되었습니다. 구두시험은 다음과 같은 방식으로 진행됩니다. 수험자의 실수를 들으려는 감독관들이 기다리고 있는 방으로 수험자는 안내되어 들어갑니다. 한국인이 한 명 들어오지요. 그러면 그 사람에게 말을 건네야 합니다. 이 시험의 목적은 수험생이 한국어를 사용하여 상대방을 이해시키고 상대방의 한국어를 알아듣는가를 보는 것입니다. 저는 성경 번역자들 중 한 분인 이 선생님[3]과 자리를 같이했는데, 그분이 학교에 있는 어린 소녀 역할을 했습니다. 시험은 제가 어린아이들의 말을 잘 사용하는지 측정하는 것이었습니다. 그런 다음에 그분이 성인 역할을 했는데 제가 그분에게 "종교"를 말할 수 있어야 했습니다. 말을 하는 습관이 제게 큰 역할을 했지요. 제가 모든 이들에게 한국어를 사용하기 때문입니다. 그 결과로 매우 자연스레 말을 할 수 있었고 시험을 통과할 것이라는 확신을 갖고 시험을 마쳤습니다. 제가 격조 높은 한국어(classic Korean)로는 아니지만 평이한 짧은 문장을 사용해서 저의 의사를 대개 이해시킬 수 있기에 저는 상당히 많은 일들을 맡고 있습니다. (이 언어가 아주 어려워서 아버지의 머리가 곱슬이 될 수도 있답니다.) 별 것 아닌 것처럼 들릴 수도 있습니다만, 성경을 가르치는 것을 처음에는 영어로 준비하고 나중에는 한국어로 바꾸어 준비해야만 하는 것을 고려한다면 시간이 꽤나 걸립니다. 이러한 상황에서 제가 며칠 후면 처음으로 이곳에서 10~20마일 떨어져 있는

---

3 레이놀즈와 함께 내려와서 성서를 번역한 이창직.
   https://www.clsk.org/bbs/board.php?bo_table=gisang_culture_new&wr_id=
   138&main_visual_page=gisang

지방으로 가게 됩니다. 금요일이나 토요일에 가서 2주나 그보다 며칠 더 있을 수도 있습니다. 가르칠 내용을 영어로 먼저 작성하고 그것을 한국인 선생님과 한국어로 옮기는데, 한 번 수업량에 각각 세 시간씩 걸립니다. 어려운 점 중 하나는 생각을 표시하는 단어를 찾는 것입니다. 가르칠 내용들은 잘 갖춰놓았습니다. 제가 가르치기 시작할 때 저의 언어교사인 박 선생님(Mr. Pak)[4]에게 하는 것처럼 잘했으면 합니다. 매일 여자아이들을 세 시간 가르쳐야 합니다. 그것은 가르치는 것 뿐 아니라 준비하는 것 또한 의미하는 것입니다. 가르치는데 구경꾼들은 귀찮은 존재들입니다. 뭔가를 하느라고 힘들어서 미쳐버릴 것 같은데 그때에 2명에서 20명까지의 사람들이 들어옵니다. 그러면 힘들어도 힘든척 하지 않고 자연스럽게 있으며 공손해야만 합니다. 오전 6시에 일어나서 저녁식사 시간까지는 너무 바빠서 제가 좋아하는 일을 할 수가 없습니다. 그런 다음 지난 몇 달간 쌓아놓은 편지에 대한 답장을 합니다. 때때로는 너무 피곤해서 잡지를 훑어볼 시간도 없습니다. 이번 달에는 집안일을 책임져야 합니다. 평상시 해야 하는 가사일 말고 감, 감자, 땔감 같은 겨울용품들을 제가 준비해야만 합니다. 우리는 큰 일본 감을 구입해서 겨울에 쓰려고 저장해 두었습니다. 구매하는 것은 참 귀찮은 일입니다. 감과 감자를 한 개 단위로 삽니다. 그래서 모든 것들을 다 세어야 하고 10센트에 해당하는 동전 100개씩(the cash 100 pieces to 10 cents)[5]을 세서 주어야 합니

---

4 W. M. Clark, "Some Korean I Have Known,"(*The Missionary Survey* v.6, no.11(November, 1916), p.846)에 "한국 전주의 박운섭. 그는 넬리 랭킨의 어학교사였으며 나중 클라크 목사의 어학교사를 함.(Mr. Pak Oon Sup, Chunju, Korea. He was language teacher for Miss Nellie Rankin, and later for Rev. W. M. Clark.)"이라는 내용이 있음.

5 Miss Straeffer, "Shopping in Seoul,"(*The Missionary*(July, 1902), pp.334-37)

다. 땔감은 한 짐(load) 단위로 삽니다. 한 사람이 지고 오는 것을 한 짐이라 합니다. 한 짐씩 가지고 오는 모든 사람들은 작은 표("Pyo")를 받게 됩니다. 그런데 가장 바쁠 때 표를 가지고 와서 현금으로 바꾸어 달라고 합니다. 우리는 샘을 하나 파게 하고 있는데 사람들이 줄곧 뭔가를 요구합니다. 버클런드 선교사는 아무 것도 모르는 상태입니다. 코델 간호사는 아직껏 빠른 속도의 진보를 이루지 못했고 한국말을 거의 이해 못 합니다. 그래서 사람들이 오면 그녀와 이야기하는 것을 거절하고 저를 보려고 합니다. 그래서 대부분 제가 사람들을 만나서 이야기를 합니다. 제가 편지를 자주 드려야 하는데 그렇지 않고 있다는 것을 알고 있습니다만, 아버지, 여기서는 제 시간이 제 시간만은 아닙니다. 그리고 저는 시간이 없답니다. 작은 농담을 하는 것도 긴 설명을 필요로 하기 때문에 농담을 잊어버리기도 하고 한국어를 모르면 사람들이 농담을 듣고 왜 웃는지 모릅니다. 제가 윌슨 의료선교사가 시중드는 아이에게 목욕물을 준비하라고 했을 때 한 재미있는 실수에 대해 저녁 먹으면서 이야기하고 있었습니다. 다른 이들은 배꼽이 빠질 정도로 웃었지요. 코델 간호사는 "참 웃기네요. 그렇지만 그 말을 고향에 써 보내면 전혀 우습다고 생각하지 않을 것입니다. '(옷을) 짓다'라는 말과 '(몸을) 씻다'라는 말의 차이를 알아야지 왜 웃긴 상황이 되었는지를 알텐데요."라고 했습니다[6].

을 보면 선교사들은 미국 달러에 gold, 일본 엔화에 silver, 한국 돈에 cash를 표시해서 구별한 것을 볼 수 있음. 100 cash(1 yang) ≒ 20 cents silver ≒ ten cents gold. 1,000 cash(10 yang) ≒ 2 dollar silver ≒ 1 dollar gold. 화폐정리사업(1905년 1월) 전 상황이나, 이 편지를 보면 여전히 양(yang)이 사용되고 있는 것으로 보임. 1양은 10 cents gold로 표시함.

6 윌슨 의료선교사가 몸을 씻을 물을 달라고 했는데, 옷을 지을 천을 의미하는 것으로 잘못 들어서 웃긴 상황이 된듯함. '씻을' 발음을 '지을'에 가깝게 발음한 듯 함.

제가 개인적으로 사겠다고 한 땅은 일본 돈 22엔인데 미국 달러로 11달러 가치입니다. 제가 그것을 샀지요. 선교사들은 남학교 근처에 땅을 조금 사려고 하고 있습니다. 몇 년 전 만해도 아주 헐값에 살 수가 있었을 텐데 지금은 몇 백 달러를 줘야 할 것입니다. 사역할 선교사들이 더 오게 되면 2년 후에 우리는 전라남도에 새로운 선교부를 열 것입니다. (전주와 군산은 전라북도(North Chulla)에 있고 목포와 광주는 전라남도(South Chulla)에 있습니다.) 우리는 현재 중등학교(academy)도 없습니다만, 먼 훗날에 이곳 전주에 대학이 세워지지 않으면 새로운 선교부로 사람들이 배치될 것이기 때문에 우리 전주 선교부는 더 크게 되지는 않을 것입니다. 여학교는 아직도 구체적이지 않습니다. 그래서 저는 학교가 세워지기 전까지 복음 사역을 하는데 아마 상당히 오랜 기간을 쓰게 될 것입니다.

버클런드 선교사에게 학교 일이 맡겨졌습니다. 이 문제는 제 생각으로는 그녀가 언어를 배우기에 적합한 나이는 넘어섰지만 앞으로 언어를 어떻게 배워 가느냐에 달려 있고 또한 제가 학교 일에서 복음 사역을 하도록 전출될 경우, 복음사역을 더 좋아하게 될 것이냐에 달려 있어 보입니다.

윌이 리치먼드에서 상당히 오래 있을 거라는 편지를 했어요. 모든 이들이 다 떠난 집에서 너무도 외로우실 거라 생각하니 참 안쓰럽습니다. 어머니께서 혼자서 저녁을 보내지 않으시도록 신경 쓰시리라 믿습니다.

우리 정기 보고서가 나오자마자, 몇 권을 보내드리겠으니 아버지 생각하시기에 관심이 있는 사람에게 주시기 바랍니다.

엘리자베스를 매우 그리워하고 있습니다. 코델 간호사는 35세이고, 버클런드 선교사는 더 나이를 먹었습니다. 그리고 코델 간호사는 어떤 면에서는 버클런드 선교사보다 정말 나이를 더 먹어 보입니다. 이곳에는 젊은 사람들이 없다는 것을 알겠지요. "젊은(Young)"이라는 단어를 쓰다 보니 저도 생각이 납니다만 저도 이제 늙어 가는 서른 줄에 고통스럽게 접어들고 많군요. 올 성탄절은 전킨 목사님 가족과 엘리자베스가 없어서 무척이나 외로울 것 같습니다. 그래서 저는 성 탄절에 제가 시간을 낼 수만 있다면, 군산을 방문해 달라고 매우 긴 급하게 초대를 한다면 그 초대를 받아들일 것입니다. 불 목사님께서 제가 군산에 온다면 저에게 말을 보내주겠다고 약속했습니다. 그러 나 이것도 날씨에 상당히 많이 좌우될 것입니다.

이제 자야 할 시간입니다. 편지를 길게 썼네요. 제발 약속을 지키 십시오. 그리고 우리 가족들 그리고 테디(Teddy)까지도 무엇을 하고 있는지 모든 소식을 전해 주십시오.

모두에게 사랑을 전합니다. 그리고 아버지께 매우 행복한 겨울이 되기를 빕니다.

사랑하는 딸 올림.

1908년 11월 5일 [한국, 전주]

사랑하는 윌에게,

7일자 우체국 도장이 찍힌 10월 4일 쓴 너의 편지가 오늘 아침에 도착했다. 이제야 너와 이야기를 하게 되는구나. 이번 달에 내가 늦은 이유는 지방에 간 일 때문이란다. 그제 늦은 시간에 돌아왔다. 어제는 물건을 정리하느라고 보냈고 오늘은 다시 하던 일로 돌아왔다. 하던 일이라는 것은 집안일과 언어공부와 가르치는 것 등등을 말하는 것이란다.

집에서 준비물 등을 챙기느라 하루를 보낸 것을 빼고 2주간 나가 있었다. 성경학교 수업 사이에 집에 오리라고 전혀 생각하지는 않았는데 집에 오게 되었다. 비가 엄청 왔기 때문에 길이 나빠서 7마일을 걸어서 가지 않기로 마음먹었다. 그래서 레이놀즈 목사님에게 말을 보내 달라고 사람을 보냈다. 그분은 다음날 자신이 말을 사용해야 해서 내게 전주로 들어오라고 했단다. 자신이 말을 사용한 뒤에 내가 다시 말을 가져가도 된다면서. 서둘러 짐을 꾸려서 내 요리를 해주는 사환 사내를 내 물건들과 함께 두 번째 장소로 보내고, 하룻동안 달려서 전주로 왔다. 그리고 다시 20마일을 전주에서 밖으로 나왔다. 전에는 20마일이 말을 타고 가기에 상당히 멀어 보이는 길이었지만 '하루에 75마일'을 달린 일 이후로는 50마일 이하는 눈에 들어오지도 않는다. 화요일 아침 레이놀즈 목사님께서 내가 머무는 곳으로 말을 보내왔고 나는 집으로 출발했다. 봉산(Pong San)에서 한 여성이 자신의 집에 가서 점심을 먹고 가라고 강권해서 그렇게 했다. 이번 여정에서는 한 가지 큰일을 해냈단다. 그것은 바로 다름 아니라 한국 음식을 먹게 됐다는 거란다. 주식은 쌀과 '김치'란다. 배추가 우리의 양배추랑 다른데 독일 배추(sauerkraut)의 일종이란다. 김치는 배추와 빨간 고추, 더 빨간 고추, 소금 등으로 구성되어 있다. 전에는 만질 수도 없었는데 갑자기 올리브 맛에 적응했듯, 김치의 맛을 느끼게 됐다. 그리고 오늘을 제외하고 그때부터 쭉 먹고 있다. 봉산에서 지금까지 본 것 중 가장 잘 꾸며진 작은 교회[1]를 봤다. 그 지역에서는 사람들이 생강을 다량으로 재배한다. 이번 여름에 기독교인들이 생강을 모아 놓은 것을 서울로 보내서, 현금으로 난로들을 샀다. 아낌없이 주는 것(liberality)이 무엇인지를 이렇게 정말 가진 것 없는 사람들을 만나기 전까지는 모른다. 그들은 자신들이 교회를 다 짓는다. 그리고 많은 한국인 협력자들을 후원한다. '만동네[2]'에서 가르칠 때 가까운 마을에 살면서 성경학교에 참여했던 여성들 중에서 몇 명이 그들과 함께 식사를 하자고 간절히 바래서 성경학교를 마치고 갔단다. 물론 그 사람들 집을 모두 방문하고 식사하기로 된 집으로 갔다. 우리 모두는 8×8[3]의 작은 방에 앉아 있었는데 갑자기 모두가 일어나서 자리를 떴다. 이유를 알기도 전에 집의 여주인이 음식상을 들여왔다. 상이 앞에 차려졌는데, 그 후에 여주인도 물러가고 문은

---

1   전라북도 완주군 봉상교회. 1904년 4월 4일 맥커첸(마로덕) 목사에 의해 설립됨.
2   1914년 행정구역 폐합 이전 봉상면 만동리로 현 전북 완주군 봉동읍 제내리에 속하는 곳으로 추정됨.
3   선교사들은 칸의 개념을 가로8ft. 세로 8ft.로 계산했음. 이것을 현재 도량형으로 환산하면 64 sq. ft. 약 1.78평, 약 5.95 제곱미터임. Rev. W. B. Harrison, "General Report of Chunju Station,"(*The Missionary*(February, 1902), pp.67-9). "이번 여름에 그 집은 너무 좁았습니다. 그래서 본 건물에 두 칸(8×16피트)을 덧붙였습니다.(In the spring the house was found to be too small, and two kans(8×16 feet) were thrown into the main room...)"라는 표현이 있음.

닫히고 혼자서만 밥을 먹게 됐다. 미소를 지을 수밖에 없었다. 반찬 중의 몇 개는 진짜로 빨간 고추로 덮여 있었는데 그것을 맛있게 먹었다. 어린 사내아이들 몇이 나를 위해 모은 좋은 밤을 그릇에 담아서 들여보냈다. 그곳에 잠시 머문 다음에 오후 성경학교 때문에 돌아와야만 했다.

말을 타고 집에 오는 것은 정말 좋았다. 요즘 날씨가 더할 나위 없이 좋다. 이른 아침과 저녁에는 불을 약간 피워야 하지만 날씨가 아주 좋다. 나무들은 아주 보기 좋고 추수도 하고 있었다. 여러 산기슭을 돌아서 왔는데 몇몇 풍경은 정말 훌륭했다. 이 오래된 산들에는 몇몇의 작은 소나무들을 제외하고는 나무들이 없었음에도 불구하고 그림 같이 아름다웠다. 마지막 장소에 굉장히 벼룩이 많았다. 그것들은 내 몸에 피해를 줬지만 다른 가축은 없거든! 그곳 여자들은 자신들이 받은 것에 대해서 너무도 고맙게 생각한다. 참 큰 기쁨이다. 바쁜 계절이지만 남자들이 아주 좋았고, 아내들이 성경학교에 참석하도록 강하게 권유했다. 매우 바쁜 때라서 하루에 한 번만 성경학교가 있을 거라고 예상했었다. 그런데 첫날에 교회의 큰 어른이 내게 와서는 하루에 두 번씩 가르쳐 달라고 간청했다. "남자들은 어느 곳에서 성경학교가 열리든지 갈 수 있습니다만 여자들은 그럴 수 없습니다. 그래서 선생님이 오실 때, 그들은 자신들이 할 수 있는 모든 것들을 배우고자 합니다. 제발 하루에 두 번씩 가르쳐 주세요"라고 했다. 이러한 사람들에게 성경을 가르치는 것은 정말 쾌감이 느껴지는 일 아니겠니? 나는 그렇다.

흥미로운 방문객들이 몇 명 왔다. 어느 날 저녁 세 명의 할머니들이 오셨지. 그곳으로 외국인이 온다는 말을 들었었고, 그들이 근처를 지나가다가 서양 여자라는 희한한 것을 보려고 왔다. 그중 어느 누구도 전에 '예수'라는 이름에 대해서 들어 본 적이 없었다. 그들은 아주 진지하게 들었고 내가 말을 끝냈을 때 어느 한국인이 내 말을 다시금 반복해서 말했단다. 오늘 성경과 지리 그리고 산술(算術, arithmetic)을 다시 가르치기 시작했다.

『미셔너리(The Missionary)』의 편집장인 윌리엄스 목사님이 곧 여기 다시 말해 한국에 올 예정이란다. 사실 지금 목포에 있을 수도 있다. 그 사람이 언제 올 것인지를 알 때까지는 2주간 밖으로 나가 있지 않을 것이다. 함께 있을 일행을 놓치고 싶지 않기 때문이란다.

나의 언어시험이 일 년 더 남았다. 언어공부는 인생의 마지막 장까지 계속될 것이다.

우표에 대해서 많은 감사를 전한다. 내가 도자기에 대해 썼을 때 음악에 대해서는 한마디도 안 한 것 같다. 음악이 매우 아름다운데 연례회의 동안 모두들 그것을 즐겼다. 며칠 전에 레이놀즈 부인 집에서 음악을 몇 곡 다시 접할 수 있었다. 나는 너무도 바쁘고 저녁이 되면 너무도 피곤해진다.

일본인들이 우리를 어떻게 대하는가에 관해서 물었지. 아주 공손하게 대한다. 일본인들과 관련하는 일이 거의 없는데, 공손함 말고는 다른 것을 경험해 본 적이 없다. 군산에서 어떤 일본인이 무례한 적이 한 번 있었는데 그 사람은 좋은 길로 가기 위해서 나를 슬그머니 물웅덩이로 밀었다. 그런데 어쩌겠냐. 어디 가나 인간 같지 않은 사람들은 있잖니. 우체국장과 나는 매우 친하단다. 올 여름에 우리가 채소를 많이 수확해서 그 사람에게 큰 바구니로 하나를 보냈는데 그 사람에게서 동봉한 카드를 받았다. 그 사람은 우리 영어 소포, 우편 영수증 등을 적는데 영어가 그의 장기는 아니란다. 동봉한 카드 앞면에 전주를 나타내는 한자어를 내가 표시해놨단다. 한자에 대해서 아는 것은 전주 단 두 글자란다.

이 편지는 성탄 준비 때쯤에 네게 도착하든지 아니면 26일이 지난 다음에 도착할 수도 있다. 성탄절 연휴 동안에 어디 돌아다니면 좋겠다. 지금 내 계획은 군산에서 불 부인과 함께 일주일을 보내는 것이다. 불 부인이 전주를 방문했을 때 내게 군산에 올 것을 약속하도록 했다. 불 부인이 어제 편지를 해서 내가 약속을 지키지 않으면 나를 절대 용서하지 않겠다고 했다.

마지막으로, 그렇다고 중요하지 않다는 것은 아닌것 알지, 코닥 사진을 보내준 것 고맙다. 어머니 사진이 잘 나왔더라. 그 사진을 갖게 되어 기뻐. 다른 것들도 아주 좋았어. 그 사진들이 오늘 내게 얼마나 많은 즐거움을 주었으며 앞으로도 줄 것인지에 대해서 네게 굳이 말을 시작할 필요가 없지.

설리반 씨(Mr. Sullivan)를 아주 분명히 기억하고 있다. 결핵 때문에 생명의 위협을 받았었지. 지금 그 사람 괜찮니? 큰 야망을 가진 법학도였는데 그 사람 어떻게 지내니? 너는 아주 좋은 시간을 보내고 있는 것 같구나. 호텔이 너무 매력적으로 보여서 내후년 여름에 내가 며칠간 집에 있게 된다면 우리가 거기로 달려가야만 할 것 같다. 이것에 대해서 어떻게 생각하니?

버드만 의료선교사가 오늘 와서 살기로 되어있었는데 어두워져도 들어오지 않고 있다.

길게 쓴 편지인데 네가 집에 와서 쉬면서 이 편지를 읽기 바란다.

네가 윌더 씨(Mr. Wilder)에 대해서 칭찬하는 것을 들으니 기쁘다. 코닐리아(Cornelia Maclean)(?)는 아주 좋은 젊은 여성이란다. 그녀는 좋은 사람을 만나야만 한다. 네가 결혼해서 살 때 그녀만큼 좋은 사람과 살기를 바란다.

모든 이들에게 나의 사랑을 전해주렴. 네게도 많은 사랑을 전하며.

사랑하는 누나 넬리.

1909년 1월 28일 [한국, 전주]

"아이고, 아이고, 말 할 수 없습내다!
(Igo, Igo, mal hal soo oop sim nai ta!)"

사랑하는 나의 아버지,

지금 방으로 들어오실 수 있다면, 아버지께서는 위에 있는 말을 듣게 될 것입니다. 위의 말은 한국말로 "정말로 고마워서 무슨 말씀을 드려야 할지 모르겠습니다"는 뜻입니다. 그리고 그 심정이 현재 제가 느끼고 있는 것입니다. 왜냐하면 제 인생에서 어제 아버지의 성탄절 선물을 받았을 때만큼 놀란 적이 없기 때문입니다.

어제 아침에 룻이 보낸 편지가 왔는데, 아버지께서 신사용 손목시계를 보냈다고 쓰여있더군요. (편지의 일부분이 사라짐.)

그것이 오랜 기간 동안 제가 처음으로 (?) 행동에 대해 들어본 일입니다. 오후에 맥커첸 목사님이 왔고 지난밤에 그분이 저에게 시계를 줬습니다. 룻이 보낸 편지가 아니었다면 그분이 끔찍한 실수를 했다고 믿었을 것입니다. 시계를 받을 준비는 되어 있었지만, 그렇게 아름다운 것이라고는 생각을 못 했습니다. 옛날 것을 보내시겠지라고 생각했었는데 아주 예쁘고, 새것인 금으로 된 월섬(Waltham) 손목시계를 보내주셔서 할 말을 잃었습니다. 제 생각으로는 뒷면을 밋밋하게 해 놓은 이 시계가 공들여 세공을 해 놓은 것보다 훨씬 좋고 모서리 부분에 약간 장식해 놓은 것이 있어서 극도의 밋밋함을 덜어

내기에 충분하며, 아주 멋진 시계라고 생각합니다. 제가 본 것 중 가장 예쁜 시계예요. 제가 귀국하면 그 시계에 제 이름을 새길 것입니다. 아버지 정말로 감사드립니다. 정말이지 이 선물에 대해 뭐라고 감사를 드려야 할지 모르겠습니다. 제 작은 은시계가 맥커첸 목사님 부부의 여행용 가방과 함께 들어올 것입니다. 아버지께서 보내신 시계는 새것이라서 맥커첸 목사님이 세금을 내지 않기 위해 주머니에 넣어 가져왔습니다. 적어도 그것이 그분이 생각한 방법이었는데, 세관에서 그분의 모든 짐을 관세 없이 들여보냈습니다. 제 생각으로는 한국 땅을 '개인이 개발하도록 미국 정부가 무상으로 제공한 땅(homestead)'으로 생각하기 때문인가 봅니다.

한국 사람들이 맥커첸 목사님을 얼마나 환영하는지를 고향에 있는 사람들이 봤다면 우리들이 이 땅에 있는 것을 한국인들이 고맙게 여기고 있다는 것을 의심하지 않으리라고 어제 생각했습니다. 맥커첸 목사님이 사역하던 지역에 사는 남자 어른들이 몇 마일을 왔습니다. 제가 알고 있던 사람들을 몇 명 봤는데 그들은 20마일 떨어진 곳에서 왔으며, 몇몇은 더 멀리서도 왔습니다. 단지 '목사'를 환영하기 위해서 몇 마일을 걸어 왔습니다. 몇 백 명의 사람들이 그분을 환영하기 위해서 그분이 오는 길로 나왔고, 그분이 사역하던 지역의 몇 사람은 그분을 위한 큰 잔치를 준비했습니다. 이 잔치에 우리 외국인들이 모두 초대되었습니다. 아주 전형적인 잔치라서 이것에 대해 모두 말씀 드리겠습니다. 남학교 건물(The boys' school house[1])이 등으로 장식

---

1 이 학교는 니스벳 목사가 1908년 사비로 지은 방 세 개로 된 8칸 기와집임. 1907년 최초의 교육전문선교사로 랭킨 선교사와 니스벳 목사 부부가 파송되어 한국에 오지만 제대로 된 학교 건물이 없었음. 랭킨 선교사도 개인 돈을 들여 여학교 근처의 땅을 사서 나중에 전주선교부가 사용하도록 함. 이런 것을 보면 당시 미국남장로교 한국선교회의 재정상태가 좋지 않았음과 선교사들의 헌신과 열정을 알 수 있음.

되었고 건물 앞쪽에는 상록수들로 장식된 아치(arch)가 하나 있는데 커다란 태극기 두 개가 교차되어 꽂혀 있었습니다. 그 위에 버클런드 선교사에게서 빌려온 '미국 국기'가 떠 있었습니다. 약 오후 7시가 되어서 분홍색 등을 든 어린 남학생들이 각각의 외국인들에게 찾아와서 "잔치가 준비됐으니 오십시오"라는 말을 했습니다. 그래서 우리는 잔치에 갔습니다. 한 방에는 많은 수의 여성들과 여학생들이 모여 있었고, 큰 방에는 남자들이 있었습니다. 문이 열려 있었지만 남성들은 여성들을 볼 수가 없었습니다. 그때 이 선생님(Mr. Yi)이 찬송을 하고 적합한 시편을 한 편 읽었습니다. 그분이 말하길 자신이 부른 감사의 노래는 한국인들의 마음을 표현한 것이라고 했습니다. 그런 다음에 남학생들과 여학생들이 번갈아 가면서 찬송을 했습니다. 그후 이 선생님이 "마 목사(Ma Moksa)[2]"님을 다시 모시게 되어 기쁘다는 한국인들의 마음을 전했습니다. 그 사람은 마 목사님이 홀로 고국으로 돌아갔는데 둘이 되어 왔으니 기쁘다면서, 두 번째 목사님(마 목사 부인)이 여성들을 가르치게 될 것이므로 여성들이 좋을 거라는 말을 했습니다. 아주 흡족하며 기쁘게 표현된 연설이었습니다. 맥커첸 목

"Report of Chunju Station,"(Station Reports to the Eighteenth Annual Meeting of the Southern Presbyterian Mission in Korea(1909), p.12.) "전주선교부의 남학교는 아주 고무적으로 성장하였습니다. 작년에 배운 73명은 작은 학교 건물을 빼꼭히 채웠습니다. 긴급한 필요를 충족시키기 위한 돈을 모교회로부터 제때에 받는 것을 단념한 니스벳 목사는 사비로 방 세 칸 짜리 학교 건물을 짓고 학교로 사용하도록 전주선교부에 대여하였습니다.(The station's boys' school has grown very encouragingly. The 73 boys taught last year were cramped in the little school building. Mr. Nisbet, despairing of getting money from the home church in time to meet the urgent need, built with personal funds a three roomed house which he loaned to the station for its school.)"

2 맥커첸(McCutchen) 목사의 한국 이름은 마로덕임. 마로덕의 마를 따서 마 목사로 부름.

사님이 환영 인사에 대한 답사를 했고, 레이놀즈 목사님이 기도를 하고, 식사가 이어졌습니다. 한국인들은 모든 음식을 알아서 준비하며 외국인들은 무엇을 먹게 될지 모릅니다. 한국인들이 케이크를 만들기 위해 니스벳 부인을 모셨습니다. 밥상 위에는 사과, 귤, 껍질 벗긴 밤, 일본 상점에서 구입한 통조림 된 배, 독일 배추의 일종인 몇 종류의 김치, 조각으로 잘린 스테이크, 잣, 떡, 무(moo) 다른 말로 절인 무, 해조류, 그리고 다른 한국 요리들이 있었습니다. 우리 외국인들이 먹고 있을 때, 특별한 한국인들에게 한국식 다과가 제공되었습니다. 사람들이 은수저를 두 개 만들었습니다. 하나는 '마 목사'라는 글이 쓰여 있었고 다른 것에는 '마 부인' 즉 맥커첸 목사님과 맥커첸 부인을 의미하는 글이었습니다. 저녁 식사 후 분홍색 등을 든 남자 아이들이 학교 앞에서 축하 공연을 했는데 그들은 정말 예뻐 보였습니다. 모든 것이 끝난 뒤 아이들이 테이트 부인 집으로 신랑 신부를 인도해 갔습니다. 그분들은 그분들의 집이 정리될 때까지 그 곳에 머무를 것입니다. 니스벳 목사님은 지방에 일주일간 머물고 있습니다. 니스벳 부인은 우리랑 머물고 있습니다. 그녀는 정말 같이 있기에 참 좋은 사람입니다.

신랑 신부 이야기로 돌아갈게요. 맥커첸 부인은 한국에 남감리교 선교사로 나와 있었기에 이 아름다운 언어를 배울 필요가 없습니다. 즉, 우리 중 많은 이들이 해야만 했던 매일 매일 반복되는 언어공부를 할 필요가 없다는 것입니다. 우리 노처녀 중 한 명을 잃게 될 것입니다. 그녀는 우리가 사는 곳에서 길 건너편으로만 옮겨가게 됩니다. 코넬 간호사와 버드만 의료선교사 둘이 서둘러서 뭔가를 해버렸습니다. 테이트 여선교사님이 내년 여름에 다시 올 것이기에 곧 다시 세 명이 될 것입니다. 버클런드 선교사는 최고입니다. 참 사랑스럽습니다.

테이트 목사님 부부는 안식년을 보내기 위해 6월에 떠날 것입니다. 레이놀즈 목사님 부부는 1910년 여름에 떠납니다. 제 계획은(?) 레이놀즈 목사님 부부와 같이 출국해서 테이트 목사님 부부와 같이 돌아오는 것입니다. 그러나 솔직히 말해서 한 번 혼자서 여행을 해 봤기에 다시 혼자서 여행하는 것을 꺼리지는 않습니다. 레이놀즈 목사님 부부와 함께 가는 것의 유일한 문제는 그분들이 시베리아를 거쳐서 갈 예정이라는 것입니다. 그렇게 하고 싶지만 시간이 약간 더 걸릴 것이기에 다음에 제가 정규 안식년을 갖게 될 때 그 길로 갈 생각입니다.

요즘은 한국의 새해 기간입니다. 그리고 우리는 2주 동안 학교 겨울 방학을 할 것입니다. 방학을 하면 오후 시간을 제 시간으로 쓸 수 있고, 아이들의 부모님들과 한국 친구들을 방문할 것입니다.

한국인의 셈으로 따지면 제가 이곳으로 온 지 2년이 됐습니다. 새해 기간에 이곳에 도착했기 때문입니다. 올해는 한국인들의 윤년입니다. 하루를 더 갖게 되는 것이 아니라 한국인들은 한 달을 달력에 더했습니다[3]. 한국인들은 음력을 쓰고 있습니다.

제가 성탄절을 위해 보낸 것들을 룻이 받았다는 편지를 했습니다. 그 소식을 들어서 기쁩니다. 어머니는 한 달간 편지를 하지 않으셨습니다.

저의 사랑을 모든 가족에게 전해주십시오. 며칠 전 페이프(Nina Pape) 선생님에게서 편지와 달력을 받았습니다. 제가 답장을 곧 하겠지만 아버지께서 저 대신 고마움을 표해 주십시오.

---

3 윤년(閏年, leap year)은 역법을 실제 태양년에 맞추기 위해 여분의 하루 또는 월(月)을 끼우는 해이다. 태양년은 정수의 하루로 나누어떨어지지 않고, 달의 공전주기와 지구의 공전주기는 다르기 때문에 태양력에서는 하루(윤일), 태음태양력에서는 한 달(윤달)을 적절한 시기에 끼워서 이를 보정한다. https://ko.wikipedia.org/wiki/%EC%9C%A4%EB%85%84

아버지와 어머니에게 많은 사랑을 전합니다. 시계를 보내 주셔서
정말 정말 감사드립니다.

사랑하는 딸 넬리 올림.

1909년 2월 8일 [한국, 전주]

사랑하는 월에게,

이 종이가 여기서 구할 수 있는 유일한 종이이고 굉장히 무거워서 글자 크기를 작게 해서 내가 말하고자 하는 모든 것을 적어 넣으려고 한다. 이번 달에 약간 늦었다. 내일이면 네 편지가 꼭 올 것 같아 내일까지 기다려야만 하는지 많이도 망설여진다. 오랫동안 미국에서 오는 편지를 못 받았는데 그래서인지 내일이면 꼭 편지가 올 것 같다. 아이고! 요즈음은 바쁘다만 하는 일이 너무 즐겁다. 가장 좋은 일이 나에게 일어나고 있는데 그것 때문에 아주 행복하다. 내가 다른 무엇보다도 정말로 원하는 것이 있다면 그것은 다름 아니라 여학교 건물이란다. 여자아이들이 얼마나 배우기를 원하는지 그리고 아주 적은 교육이 그 아이들에게는 얼마나 많은 것을 의미하는지 너는 모를 것이다. 책에서 배우는 교육뿐 아니라 삶의 지평을 전체적으로 넓히는 것까지. 그런데 우리는 돈이 없어서 꼼짝도 할 수 없다. 월! 정직하게 말하는 것인데 나는 어느 누구에 대해서 오랫동안 불평하지 않는다. 그리고 금욕주의를 설교할 사람도 결코 아니다. 그런데 이런 동양 소녀들을 대신해서 질투가 난다. 고향에서 그냥 한번 즐겁게 노는데 쓰는 돈으로 여기서는 이렇게도 많고 많은 소녀들에게 즐거움뿐만 아니라 측정할 수 없을 정도의 좋은 것을 줄 수 있거든. 우리 남장로교 한국선교회는 너무도 돈이 부족하다. 그리고 우리 학교 건물 짓는 데 들어가는 돈은 우선순위[1]에서 저 아래에 있다. 위원회가 우리에게 학교를 약속했는데 '언제'인지가 또 다른 문제이다. 이번 해일지, 내년일지 혹은 내 후년일지 모른다. 한국인들은 이자를 75%나 낸다. 일본 은행들은 20% 그 이상의 이자를 요구하기 때문에 돈을 빌리기가 불가능하다는 것을 알겠지. 내가 지방에 있던 이번 가을에 이 생각이 내 마음을 짓눌렀다. 한국 여성들이 처해 있는 상황들이 굉장히 가슴 아프게 다가왔다. 그러다 갑자기 아주 좋은 생각이 떠올랐다. 왜 다른 사람들에게 요청하지 않지! 내가 아는 사람 중에 5,000달러나 되는 돈을 그냥 줄 사람은 없다. 5,000달러를 그냥 달라는 것이 아니라 그 돈을 이자 없이 빌려줄 수 있는 누군가에게 부탁하면 되지 않을까? 남장로교 한국선교회에 그 이자를 주는 것 말이야. 낸 양(Miss Nan Steward, 결혼 후 휴스턴 부인 Mrs. Huston)[2]을 오랫동안 잊고 있었다. 그런데 그 이름이 섬광처럼 떠올랐다. 그래서 모든 상황을 그녀에게 썼고 2~3년 후에 돈을 갚겠다는 약속을 하면서 2,000~3,000달러의 돈을 빌려 달라고 부탁했다. 이 돈이면 계획한대로 우리 학교의 중요 부분을 세우는 데 충분할 것이다. 중심부 양옆은 나중에 덧붙일 수도 있단다. 매우 밝은 아침도 아닌 시간에 14×15의 서재에서, 교실도 돈도 없으면서 학교를 어떻게 운영할 것인가에 대해서 토론하기 위해 세 사람이 모여 있는 것을 상상해봐라. 남학교는 좋은 선생님을 한 분 더 간절히 원하고 있다. 우리 여학교 선생님은 보통과(primary)[3] 학생들

---

1 1908년 9월 열린 제17회 연례회의 기록을 보면 건축 예정 19건 중에서 전주 여학교의 순서는 10번째임.(10. Chunju-Girls' School) Report of Business Committee, Minutes of Seventeenth Annaul Meeting of the Southern Presbyterian Mission in Korea(1908), p.31.

2 Nancy J "Nan" Thomas Houston(1879~1936.9.21.)

3 선교사들이 학교급에 대해서 사용하는 언어를 현대 12학년제에 비추어보면 Primary 1~4학년, Grammar 5~8학년, Academy 9~12학년임. Primary를 보통과, Academy를 고등과(별과) "Table of Statistics for the Year Ending May 31, 1922,"

만 가르칠 수 있다. 우리가 돈만 있다면, 남녀학교에 좋은 남자 선생님과 그의 아내를 모실 기회가 있었는데. 지금의 나처럼 여학생들을 책임지게 되었지만 그 아이들을 개인적으로 살펴볼 수가 없는 상황은 아주 힘들다. 회의를 하면서 "우리 학교 건물이 곧 지어질 전망이 있다면 교사 봉급은 제가 기꺼이 지불하고 학교를 확장하겠다. 그런데 그것이 거의 가능성이 없어 보이기에 더 이상의 책임을 지고 싶지 않다"고 말했단다. 그 말을 마치면서 내게 막 전달된 편지를 힐끗 쳐다봤다. 편지 봉투 구석에 휴스턴이라는 이름이 있더구나. 편지를 뜯어서 열었는데, 오! 윌! 내가 무엇을 봤겠니? 일화 5,000엔 수표 즉 미화 2,500달러⁴와 선물이 들어있는 거였다. 이것은 휴스턴 씨가 성탄 선물로 부인에게 준 것이었다. 할 말을 잃었단다. 눈물을 도저히 주체할 수 없었어. 그녀의 편지는 너무도 좋았다. 우리가 하는 사역에 대해 연민으로 가득 차 있었고, 자신에게 도울 수 있는 기회를 준 것에 대해 정말이지 고맙다는 말을 했다. 날이 풀리자마자 학교 건물이 지어지기 시작할 것이고 가능한 빨리 추진 될 것이다.

우리는 앞서 우리가 모시기로 했던 분들을 즉시 확보했다. 이 선생

Minutes of the Thirty First Annual Meeting of the Southern Presbyterian Mission in Korea. 참조. Primary를 보통과, Academy는 특별한 언급이 없으면 대학이 아닌 고등과로 이해하면 됨. F. M. Eversole은 The Chunju Boys' School에 대해서 언급하면서 보통과를 Common, 고등과를 Higher Common으로 표현함.(*The Missionary Survey* v.3, no.11(November, 1914), pp.860-1.)

4 Editorial, "The Prodigal's Return," *The Missionary*(April, 1909), p.149. "한국 전주의 넬리 B. 랭킨 선교사의 1월 30일 자 편지에 따르면 그녀가 펜실베이니아 코트빌에 있는 친구에게서 전주선교부의 여학교에 사용하라는 수표 2천 5백달러를 막 받았다고 합니다.(A letter from Miss Nellie B. Rankin, of Chunju, Korea, dated January 30, reports that she had just received from a friend in Coatesville, Penn. a check for $2,500.00 for the Girls' School at that station.)"

님은 아주 총명한 사람이고 그의 아내는 작고 매력적인 여성이란다. 두 사람 다 평양에 있는 장로교 학교들을 졸업했다. 우리는 어린 소녀들을 시내에 두고 있다. 즉 우리는 보통과를 전주 시내에서 시작했고, 선교사들이 있는 마을에 있는 우리 학교에 기숙학생들과 결혼한 젊은 여성들만을 데리고 있다. 버클런드 선교사와 나는 경비를 서로 나누고 있다. 기존의 두 칸(8x16) 학교 건물에 방을 하나 더했다. 그래서 세 칸(8x24)이 되었다. 배우고자 갈망하는 16살에서 20살까지의 결혼한 젊은 여성들이 너무 많기에 그들을 위해서 좋은 창이 있는 집에 방을 하나 따로 마련했다. 그리고 그들을 위해 수업을 한다. 지금까지 우리 학교에는 이러한 결혼한 젊은 여성들 다른 말로 '각시들(caxies)'이 14명이 있고 더 많은 사람들이 오고 있다. 한국의 새해 기간을 맞아 2주 겨울 방학을 마치고 어제 다시 개학했다. 이건 내가 일을 더해야 한다는 것을 의미하지만 정말이지 즐기고 있기에 전망은 밝다. 이 오래된 도시에 종교에 대한 관심이 지금 일고 있다. 몇 년간 이 도시에서는 굉장히 느리게 진행되어 왔는데 현재는 사람들이 관심을 많이 갖고 있다. 사람들의 관심에 어떤 정치적인 음모가 있는지 궁금하지만 지금까지는 진리를 알고자 하는 정말로 신실한 욕구처럼 보인다. 이것이 아주 좋은 결과가 있기를 희망한다. 우리는 여리고(Jericho)성 주위를 행진했고 마침내 그 성벽이 무너지고 있는 것처럼 보인다.

지난주에 또렷이 대조되는 두 가지 죽음이 있었단다. 어느 날 친구의 어머니께서 편찮으시다는 말을 하며 나를 찾아서 가봤더니 그 어른이 죽어가고 있더구나. 갑작스럽게 일어난 일이기 때문에 뇌에 혈관이 터졌음에 틀림이 없다. 딸은 기독교인이지만 그 어른은 종종 교회에 출석하기는 했지만 불교를 절대 포기하지 않았단다. 그분은 결코 사람들 앞에서 말을 하지 않고, 나 말고는 다른 사람은 알아보지 못하는 것처럼 보였다. 딸이 그 어른에게 내가 누구냐고 물었을 때, 그분은 매우 분명히 '미'라고 이야기했다. 'America'를 한국에서는 '미국[mi kook]'이라고 부른단다. 그래서 주변 사람들이 미국을 말한다고 생각 했었지. 그분은 눈을 다시금 감았고 다시는 말하지 않았고 아무도 몰라봤다. 그분은 밤사이에 사망했다. 다음날 장례 복장을 하고 있는 것을 보았는데, 내가 깜짝 놀랐다고 고백할 수밖에 없구나. 천을 걷었 을 때 빨간색으로 정교하게 다듬어진 밝은 색 푸른 비단옷을 입고 있었는데 노인이 정말 훌륭해 보였기 때문이다. 소매는 노랑, 녹색, 빨강, 주황, 파란색 등의 줄로 되었는데 새 신부 복장이었다. 이 사람 들은 전주에서 가장 부유한 양반들이다. 한국인들의 생각에 따르면 그분은 몸이 원하는 모든 것을 가졌지만, 나는 그분 옆에 앉아 있다가 그분이 아무런 희망 없이 죽어가는 것을 보면서 마음이 아팠다.

다음날 한 남자가 죽었다. 그 사람이 몇 년 전에 레이놀즈 목사님 하인으로 왔을 때는 배운 것도 전혀 없는, 예수그리스도를 믿지 않던 어린아이였다. 그는 기독교인이 되었고 그날 이후로 그 사람에 대해 서 나쁜 말이 들리는 것을 들어 본 사람들이 없다. 그는 나병이 발병 되기 전까지 하인으로 있었다. 나병이란 처음에는 신경을 공격하는 형태의 병이란다. 작년까지 교회의 사찰집사를 하고 허드렛일을 하 면서 살아갔다. 이번 겨울에 급속한 결핵이 와서 그를 곧 끝장내버렸 다. 우리는 기뻤다. 그 사람의 양손이 무기력할 때까지도 끔찍한 부 패가 찾아오지 않았기 때문이었다. 그는 모든 돈 문제를 정리하고, 그 사람의 장례식에 대한 돈을 집사들 중 한 명에게 주고 끝을 기다 렸다. 불평 한마디 없고, 중얼거림도 없었다. 그는 항상 밝은 사람이 었고 마지막 순간까지 눈빛이 맑았다. 우리 미국인들은 모두 장례식 에 참여했다. 한 명은 부자였고 다른 한 명은 가난했는데, 나는 부자인 늙은 노인보다는 나병에 걸린 가난한 사람이 되었으면 한다.

나병 환자들이 많지는 않지만, 구걸하는 나환자가 몇 있다. 어느 불쌍한 사람은 입술, 손가락 혹 눈이 없었고, 그 사람 발에는 발가락이 없고, 발목이 너무 많이 상해서 거의 걸을 수도 없다. 자비로운 하나님께서 우리를 지켜 주시니 걱정 말아라. 미국 의사들이 생각하듯이 그 세균들이 그렇게 위험한 것이라면 우리가 어디에 있을 수 있겠니. 고향에서는 평생에 한 번 들어 볼 만한 그런 끔찍한 질병들보다 더 끔찍한 질병들을 이곳에서는 하루에도 몇 번씩 보거나 듣는다. 그렇지만 이 모든 것에도 불구하고 나는 잘 살고 있다.

이모에게 『레코드 오브 크리스천 워크(Record of Christian Work)』에 편지를 해서 내게 보내지는 구독 요청을 받은 적이 없는가 물어보라고 해주렴. 애버리 씨(Mr. Avery)가 최근 2년간 내게 그 잡지를 보내왔었는데 올해는 오지 않았다. 그 사람이 책을 구독하지 않았다면 내 돈을 즉시 보내고 가능하다면 1월호도 내게 보내 달라고 요청해라.

오늘 저녁은 이만 써야겠다. 이제 그만 쓰고 전킨 목사님 가족에게 편지를 해야겠다. 집에 있는 사람들 그리고 존스(Jones)[5] 거리에 사는 모든 사람들에게 사랑을 전한다.

너에게 좋은 일들이 있기를 바라며 사랑하는 누나 넬리.

---

5 랭킨 선교사 고향 서배너에서 가장 아름다운 거리이며 오래된 건물이 많음. 1880년 인구총조사 자료에 따르면 랭킨 선교사 외할머니 Margaret Hart Greene Wade(1824.7.11.~1904.2.14.)는 이모 Florence Wade Gardner(1848.3.28.~1914. 12.17.)와 이모의 딸 Maggie Grace Gardner와 함께 살고 있었음. 이모는 1876년 남편과 사별함. 외할머니 주소는 113 Jones Street, Savannah, Chatham, Georgia였음. 불 부인의 추모글에 따르면 랭킨 선교사는 어른 시절 본인 집보다는 할머니집에서 보낸 시간이 많았다고 함.

1909년 2월 24일 [한국, 전주]

사랑하는 어머니께,

어머니께 소식 한 줄이라도 받아본 지 꼭 두 달이 지난 것 아시죠? 두 달 동안 윌에게서 한 통, 룻에게서 한 통을 받았을 뿐 그 외 가족 누구에게서도 편지를 못 받았습니다. 이제 가족들이 모두들 저를 빨간 머리를 한 주워온 아이라고 여기고 있다는 생각이 듭니다. 참 부끄러운 일입니다. 더 이상 저에게 신경을 쓰지 않으시겠다면, 내년 여름에 가서 뵙기 위해서 돈을 절약하고 있는데 때려치우고 모은 돈을 그냥 써 버릴 것입니다. 이래도 미안하지 않으실 것인가요?

엘리너와 엘리자베스는 제가 보내준 반지에 대해서, 윌은 깃발에 대해서 고마움을 표했는데 나머지 사람들은 선물을 좋아하지 않는 것처럼 보입니다. 참, C. B. A가 부채 보내준 것에 대해 감사를 표했습니다. 친구인 다니엘 의료선교사 가족들이 다니엘 의료선교사 때문에 4월에 미국으로 돌아가야만 할 것입니다. 중대한 수술을 받아야만 하거든요. 그 사람 편으로 뭔가를 보내려고 했었는데, 다시 생각해봐야겠어요. 이래도 미안하지 않습니까?

학교에 천연두가 발생했어요. 제가 혹시 천연두에 걸려서 죽을 수도 있었는데 그럼 저에게 더 자주 편지를 못 한 것에 대해서 후회를 하셨을 거예요. 어머니는 저를 공평하게 대접하지 않고 있어요. 여학생 중 한 명이 아팠을 때, 병원으로 보냈어요. 의사는 처음에 장티푸스일 것이라고 판단했죠. 제가 그 학생의 손과 다른 곳을 문질러 주고 있었어요. 다음날 그 학생에게서 두드러기가 나타났어요. 머리끝에서 발끝까지 두드러기로 쌓여 있습니다. 지금껏 이곳에서는 첫 환자에요. 여기서 천연두를 너무 많이 봤기에 천연두는 공포를 잃어버렸어요. 다른 말로, 제가 그것을 전혀 두려워하지 않는다는 것입니다. 천연두보다 훨씬 무서운 것들이 많이 있습니다.

이 시기에 우리는 모두 매우 바쁘고 모든 이들이 잘 있습니다. 이 사진들을 보시면 어머니가 주워온 아이는 한국에서 살이 하나도 빠지지 않았다는 것을 알게 될 것입니다. 22일에[1] 우리 선교부 모두가 저녁 식사하러 레이놀즈 목사님 집으로 갔습니다. 레이놀즈 목사님과 부인은 워싱턴 장군과 그의 부인으로 분장했는데 시중드는 사람들이 무척 흥미로워했습니다. 그리고 우리는 모두 좋은 시간을 가졌습니다. 레이놀즈 목사님 가족이 이곳으로 저녁을 먹으러 올 것입니다. 내년 여름에 귀국하면, 그들과 함께 시베리아와 유럽을 거쳐서 갈 것입니다. 어려운 일이죠.

룰러 선생님(Miss Lula)의 학교 학생들이 보내준 인형들이 왔어요. 그래서 여학생들이 무척 좋아하고 있습니다. 한국 어린이들에게는 인형이 없어요. 가엾은 아이들이죠.

학교의 새 선생님 때문에 기쁩니다. 그녀가 괜찮은 사람이라는 생각이 들어요. 저녁에 가끔씩 그 선생님 부부가 찾아오는데 우리는 정말로 즐거운 시간을 보내지요. 휴가차 집으로 가는 더 짧은 길이 있다면, 이곳 한국에서의 삶은 더할 나위 없이 좋을 것입니다.

지난 주일은 성찬식을 하는 주일이었답니다. 51명이 세례를 받고

---

1 미국 초대대통령인 George Washington의 생일(2월 22일)을 기념하는 날로, 미국의 국경일임.

성찬식에 참가했습니다. 57명이 학습교인(catechumen)[2]이 되었고, 6명의 유아세례자가 있었습니다. 이곳에서는 주일예배가 10시에 시작됩니다. 저는 10시 조금 전에 교회에 와서 오후 2시까지 있었습니다. 참 긴 예배였죠. 이번 주에는 학습교인의 수가 더 많아질 것입니다. 그런데 레이놀즈 목사님이 지난주에 모든 사람을 문답할 시간이 없었습니다. 마침내 우리는 이 도시에서 인상을 남기기 시작하고 있습니다.

지금껏 겨울 날씨는 온화했는데 가장 추운 날씨가 지금입니다. 학교를 다시 시작하지 못하게 있습니다.

어머니에게서 소식을 듣기 전까지는 절대로 편지를 쓰지 않을 것입니다.

모두에게 사랑을 전하며 사랑하는 넬리 올림.

---

2 현대 교인의 신급(http://theologia.kr/board_edu/56850)
① 원입교인 : 예수를 믿기로 결심하여 등록하고 공동예배에 참석하는 교인을 말합니다.
② 학습교인 : 12세 이상인 된 자로서 교회에 출석한지 6개월이 지난 원입교인 중에서 신앙의 학습정도를 문답한 후 당회의 인준으로 교회 앞에서 서약한 교인을 말합니다.
③ 유아세례교인 : 입교인의 만 4세 미만의 자녀로서 부모의 신앙으로 세례를 받은 교인을 말합니다.
④ 입교인(세례교인) : 유아세례교인으로서 15세 이상된 자로 입교를 하였거나, 학습교인으로 6개월 이상 교회생활을 잘한 후 당회에서 문답을 받은 후 세례를 받은 세례교인을 말합니다. 세례교인은 성찬과 공동의회에 참여할 수 있습니다.

1909년 3월 2일 [전주]

사랑하는 동생에게,

이번 달에는 내가 굉장히 빨리 편지를 한다. 어제 학교 일로 큰 소동이 없었더라면 어제 저녁에 너에게 보내는 편지를 다 썼을 수도 있었단다.

먼저 코에 약을 뿌리는 분무기(atomizer)가 어제 무사히 도착했다는 보고를 해야겠구나. 상자는 심하게 부서졌지만 내용물들은 전혀 피해가 없었다. 일부러 애써줘서 너무 너무 고맙다. 군산에서 성탄절을 보내려고 가서는 심한 감기가 나았던 것 같았는데, 바로 저번 주에 감기가 한 번 더 걸렸다. 그래서 이제 내 분무기를 갖게 되어 기쁘다. 몸이 굉장히 안 좋을 때 레이놀즈 부인의 분무기를 이용하고 있었거든.

큰 소동에 대해서 듣고 싶겠지. 2월까지 우리는 김 선생님을 여학교 교사로 모셨단다. 엄격한 훈육가로서는 참 좋은 분인데 선생님으로서는 썩 그리 좋은 분은 아니란다. 우리가 이 선생님은 남학교로, 그의 부인은 여학교로 모실 기회가 되어서 그렇게 하고 나이 드신 김 선생님을 시내에서 시작한 새 보통과(primary school)로 보냈다.

한국인의 시각에서 보면 젊은 처자(a girl)[1]가 시가지 중심으로 가는

---

1 랭킨 선교사의 2월 8일 편지에 보면 어린 학생들은 시내에 있는 학교에 다니고, 나이가 있는 학생들은 선교사 촌에 있는 학교에서 기숙을 하고, 그 학교에 결혼한 여자들 즉 각시들(caxies)도 다녔다고 한다. 선교사 촌에서 학교를 다니는 학생들을

것은 참 끔찍한 일이란다. 그런데 금요일에 내게 한마디 없이 김 선생님이 미혼 여학생 셋을 번갈아 데리고 나가서 밤을 새우게 만들었단다. 이것 때문에 말이 상당히 있었고, 어제 김 선생님이 엄청나게 야단을 맞았단다. 그 여학생들은 단단히 주의를 받았고, 새 규칙에 봄 대청소가 포함되게 됐다. 새 규칙이 제대로 만들어지면 정말로 기쁠 것이다. 이 선생님 부인과 나는 나중에 즐거운 대화를 나누었다. 그녀는 김 선생님보다 예쁘지는 않지만 자세, 태도가 더 좋은 사람이다. 어젯밤 그 난리 때문에 너무 피곤해서 편지 쓸 정신이 없었다.

얼마 전에, 석유에 대해서 물었었지. 여기서 스탠더드 오일 컴퍼니(Standard Oil Company) 제품을 쓴다. 5갤런에 2엔(1달러)이란다. 여러 개의 기름통에 담겨 있는데 그것을 다 합하면 5갤런의 석유가 된다. 토요일까지는 다른 석유를 본 적이 없는데, 그때 소 두 마리에 러시아에서 온 석유라는 표시가 있는 상자들이 가득 실려 있는 것을 봤다. 그것을 사용해 본 적이 없기에 미국 제품이랑 비교해서 어떤지를 모른다. 오늘 들은 '낭만적인 이야기(romance)'에 대해서 말을 해줄게. 여기서 과부를 훔쳐 가는 것에 대해서 듣기는 했는데, 오늘까지 그것에 대해서 제대로 알지는 못했다. 약 2주 전에 아주 젊은 과부를 남기고 어떤 사람이 죽었다. 어느 날 밤 다섯 명의 홀아비들이 그녀가 사는 집을 공격해서 그녀를 훔치려고 했단다. 이곳에서 결혼하는 데는 비용이 많이 든단다. 신랑이 신부의 혼수를 제공해야 하기 때문이다. 결혼잔치 비용도 마찬가지인 것 같다. 만약 여자 쪽 가족이 빚을 지고 있으면 신부될 사람의 아버지는 빚의 일부를 신랑 될 사람에게

시내로 가게하고 밤을 보냈다는 것으로 이해하면 됨. 랭킨 선교사의 편지를 번역하면서 'girl'을 '소녀'로 번역하지 않고, 경우에 따라서 젊은 미혼 여성으로 표현함.

받기도 한다. 그래서 보살펴 줄 이 없이 한 여자가 홀로 있게 되면, 사람들이 잡아채 가버린다. 우연히도 맥커첸 목사님과 그분의 조사들(helpers)이 습격이 있던 그 밤에 그 마을에 있었단다. 여자는 어찌 어찌 도망을 나왔고, "살려주세요. 제발 살려주세요"라고 울부짖으며 맥커첸 목사님의 조사들이 있던 방으로 왔다. 어떤 문제인지 알게 됐을 때, 조사들은 싸움에 끼어들고 싶지 않다고 했지만 집주인이 그녀를 '안방(anpang)' 즉 여자들 방으로 들여보냈단다. 안방에서 과부는 그 집 주인의 부인과 아이들과 함께 머물렀다. 다음날 사람들이 과부를 위해 집을 수소문했는데, 어떤 기독교인 남성이 임시적으로 거처할 집을 그녀에게 제공했단다. 그날 밤에 많은 손님들이 그 집으로 왔고, 안방에는 대여섯 명의 여성들이 있었다. 그날 밤에 가난하기만 하고 아무짝에도 쓸모없는 그 홀아비들이 안방으로 침입해 들어왔고, 큰 난투극이 벌어졌다. 두 번이나 주인집 아내가 문까지 끌려갔다가 과부가 아닌 것으로 드러났다. 주인은 화가 나서 친구들을 불렀다. 그래서 큰 싸움이 있었고 홀아비들은 체포되었지. 과부의 부모는 과부의 결혼에 대한 권리를 모두 포기하고 앞으로의 일에 아무런 책임을 지지 않겠다고 말했다. 그 과부는 '믿음'이 있었기에 기독교인들에게 보살펴 달라고 간청했단다. 그때 맥커첸 목사님과 그분의 조사들이 좋은 홀아비 한 사람을 기억해냈지. 근처 마을에 사는, 결혼을 하고자 하는 기독교인이었단다. 그래서 그 사람에게 모든 사정을 설명하는 글을 써서 보내면서 그 과부를 데리고 갈 가마를 보내어 애도하는 기간이 지날 때까지 안전할 수 있는 장소로 그녀를 보낼 수 있으면 그녀를 가질 수 있다고 말했다. 그는 즉시 가마를 보냈고, 그 과부를 그의 형제의 집으로 보내서 그곳에서 그 과부가 곡이 끝날 때까지 머무르게 하고 그 다음에 결혼했단다. 이러한 것이 동양의 '낭만적

이야기'란다. 아주 외로움을 느끼며 "왜 아무도 날 사랑하지 않는가" 라고 궁금해 하는 늙은 처녀들이 몇 명 있단다.

지난 주 어느 날 참 재미있는 시간을 가졌다. 우리는 모두 다이이치칸교(Dai Ichi Giuko)[2] 은행에 돈을 예금한다. 아주 큰 일본 은행인데 군산, 목포, 제물포, 서울 등에 지점이 있다. 우리의 수표가 군산에 있기에 때때로 이곳 전주에서 수표를 현금으로 바꾸기가 어렵다. 이번 겨울 이곳에 일본 은행이 문을 새로이 열었을 때 학교 기금과 같이 적은 액수의 수표들을 아주 많이 다루어야 하는 우리들 중의 몇은 이곳에 예금을 약간 하기로 했다. 다이이치칸교 수표를 예금하려고 은행에 들어갔다. 군산에 있는 다이이치칸교 은행에 전화를 해서 그 수표가 이상 없는지를 알아보는 동안 앉아 있으라고 권하더구나. 버클런드 선교사가 나랑 같이 있었고 우리는 지점장 사무실로 초대받아 들어갔단다. 거기서 영어를 연습하고자 하는 한 신사분을 만나게 됐다. 일본에서는 모든 학교에서 영어를 가르친다. 그래서 거의 모든 사람들이 영어를 아주 조금씩은 알고 있는데 그것을 그들은 매우 자랑스레 생각한다. 그런 다음 한 사람이 와서 수표가 괜찮다는 말을 하고 몇 마디를 했다. 다이이치 은행은 영어로 적힌 수표를 발급하는데, 이곳 수표는 온통 일본어뿐이었다. 그래서 수표의 양식을 우리에게 설명해 줘야만 했다. 은행에서 대단한 날이었고, 나는 그날 매우 즐거웠다. 그들은 이 모든 것에 공손했고 굉장히 재미있는 사람들이었다. 다음날 니스벳 목사님이 약간의 돈을 예금하러 갔는데, 같

---

2 第一勸業銀行(The Dai-ichi Kangyo Bank, Limited). 1903년 군산출장소를 설치하여 경제수탈에 중요한 역할을 함. 1909년 대한제국의 한국은행이 제일은행을 인수, 1910년 강제병합 이후 한국은행이 조선은행으로 됨. https://www.gunsan.go.kr/tour/m2079/view/305279

은 식으로 대접받았다. 은행 사람들이 영어로 말해보려고 나를 아느냐고 니스벳 목사님에게 물었을 때 니스벳 목사님은 왜 이러지라고 생각 했단다.

다들 어떻게 지내니? 올리어(Olea Adams)는 춤을 추니? 춤추는 애들 중 가장 인기 있는 젊은 여자는 누구니? 로자(Rosa Gibbs)는 어떻게 시간을 보내고 있니? 내 대신 그 이들에게 인사를 전해주렴. 리치먼드는 어떻니? 볼티모어에 가게 되면, 가우처 박사님 가족과 전킨 부인의 조카 엘리자베스(Elizabeth Moreland)[3]를 방문했으면 한다. 가우처 박사님의 두 딸인 25세 엘리너와 23세 엘리자베스(Elizabeth Goucher)가 굉장히 매력적이라는 것을 알게 될 거야. 그들은 세인트 폴(St. Paul) 가의 좋은 집에서 산다. 굉장히 부자란다. 전킨 부인의 조카 엘리자베스(Elizabeth Moreland)는 볼티모어에서 약간 떨어진 맥도너(McDonough)에 산다. 시내에 있으면 그리고 시간이 나면 엘리너에게 전화해라. 네가 내 남동생이니 그녀도 괜찮을 거야. 그녀는 현재 캘리포니아를 방문하고 있는데 이 편지가 도착할 즈음이면 돌아올 것이다.

룻은 네가 찾아갈 거라는 계획에 대해 굉장히 흥분하고 있다. 세 명의 여자애들과 함께 찍은 사진을 보내왔어. 거기서 가장 예쁘더라. 그리고 내 생각으로는 가장 멋쟁이 같아.

개러드(Garrard)가 페인(Miss Payne)에게 여전히 헌신적이니? 그 아이들에 대한 이야기가 있으면 편지해 주렴. 엘리자베스(Elizabeth Briton)의 결혼에 대해서 아무도 소식을 전해주지 않아서 굉장히 실

---

3 가우처 박사의 둘째 딸 엘리자베스와 전킨 부인의 조카 엘리자베스를 구별하기 위해 편지 원문과는 달리 필요에 따라 전킨 부인의 조카 등으로 구별하여 표기함.

망했다. 두 명이 결혼식이 있었다고 편지를 했는데 그들은 그 결혼식에는 참석을 못 했고 내가 결혼식 소식을 들었겠지라고 생각해서 말하지 않았다는구나. 네가 신문을 보낼 것이라고 생각했다.

다니엘 의료선교사 가족이 이번 봄에 다니엘 의료선교사의 건강 때문에 미국으로 돌아가야만 한다. 내 성탄선물들은 세금을 아끼기 위해서 그이 편으로 보낼 것이니 다음 12월까지는 혹시 뭐가 오는지 몰래 훔쳐보지 말아라.

눈이 감긴다. 그리고 이 편지를 읽다 보면 너도 졸릴 것이다. 잘 자고 좋은 꿈 꾸어라. 너만이 하루를 이제 시작하겠구나. 네가 시간 날 때 편지 쓰는 것 절대 반대 안 한다. 봉급이 인상되었다니 기쁘다. "모든 비용"에는 하숙비까지 포함되는 거지? 너도 곧 결혼하겠구나. 그렇지 않니?

모두에게 많은 사랑을 특히 너에게 더욱 많은 사랑을 전한다.

사랑하는 누나 넬리.

1909년 봄 [한국, 전주]

(첫 번째 쪽은 사라짐.)

정말이지 첫 사진을 찍고 싶다. 그런데 사진기로 시험해보기 전에 지시사항을 좀 더 조심스럽게 읽어야겠다. 윌은 정말이지 사랑스런 아이고 누나와 여동생에게 돈을 아낌없이 쓰는 아이다.

맥커첸 목사님은 현재 평양에 있는 신학교[1]에서 가르치고 있다. 그래서 맥커첸 부인이 우리와 함께 머물고 있다. 미국 남북장로교회가 하나가 되어 공동의 신학교를 세웠다. 우리는 그곳에서 가르칠 선생님을 보내는데 이번에는 맥커첸 목사님과 벨 목사님이 그곳에 있다. 시간이 조금 지나면, 약 1주 후가 될 것 같은데 레이놀즈 목사님이 강의를 하러 올라갈 것이다. 이번 여름에 이쪽 지역 출신이 세 명 졸업을 하고 정규 목사(regular ministers)가 된다. 훌륭하고, 강한 남자 어른들인데 그들이 과정을 마치게 되어서 기쁘다. 전에 전킨 목사님을 돕던 사람인 김 목사님[2]은 정말이지 보기 드물게 똑똑한 사

---

1 "The Korean Theological Seminary," *The Missionary*(July, 1909), pp.342-3. "한국에 있는 다양한 장로교 선교회에서 (연합하여) 현지인 목사 훈련을 위한 신학교를 평양에 세웠습니다.(The various Presbyterian Missions in Korea have established at Pyengyang a Seminary for the training of native ministers.)" 평양신학교(平壤神學校).

2 Rev. Fairman Preston, "THE SAH KYENG HOI," *The Missionary*(November, 1904), pp.546-7. 프레스톤 목사가 "사경회"라는 글에서 "해리슨 목사의 조사였던 김필수에 의해 가장 능력 있는 말씀 중 하나가 전해졌습니다.(One of the ablest discourses delivered was that by Kim Pil su, Mr. Harrison's helper)"라고 김필

람이란다. 전킨 목사님이 죽기 바로 전에 김 목사님이 설교를 했는데, 그 설교에 대해서 전킨 목사님은 자신이 들어본 설교 중 가장 훌륭한 것 중 하나라고 했단다. 몇 년 전만 해도 배운 것도 전혀 없고, 예수그리스도를 믿지 않았고, 설교도 못 하던 한국 사람이 이렇게 잘할 수 있다는 것을 보여주기 위해 언젠가 글로 쓰겠노라고 전킨 목사님이 말을 했었단다. 그러나 김필수 목사님에 대한 글쓰기는 전킨 목사님이 못 이룬 일 중의 하나가 됐단다.

전킨 목사님이 포사이드 의료선교사를 사랑했던 것처럼 그렇게 서로를 사랑하는 남자를 알고 있지 못한다. 여럿이 함께 있을 때 특히 저녁 식사를 하기 위해 레이놀즈 목사님 집에 같이 있을 때 여러 번 나는 포사이드 의료선교사가 같이 있을 때면 꼭 전킨 목사님도 그곳으로 들어와야 할 것만 같았다. 내가 전킨 목사님을 마지막으로 본 날 아침에 전킨 목사님과 함께 포사이드 의료선교사에 대해서 농담을 했었는데 바로 그 자리에 앉아서 포사이드 의료선교사와 함께 농담을 하고 있는 내 자신이 이상하게 보였다. 나와 전킨 목사님이 나누었던 마지막 농담은 포사이드 의료선교사 이름(보의사)을 가지고 한국어로 말 바꾸는 농담을 했단다. 포사이드 의사의 여동생 진(Jean Forsythe)[3]에게서 아주 좋은 편지를 몇 통 받았는데, 그녀가 이곳 전주에 머물렀으면 좋겠다.

치아를 때운 봉을 잃어버려서 치아에 통증이 조금 있다. 일요일 저녁에 통증이 심해서 치과의사에게 전보를 쳐서 그가 서울에 있는가를 알아봤다. 그가 서울에 있으면 내일 서울로 가는 맥커첸 부인과

수 목사를 극찬함.
3 Jean Forsythe(1878.5.23.~1965.8.15.)

함께 서울로 가려고 생각했단다. 내 짐작으로는 그들이 전보를 보낼 때 실수로 내 이름을 빼버린 것 같다. 서울에 있는 의사가 버드만 의료선교사에게 전보를 쳐서 금요일에 오라고 했단다. 버드만 의료선교사는 바보스러운 데가 있는 사람인데, 전혀 말을 안 하고 있다가 오늘 저녁에 막 잠자리에 들 시간에 와서는 치과의사 한 선생님(Dr. Hahn)[4]으로부터 미친 전보를 하나 받았다고 레이놀즈 부인에게 말했다고 하더구나. 레이놀즈 부인이 그 전보가 내가 기다리고 있었던 전보라고 버드만 의료선교사에게 말을 해줬단다. 지금 일을 쉬고 서울로 가는 것이 너무 늦어서 불가능하고, 치아의 통증이 조금 괜찮아지고 있기에 6월까지는 그냥 견디어 볼 거란다. 내가 군산으로 가면, 거기서 배를 타고 서울로 갈 수 있고 그러면 하루 반이 걸린다. 동양에서 치아 가격은 비싸다. 내 치아를 때운 많은 것들이 빠졌거나 세고 있다.

이 편지를 세 번에 나누어서 쓰고 있구나.

잘 자라. 그리고 다음 볼 때까지 잘 있어라. 이모, 외숙모(Ada), 그리고 외삼촌, 그리고 갓난아이에게 내 사랑을 전해주렴. 그 아이를 윌리엄(William)이라고 부를 거니 아니면 햄톤(Hampton)으로 부를 거니? 옴스테드(Olmstead) 가족과 페이프 선생님에게도 내 사랑을 전해주렴.

은행에 있는 돈을 모두 보내주렴. 아니, 혹시 은행에 돈이 있으면 50달러만 보내주렴. 우편환으로 돈을 보내주면 된다. 뉴욕 우편환으로 바꾸는 것보다 이곳에서 바꾸는 것이 더 많은 이익을 얻을 수 있다. 꼭 한국 전주에 대한 우편환을 사라.

모두에게 사랑을 전하며 넬리.

---

4 Dr David Edward Hahn(1874.2.27.~1924.5.30.): 한국명은 한대위(韓大衛). 1900년대 초반 한국에서 영업하던 미국인 치과의사.

1909년 5월 3일 [한국, 전주]

사랑하는 윌에게,

네게 쓴 편지를 토요일에 보냈어야 했는데 학교 소풍이 그날 있어서 편지를 못 보냈다. 정말 완벽한 날이었다. 시원하고 햇살이 좋은 날이었고 숲은 진달래, 제비꽃 그리고 모든 종류의 야생화로 가득했다. 제비꽃은 정말 예쁘다. 진한 자주색에서 하얗고 진한 붉은색까지 다양한 색조로 되어있다. 왕릉[1]에 갔다. 어머니 사진첩에 넣어두시라고 내가 위패 사진을 보내드렸다. 내가 사진 인화지를 구하게 되면 새로 찍은 사진 한 세트를 보내줄게.

금요일에 발목을 심하게 삐었다. 우리는 마루에 깔개 말고는 다른 것이 없단다. 나를 시중드는 여자가 비누 한 조각 또는 촛농을 떨어뜨렸는지는 몰라도 내가 서둘러서 방으로 들어가고 있다가 발 한쪽이 미끄러졌고 발목이 돌아섰으며 나는 그냥 주저앉아버렸다. 심하게 부어올랐지만 많이 돌아다니지 못한다는 것 말고는 큰 어려움은 없다. 가마를 타고 소풍을 갔다가 발을 절면서 돌아다녔는데 그것이 발목에 전혀 좋지 않은 일이더구나.

한국은 더 이상 존재하지 않고 일본에 합병될 것이라는 새 포고령에 대해 한국인들은 끔찍이도 불안해한다. 불쌍한 작은 왕국, 불쌍한

---

1 전라북도 전주시 덕진구에 있는 조경단(肇慶壇). 전주 이씨의 시조 이한(李翰)의 묘역.

사람들. 일본인들은 지구상에서 가장 파렴치한(insolent) 사람들이다. 그리고 이곳에 있는 일본인들은 정말로 더 이상 못 봐줄 종족들이다. 하나님, 가엾은 한국인들을 불쌍히 여기소서. 일본인들은 한국인들의 땅이며 모든 것을 손아귀에 넣고 있다. 한국인들은 무기도 없으며 저항할 것도 없다. 만약에 무기를 갖는다고 해도 그것 때문에 더 나빠질 것이다. 한국은 충분히 이른 시간에 잠에서 깨지 못했다. 일본은 잠에서 깨어나 어떠한 방해세력이 없을 때 기지개를 켰다. 한국이 깨어났을 때는 아무 것도 없었고 다 사라진 뒤였다. 곧 일본의 관세가 올라갈 것 같다. 그렇게 되면 더 이상 미국산 밀가루를 구할 수 없게 되는데, 일본 제품으로는 먹을 만한 괜찮은 빵을 만들 수가 없다. 버드만 의료선교사가 막 이곳으로 와서 왕국이 몰락한 것에 대해서 슬퍼하고 갔다. 우리는 일본 약 등등을 사용해야만 할 것이다. 일본인들은 겉보기에는 좋아 보이는 물건들을 만들지만, '일본'은 '저질(shoddy)'을 상징한다. 강대국들이 아무 말도 하지 않은 것이 의아하다. 한국인들은 자기들 땅을 가지고서도 아무 것도 할 수 없다. 우리 땅에 이어져 있는 굉장히 좋은 동산이 있는데, 그곳에 우리는 병원을 지으려고 한다. 미국인들이 아니라 한국인들을 위해서 병원을 짓는 것이니, 어떤 단체(Club)에서 병원을 짓도록 그 땅을 주겠다고 했다. 일본인들이 그곳에 공원을 세우려고 눈독을 들였었는데 그 땅이 우리에게 양도됐다는 또는 양도될 것이라는 말을 듣고서 그곳에 집이 한 채도 없기에 그 동산에 대한 소유권을 주장할 수 없다고 했다. 그 동산에 대한 권리가 없다는구나. 경작되지 않은 모든 땅은 일본 정부 소유[2]이기 때문이란다. 그래서 그 동산을 남에게 줄 수가 없다는구나.

---

2   1910년부터 1918년까지 일제가 실시한 조선토지조사사업(朝鮮土地調査事業)을 참

우리가 이 일에 대해서 서울로 사람을 보내 알아보겠다고 했더니, 그들이 공손하게 말하고는 고관이 와서 결정하기까지 이틀을 기다려 달라고 요청하고 서울로 즉시 전령을 보냈다. 상대방에게 돈을 얻어 내는 것이 아니면 그들은 예의범절이라는 것을 지키지도 않고 공정한 거래도 없다. 혹시 금니를 가지고 있거들랑 그 사람들 있는 곳에서는 입을 다물고 있어라! 그들은 미국인들을 몹시 미워하지만 그들이 우리를 두려워하기에 미워도 참고 있을 뿐이란다. 우리 선교사들이 단지 평화 때문에 참아야만 하는 것[3]은 참 짜증나는 일이다.

휴스턴 부인(Miss Nan Steward Huston)이 학교를 위해서 2,500달러 보낸 것 알지. 금요일에 포사이드 의료선교사가 모금했던 돈 700달러를 우편환으로 보내왔다. 아직 돈을 찾아 쓰지 않아서 총 4,000달러에 가깝다. 최근에 비가 너무 많이 내려서, 일하는 데 상당히 많은 장애를 겪었다. 우리는 지반을 거의 다 닦았는데 오늘도 장마철처럼 비가 오더니 잦아들 기미가 없구나.

레이놀즈 부인과 자녀들이 몇 달간 상태가 좋지 않았는데 기분전환할 겸 군산으로 갔다. 레이놀즈 목사님은 신학교에서 가르치려고 평양으로 가 있다. 맥커첸 목사님 부부는 그곳으로 간 지 6주가 되었다.

조할 것. 결과적으로 보면 토지조사사업의 시작 전이고, 선교사들의 노력으로 병원 용도의 땅을 확보할 수 있게 된 듯함.

3 선교사들과 현실정치의 관계는 Rev. John M. Moore, "Korea Comes to Christ," in *Church Advocate. The Missionary*(July, 1908), p.338. 재인용의 다음 글을 참조. "교회는 한국의 정치 상황들과는 아무런 관계를 가질 수가 없음. 정부의 재앙에 직면한 어느 나라에든 위로를 제공할 수 없다.(The Church can have nothing to do with Korea's political conditions, and can offer no solace to any nation that faces a governmental catastrophe.)"
기독교인의 현실정치참여에 대한 입장이 담긴 언더우드의 편지를 별첨함. [별첨 2], 언더우드, 『언더우드 선교사의 미국무부재외공관문서 편지』, 김종우 역, 보고사, 2022, pp.329-30.

테이트 목사님 부부도 한 달간 순회전도여행을 떠났다. 그래서 전주 선교부에 남은 사람은 니스벳 목사님 부부와 버드만 의료선교사 그리고 우리 노처녀들이다. 코델 간호사는 간호하러 내일 광주로 간다.

텃밭에서 아스파라거스를 수확했고 오늘 무를 처음 뽑았다. 딸기꽃이 만발해 있어서 텃밭이 좋아 보인다.

약 한 달 전에 한 남자가 진달래를 한 그루 가지고 왔다. 지금은 크기가 약 10피트 정도로 아주 예쁘다. 그 진달래를 몹시 가지고 싶었었다. 그런데 그 나무를 사는데 15센트를 지불해서 사람들이 크게 놀랐다. 성인 남자의 하루 일당이거든. (단순 노동자는 하루에 15센트[4]를 받는다.) 사람들이 미소를 짓더니만 꽃에다가 그런 상상을 초월하는 돈을 지불하는 외국인들의 단순함을 전혀 이해 못 하겠다는 표정을 보였다. 어쨌든 나는 그 나무를 원했고 결국 그것을 갖게 됐단다. 사실 두 그루란다. 둘 다 살아 있다. 장미는 운이 다한 것 같다. 장미를 살려보려고 단지에 넣어서 햇살은 들어와도 직접 햇살에 노출되지 않는 잡동사니 보관하는 방에 뒀는데 쥐가 세 개를 먹어 치워버렸다. 다른 것들은 푸르지만, 아직껏 잎사귀를 내고 있지 못하다. 작년에 온 리틀 더치스(little duchess)는 매우 강한 추위에 약간 피해는 입었지만 지금 굉장히 잘 자라고 있다.

이론적으로 따져봤더니 집으로 가는 여행을 정말로 찬성하지 않기에 내년 여름에 고향으로 돌아갈 여행을 포기했었다. 그런데 오늘 룻과 어머니의 편지를 보니 모든 것을 다시 생각하게 되었다. 연례회의에서 허가해달라고 요청할 생각이다. 고향에서 두 달간 있기 위해

---

4 서의필 박사 부부가 타자로 옮긴 부분에 "17 cents is coolie's pay"라고 되어 있지만 앞 뒤 문맥상, 그리고 당시의 자료에 비춰 17이 아닌 15 cents가 맞다고 생각해서 15센트로 번역함.

서 가는 여행치고는 매우 기나긴 여행이다. 그러나...

룻이 바라듯이 너와 룻이 워싱턴에 가게 되면, 넬리 이모를 찾아가라. 이모가 내게 전혀 편지를 하지 않고 계신다. 그리고 어머니에게처럼 사진첩을 보냈는데 이렇다 저렇다 전혀 말씀이 없다.

외삼촌[5]께서 아기와 함께 있는 것을 보고 싶다. 그 애를 굉장히 자랑스러워하겠지. 어린 아이들이 종종 괜찮은 어른들이 되니까 어린애에게 너무 심하게 굴지 마렴.

즐거운 일이 너에게 생기기를 바란다면, 쿡(Cook)의 대리인에게 편지를 해서 내게 일본 고베에서 고향 서배너까지의 6개월 기한의 왕복표를 팔 것인가를 물어봐라. 그리고 샌프란시스코나 시애틀에서 출발하는 왕복표를 구할 수 있는지 알아봐라. 나는 아마 북쪽으로 가는 길을 택할 것이다. 캐나다 밴쿠버를 거쳐서 캐내디언 퍼시픽(Canadian Pacific) 기차를 타고 미 대륙을 횡단하는 북쪽 길을 선택할 수도 있다. 모든 것들을 다 해서 겨우 네 달밖에 시간을 낼 수 없다면 시베리아와 유럽을 거쳐 미국으로 가는 길을 택하지는 않으련다.

저녁 10시가 넘었구나. 아침 5시 30분에 일어나서 지금 정말이지 피곤하다. 잘 자라. 이번에는 이만 줄이마.

배(boat) 받았니? 그 배에 한국 국기(the Korean flag)를 달고 다니니? 넌 나에게 아주 좋은 소식들을 보냈다. 클라우디아(Claudia McAlpin)

---

5 William Hampton Wade Sr.(1859.8.17.~1929.5.15.)은 William Harden, *A History of Savannah and South Georgia*. Vol II(Chicago and New York: The Lewis Publishing Company, 1913). pp.581-2. "서배너의 William은 자신의 전문직에서 아주 탁월했는데 그의 능력으로 인해서 그는 법에서 두각을 나타냈으며 많은 고객이 있었음.(WILLIAM HAMPTON WADE. Of decided eminence in his profession is William Hampton Wade, of Savannah, whose abilities have brought him distinction at the bar and a large clientele.)" 1906년 그의 나이 47세에 결혼하여, 1908년에 William H. Wade Jr.(1908.1.30.~1955.12.6.)를 얻게됨.

와 에이텍스(Atex Lawton)가 잘 어울리는 쌍이라고 생각했다. 네 말대로 존(John Frain)이 돈 때문에 사귀었구나. 개러드(Garrard)는 여전히 페인(Miss Payne) 없으면 죽고 못 사니? 로자(Rosa Gibbs)는 이번 겨울에 좋은 시간 보냈데? 제니(Jennie Haines)는 지금도 많이 돌아다니고 있니? 그의 짝은 어떻게 되어가니? 사랑을 찾아 맺는 짝은 아니라고 생각했다. 윌리스(Willis Wilders)는 어디에 사니? 콘스탄스(Constance), 애나(Anna Bell), 애너(Anner S)에게 특별한 남자친구들이 생겼니? 집에 가면 나는 얼마나 시대에 뒤쳐진 사람이 되어 있을까! 하지만 내가 두 가지 언어를 사용할 수 있으니까 이 언어를 사용해 얼굴을 멍들게 만들어버리겠어.

모두에게 사랑을 전한다. 사랑하는 누나에게 빨리 편지하렴.

넬리.

1909년 6월 24일 [한국, 전주]

사랑하는 어머니 그리고 룻에게,

이 편지를 7월 말일까지 보시지 못하겠기에 그리고 아마도 볼섬 (Balsum)에 머무르실 것이기에 어머니와 룻에게 함께 편지를 드립니다. 지금으로서는 드릴 말씀이 많지 않습니다. 왜냐하면 지금은 다음 주에 있을 1년 공부에 대한 평가[1]에 대비해서 공부를 하고 있기 때문입니다. 공부해야 하는데 여러 가지 일로 방해를 많이 받고 있습니다. 시간이 어떻게 가는지도 모르겠어요. 오늘을 예로 들어볼게요. 레이놀즈 목사님 집에 말 한 필과 서리(surrey)[2]가 있습니다. 군산으로 가는 길은 우리가 그 마차를 탈 수 있는 유일한 길[3]입니다. 레이놀즈 목사님은 서울에서 서리를 아주 싼 값에 구할 기회를 가졌고, 우리가 군산으로 갈 때 사용할 수 있기에 그것을 샀습니다. 가마를 타고 군산으로 가면 굉장히 비싸거든요. 며칠 전에 아침을 먹기 전 시

---

1 18차 남장로교선교부 연례회의가 군산에서 7월 15~31까지 열림(The Eighteenth Annual Meeting of the Southern Presbyterian Mission in Korea July 15~31, Kunsan.). 연례회의에서 보게 될 3년 차 언어시험을 말함.
2 두 명 또는 네 명을 수용할 수 있으며 말이 끄는 4륜 마차.
3 전군도로(全群道路)는 우리나라 최초의 신작로로 호남 평야의 쌀을 군산으로 운송하여 일본으로 반출하기 위한 일제의 7개년 사업 중 제1기 사업을 위해 개설하였다. 일본은 당시 전군도로 공사를 위해 경찰력을 동원하여 강압적으로 토지를 매입하였다. 다분히 정치적인 의도를 숨긴 채 3년에 걸쳐 도로가 건설되었고, 1908년에 개통되었다. 전라북도 군산시와 전주시 46.4㎞의 구간에 건설되었으며, 익산시와 김제시를 지난다. [출처] 한국학중앙연구원 - 향토문화전자대전.

간만이 우리를 태워줄 수 있는 유일한 기회라고 레이놀즈 목사님이 말했습니다. 오늘 아침 5시 30분에 제 일을 돌봐주는 여자가 와서는 레이놀즈 목사님께서 서둘러 옷을 입으라고 했다는 말을 전해서 서둘러 옷을 입고 출발했습니다. 우리가 떠날 준비를 모두 끝냈을 때, 비가 오기 시작했습니다. 소나기인가 싶어서 기다렸는데 그치지 않아서 마차를 못 타고 집에 되돌아왔습니다. 공부를 조금 하고 아침을 먹고 기도를 했습니다. 그런 후 공부를 좀 더 했습니다. 저의 어학교사인 박 선생님(Mr. Pak)이 9시에 왔고 10시에는 이곳에서 허드렛일을 하는 사람이 와서는 제가 어제 샀던 돼지 중 한 마리가 없어졌다는 재미있는 소식을 전했습니다. 하던 공부를 멈추고 모든 이들을 불러서 심문(審問)해봤습니다. 어린 소년들을 불러서 선교사 촌이 위치한 동산들을 샅샅이 뒤지게 했습니다. 그런 후 공부를 좀 더 했습니다. 점심을 막 먹고서 30분을 쉬어야겠다고 생각했다가 쉬기 전에 부사(adverb)를 몇 개 복습하고자 했는데, 이런 세상에! 한 친구가 버리기는 아깝고 두자니 탐탁지 않은 물건을 가지고 왔어요. 작년에 어떤 친절한 친구가 벌집을 선물하려고 했어요. 제가 항의를 했음에도 불구하고, 그녀가 꼭 받으라고 간청하더군요. 어느 날 나무의 큰 몸통을 파서 만든 벌집을 보내왔어요. 그녀의 집에서 벌들이 병에 걸렸기에 이곳으로 많이는 안 왔어요. 저한테는 잘된 일이었지요. 그 벌집을 지하실에 두었어요. 오늘 오후 막 쉬려고 하는데 그녀가 벌떼를 옷에다 싸가지고 왔어요. 보관해 둔 벌집을 꺼냈더니 곰팡이가 피어 있더군요. 그래서 벌을 갖지 않게 되나 했더니 그녀가 집으로 사람을 보내서 새 벌집을 가져오라고 했어요. 물론 그때 저는 그녀를 접대해야만 했고 그런 다음 재미있는 일이 있었어요. 세세한 것은 말하지 않겠어요. 보자기를 열었을 때 벌들이 웅웅거리기 시작했어요. 벌들이 베란다와 거실과 식당 방에 떼로 몰려다녔어요. 그래서 오후 두 시부터 여섯 시까지 오후 내내 이 벌들을 다시 잡는데 시간을 다 썼어요. 레이놀즈 부인을 대신해 할 일이 몇 가지 있었고요. 옷을 입고서 7시 저녁식사를 기다리며 편지를 쓰고 있습니다.

돼지에 관해서인데요. 라드(lard)는 수입하기에는 너무 비싸서 저희들이 지방을 많이 사서 라드를 직접 만듭니다. 제가 먼저 만드는 방법을 터득한 후 제 요리사에게 라드 만드는 방법을 알려주었습니다. 이제 그쪽 계통에는 아무런 어려움이 없습니다. 레이놀즈 목사님이 서울에 있을 때 거세된 미국산 수컷 돼지 두 마리를 샀어요. 한국 돼지는 작아요. 앙상해서 배를 제외하고 다른 부위는 없는 것처럼 보여요. 두 마리 새끼 돼지를 샀는데요, 제가 필요한 만큼의 라드, 고기, 햄에 사용할 만큼을 기르려고 합니다. 벨 목사님은 햄 훈제를 잘 합니다. 그래서 제가 그 사람에게서 배울 생각입니다. 선교사들은 팔방미인입니다. 한국 돼지는 맛이 좋습니다. 살이 얼마 없지만 중간은 가는 것 같습니다.

내일부터 2주 후에 군산으로 갈 것입니다. 오늘부터 3주 후에 연례회의가 시작됩니다. 작년에는 우리 집에 손님이 너무도 많아서, 더 잘 즐길 수도 있었는데 그러지 못했습니다. 해야 할 일이 너무도 많았거든요. 올해는 즐거운 시간을 보내야지요. 거의 두 달 전에 발목을 심하게 삐었습니다. 여전히 좋지 않아서 테니스는 못 할 것 같아요. 그러나 뱃놀이나 승마는 꼭 할 것입니다. 여섯 명의 총각과 생과부가 둘 있습니다. 총각 중 한 명은 코넬 간호사를 쫓아다니고 있어요. 코넬 간호사는 버드만 의료선교사와의 약혼을 파기했습니다. 맥닐 씨(Mr. McNeill)와 너무도 비슷한 젊은이인 윌슨 의료선교사는 여자친구가 변심하도록 만들었어요. 그 사람은 뉴욕에 있는 아가씨와 약혼을 했었거든요. 선교사 집을 한 채 가장 좋게 막 지었고 그녀가 5월 1일에 이곳으로 오기로 되어있었거든요. 건강 때문에 못 오겠다고 했다는데 알 수 없는 일이지요. 한 사람은 약혼해 있는데 그는 모든 숙녀들에게 잘 해 줍니다. 그리고 베너블 목사님(Mr. Venable)[4]과 저는 아주 좋은 친구입니다.

어머니께 드릴 명주(pongee)를 주문했어요. 구하면 가장 먼저 보내드릴게요. 그리고 저는 돈 문제에 있어서 특별히 서두르지 않습니다. 지난여름에 돌아다닐 시간이 거의 없어서 어머니께서 보내주신 몸통옷(waist) 두 개를 만들지 못했다고 말씀드렸지요. 제가 그것들에 표시를 해서 일본으로 보냈고 헐값에 수를 놓았습니다. 정말 아름다워요. 하나는 이렇게 만들어졌어요. (편지에 그림이 있음) 옷깃과 작은 요크(yoke)[5]는 작년에 보내주신 레이스로 만들었어요.(?)으로 수놓아진 약 2인치 반 혹 3인치 넓이의 끈이 있고요. 레이스가 한 줄 더 있어요. 손목 끝동에도 레이스가 있고요. 양쪽 소매는 잘려 있지 않고 요크는 합쳐져 있지만 몸에는 전혀 묶여 있지 않습니다. 아주 예쁜 옷이 될 것입니다. 다른 몸통옷은 제비꽃으로 수가 놓여 있습니다. 어떤 것은 속이 꽉 차 있고 어떤 것들은 조그마한 구멍들이 있습니다. 정말이지 아름답습니다. 군산에 가기 전까지는 그 몸통옷을 완성할 것인데, 다른 것은 나중에야 끝낼 것 같습니다. 9월에 서울에 가게 되면 그때 입을 수 있으면 좋을 것 같습니다. 장식이 없는 밋밋한 몸통옷을 두 개 만들었어요. 어머니께서 보내 주신 몸통옷이면 저는 다 될 것 같습니다. 다른 것들은 이제 모두 다 닳아서 없어질

---

4 William Anderson Venable(1886.10.26.~1947.1.2.), Virginia Flournoy Jones Venable(1884.4.3.~1970.10.24.) 베너블 부인.
5 어깨와 스커트 윗 부분에 안으로 겹쳐서 대는 천.

지경입니다.

6월이 너무도 좋습니다. 계속 이런 날씨였으면 합니다. 며칠 구름이 잔뜩 끼더니 오늘은 소나기가 왔습니다. 장마철이 진행 중이거나 곧 시작이 될 것 같아요.

룻! 약 3주 전에 여학교 이 선생님(Mrs. Yi)이 네게 보내주라고 작은 책갈피를 가져 왔다는 말을 했던가? 내가 그것을 보냈는지 어쨌는지 모르겠다. 아무리 찾아도 없구나. 그 선생님이 이것을 준 것은 정말이지 고마운 일이다. 참 좋은 사람이지. 네가 감사 편지를 썼으면 한다. 그분이 선물을 보내준 것에 대해 고맙다고 하렴. 그런데 그것을 못 받았다는 말을 하지 마라. 내가 여기에서 영어를 가르치고 있으니 알아보도록 써라. 그 선생님은 영어를 읽을 수 있단다. 그리고 내 물건들을 보내게 될 때에 그분에게도 조그마한 것들을 보내주면 좋겠다. 어머니께 장식이 달린 모기장의 가격이 얼마인지 물어봐서 2달러에 구할 수 있으면 깁스 부인(Mrs. Gibbs)이든 누구든 고향에 있는 사람들에게 편지해서 모기장을 구하고 내게 보내주렴. 이 선생님이 세탁할 수 있는 모기장을 구할 수만 있으면 2달러를 주겠다고 했단다. 이곳의 모기는 끔찍하다. 물을 막을 수 있는 모든 곳에는 벼를 심었기 때문에 모기들이 알을 깔 수 있는 장소는 무한하고 그 근처에 사는 삶은 끔찍하다.

레이놀즈 목사님 가족이 지난 주 토요일에 돌아왔다. 그들이 다시 집에 오게 되어 기쁘다.

오빠 윌에게 즉시 편지를 해서 새 카메라에 쓸 필름 세 통과 내 수호천사(brownie)를 위해서도 세 통을 즉시 보내달라고 하렴. 9월에 평양과 서울에 갈 것이다. 다윗 왕 이전에 사무엘이 이스라엘의 사사로 있을 때에 기자가 한국의 왕이었는데 그때의 수도가 평양이란다.

대단하지 않아! 거기에 가면 사진 찍을 흥미로운 것들이 많이 있어서 필름이 많이 필요할 거다. 이번 여름 8월에 너의 사진첩을 만들어 주기 위해서 노력할거다. 그런 다음 쉬어야겠다. 물론 매일 공부를 얼마간 할 것이고 성경학교에서 수업을 두 번 할 것이다. 필름 잊지 말아라.

많은 사랑을 전하며 올 여름에 좋은 일이 많이 있기를 바랍니다. 편지를 자주 해 주셔서 무엇을 하고 계신지 말씀해 주세요.

사랑하는 넬리.

1909년 7월 1일 [한국, 전주]

사랑하는 윌에게,

이 편지의 미덕이란 매월 첫날에 보내기로 한 시간[1]에 딱 맞춰 썼다는 것 단 하나일 거야. 내가 어제 3년 차 언어시험 준비에 모든 에너지를 다 소모해서 지금 정신적으로나 육체적으로 쓰러지기 일보 직전이다. 아침 먹자마자 공부하기 시작해서 45분을 빼고는 오후 내내 했다. 작년에는 남들보다 시험성적이 두드러졌었는데 이번에는 그렇지 못할 것 같다. 시간도 많이 걸리고 어려운 시험이었다. 연례회의에서 구두시험을 치를 건데 그러면 더 이상의 어떤 과목에서건 시험은 없다. 애그너스 스콧 대학을 다닐 때 마지막 시험을 통과하고 이게 마지막 시험이라고 생각하며 내가 얼마나 기뻐했는지 알지. 그런데 이번 시험에서 솔직히 낙제하지 않을 것 같다고 말할 수는 없지만, 그래도 낙제만 하지 않으면 마지막 시험이 될 것이다. 니스벳 목사님 부부와 내가 한국에서 기록을 가지고 있다. 이곳에 머문 지 2년 4개월하고 11일 밖에 안 됐거든. 니스벳 목사님 부부는 나보다 한 달 뒤에 왔지만 내가 첫해 여름에 아파서 공부를 그만둬야 했기에 실제 공부에서는 내가 그분들보다 2주 적게 하게 된 셈이란다. 다니엘 의료선교사는 제때에 끝낸 유일한 사람이다. 다시 말하자면 3년치 공부를 3년에 끝냈다는 것이다. 대부분이 4년씩 걸리는데 이걸 보면 나와 니스벳 목사님 부부가 언어에서는

---

1 1907년 11월 4일 편지에 나오는 매달 첫날 편지를 하겠다는 결심.

남들보다 앞선다는 것을 알겠지. 코델 간호사와 다이서트 선교사(Miss Dysart)[2]는 나보다 7개월 늦게 왔지만 실제 공부로만 따지면 나하고 4개월 차이 밖에 나지 않은데 그 두 사람은 1년 차 구두시험에서 떨어졌다. 코델 간호사는 2년 차 시험을 치를 준비가 거의 되어있지 않고 다이서트 선교사도 무엇을 하려는지 모르겠다. 그렇다고 이 말은 내가 한국어를 능통하게 한다는 것을 의미하는 것이 아니라 기대치보다는 잘했다는 것 그리고 앞으로 꽤 잘 할 것이라는 것을 의미한단다. 엄밀하게 말해서 격조있게(classically) 잘하는 것은 아니지만 말이다. 내년에 나는 학교 일에 전념할 예정이다. 내가 그만두기 전에 한국말을 제대로 잘하려고 하니까 내가 할 수 있는 최대한의 공부를 할 것이다.

윌! 최근 너의 후한 마음 씀에 대해서 고맙다는 말을 전한다. 윌! 너는 정말 복숭아 같은 녀석이야. 조지아 주의 완벽한 복숭아처럼 멋진 놈이다. 조지아의 복숭아가 없는 곳에 오기 전에는 조지아의 복숭아처럼 멋있다는 말의 의미를 모를 거다. 월요일에 상자 두 개가 들어왔단다. 냄비 세 개가 안타깝게도 모두 깨져 있었다. 소금이 든 상자도 깨져서 소금이 약간 흘러나왔지만, 많이 흘러나오지는 않았다. 액자(printing frame)는 아무 이상 없었고 필름도 정말 고맙구나. 이것들에 앞으로 얼마간 손을 댈 수 없을 것이다. 군산에서 열리는 연례회의에 가기 전 일주일 동안 옷을 만들고 고쳐 입느라 매우 바쁠 것이다. 그리고 군산에 일주일 전에 가 있을 것이고 연례회의가 대개 2주 동안 열리니까 8월 1일에는 돌아와 있을 거야.

며칠 전에 룻에게 편지를 해서 내가 9월에 서울에 가고 또 평양에도

---

2 Julia Dysart(1872.10.16.~1952.1.26.) 1921년 Eugene Bell과 혼인함. 사이에는 자녀가 없음.

갈 수 있으니까 네게 부탁해서 필름을 더 보내달라고 했는데, 네가 보낸 필름을 보고서 얼마나 기쁘던지. 내 생각으로 그 필름이면 족할 거지만 내 수호천사인 그레그 씨(Mr. Gregg)[3]에게 필름을 좀 더 보내줬으면 좋겠다. 서울 YMCA에 있는 그레그 씨는 정말 사진을 잘 찍는다. 그래서 9월까지 기다려서 그 사람에게 사진 찍는 것을 배울까 하는데도 지금 몹시도 사진을 찍어 보고 싶다. 서울과 평양에 있는 학교들을 보고서 타산지석으로 삼고자 한다. 그것은 하나의 핑계이기도 하지만 사실 일에서 벗어나고 싶다. 한국으로 온 것 말고는 거의 2년간 이곳에 머물고 있는데, 이곳에서 어떤 변화도 가질 수가 없어서 짜증이 난다.

우리 건물이 느린 속도로 진행되고 있다. 남학교와 여학교 두 건물을 짓는 데 같은 일꾼들이 일을 하기에 그들을 최대한 잘 이용하려고 한다. 남학교의 맨 아래층 공사가 진행되고 있다. 지하 창고를 파는 것(digging)과 땅 고르기(grading) 작업이 굉장히 더딘 부분이다. 주춧돌 기초는 모두 끝났다. 어제 목수들이 마룻바닥이 놓일 침목(sleepers) 설치를 끝냈다. 벽돌을 10일 동안 들여오고 있으며, 벽돌공들이 내일이나 월요일에 일을 시작할 것이다. 막노동꾼들과는 아무런 어려움이 없다. 그들은 아주 공손한데 실수를 해서 다시 일을 해야 할 때도 잘한다. 그들이 설계도를 잘 참조하지 않고 실수를 자주 하기에 그들을 면밀히 지켜봐야 한다. 우두머리인 장(Chang) 씨는 매우 호감이 가는 사람인데 지시할 것이 있으면 항상 그를 부른단다.

역사상 이렇게 많은 총각들이 모인 적이 없기에 군산에서 올해 아주 좋은 시간을 갖게 될 것이라고 웃으면서 말한다. 몇 명이 약혼해 있는

---

3 George Arthur Gregg(1863.10.14.~1946.3.29.): 한국의 근대화를 위해 산업교육을 담당한 YMCA 초창기 공업부 간사(具禮九), 재직기간은 1906~1927년. https://yunheepathos.tistory.com/1367

것은 문제가 안 된다. 남성들은 (?), 이곳에서는 매우 드물다. 총각들은 우리 선교사들 중에서 다섯이 있고 서울에서 치과의사가 오니까 여섯이 된다. 치과의사 한 선생님(Dr. Hahn)은 같이 있기에 가장 좋은 사람이다. 그 사람은 치료할 때 우리를 아프게 하지만 우리 모두를 아주 편하고 즐겁게 해준다. 한 선생님, 윌슨 의료선교사, 버드만 의료선교사 그리고 베너블 목사님은 목소리가 좋다. 맥컬리 목사님은 섬 지역 사역을 위해 배 한 척을 가지고 있는데 우리는 그 배를 타고 즐거운 여행을 할 것이다.

비가 많이 오려는지 며칠째 어둡더니 오늘 비가 시작됐다. 장마철이 올 때가 지났거든. 장마철이 막 시작된 것 같아 두렵다. '두렵다'라는 말을 사용한 것은 우리 모두가 군산에 가는 것에 대해서란다. 멤피스에서 보낸 너의 편지를 어제 받았는데 메마른 사막의 오아시스 같았다. 네가 싫어하는 것처럼 나는 비오는 날을 꺼려하지는 않는다. 우리가 있는 이 지역은 동산이 아주 많아서 물이 빨리 빠져나간다. 길이 엉망이 되지만 그 상태로 오래 있지는 않는다.

딸을 한 명 입양했는데 그 애에 대해서 지금 모든 것을 말할 시간은 없다.

회사가 너를 항상 그렇게 돌아다니게 하다니 참 못됐다. 고향에서 할 수 있는 정규 일자리로 너를 전근시켜주었으면 좋겠다. 룻과 어머니가 볼섬(Balsam)으로 가겠구나. 정말이지 한 달이나 두 달간 같이 있고 싶은데. 모든 가족들에게 사랑을 전하고 내게 새로운 소식이나 시시콜콜한 이야기를 전해주렴. 어제 해티(Hattie Hull)에게서 아주 좋은 편지를 받았단다.

필름과 다른 모든 것들에 대해서 다시 한번 고맙다.

사랑하는 누나.

1909년 8월 2일 [한국, 전주]

사랑하는 윌에게,

어머니께 편지를 드린 지가 하도 오래되어서 처음 펜을 들었을 때
는 어머니께 쓰려고 했단다. 그런데 날짜를 보고서 이 인사 편지를
네게 보낼 마음을 먹었으니 네가 이 편지를 어머니께 전해드리면 좋
겠다.

연례회의를 마치고 토요일 저녁에 돌아왔다. 정말 피곤했다. 어떤
면에서는 즐거웠지만 많은 면에서 작년 연례회의보다 만족스럽지 못
했다. 버드만 의료선교사를 내가 결코 좋게 본 것이 아니라는 것을
알지. 그런데도 그 사람에게 사임하라고 요구해야만 했을 때 우리
모두는 슬펐다. 계획을 세우고 수정하는 데 많은 어려움이 있었다.
그러나 일 년간 사역에 대한 좋은 결과가 있어서 영광스러운 보고였다.

섬 사역을 담당하는 목포의 맥컬리 목사님이 삼판배를 가지고 왔
다. 그래서 여러 날 바다에서 즐거운 저녁 시간을 가졌다. 나는 한국
어시험을 이제 영원히 끝냈다. 물론 앞으로도 계속 공부는 해야겠지
만 이제부터는 한국어 공부가 나의 첫 번째 관심사가 되지는 않을
것이다. 니스벳 부인과 나는 2년이 약간 넘는 기간에 3년 치 언어공
부를 끝냄으로써 기록을 세우게 됐다. 그분보다 내가 한 달 먼저 왔
지만, 첫해 여름에 4주를 쉬어야만 했다. 우리는 시험이 끝났을 때
정말로 기쁨의 의식을 거행했단다. 벨 목사님의 집 바로 뒤쪽으로
교회가 있고, 교회 위쪽으로 동산 위에 조그마한 마을에 있다. 그 교

회는 교회학교로도 사용된단다. 니스벳 부인이 구두시험을 먼저 봤고 다음에 내가 시험을 봤다. 시험은 이름의 A, B, C 순서로 본단다. 내가 시험을 마치고 나왔을 때 우리는 소리를 질렀단다. 그런 다음에 종이 있는 곳으로 달려가서 종을 계속 잡아당겼단다. 한국 사람들은 어떤 일이 일어났는가 하고 궁금해 했지. 우리는 정말 둘 다 자랑스럽고 행복했다. 벨 부인[1]도 이번 달에 끝냈지만 그녀는 5년 동안 이곳에 있었다. 우리가 오고 나서 6개월 뒤[2]에 온 코델 간호사, 다이서트 선교사, 녹스 선교사(Miss Bessie L. Knox), 그리고 녹스 목사님 부부(Rev. and Mrs. Robt. Knox)[3]는 이제 겨우 1년 차 시험을 통과했다. 그분들 대부분은 작년 시험에서 떨어졌단다. 이 말을 굳이 하는 것은 시험이 허풍이 아니라는 것을 증명하려는 거다.

12살 먹은 헨리(Henny Bell)와 베너블 목사님 사이에서 즐거운 시간을 보냈다. 헨리는 멋있는 소년이다. 그는 베너블 목사님과 나 사이를 연결해 주려고 노력 했었고 그것이 베너블 목사님과 내게 큰

---

1 Eugene Bell(1865~1925.9.28.)과 1904년 결혼한 두 번째 부인 Margaret Whitaker Bull Bell(1873.11.26.~1919.3.26.)은 불 목사(Rev William Ford Bull)(1876.2.2.~1941.12.17.)의 누나임.

2 "Reinforcements," The Missionary(May, 1908), p.203. "1년 동안 24명의 신규 선교사가 파송되었습니다. 녹스 목사 부부, 그래험 양, 윌슨 의사, 녹스 양, 피셔 양(얼 부인), 버드만 의사, 맥콜리 목사, 코델 양, 다이서트 양이 한국으로 파송되었습니다.(Twenty-four new missionaries were sent out during the year.[...] Rev. and Mrs. Robt. Knox, Miss Ella Graham, Dr. R. M. Wilson, Miss Bessie L. Knox, Miss E. V. Fisher(Mrs. A. M. Earle), Dr. F. H. Birdman, Rev. H. D. McCallie, Miss Emily Cordell, and Miss Julia Dysart were sent to the Korean Mission.)" 이들은 1907년 11월 한국 도착함. "A letter dated November 28th, from Miss Ella Graham, announces her safe arrival at her "new home" in Korea." The Missionary(February, 1908), pp.77-8.

3 Dr Robert Knox(1880.3.3.~1959.3.) 이후 녹스 목사, Maie Philadelphia Borden Knox(1885.12.24.~1967.2.6.) 이후 녹스 부인. 둘은 1907년 한국으로 들어오기 전에 혼인함. The Missionary(November, 1907), p.545.

즐거움 거리였다. 베너블 목사님은 아주 멋있는 사람이다. 그분은 농담을 재미있게 받아들이는 재주가 있었다. 농담을 원하는 사람이 있으면 누구건 우리는 재미를 제공했다. 치과의사 한 선생님(Dr. Hahn)이 서울에서 내려왔다. 그래서 나는 금니를 하고 이를 몇 개 때워서 몸은 부자가 됐지만 은행에 있는 돈은 줄어들게 되었다. 포사이드 의료선교사는 목포에서 전염병이 생긴 것을 마무리하고 있어서 연례회의가 끝날 즈음까지 나타나지 않았다.

착한 아이야! 이거 어찌 생각하니? 남장로교 한국 선교부가 나에게 내년 여름에 4개월 동안 쉴 수 있는 휴가를 허락했다. 4개월이라야 두 달밖에 집에서 못 쉬지만, 예견치 못한 일과 큰 재앙이 생기지 않는다면 이 휴가는 내가 가지고 있는 모든 돈을 흥청망청 쓸 수 있기에 충분한 시간이란다. 내가 네 결혼식에 참석해서 춤을 출 수 있도록 결혼 날을 잡아라. 이번 늦겨울까지는 새로운 건물에 못 들어갈 것이기에 우리는 많은 여학생을 받지 못할 것이다. 그래서 버클런드 선교사는 학교가 아무런 문제없이 순조롭게 진행되도록 내년 여름 동안에는 학교 문을 닫아두고 내년 가을에 학교를 다시 시작하고자 한다. 그래서 모든 것이 괜찮으면 5월 1일 이곳을 떠날 것이고, 집에서는 8월 1일에 출발할 건데 그러면 9월 1일[4] 학교를 시작하는 때 올

---

4 선교학교에서 학년(session)의 변화는 다음과 같음.
첫 번째로 1905년 14차 연례회의에서 10월 1일~5월 31일을 권고함. "학년의 길이에 관해서입니다. 위원회는 선교사가 일부 가르치는 학교에서는 한 학년의 기간을 일반적으로 8개월로 하되, 10월 1일부터 5월 31일까지 하는 것을 권고합니다.(As to length of school term your committee would recommend that in schools taught partly by a missionary the length of school term be ordinarily eight months, from October 1st to May 31st.)"
두 번째는 1907년 16차 연례회의 결정: 5개월 2학기제로 결정함. "한 학년은 각 5개월씩 두 학기로 나눈다. 겨울방학은 성탄절에 시작하여 한국 새해에 끝난

수 있기 때문이다.

　모든 것이 이상하리만큼 너무 좋지 않니? 내가 소다수(soda water) 같은 것을 먹으며 많은 시간을 보내려고 하니까 푼돈을 모아야 할 거다. 레이놀즈 목사님 부부는 시베리아를 거쳐서 갈 것인데 나는 시애틀을 경유하는 가장 짧은 길을 이용할 것이다. 이번 겨울에 룻이 다니엘 의료선교사 부부와 함께 오기를 바란다. 룻이 일본과 한국을 약간 보고 나랑 같이 미국으로 귀국했으면 한다. 더 많은 계획은 나중에 쓸게.

다.(The session may be divided into two terms of five months each, the winter intermission beginning at Christmas and ending with the Korean New Year."

세 번째는 1921년 연례회의에서는 3학기로 결정함.

	남학교	여학교
1학기	9월 1일~12월 22일	9월 8일~12월 22일
2학기	1월 6일~3월 20일	1월 6일~3월 20일
3학기	4월 1일~6월 20일	4월 4일~6월 10일

참고로 1908년 연례회의에서 모든 선교학교에서 같은 학년은 같은 과정을 다루기로 함. "선교회에서 학교 사역과 관련한 계획을 수립하였습니다. 이 계획에 따라 학교들은 서로 연관됩니다. 모든 선교학교는 같은 학년에서 동일 과정을 가르칠 것이다. 그래서 선교학교 중 어느 곳에서 한 과정을 마치는 학생은 다른 어떤 선교학교에서든 바로 다음 높은 학년에 곧바로 들어갈 수 있을 것이다. 이렇게 함으로써 학생들은 고등과와 대학을 준비할 것이다.(The mission drew up plans concerning school work. These plans correlate the schools. All the mission schools of the same grade will teach the same course, so that a student completing a course in any one will be ready for the next higher grade in any other. thus they will prepare for the academy and college.)"

1909년 12월 6일 [한국, 전주]

사랑하는 월에게,

새해 행복하길 바라마! 돈과 소포에 대해서 감사를 표할 일이 있어서 지난주에 어머니와 룻에게 편지를 보냈단다. 그래서 이번 달에 너에게 가는 편지가 늦었다.

내일 50명이 약간 넘는 여성들에게 낼 시험문제를 이제 막 끝냈다. 그들 중 많은 이들이 글 쓰는 것과 철자가 엉망이어서 시험 보고 나서 며칠 저녁은 글씨를 알아보고 점수를 주는 데에 보내게 될 것이다. 한 달[1]간 50명이 넘는 여성이 성실히, 열심히 공부했는데 이제 시험만 남아있다. 이 사람들은 특별히 선택된 여자들이다. 모든 교회가 25명당 1명씩 대표자를 파견할 수 있다. 그런데 우리가 시기를 잘못 골라서 오고자 하는 많은 이들이 올 수가 없었는데 '김치(kimchi)'를 담가야 할 때라서 그랬다. 그리고 이곳에 와서 한 달 살 경비를 부담할 만한 여성들이 많지가 않다. 우리는 그들이 공부하러 올 때 생계비를 주지 않는다. 우리가 난방을 할 땔감과 등에 쓸 기름을 주기는 하지만 나머지는 스스로 알아서 해야만 한다. 한국에 부유한 기독교인은 없다.

---

1 한 달 성경교육과정(사경회). 임희모, "마요셉빈(Mrs. Josephine Hounshell McCutchen) 선교사의 사역," 장신논단 Vol.50 No.3(2018.9.), p.249. "남장로교 선교지역의 당시 4개 선교부들이 1909년 남녀를 구분하여 년 1회 10일 성경반(Ten Days Class)과 년 1회 1달(One Month Institute) 과정인 여자성경학원(Bible Institute for Women)을 개설하였다."

내일 오후에 시험을 치른다. 그다음에 약간 쉴 것이다. 이번 달에는 언어를 공부할 수가 없었다. 그래서 다시 공부를 시작하는데 특별히 한자 공부를 해야겠다.

네 편지를 재미있게 읽었다. 편지에서 너는 나를 교사와 학생, 의사와 환자, 그리고 간호사(trained nurse) 등 온갖 일을 다 하는 사람으로 그려놓았지. 그런데 무엇보다 네가 너의 누나라고 말한 마지막 부분이 가장 좋았다. 이곳 한국으로 온 것이 가문을 욕보인 것이구나라고 내가 느끼도록 가족들이 나를 그렇게 대하고 있다고 봤는데 그래서인지 내가 너의 누나라고 언급한 부분은 정말이지 고맙다.

네가 나를 힘들게 할 것이라는 말을 하마. 네가 이곳에 오겠다고 편지를 하고 내가 그러라고 답장을 하면 어머니께서는 내가 너를 꼬드겨서 가게 만든다고 걱정하셔서 발작을 일으킬 수 있다. 그래서 이곳에 온다는 것에 대해 어떤 것을 말할 때에도 너는 극도로 조심해야만 한다. 나는 시내를 내려다보고 있으며 둘레에 산들이 있는 곳에다 기와로 된 아주 아름다운 작은 성을 쌓고 있다. 이곳은 한국에서 가장 좋은 집터이다. 우리가 이 장소를 갖게 되는 것은 약간 어려울 수도 있다. 왜냐하면 이 도시가 공식적으로 '모르는 신들'에게 제사를 지내는 곳이기 때문이다. 음력 새해가 되면 모든 이들이 그들이 아는 모든 조상에게, 신에게, 그리고 악마에게 제사를 지낸다. 그런데 어떤 이유로 인해서 대접을 받지 못한 아주 사소한 신들이 도시에 복수를 한다. 관리들이 '내' 동산의 정상에 음식을 크게 차려서 모든 잡귀들을 대접한다. 그래서 전주에 원한을 품는 귀신들이 없도록 만든다. 그러나 네가 올 즈음에 자유롭게 하는 진리를 사람들이 충분히 알고 있을 수도 있다.

때때로 동양과 서양의 극단을 강조하는 방식으로 특이한 뭔가가 생긴다. 추수감사절[2] 오후에 남학생들이 전혀 새로운 것으로 사람들을 즐겁게 했단다. 이것은 우화(allegory)로 된 연극이었다. 이 선생님이 노인으로 분장을 하고 상당히 말을 많이 했는데, 그분이 했던 말을 너에게 하지는 않을 것이다. 그런 다음에 누군가가 노인에게 설명을 했는데 그것이 정말로 좋았다. 노인이 가지고 있던 지팡이에는 요한복음 3장 16절[3]이 새겨져 있었다. 그 노인이 하나님의 말씀인 지팡이에 기대었다. 그것이 그의 지팡이요 지지대였다. 그가 낀 안경은 진리였다. 하나님의 진리가 없는 눈은 단지 혼돈과 파괴만 볼 뿐이고 믿음의 눈은 명확하게 본다. 모든 것에서 하나님의 계획을 봤다. 정말로 훌륭한 연극이었다. 그런 다음에 그 노인이 네 명의 아들인 사계절을 불렀는데 그 아들들은 각 계절이 인간에게 주는 축복 중의 전형적인 것을 가지고 왔다. 그것에서 우리는 봄이 가장 나이 먹은 아들이고 겨울이 어린 소년으로 나왔기 때문에 다소 의아해했다. 계절 중에서 봄이 가장 오래되었기 때문에 첫 번째 오는 것 아닌가? 그런데 우리는 봄을 젊다고 생각하고 겨울을 늙었다고 생각하잖아!

어떤 신사분[4]에게 말해서 그분의 명함에 짧은 글을 써달라고 했다. 네가 보고 싶어 할 것 같아 여기에 보낸다. 물론 그의 이름은 한자어로 쓰여 있다. 그 사람이 누구인지 혹시 내가 모를 수도 있을까봐 그분이 한글을 옆에 써 놨다. 내가 '제공받는 자'라고 번역한 말은 실제로 의미하는 것은 '이것은 당신 앞에 무릎을 꿇고 제가 제공하는

---

2 미국에서는 11월 마지막 주 목요일에 지킴. 1909년 11월 25일이 추수감사절임.

3 "하나님이 세상을 이처럼 사랑하사 독생자를 주셨으니 이는 그를 믿는 자마다 멸망하지 않고 영생을 얻게 하려 하심이라.(개역개정)(For God so loved the world that he gave his only Son, so that everyone who believes in him may not perish but may have eternal life.(NRSV))"

4 명함에 있는 이석원은 당시 신흥학교 교사였음.

것입니다.'라는 말인데 이것은 '당신의 충실한 하인들로부터'라는 말을 굉장히 공손히 말하는 것이란다. 네가 알고 싶어 할까 봐서 여기 적어 줄게. '이것을 지니고 있는 사람은 그대의 요청에 따라 내가 학교 담을 수리하도록 부른 사람입니다. 그러니 이 사람에게 품삯을 주십시오'란 뜻이란다.

얼어붙을 듯한 추위가 찾아왔고 아직 학교에 회를 바르는 일을 끝내지 못했는데, 이번 주 학교 공사는 정지할 거다. 그래서 늦은 봄까지도 학교를 완성하지 못할 것이다. 학교를 완성하고 헌당식(dedication)[5]을 할 때에 모펫 목사님(Dr. Moffett)[6]을 모시려고 하는데, 여의치 않으면 게일 목사님(Dr. Gale)[7]을 모시려고 한단다. 모펫 목사님이 나의 첫 번째 안이지만 그분이 스코틀랜드에서 열리는 큰 규모의 선교사 회의에 참석하기 위해 4월에 떠날 것이기 때문에 아마도 그분을 모시지 못할 수도 있다. 게일 목사님을 요구하는 데가 많아서 그분을 모시지 못할 수도 있지만 레이놀즈 목사님이 그분을 보면 말씀드리겠다고 했다. 레이놀즈 목사님은 지금 남장로교 한국선교회 일로 서울에 있다.

접시하고는 인연이 안 닿은 것 같다. 테이트 여선교사님 말로는 그분이 접시를 받았을 때 하나는 깨져 있었다고 한다. 이곳으로 오면서 또 다른 하나가 깨져서 단 하나만이 이곳에 무사히 왔다. 필름은 무사히 왔다. 정말 고맙다. 내년 여름에 일본에 갈 계획이 있는데 그때까지는 더 이상 보내지 마라.

---

5 獻堂式 교회당을 신축하여 하느님에게 바치는 뜻에서 올리는 의식. 헌당제.
6 Rev Samuel Austin Moffett(1864.1.25.~1939.10.24.) 한국명 마포삼열. 미국북장로교 선교사.
7 James Scarth Gale(1863.2.19.~1937.1.31.): 한국명은 기일. 캐나다 출신의 미국북장로교 선교사.

룻(Ruth Taylor)이 남부에서 좋은 시간 갖기를 바란다. 어떤 시간을 우리 룻이 즐기고 있을까? 네가 이번 겨울에는 작년 겨울보다 더 오래 집에 있기를 바라마.

모든 가족들에게 사랑을 전해주라. 내가 아는 사람 이야기가 실린 신문이 있으면 뭐든지 보내주렴. 네게 많은 사랑을 전하며 그리고 너에게 아주 행복한 새해가 되기를 간절히 바란다.

사랑하는 누나 넬리.

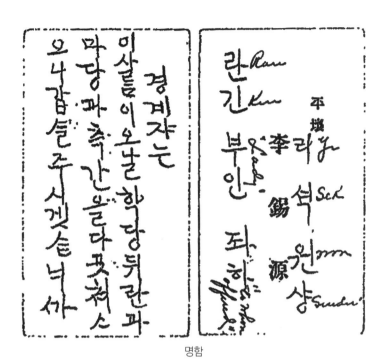

명함

[아래는 명함의 내용을 옮김]
平壤 리석원(李錫源) 샹(Yi Sek Won Sender)
란긴부인 좌하(Ran Kin Lady to whom offered)
경계쟈는 / 이사롬이 오놀 학당 뒤란과 / 마당과 측간을 다 곳쳐수 / 오니갑술주시겟습늬까

1910년 2월 1일 [한국, 전주]

사랑하는 월에게,

저녁을 막 끝내고 편지를 쓸 모든 준비를 마쳤단다. 그런데 니스벳 부인이 용건이 있다고 들어왔다. 그녀가 작년에 이곳 전주 선교부의 회계를 했는데 회계 장부를 감사받기 위해서 준비하고 있었고 몇 가지 물어 볼 것이 있었다. 그 일을 끝낸 후 시골 지역에서 열릴 새로운 성경학교에 대한 것과 몇 가지 지방 사역에 대해서 전반적인 논의를 했단다. 그랬더니 이 편지는 시작만 하고 더 진행되지 못할까 걱정이 된다.

춥냐고? 그래 춥다고 해야겠다. 지금이 가장 추운 때고 아마 내가 이곳 한국에서 겪은 가장 추운 날씨인 것 같다. 모든 것들이 바위처럼 꽁꽁 얼어 있다. 금요일은 완벽한 봄날이었는데 토요일에 구름이 끼어서 약간 추워진 것 같았고 그날 저녁에 서풍이 불어서 모든 것을 단단하게 얼려버렸다. 일요일 저녁 물 주전자에 있는 물을 비웠어야 했는데. 반인치의 두꺼운 얼음이 꼭대기에 있고 물 주전자 안에는 얇은 얼음층이 사방에 있었다. 네가 알다시피 내가 꾸물거리잖아. 다음날 식모가 일찍 와서는 나를 위해서 불을 약간 피우고 물을 조금 가지고 왔다. 물 주전자를 조그마한 '세수하는 곳' 즉 4×6피트 넓이의 조그마한 화장실에 두었는데 거기에는 세면대가 있단다. 5분 후에 사용하려고 들어갔는데 물이 얼어 있더구나. 식모가 월요일에 와서 내 창문이 열려 있는 것을 보고는 이런 날에 왜 그런 짓을 하는지 물었다. 너도 아마 그 사람의 말소리의 느낌을 들어보면 좋았을 텐데. 한국 사람들은 겨울에 환기를 시키기 위해 문을 조금이라도 열어두는 법이 없어서 나를 미쳤다고 생각한다. 일요일에 눈이 조금 내렸는데 여전히 춥고 내린 눈 때문에 모든 것이 번들거린다.

약 두세 달 전에 룻이 '언니, 핀(pin) 있지?'라고 편지했는데 핀이 하나도 없었단다. 그래서 룻에게 두 달 전에 없다고 말했는데 아무런 연락이 없구나. 룻에게 말해서 핀을 여기 저기 찾아보라고 하렴. 다니엘 로우(Daniel Low)[1] 회사의 통신판매 목록이 어제 도착했는데 그것을 보니 핀 생각이 났단다.

어제 미국에서 한 통의 편지가 왔다. 약 2주 만이었지. 집에서 온 편지가 한 통도 없었기 때문이고 특히 너의 편지와 룻의 사진이 오지 않았기 때문에 정말이지 엄청나게 실망했다. 이런! 뭔 결혼식이 그렇게 많담! 너랑 같은 또래의 여자들이 그리 많이 결혼해서 떠나면 너는 다시 처음부터 시작해서 다른 연배의 무리를 찾아봐야 할 거야.

다음 주에 군산으로 가서 2월 14일부터 시작하는 성경학교에서 10일간[2] 가르칠 것이다. 음력 새해가 다음 주 목요일인데, 제사, 조상 숭배, 그리고 연례적인 목욕[3] 등으로 연중 가장 큰 명절이다. 물론 기독교인들은 믿지 않는 사람들의 관습을 버렸지만 어쨌든 연휴 기간이고 가족끼리 한자리에 모이는 때라서 우리 학교는 이 시기에 겨울 방학을 한다. 이번 주 금요일부터 2주간 방학이다. 다음 주가 되

---

1 https://americanhistory.si.edu/collections/search/object/SILNMAHTL_27744
2 1910년 2월 10일(목)이 설날임. 랭킨 선교사는 1910년 2월 11일(금)부터 2주간의 방학 기간을 이용하여 2월 14일부터 10일간 군산에서 열린 10일 성경학교에서 가르침.
3 서의필 박사 부부가 전사한 편지에는 "animal bath"라고 되어있으나 "annual bath"를 잘못 옮긴 것으로 보고 연례적인 목욕으로 번역함.

기 전에 기온이 상당히 많이 올랐으면 좋겠다. 이 시기에 이곳과 군산 사이의 평야는 항상 마음에 썩 들지 않기 때문이다. 여름에는 찌는 듯이 덥고 겨울에는 살을 에는 듯이 춥다.

1910년 2월 2일

오늘은 별일이 없었지만 규칙적으로 해야 할 일들이 많았다. 맥커첸 목사님이 잠시 들렀다가 수은주가 오늘 아침 7°F(역자: 영하 13.9도)까지 떨어졌다고 했다. 어제는 오늘보다 추웠는데 얼마나 추웠는지는 모른다. 한 곳에서 움직이지 않고 가만히 있으면 그냥 얼어붙는다.

우리 있는 곳에 엄청난 흥분이 있었다. 새로운 총각이 전주로 오고 있다. 의사 한 명과 그 총각은 다니엘 의료선교사가 내년 가을에 이곳으로 올 때까지 전주에 있을 거다. 이곳에 있는 미혼 남녀에 대한 규칙과 규율들을 들으면 웃다가 배꼽이 빠질 거야. 물론 한국 사회에서는 남자와 여자가 홀로 만난다는 것은 들어 본 적이 없다. 그래서 우리도 적절한 행동을 하려고 노력하기 때문에 별 문제가 없었다. 그런데 지금은 맥컬리 목사님과 결혼해서 살고 있지만 결혼 전인 작년에 코넬 간호사가 버드만 의료선교사와 같이 있으면서 꼴불견을 연출해서 선교사들 중 나이 드신 남자 어른들이 미혼 남녀들의 행동에 관한 철통같은 규칙을 만들었단다. 가장 중요한 것이 뭐냐면, 결혼한 여성이 함께 있지 않으면 미혼 남녀는 절대로 함께 있어서는 안 된다는 것이란다. 우리는 레이놀즈 목사님 부부의 허락을 받고 포사이드 의료선교사를 식사에 초대함으로써 만들어진 지 한 달도 안 된 그 규칙을 깨버렸다. 그리고 지금 패터슨 의료선교사(Dr. Patterson)[4]가 곧 전주로

---

4 Dr Jacob B. Patterson(1876.6.1.~1933.2.15.): 한국명 손배돈.

올 것인데 이 규칙이 깨지는 소리가 미국까지 분명히 들릴 것이다. 테이트 여선교사님의 나이가 45세, 버클런드 선교사는 43세, 그리고 네가 사랑하는 이 누나는 세상 물정을 아는 나이[5]가 되었는데 이러한 규칙들을 생각하면 빙그레 웃음만 짓게 된다.

　말도 안 되는 소리는 이제 그만 해야겠다. 가족들 모두에게 사랑을 전해주렴. 그리고 너에게도 큰 사랑이 함께하길 바란다.

　사랑하는 누나 넬리.

　"Reinforcements," *The Missionary*(May, 1910), p.213. "올해 선교사 명단에 31명의 새로운 선교사들이 추가되었습니다. 한국선교회에는 맥퀸 양, 베너블 부인, 패터슨 의사, 클라크 목사 부부가 추가되었습니다.(Thirty-one new missionaries were added to the roll during the year. to the Korean Mission, Miss Anna McQueen, Mrs. W. A. Venable, Dr. J. Bruce Patterson, and Rev. and Mrs. W. M. Clark.)"
5　테이트 여선교사는 1864년, 버클런드 선교사는 1865년, 랭킨 선교사는 1879년 출생임.

1910년 3월 2일 [한국, 전주]

사랑하는 아버지께!

아버지께서 12월 중순에 쓰신 편지가 제가 한국에 있는 동안 가장 바쁘고 여러 면에서 가장 힘들 때에 왔어요. 음력 새해의 첫 주는 100장의 시험지를 교정하면서 보냈습니다. 성경, 지리, 그리고 생리학[1]이 한국어로 적혀 있는 것을 교정하는 것은 쉬운 일이 아닙니다. 산술은 아무런 어려움이 없었어요. 2월 10일까지는 오후 시간은 내내 군산에서 수업할 것을 준비하느라 보냈습니다. 오전은 학교 교실에서 보내고 오후에는 힘들게 준비를 했더니 저녁에는 녹초가 됐어요. 제가 종종 아버지를 생각했고 편지를 드리려고 했는데 아버지께서 받으시기에 적합한 편지를 쓸 자신이 없었어요. 지금 약간의 짬을 내고 있는데 제가 말하고자 하는 것을 표현할 적절한 단어를 찾기가 어렵네요.

아버지! 아버지와 저는 인생 내내 서로 상반된 목적으로 살아오고 있다고 저는 느낍니다. 저는 어머니보다는 아버지를 더 많이 닮았고 살아가면서 아버지와 더 많이 닮아가고 있습니다. 우리가 이것을 좀 더 빨리 알았더라면 우리가 가질 수도 있었던 즐거운 시간들이 얼마나 많았겠어요. 저는 전에 아버지께서 저희들에게 신경을 거의 쓰지 않으

---

1 선교학교의 교육과정은 한국선교회(Korea Mission) 교육과정위원회에서 정함. 교육 선교는 1907년 랭킨 선교사와 니스벳 목사 부부가 교육전문선교사로 오면서 체계가 잡힌 듯함. 1907년 16차 연례회의 의사록 중 교육과정위원회 보고서에 있는 교육과정 별첨함.

셨기에 아버지를 원망하곤 했습니다. 아버지께서 저희가 필요로 하는 것을 위해서 노예처럼 일을 하셨지만 저희들에게 아버지 자신을 거의 보여주지 않으셨어요. 이제야 저는 아버지의 고된 일을 조금 더 이해합니다. 10달러가 금방 사라져버리는 것도 알고 저희들에게 좋은 교육을 시키고자 아버지께서 돈을 지독히도 아끼셨다는 것도 기억하기 때문입니다. 그런데 아버지, 아버지는 왜 우리들에게 더 많이 표현하지 않으셨나요. 저의 잘못에 대해서는 말로는 도저히 표현을 못하겠습니다. 성급하게 내뱉은 배은망덕한 말들, 화내고 신경질적으로 한 말들, 이런 말들을 다시 주워 담는 데는 제 인생의 몇 년이 걸릴지도 모릅니다. 그 말들이 다 잊힐 수만 있다면 제가 못 할 일이 무엇이겠습니까. 그래도 용서받을 수 있다는 희망을 가질 수는 없겠지요. 아버지와 어머니에게 제가 즐거운 존재가 아닌데도 왜 제가 집을 떠나는 것을 그렇게 반대하셨는지 모르겠습니다. 제가 이곳 한국에서 여생을 보낼 것이며 비록 과거는 처절한 실망이었지만 이곳 생활은 소중하게 만들려고 하니 제가 살아 있는 내내 아버지, 어머니 두 분께 계속 실망을 주는 존재일 뿐입니다. 아버지께서 후회하고 계신다는 것이 한 가지 있다고 들었습니다. 제가 감히 부탁드리건대 제발 다른 사람들에게는 그것을 다시는 말하지 않았으면 합니다. 이유는 두 가지입니다. 제가 말하는 한 가지는 제가 이곳에 왔을 때 아주 꽃다운 나이가 아니었다는 것입니다. 사람들이 좋은 때라고 하는 것을 제가 어떻게 잃어버렸는지 아무도 모릅니다. 저는 제가 청년 시절에 누렸어야 하는 모든 것들은 놓쳤습니다. 저는 룻이 가지고 있는 것보다 훨씬 덜 가지고도 살아갈 수 있었습니다. 룻이 좋은 시간을 보내고 있다니 기쁩니다만 아버지께서 말씀하셨듯 어머니의 돈을 너무도 많이 쓰고 있는 것은 바람직하지 않습니다. 저는 어머니께서 자신의 편안함을 위해 돈을 더 쓰기를 바라기 때문입니다. 제가 너무 매력이 없다고 평가되어 저를 멋있게 보이게 만들려면 너무도 많은 것이 사용되었을 거라는 느낌 때문에 저의 마음이 무척 아픕니다. 저는 룻이 가지고 있는 좋은 옷들을 부러워하지 않습니다. 한 번도 부러워한 적이 없습니다. 만드는 데 8달러가 넘게 든 옷은 제 인생에서 한 번도 없었고 제 옷은 다들 거리에서 파는 옷입니다. 저는 룻과 어울리는 카드놀이 일행들을 부러워하지 않습니다. 낭비되는 시간도 춤도 부러워하지 않습니다. 그러나 부러워하는 것이 하나 있다면 그것은 곧 사라지는 젊은 시절입니다. 선더볼트 (Thunder Bolt)에서 월의 일행을 보호자로 데리고 갔다가 집에 돌아와서 엉엉 울었지요. 저는 저의 젊음으로부터 버림받음을 당했거든요. 만약 상황이 달랐었다면 제가 이곳에 있지 않게 됐을 수도 있다는 것을 알아요. 제가 정말이지 쓰라린 교훈을 얻었지만 이곳에 있는 것이 기쁩니다. 저는 30세의 나이를 먹었고, 근무 기간 7년이 끝날 때쯤 제 휴가가 시작될 때 얼마나 나이가 더 들어있고 구식이 되었을까를 생각해 봅니다. 두 번째 이유는 아주 이기적인 것입니다. 다른 사람들은 이해를 못 하지만 저는 아버지께서 무엇을 말씀하시는지 이해합니다. 우리가 받을 만한 것보다는 더 높은 사회적 지위를 저에게 주고 싶어 한다는 것을 알고 있습니다. 적어도 그것이 이 문제에 대해서 테이트 여선교사님이 생각하는 틀이며 그분이 많은 대중들 앞에서 공개적으로 한 말이지요. 아버지께서 블라젯 선생님에게 이것에 대해서 모두 말씀하셨을 때, 그분은 이것을 이해 못 했습니다. 저는 그 일을 그때 불쾌하게 생각했습니다. 아버지께서 하셨던 모든 것에 감사를 드립니다. 그리고 제가 가지게 되어있지 않은 것들을 제게 주지 못한 것에 대해서 아버지께서 후회를 안 하셨으면 합니다. 이제 더 나쁘게 된 것을 알게 되셨으니 그 문제를 더 이상 논하지 않았으면 합니다.

땅에 관한 건데요. 처음 100달러는 받았는데 두 번째 것은 아직 들어보지 못했습니다. 저는 1에이커가 얼마인지를 모르겠어요. 우리는 이곳에서 '마지기(mar-chi-ki)' 즉 마치 양복 윗주머니에 넣는 손수건처럼 생긴 땅을 삽니다. 일본인들이 우리 옆의 땅을 가지게 될 것이 아주 걱정이 되어서 제가 사버렸고 한국선교회에서 필요로 할 때까지 그것을 텃밭으로 사용할 것입니다. 올 겨울이면 혼자서 집안일을 하게 될 것입니다. 그리고 제가 기를 수 있는 모든 것을 기를 것입니다. 그러면 미국에 그렇게 많이 주문할 필요가 없을 것입니다. 매달 비상시를 대비해서 조금씩 저축할 것입니다. 늙어서 가족들에게 의존하고 싶지 않기 때문입니다. 우리는 남학교용으로 사용할 땅도 필요합니다. 그래서 이 선물을 받게 되어 기쁩니다. 남학교용의 땅을 구매하게 되면, 니스벳 목사님에게 부탁해서 그 땅을 에이커로 대략적으로 변환하도록 하여 아버지께서 알아보실 수 있게 하겠습니다. 우리 선교사들이 사고자 한다고 여겨지는 곳을 제외하고는 이곳 땅값은 비싸지 않습니다. 상거래가 있는 서울과 전주 시내에서는 땅값이 계속 올라가고 있습니다.

니스벳 목사님이 두 달간 상당히 아팠습니다. 몇 해 전에 폐결핵을 앓았어요. 그런 후에 완전히 좋아졌었는데 오랜 기간 기관지염을 앓고 있는 것을 보니 혹시 폐결핵이 재발하지 않았나 염려하고 있습니다. 의사들은 폐결핵 같은 것은 아니라고 하며 한 달간 쉬라고 명령했습니다. 우리는 그분이 빨리 회복되기를 바라고 있습니다. 의사가 새로 한 명 왔어요. 펜실베이니아에서 온 조금 작은 키의 패터슨 의료선교사인데 다니엘 의료선교사가 올 때까지 이곳에 머무를 것입니다. 그런 다음 군산으로 갈 거예요. 그는 지금 (?) 때문에 생명의 위협을 받고 있는 얼 목사님(Mr. Earle)[2]과 함께 군산에 머물고 있습니다. 2주 전에 목포에 있는 녹스 부인(Mrs. Knox)이 거의 죽기 직전이었어요. 그녀가 회복되리라곤 아무도 생각하지 못했죠. 포사이드 의료선교사, 윌슨 의료선교사, 그리고 포사이드 의료선교사를 방문 중인 송도의 감리교 의사 리드 씨(Dr. Reed)가 수술을 함께 했습니다. 녹스 부인은 지금 회복을 잘하고 있습니다. 프레스톤 부인의 아기가 광주에서 매우 아팠습니다. 그곳 선교사 촌에 하인 가족들이 살고 있는 곳에 천연두가 상당히 많이 있어서 그들이 겁에 질려 있습니다. 10일 전에는 각각의 선교부에 심각한 어려움이 있어서 모두들 걱정하고 있었지만 지금은 모든 곳이 잘 돌아가고 있습니다.

이제 막 이곳에서 성인 남성들의 수업을 훌륭하게 끝냈습니다. 전주권에서 약 700명이 참석했습니다. 참석한 사람들은 전도에 헌신하기로 맹세했는데 이들이 맹세한 날은 적극적인 복음 사역을 하는 한 명이 쉬지 않고 9년간 사역[3]하는 것과 같습니다. 참 많은 시간입니다.

오늘은 어머니, 룻, 그리고 이모의 편지가 왔습니다. 유행성 감기 (grippe)에 걸릴 만큼 유행에 민감하시다니 참 안됐습니다. 오래전에 완전히 쾌차하셨기를 바랍니다. 후유증이 종종 오랫동안 있기는 하지만요.

---

2 Rev Alexander Miller Earle Sr.(1873.8.30.~1941.6.5.) Eunice Virginia Fisher Earle(1874.11.28.~1942.11.6.) 얼 부인.

3 "The Million Souls Movement," *The Missionary*(April, 1910), pp.158-9. 날 연보(day-offering)의 사례임. 1909년 9월부터 1911년 3월까지 한국 기독교계에서 100만 명 신자 달성을 목표로 세우고 전국적으로 전개한 초교파적 부흥운동인 백만명 구령운동과 관련된 글에 "물질적인 헌금과는 별도로 자신의 시간을 전도에 할애하는 '날 연보'(day-offering, 獻日)가 이 시기에 나타났는데 이는 유례가 없는 독특한 전도방법이었다." [한국민족문화대백과사전(백만 명 구령운동(百萬名救靈運動))]

어머니께서는 홉스트(Hobst)와 맥건들(McGundell) 쌍에 놀랐던 것처럼 보입니다. 그 사람은 좋은 여자를 얻었어요. 메이(May)는 예쁘지는 않아도 좋은 눈을 가지고 있고요, 굉장히 성격이 좋고 재능이 많은 아가씨지요.

학교가 완성되자마자 저는 그곳에 있는 저의 방으로 옮겨 갈 것입니다. 노처녀의 집에 사는 사람 중 한 사람은 지방으로 많이 돌아다니면서 가르치고, 다른 사람은 조금 다니고, 마지막 사람은 거의 다니지 않기에 집을 공동으로 운영한다는 것은 약간 어려운 일입니다. 그래서 저는 저만의 집을 가질 것입니다. 아마도 겨울 동안 이 집에서 얼마간 식사를 하게 되겠지만요. 버클런드 선교사와 저는 집을 운영하는 데 있어서 아주 잘 지내는데, 나머지 한 사람은 제가 견딜 수가 없어요. 버클런드 선교사는 제가 떠나는 것을 원하지 않지만 테이트 여선교사님은 집에서 자기 몫을 주장하고 있어서 저는 나가려고 합니다. 다른 사람들이 그랬으면 참지 못했을 건데 그분이라서 제가 참아야만 했기에 참았습니다. 그러나 영원히 참는다는 것은 아닙니다. 저는 참지 않을 것입니다. 거기서 혼자 있게 되면 매우 외로울 거라는 것을 저는 압니다. 모든 학생들과 같이 있게 됩니다만 외국인이 없어서 다소 외롭겠지요. 우리가 일본에 갈 때까지 저와 버클런드 선교사가 지금 이 집을 운영할 것입니다. 테이트 여선교사님은 지금은 우리와 함께 살고 있습니다.

제가 생리학(physiology) 수업을 준비할 것이 너무도 많습니다. 그래서 이제 그만 인사드립니다.

편지를 종종 하겠다는 좋은 결심을 지키세요. 가족 모두에게 많은 사랑을 전합니다.

사랑하는 딸 넬리 올림.

1910년 3월 9일 [한국, 전주]

사랑하는 월에게,

지난번 너의 편지는 내가 가르치고 있던 군산으로 보내져 왔다. 내가 집에서 떠나 있었기에 편지가 더 좋아 보였다. 룻이 좋은 시간을 보내고 있다는 것을 들으니 기쁘다. 어머니께서 룻이 예쁜 옷을 가지고 있고 누가 그것을 만들었다고 말을 하시면서 나머지는 룻이 말하리라고 쓰신 것은 참 우스운 일이다. 그런데 룻은 푸른 색 정장을 맞춰 입었다는 것 말고는 옷에 대한 다른 언급이 없었다. 너는 룻이 춤추는 곳은 모두 다닌다고 했는데 룻이 나에게 편지하면서 춤추는 데에 항상 가기는 한다고 하면서 누구랑 가는지 어디를 가는지는 말을 하지 않는다. 심지어 자기가 속한 카드놀이 친구들에 대해서도 말이다. 누군가가 자세한 것을 (적어도 신문기사를 오린 것이라도) 알려 주겠지라고 생각했는데 어떤 설명도 들은 것이 없다. 나는 왕자와 해결사 요정이 없는 신데렐라와 같은 느낌이다. 뭐 나중에 왕자나 해결사 요정이 올 수도 있겠지만.

너의 사진첩에 붙여두라고 사진을 몇 장 더 보낸다. 표시가 되어 있으니 꽹매기(gwang-magie)[1]를 제외하고는 모든 것을 알 것이다. 미국의 2월 중순에 있는 음력 새해가 되면 사람들이 아주 환상적인 옷을 입고, 끔찍한 가면을 쓰고서, 가장 끔찍한 소음을 이용해서 샘과

---

1 꽹과리를 전라도에서 부르는 말.

들판 등에서 잡귀들을 몰아낸다. 사람들은 종종 춤을 추기도 하고 크게 뛰기도 하는데 그들의 춤을 보면 인디언들의 춤이 떠오른다.[2] 이 사진은 볼링(Bolling Reynolds)[3]이 찍은 건데 제대로 나오지 않았다. 나는 아직 사진을 찍지 못했다.

내가 어머니처럼 보이는 사진 있지. 군산으로 가는데 내가 가지고 있던 모든 옷을 껴입고 있었다. 군산으로 넘어가는 여정은 너무도 춥다. 군산으로 가는 내내 서해 바다에서 불어오는 차가운 바람이 얼굴로 불어오기 때문이다. 내가 양털로 된 유니온수트(union suits)[4]를 두 개 입었고 치마를 세 개나 입어서 풍선처럼 보인다. 모자는 쓸 수가 없으니 머리가 조금이라도 남아있으려면 얼굴을 가리는 천(veil)이나 어깨에 두르는 천(shawl)으로 머리를 감싸야 한다. 이 사진은 내가 막 떠날 때 찍은 것이다. 좁은 길에서 가마를 타고 있는 사진을 보면, 바람 때문에 얼굴을 가리는 천으로 모자를 묶어 놓은 것을 볼 수 있다.

어젯밤에 마지막 남은 (?) 종이를 사용했다. 버클런드 선교사가 몇 장을 빌려갔으니까 나중에 거기다 쓰면 될 거다. 편지지를 보내지 않았으면 내가 일본에 가기 전에는 더 이상 보내지 마라. 다음 언젠가 그것에 대해서 많이 쓸게.

군산에 머무는 것은 즐거웠고 가르치느라고 계속해서 아주 바빴다. 시골 지역에서 올라온 여성들이 112명이 넘었는데 공부하다가 쉬는 시간에 우리는 재미있는 시간을 많이 가졌다.

---

2 새해 풍물놀이(농악)를 하면서 지신밟이 등을 하는 것에 대한 선교사의 시선을 알 수 있음.

3 레이놀즈의 아들 John Bolling Reynolds(1894.8.20.~1970.3.20.)

4 상하가 붙어있는 옷으로 속옷으로 입던 옷.

다음 주 화요일에 이곳 전주에서 시골 여성들을 위한 성경학교가 열린다. 그래서 나는 다시 아침과 오후에 가르쳐야 한다. 일본에서 원하는 것이 있으면 알려주렴. 그럼 그것을 구해줄게. 작년 여름에 네가 뭔가를 말했는데 무엇이었는지 잊어버렸다. 새로운 소식 있으면 모두 알려주렴. 그리고 아버지께 말씀드려서 때때로 신문을 보내 달라고 하렴.

모두에게 많은 사랑을 전하며 사랑하는 누나 넬리.

1910년 4월 21일 [한국, 도장골[1]에서]

사랑하는 어머니께,

어머니께서 저를 보시면 과연 알아보실 수 있을지 궁금합니다. 저는 지리산 한가운데에 있는 아주 작은 계곡에 있습니다. 이곳에 올 때는 말을 타고 왔는데 오는 길은 참 만족스러웠습니다. 길은 높고 거친 산 사이로 구불구불 이어져 있어요. 계곡을 따라가다 때때로 아주 좁은 장소에 있게 된 경우가 있었는데 둘러봤더니 들어오거나 나가는 길이 보이지 않았어요. 그런데 계속 가다가 방향을 확 틀었더니 산줄기를 뚫고 가는 협곡이 보였습니다. 제비꽃과 진달래 그리고 야생화가 아주 아름답습니다. 그래서 말을 타고 오는 20마일이 흡족했습니다. 하루에 세 번 가르치는데, 수업과 수업 중간에 다른 부차적인 일도 합니다. 이곳에 온 첫 번째 외국인 여성이기에, 남들의 이목을 끌고 있습니다. 사람들은 아주 친근하며 마음씨도 좋고 자신들이 가진 가장 좋은 것을 저에게 내주었습니다. 예를 들면 사방 8×8 피트의 한 칸 방입니다. 방바닥은 흙인데 거친 깔개가 있습니다. 한쪽 구석에는 곡식을 담아 놓은 큰 가마니가 있고 그 위에는 세 개의 작은 가마니가 쌓여 있습니다. 제 간이침대 위에는 셀 수도 없이 많은 주머니들과 조롱박 등이 쌓여 있는 두 개의 긴 막대로 된 선반이

1 Miss Nellie B. Rankin. "A Hundred-Mile Trip in Korea,"(*The Missionary*(October, 1910), pp.500-2) 참조. 지리산 뱀사골의 골짜기로 추정됨.

있습니다. 작은 가지들과 새끼줄로 묶여 있는 천장은 연기와 파리똥 때문에 검은색이었습니다. 벽 한쪽에는 큰 호리병 모양의 박, 저의 예쁜 얼굴을 못생기게 뒤틀어 놓는 거울, 머릿기름 한 병, 그리고 뭔지 모를 것들이 있습니다. 방문 바로 밖에는 횃대가 하나 있는데 작은 나뭇가지를 엮어 만든 것입니다. 돼지우리는 약 6피트 떨어져 있고 돼지는 항상 꿀꿀거립니다. 솔직히 이 돼지는 밤이고 낮이고 계속해서 시끄러운 소리를 냅니다. 한국인들이 말을 좀 무서워해서 제 말을 안전하게 묶지 못하기 때문에 제가 말을 살펴야 합니다. 저에게 이 방을 내주려고 아버지, 어머니, 그리고 결혼한 딸과 사위와 세 아이들이 8×8피트의 나머지 방을 함께 쓰고 있습니다.

저는 머리를 빗으려면 간이침대에 앉아야만 합니다. 제가 스타킹을 신은 채 서 있어도 제 머리로 천장에 붙어있는 모든 먼지와 파리똥을 긁어낼 뻔했습니다. 문은 4×1½피트입니다. 흙벽에는 구멍이 나 있지만 종이로 구멍 난 곳을 안전하게 발라 놓았습니다.

4월 26일

[흰바위?]

지난주 토요일에 이곳으로 왔습니다. 지금껏 제가 한 여행 중 가장 힘들고 가장 즐거웠던 여행이었습니다. 마지막 장소로부터 25마일 떨어져 있다고 하는데 50마일은 되어 보입니다. 왜냐하면 산 능선을 세 개나 넘었고 수십 개의 산 사이로 지나왔기 때문입니다. 첫 번째 산은 걸어서 오르고 내렸습니다. 두 번째 산도 걸어서 오르고 내렸습니다. 세 번째도 걸었는데, 내려올 때는 말을 탔습니다. 제가 말에서 내렸더라면 더 좋았을 것을 그래도 전혀 신경 쓰지는 않았습니다. 제가 본 중에서 가장 경사가 크고 좁은 길을 따라서 내려왔습니다. 위에는 깎아지른 절벽이 있고, 아래에는 거의 낭떠러지가 있으며 그 밑에는 넓은 강이 있어요. 아래를 내려다보니 머리가 빙빙 돌더군요. 한쪽 발은 절벽을 스치고 지나가고 다른 한쪽 발은 거의 90° 경사인 낭떠러지 근처 허공을 스쳐가고 있었습니다. 아, 정말이지 산은 굉장했어요. 산과 산이 계속 이어져 있는데 끝이 없더군요. 맑고 아름다운 개울들과 진달래가 어디든 있었어요. 조그마한 땅 모양의 골짜기마다 벼가 층층이 심어져 있었습니다. 한국에서 반 마일을 지나도 사람이나 거주지를 볼 수 없었던 첫 번째였어요. 밤이 되자 우리는 끝없는 산이 있는 산의 광야 속에 있는 듯했어요. 운이 좋게도 보름달이 떴지요. 그런데 길이 오솔길이라서 어둠 속에서 길을 제대로 볼 수가 없었어요. 마침내 (?)의 소리가 들리더군요. 그리고 한 무리의 여자들이 저를 맞이하러 왔어요. 제가 길을 잃어버리지 않았나 걱정하면서 2마일이나 나와 있었어요. 저는 계속 가고자 했으나 짐꾼들이 피곤해하자 황혼녘에 그들을 남겨두고 왔어요. 두 명의 기독교인 남자들이 짐꾼들이 길을 잃었다고 생각해서 그들을 찾으러 나갔어요. 그들이 보여준 환영은 따뜻하고 왕이나 받을 수 있는 것이었습니다. 그들이 가지고 있는 가장 좋은 것을 저에게 주었지요. 그들은 정말이지 가장 친절한 마음씨를 가졌고 대접도 후합니다.

저는 말 그대로 "하나님 전에 거하고 있습니다." 제가 마을이 내려다보이는 언덕 위에 세워진 조그마한 교회에서 지내기 때문입니다. 못된 벼룩이 벽에 강한 진지를 구축하고 있습니다. 이것들 때문에 사람들은 이 못된 것들이 더 이상 괴롭히지 않고 피곤한 사람이 쉴 수 있는 그런 집을 갈망하게 됩니다. 교회 안으로 들어와 본 적이 없었던 사람들이 외국인을 보기 위해 오후 모임에 몰려들었습니다. 전시된다는 것은 때때로 약간 힘든 일입니다. 사람들이 저를 마치

야생동물인 양 빤히 쳐다보기 때문입니다. 저는 동물원의 동물들이 어떤 기분인지 알 것 같습니다.

목사 안수를 받은 한국인 중 한 분인 김 목사님[2]이 저를 맞아주려고 여기에 왔어요. 전주로 돌아갈 때 그분이 사는 마을 근처로 지나갈 것입니다. 가는 길에서 약간 벗어난 곳이지만 제가 그분의 아내를 매우 좋아하니까 그녀를 꼭 보고자 합니다. 그곳에 금요일에 갈 예정입니다. 그분들의 집에서 하루 저녁을 보내고 전주에는 토요일에 갈 것입니다. 이곳에서 장수(Changsoo)까지는 20마일 떨어져 있고 장수에서 전주까지는 40마일 떨어져 있습니다.

밥, 절인 무, 김 그리고 토속적인 양념을 너무 먹어서 소금에 절여진 것 같네요.

수 마일 이내에 시계나 종 같은 것들이 없어서 사람들이 성경학교에 아무 때나 옵니다. 모든 이들이 햇살이 비추자마자 일어나는데 약 오전 4시 30분 경입니다. 그래서 오전 6시 30분부터 사람들이 모이기 시작합니다. 낮이 긴데도 다섯 시에 일어나는 것이 몹시 싫지만 옷을 입고, 먹고, 구경꾼들이 꽉 차도록 모든 것을 하는 것 말고는 다른 할 일이 없습니다. 아침에 두 시간, 오후에 두 시간, 저녁에 두 시간씩 수업이라 목을 너무 많이 써서, 계속 말을 할 수는 없습니다. 오후 수업을 끝내고는 운동을 조금 하러 나갑니다. 어제는 작은 산에 올랐고 오늘 오후에는 가까이 있는 마을로 내려갔습니다. 여인들 몇 집을 방문해달라는 쪽지를 받았습니다. (제가 또 하나의 가축이 됩니다.)

---

2 김필수 목사.

전주에서

이제 막 몸 건강히 돌아왔습니다. 월에게 보내는 편지에서 여행의 나머지 부분에 대해 자세히 쓰겠습니다. 많은 편지가 왔더군요. 룻 사진이 마침내 왔네요. 룻에게 곧 편지를 할게요. 이렇게 덧붙이는 것은 어머니 생신[3]을 축하드리기 위해서입니다. 좋은 일들이 많이 많이 있으시기를 기원합니다.

모두에게 사랑을 전하며 사랑하는 딸 올림.

---

3 Susie Somers Wade Rankin(1852.5.27.~1926.5.13.), 생일은 5월 27일.

1910년 5월 2일 [한국, 전주]

사랑하는 윌에게,

내가 이 편지를 쓸 때부터 오늘 저녁[1] 내에 다 쓰지 못할 것을 너무도 잘 알고 있었지만 먼저 날짜라도 쓰고 시작해보려고 여기 적어본다.

어머니에게 쓴 편지에서 여행의 나머지 부분에 대해서 네게 말하겠다고 했는데 손에 땀을 쥐게 하는 일이 벌어졌기에 그것에 대해서 말해야겠다. 어젯밤 11시 30분에 내 방에 들어온 도둑 때문에 잠이 깼다. 토요일 버클런드 선교사가 사람을 시켜 밖으로 튀어나온 창(bay window)의 창문을 청소하게 했단다. 이 집 문단속은 내가 하는데 늦은 시간에 집에 들어와서 창문이 잠겼는가를 살펴볼 생각을 못 했다. 일요일에는 그 창의 창문을 하나도 열지 않아서 지난 밤 문단속을 하면서 오늘 창문은 열어놓지 않았지라고 혼잣말을 하며 창문을 쳐다보지도 않았단다. 내 서재에서 침실까지 비친 아주 밝은 빛에 의해 깨어났었지만 너무 피곤하고 정말 졸렸다. 습관적으로 한국어로 "누구세요"라고 물었지만 여전히 완전히 깬 상태는 아니었단다. 먼저 든 생각은 버클런드 선교사나 테이트 여선교사님이 뭔가를 찾고 있겠지였는데, 대답을 듣지 못하자 재차 명령조의 한국어로 "누구요"라고 물었다. 그랬더니 등이 꺼지고 어둠 속에서 허둥거리는 소리

---

1 1910년 5월 2일(월요일), '어제'는 5월 1일(일요일), 창문 청소는 4월 30일(토요일).

가 들렸단다. 나는 그 소리에 잠이 깨어 도둑이 든 것을 알게 되었다. 그 사람 뒤를 쫓았지만 그는 사라져 버렸다. 그 사람이 창문을 열고 큰 로체스터(Rochester) 램프를 켰고 그리고서는 내 생각인데 내가 아직 돌아오지 않았다는 착각을 하며 내 물건을 뒤지기 시작한 것 같다. 참 대담한 일이었다. 그런데 그 사람은 황급히 도망갔다. 너무 눈이 어두워서 누군지 알 수가 없었다. 그리고 사실 그가 도망갈 때까지도 반쯤 잠들어 있었다. 도둑맞은 물건은 하나도 없었다. 내가 대개 돈을 두고 다니는 옷장을 뒤지려고 했던 것 같은데 뒤져봐도 돈을 전혀 찾을 수 없었을 것이다.

오늘 테이트 여선교사님과 버클런드 선교사가 시골 지역으로 가서 저녁 아홉 시에 이 집에서 혼자 앉아 있다. 그런데 한국인 여성 한 명이 곧 와서 여기서 잘 것이고, 우리 일을 봐주는 남자가 문간방(gate room)에 오늘 저녁 있기에 전혀 두렵지가 않다. 두 명이 순회전도여행을 떠난 것의 좋지 않은 점은 세 번째 사람이 다른 선교사들의 집을 너무 자주 찾아가야 한다는 것이다. 니스벳 부인과 맥커첸 부인은 항상 아주 상냥했고 자기들 집에 와서 자라고 강요하다시피 했지만 그러면 내가 하는 일에 편리하지가 않다. 맥커첸 부인 집은 멀리 떨어져 있고 식사시간이 나의 학교 시간과 맞지 않다. 니스벳 부인은 학교일을 하기에 나와 시간은 맞지만 그녀는 지금 끔찍하게 높은 작은 산꼭대기에 있는 테이트 목사님의 집에 있기에 내가 종종걸음으로 그곳을 자주 왔다 갔다 하기에는 너무 힘들다. 클라크 목사님[2] (Mr.Clark) 부부는 여분의 방이 딱 하나 있는데 패터슨 의료선교사가

---

2 William Monroe Clark(1881.9.5.~1965.8.), Ada Christine Hamilton Clark(1879.7.2.~1922.11.20.) 클라크 부인. 둘은 1907년 혼인함.

지금 쓰고 있다. 클라크 부인 또한 내가 왔으면 한다고 했지만 나는 외딴집에서 홀로 외롭게 있어도 전혀 무섭지는 않다.

어머니께 쓴 편지에서 조그마한 언덕이 아니라 큰 산을 오르내려 흰 바위(?)에 간 것에 대해서 썼다. 그곳 사람들은 끔찍이도 가난했지만 친절했고 내게 할 수 있는 모든 것을 다해주었다. 윌, 예를 들어 볼게. 그들이 사는 조그마한 진흙집은 우리 돈으로 3달러란다. 그런데 그 집도 살 수 없는 사람들이 있단다. 그들은 아주 조그마한 방을 다른 옹색한 방에 붙여서 살아간다. 이러한 가난을 상상할 수 있겠니? 그들은 일종의 튀긴 쌀과자를 만든다. 다른 말로 엿(yut)으로 쌀을 붙여놓은 것이다. 엿은 보리로 만드는 먹을 것이란다. 그런데 이것은 아주 맛있고 당밀 사탕과 비슷하다. 이 과자는 한 가락에 0.1센트인데 얼마되지 않은 사람들로 된 집단에서 몇 사람이 내게 매일 다섯 가락씩 가져왔을 때는 우리에게는 얼마 안 되는 돈일지도 모르겠지만 여기에서는 엄청나게 많은 돈(cash)을 의미한단다. 농촌 지역에서 구하기가 가장 어려운 것이 돈이란다. 나를 위해 심지어 조그마한 돼지를 잡아줬는데 이것은 어마어마한 일이란다. 그들 대부분이 일 년에 한 번도 고기를 못 먹기 때문이다.

가는 길이 너무도 험해서 우리 한국인 김 목사님의 초대를 받아들여 그분이 계신 마을로 가서 하룻밤을 보내기로 했다. 길이 멀기는 하지만 훨씬 더 쉬운 길이어서였다. 나는 항상 그분의 아내를 좋아했었고 그녀가 남편이 있는 곳으로 옮겨온 다음부터 굉장히 외로웠을 것을 알고 있었다. 그래서 내가 장수로 갔는데 장수는 그 이름 자체가 의미하듯 그 지역의 중심 장소다[3]. 정말 그곳에서 극진한 환영을

---

3 현재 전라북도 장수군을 말함. 장수(Changsoo)를 장소라는 말로 잘못 이해한 듯함.

받았다. 김 목사님 부인은 좋은 한국 음식을 굉장히 많이 준비해 놓았다. 그 사람들 집에 있는 것이 참 좋았는데 그들은 내가 간이침대를 가져오지 않아서 방바닥에서 자야만 했던 것에 대해서 심란해했다. 오후 1시 30분부터 10시까지 사람들이 이상한 동물을 보려고 끊임없이 몰려왔다. 내 목숨이 붙어 있는 한 동물원에는 다시는 안 갈 것이다. 불쌍한 동물들이 어떤 기분인가를 알기 때문이다. 때때로 "이제는 방에 있는 당신이 나올 때가 됐다. 우리도 당신을 보고 싶다."는 말을 하는 것을 들었다. 내 생각이지만 내가 눈도 두 개, 손, 발도 두 개이기 때문에 그들은 다소 실망했다. 그들은 말도 안 되는 질문들을 해댔다. 그리고 내 머리카락은 그들 호기심의 대상이었다. 마침내 내가 잠자기 위해 많은 사람들에게서 빠져나와 내 방으로 들어왔을 때는 그들이 좀 더 잘 보겠다고 문 창호지에 구멍을 뚫는 것을 못 하게 하기 위해서 등불이 다 꺼질 때까지 내 식모[4]를 문에다 배치해 두어야 했다.

내 식모는 이번 여행에서 아주 소중했다. 내 요리사로 2년 6개월째 있는데 능력이 있다. 그녀는 나를 훌륭하다고 생각한다. 그래서 새 학교로 옮겨갈 때 같이 갈 것이라고 했고 내가 혹시 미국으로 돌아가더라도 나와 같이 가겠노라고 선언했다. 소고기국, 쌀밥, 무, 맛이 괜찮은 두 종류의 해조류, 계란, 콩나물, 고사리 등으로 아침을 먹고 전주로 출발했다. 장수 바로 밖에는 높고 험한 산이 있는데 그

---

4 식모(cook)라고 번역했지만, 전도부인(Bible woman)이기도 함. "A Hundred-Mile Trip in Korea," *The Missionary*(October, 1910), pp.500-2. "산이 많은 지역에서의 100마일 여정 내내 저는 아주 유능한 전도부인과 함께 했는데, 그녀는 좋은 요리사이기도 합니다.(On my hundred-mile trip through the mountainous districts I was accompanied by my very efficient Bible woman, who is also a good cook. Miss Nellie B. Rankin.)"

것을 넘어야만 했다. 산허리까지 길이 갈지자로 되어있었다. 길의 한 쪽 끝에서 다른 쪽 끝까지는 10에서 15피트 정도였는데 굉장히 가팔 랐다. 물론 이러한 계곡을 말을 타고 오르내릴 수는 없다. 게다가 내 가 오르막길이 시작하는 곳에서 발목을 삐었기 때문에 산을 오르는 것은 고통스럽고 더뎠다. 그곳에서부터 말안장에 앉을 수밖에 없었 는데 그렇게 하루 종일 40마일을 오르락내리락해야 했기에 토요일 저녁에 집으로 돌아왔을 때는 몸이 너무도 뻐근했고 피곤했다. 그런 데 우편을 받는 재미라니! 잡지가 있고 편지도 있었다. 룻의 사진과 에릭슨 부인(Mrs. Erickson)의 사진이 있었고, 르누아르(Lenoir)에게서 온 초대장(visiting cards)과 꽃씨도 있었다.

유레일리(Eulalie(?) Lawton)가 보낸 편지를 보니 그녀의 아버지가 신장염을 앓다가 닷새 만에 돌아가셨다는 소식이 있었다.

네가 보낸 뉴올리언스 카드가 왔다. 너에게 받은 뉴올리언스 카드 가 두 개구나. 마디 그라 축제(Mardi Gras)[5] 때 그곳에 있었니?

내일부터 여름용 몸통옷을 만들어보려고 한다. 룻이 하나를 보내 줬는데 바느질할 시간이 아주 없었다. 매일 조금씩 바느질하면 일본 여행갈 때 즈음이면 완성할 수 있겠짐.

아버지께서 보내신 우편환을 오늘 받았지만 아버지 편지는 받은 것이 없다는 것을 아버지께 말씀드리렴. 이곳 우체국에서 가족들이

---

5 Mardi Gras(마디그라)는 봄과 풍요를 기원하는 비기독교인들의 축제였으나, 기독 교가 로마에 오면서 기독교의 축제로 통합됨. 재의 수요일(Ash Wednesday)부터 부활절(Easter)까지의 사순절(Lent)이 되면 금식, 기도, 절제의 생활을 해야 하기 에 재의 수요일 바로 전날 맘껏 즐기는 날로 Mardi Gras 행사를 함. 뉴올리언스의 마디그라가 최대 규모이자 가장 유명함.
   https://www.mardigras.com/history/what_is_mardi_gras/article_274fba46
   -aef0-5bc5-b7b2-4f42313a0108.html

보낸 우편환을 받는 것을 알았겠지. 내가 전표(傳票, slip)를 보내지 않는다고 해도 기다리지 마라. 이곳 우체국에 근무하는 사람들은 영어를 읽을 줄 모르거든.

나중에 덧붙임. 네가 도썬(Dothan)에서 보낸 편지가 왔다. 그 편지에 대한 답장은 나중에 하마.

모두에게 특히 사랑하는 너에게 사랑을 전하며 넬리.

1910년 5월 17일 [한국, 전주]

사랑하는 조지아에게,

너의 편지가 너무 멋져서 나도 너에게 그만큼 멋있는 편지를 보내야 하는데 그런 편지를 못하는 것 같아 안타깝다. 내 말을 계속하기에 앞서 니스벳 부인이 너에 대해서 한 말부터 해줄게. 2년 전 여름에 내가 그녀의 집에 머물고 있었을 때 네 편지가 그곳으로 전달되었단다. 편지 속에 너무도 재미있는 내용이 많아서 그 편지에서 뽑아낸 많은 부분들을 니스벳 부인에게 읽어 주었다. 그때부터 그녀가 너에 대해서 자주 물어 보고 네가 쓴 재미있는 이야기에 대해서 항상 알고자 한단다. 최근의 네 편지에서 몇 가지를 말해 주었더니 "조지아의 편지는 출판할 만하다"고 하더라. 니스벳 부인은 굉장히 똑똑한 사람이니까 그 말이 맞을 거야. 편지는 개인적인 내용을 담은 것이라서 나는 절대로 사람들이 내 편지를 모두 보게 하지는 않지만 너의 편지는 다른 사람들과 많이 같이 본다. 사람들이 그 편지를 재미있어들 하는데 이유는 우리 모두가 너의 놀라운 솜씨를 질투할 정도로 네가 발작을 일으키는 요리사와 파업을 하는 간호사들을 너무도 재미있게 표현하기 때문이란다.

지난 주 너의 편지가 온 다음에 예쁜 방석덮개와 스커트 천이 도착했다. 방석덮개가 너무 좋아 죽겠다. 너무 예쁘다. 너의 손과 마음이 다른 일로도 많이 바쁜데 나를 위해 그렇게 열심히 바느질했구나. 있잖아, 곧 나는 혼자 있게 될 거란다. 무슨 말이냐면 여학교 건물에 있는 좋은 방으로 옮겨 갈 거라는 말이다. 어떤 면에서는 아쉬운 일이다. 혼자 있는 시간이 아주 많을 것인데 혼자 밥 먹는 것은 재미있는 것이 아니다. 이건 너에게만 말하는 비밀이니 남에게는 절대 말하지 마렴. 몇 명의 노처녀들과 같이 있는 것보다 혼자 있는 것이 더 좋단다. 나는 버클런드 선교사를 아주 좋아한다. 그리고 우리는 아주 잘 지내지. 그러나 테이트 여선교사는 나의 비위를 건드린다. 나도 남들 위에서 대장 노릇 하려고 하고 그녀도 그렇다. 거기다가 그녀는 내가 할 일을 다 자기가 하려고 한다. 그래서 나는 내가 관장하는 일에 절대적인 통치자가 될 수 있는 곳을 선호한다. 그녀가 시골 지역에 있게 되면 버클런드 선교사와 나는 함께 있게 될 것이다. 그녀가 내게 오든가 내가 그녀에게 가든가. 그러나 테이트 여선교사가 있으면 꼬마대장 넬리는 자기 울타리 안에 머물 것이다. 이사 가면 가지고 있는 모든 것들을 꺼내 놓을 건데 네가 준 이 덮개도 그중에 하나일 것이다. 새집에 가면 방이 세 개인데 서재 겸 식당 겸 거실로 사용하는 방은 16×15피트이고 바깥벽에서 돌출된 큰 창문이 있단다. 침실은 12×15피트고 부엌은 12×12피트다. 여름에 응접실로 쓰려고 하는 큰 베란다가 있다. 내 방은 모두 2층에 있단다.

새 학교 건물은 내가 일본에 가기 전까지도 완성되지 않을 것이기 때문에 우리 연례회의[1] 이후 9월까지는 건물로 들어가지 못할 것이다. 내가 입주하게 되면 내 가구가 어디에 있는지 너에게 보여주는 평면도를 보낼게. 내 방은 모두 아주 예쁜데 정말로 아늑하면 좋겠다.

치마 만드는 천 말인데 넌 정말 가장 유용한 것을 보내줬단다. 버클런드 선교사가 치마 만드는 천을 하나 가지고 있는데, 오래된 치마를 고치고 내가 가지고 있던 것을 새것으로 만들어 주는 데 보물처럼

---

1 제19차 연례회의로 광주에서 1910년 8월 25(목)~9월 3일(토)에 열림.

아주 소중했다. 내 것을 직접 갖게 되어 기쁘다. 내가 이사 가면 버클런드 선교사 것을 빌리기가 쉽지는 않을 것이기 때문이다. 특별히 그녀가 시골지역 사역을 하기에 내가 그 천을 가장 필요로 할 때 그녀가 시골에 있게 될 수도 있기 때문이란다. 일본 여행에 입고 가려고 하얀 색 치마 두 개와 깅엄(gingham) 옷을 하나 만들고 있단다. 내가 보내준 새 천을 바로 이번 주에 사용하려고 한다. 갤리티(galitea(?))를 두 개 만들고 있는데, 내가 너처럼 큰 욕심이 있는 사람이 아니어서 일본인 재단사에게 재킷은 만들게 할 것이다.

일본에 갈 시간이 어서 왔으면 좋겠다. 그런데 떠나기가 싫어지기도 한다. 내가 정말 떠나기 싫은 것은 학교 건물에 지금 마지막 작업이 이뤄지는데 니스벳 목사님이 내가 원하는 식으로 하지 않을 수도 있기 때문이다. 그리고 내 텃밭도 크고 중요한 관심 사항이다. 그런데 이곳에서 여름을 세 번이나 보냈고 항상 열심히 일했다. 그래서 내가 책임져야 할 모든 것들은 잊을 수 있고, 매 순간마다 한국인들이 나를 따라다니지 않는 곳으로 가버리고자 한다. 버클런드 선교사, 군산에 있는 다이서트 선교사(줄리아 Julia), 그리고 내가 함께 떠날 것이다. 우리는 무엇보다도 먼저 일주일간 친구들을 방문할 것이다. 나는 에릭슨 부인(Lois Erickson)을 보려고 다카마쓰(高松)로 갈 것이고 다른 사람들은 패튼스 양(Miss Pattons)을 보려고 다카시마(高島)로 갈 것이다. 일주일간 방문하고 우리는 고베로 가서 쇼핑을 하고 치과의사에게 갈 것이며 옷을 몇 벌 해 입을 것이다. 거기에서 고텐바(御殿場)까지 갈 것인데 거기는 후지산 기슭 마을이다. 그곳에 있는 동안 유명한 후지산을 올라가 보고 싶다. 거기서 다시 교토로 갈 건데 교토는 일본 도자기인 사쓰마(薩摩)와 특히 칠보세공이 만들어지는 고대의 수도이다. 가루이자와(輕井澤)에서 한 달간 로이스(Lois)와 같이 있을 것이고, 그곳에 로이스가 조그마한 집 한 채를 예약해 뒀다. 가루이자와에서는 유명한 곳인 닛코(日光)와 다른 흥미로운 곳에 가려고 한다. 내가 여행계획을 잘 세워 놓은 것 같지. 이 여행을 위해 2년간 돈을 모아왔다. 돈이 된다면 좋은 여행을 하게 될 거야. 줄리아, 버클런드 선교사 그리고 나 이렇게 우리 셋은 성격이 잘 맞는데 나는 줄리아를 특히 좋아한단다. 우리는 좋은 시간을 갖게 될 거야. 내가 알아서 잘 하니까 나에게 찰거머리같이 붙어 있겠노라고 두 명다 선언했다. 우리 셋은 모두 작년 가을에 서울에서 열린 부흥회(Chapman Alexander 집회[2])에 갔는데 그 둘은 내게 영어로 이야기할 때 말고 한마디도 하지 않았다. 내가 짐꾼들에게 말해야 했고, 표를 사야 했고, 짐까지 챙겨야 했다. 그 사람들은 자신감이 없고 나는 대화에 끼어드는 데에 거리낌이 없다. 몇 개의 일본식 표현을 알게 됐다. 그리고 기독교를 믿지 않는 이 나라에서 언어없이 재미있게 보낼 생각이다. 나중에 편지에 쓰게 될 웃긴 이야기가 생길 거야.

시골 지역을 2주간 다녀왔는데 참 좋았다. 시골 지역 성경학교 두 곳에서 가르쳤다. 산을 네 개나 넘어야만 했고 말을 타고 100마일이나 달려야 했다. 지금부터 학교가 방학하는 6월 7일까지는 시험을 준비하고 평균을 내느라고 어마어마하게 바쁠 것이다. 우리가 보통과(grammar school)의 첫 기수를 졸업시키기에 특별한 졸업식[3] 순서

---

2 "'million souls' movement, A Great Movement in Korea," 백만 명 구령운동과 관련 *The Missionary*(April, 1910), pp.149–50. John Wilbur Chapman(1859.6.17. ~1918.12.25.) 목사와 복음송 가사 Charles McCallon Alexander(1867.10.24. ~1920.10.13.)의 부흥회.

3 *The Missionary*(July, 1910), pp.366–7. 랭킨 선교사가 5월 5일자로 편집장에게 보낸 편지에 니스벳 목사가 여학교 건물에 가능한 빠르게 몰아붙이고 있으며, 비록 다음에 마무리할 것들이 많이 있을 것이지만 6월 초에 있을 졸업식에서 그 건물을 헌당하기 희망한다고 했습니다. "우리는 올해 보통과 첫 졸업생을 배출합니다. 그

를 만들어야 한다. 학교에는 정말 괜찮은 학생들이 몇 있다. 그리고 나는 내 일에 정말 만족한단다. 바느질할 시간은 거의 없지만 수업 이후에 바느질을 빨리 마쳤으면 좋겠다. 일본으로 가는 길에 3일간 목포에 머문다. 이곳에서 6월 22일이나 23일에 떠나 두 달 내내 이곳을 떠나 있을 것이다. 돌아오면 내 특별한 친구들인 다니엘 의료선교사 부부가 온다. 그들은 군산에 있었거든. 다니엘 의료선교사는 수술을 받으러 작년에 귀국했었다. 선교회에서 그들을 전주로 전출시켰기에 전주에 거주하게 될 것이다. 그는 내가 지금껏 본 사람들 중 가장 뛰어난 팔방미인 중의 하나란다. 그의 아내와 나는 아주 좋은 친구 사이고 우리 셋은 더할 나위 없이 좋은 사이란다. 우리 셋은 나이가 같다. 그 사람들이 전주로 오게 된 것에 대해서 내가 정말 즐거워하는 것을 알겠지.

올 봄에 니스벳 부부와 내가 미국에 많은 과일나무를 주문했었다. 내 나무들은 아주 잘 자라고 있다. 그리고 앞으로 언젠가는 내 노동의 결실을 맛볼 수 있을 거라는 희망이 있다.

너와 너의 남편 월이 여름에 산에서 좋은 시간을 갖기를 바란다. 그리고 월이 상당히 많이 살이 붙었으면 좋겠다. 아들 윌리엄은 목에

래서 고등과 건물이 새로 생기게 되고, 동시에 고등과 학생도 생기게 됩니다."라는 말과 새 건물 헌당식을 할 때는, 전킨 목사가 수 년간 아주 사랑했던 조사(helper) 김필수 목사가 연설을 할 것이라고 했습니다.(Miss Nellie B. Rankin, of Chunju, in a letter to the editor under date of May 5th, says that Mr. Nisbet is pushing the work on the girls' school as fast as possible, and it is hoped it will be ready for dedication at the commencement early in June, though there will be many finishing touches to be added later. Miss Rankin says: "We graduate our first class from the grammar school this year, so we will have the High School building and High School pupils at the same time." At the dedication of the new building, Mr. Kim Pil Soo, for years Mr. Junkin's greatly beloved helper, will make the address.)

더 이상 문제가 없는 거니?

네 어머니께서 용감하게도 어려운 시기에 잘 견디어 내신다는 말을 들으니 기쁘다. 내 대신 네 어머니께 나의 사랑을 듬뿍 전해주렴.

C. B가 너를 방문했을 때의 일에 대해서 세세하게 쓴 글을 잘 읽었다. 그녀는 못돼먹은 사람이다(She is a dog). 그녀는 나를 아주 파렴치하게 대한다. 서배너에 계속 있으면서도 자신이 어떻게 지내는지를 알려주는 편지 한 통도 나에게 보내지 않았다. 정말로 다른 어떤 소식통보다도 너를 통해서 서배너의 소식을 더 많이 듣고 있다. 룻이 새로운 소식을 알려주는 아이도 아니고, 내 남동생 월은 집에서 너무도 자주 떠나있고, 어머니는 돌아다니는 풍문에 대해서는 편지하지 않으신다. 내가 너에게 의존하고 있는 것을 알겠지. 나를 실망시키지 말아다오.

정말 늦었다. 자야겠다. 내일 편지를 네게 더 쓰려고 노력하겠지만 학교소풍이 있는 날이어서 내가 아무 것도 못 할 것이다. 그리고 지금 이 편지를 끝맺지 않고 어딘가에 두게 되면 언제 이 편지를 보낼지 알 수 없으니 이번에는 이만 줄인다. 용서해 주렴. 사랑이 듬뿍 담긴 훌륭한 물건에 무한한 감사를 표한다. 아주아주 행복한 여름을 보내길 바라마.

진실한 친구 넬리 보냄.

1910년 6월 28일 [한국, 목포]

일본으로 가는 길에 지금 목포에 있다. 한 시간 후면 하루 종일 배를 타야 하기에 이 편지를 끝내려면 서둘러야겠다.

학교가 방학한 후 2주일은 악몽과도 같았다. 학교 장부를 다 정리하고, 건물 짓는 것을 감독하고, 바느질하고, 귀국하자마자 학교로 입주하기 위해서 짐을 싸는 이 모든 일을 하다가 진이 거의 다 빠졌다. 동생아, 오랫동안 편지를 못 했구나. 그런데 정말이지 시간이 없어서였다. 내가 한 것을 뒤돌아 봤는데 어떻게 다 할 수 있었는지 모르겠더라. 꼭 일주일 전에 우리는 전주를 떠나 군산으로 갔다. 패터슨 의료선교사가 우리를 태워줬지. 구름이 잔뜩 낀 날이었다. 얼굴 가리개를 했는데도 화상을 입었단다. 코와 양 볼과 햇볕에 노출된 팔에서 피부가 벗겨지고 있단다. 나는 두꺼운 몸통옷을 입고 있었단다. 우리는 군산에서 수요일에 떠났다. 우리란 줄리아, 버클런드 선교사, 그리고 나를 의미한다. 우리 셋보다 맘이 잘 맞는 사람들은 없을 거다. 내가 인도자란다. 내가 모든 거래를 하고, 일꾼들을 야단치고, 흡족한 것들을 모두 한단다. 항구와 목포 선교부 사이에 있는 길이 통행하기 어려울 정도로 잠겨서 우리는 배를 거의 놓칠 뻔했단다. 지금껏 만난 사람 중 패터슨 의료선교사가 가장 천성이 좋은 사람인 것을 알게 됐다. 그 사람은 나와 내 말을 갯벌(mud flat) 밖으로 옮기는 데 시간이 많이 걸렸지만 결코 화를 내지 않았다. 작년 가을 서울에 갔을 때의 끔찍한 여행을 생각하면서 우리는 배가 떠나기 전 오후

2시에 즉시 잠자리에 들었다. 그 결과로 우리는 아무도 뱃멀미를 하지 않았고 나는 저녁을 약간 먹을 수도 있었다. 목포에는 아침 일찍 도착했다.

(케이크에 아이싱(icing)을 입히기 위해서 여기서 멈춰야만 했다.)

목요일 오후에는 비가 곧 올 것 같았지만 우리는 저녁을 챙겨 가지고 가서 뱃놀이를 하면서 늦은 오후 시간을 재미있게 보냈다. 한국의 서해안은 일본에서 유명한 세토 내해만큼 아름답다. 산들이 내달려와서 바다 끝자락에 닿아있다. 덩쿨로 덮인 커다란 절벽이 아래에 있는 바다에 긴 화환을 드리운다. 낙조는 정말이지 장엄한데 끝없는 계곡과 수로에 다채로운 색깔을 비춘다. 뱃놀이를 다녀온 뒤로는 호우 때문에 집 안에만 있게 되었다. 이제 장마철의 시작이다. 오늘 태양이 처음으로 밝게 빛나서 우리는 소풍을 갈 것이다.

우리는 오늘 일본으로 가려고 했는데 배가 부산까지밖에 안 가는 것을 알게 되어서 토요일까지 기다려야만 한다. 우리는 즐겁게 지내고 있으니 아쉬운 것은 아니다. 여기저기 초대를 받고 있어서 우리는 한 집에서 두 번 연속 식사를 하지 않게 된다. 맥컬리 부인(결혼 전 코넬 간호사) 집에서 잔다. 맥컬리 목사님 부부가 내일 여행을 떠나기에 남은 기간 동안 녹스 부인 집에서 머물 것이다. 모든 사람들이 아주 상냥해서 좋은 시간을 보내고 있고 휴식은 달콤하다. 나는 엄청 바쁘게 살다가 갑자기 할 것이 없어진 탈옥수가 된 느낌이다.

네가 이곳에 있는 새집을 봤으면 좋을 건데. 목포에는 돌이 도처에 있다. 그래서 사람들이 거칠게 깎은 돌로 집을 지었다. 정말 아름다운 집이다. 2층짜리인데 비용이 2,500달러 들었다. 고향에서 그 가격으로 지어진 돌집을 생각해 봐라. 사람들이 포사이드 의료선교사가 거주할 집의 기초를 준비하고 있는데 돌을 지금 들여오고 있다.

정말 아름다운 건물들이다. 정사각형에 평면이 거친 돌이 한 개당 3.5센트로 배달되어온다. 포사이드 의료선교사는 유일한 멋쟁이고 여자들에게 인기가 많은 사람이라 이 일을 할 충분한 역량을 가지고 있다. 우리 모두는 그가 이곳 목포의 마틴 선교사(Miss Martin)[1]와 약혼했는지 어쩐지 추측하고 있다. 어찌 보면 그런 것 같기도 하다가 달리 보면 아니기에 우리 모두 추측만 하고 있단다. 마틴 선교사가 포사이드 의료선교사보다 다섯 살 위지만 여기서는 여자가 연상인 것이 유행이다.

내가 지금 쳐다보고 있는 오래된 산[2]을 보면 좋을 텐데. 가파른 양 옆면 아래에서 위로 3/4까지가 보리밭으로 둘러싸여 있고, 나머지는 거의 90도 가까이 되는 바위인데 정상은 톱날 같은 날카로운 이빨 모양이다. 기슭에는 목포의 한국 항이 있고, 일본인 거주 지역은 해안에서 가깝다. 이곳에 세 개의 괜찮은 집이 있고, 포사이드 의료선교사가 일하는 새로운 약방(dispensary)이 있다. 그 사람의 집과 병원(hospital)은 곧 완성될 것이다. 우리 선교사들이 있는 동산은 예쁜 정원과 나무가 있어서 아주 아름다운데 나머지는 아주 형편없다. 사실 목포는 우리 선교부 네 곳 중 가장 매력적이지 않은 곳이다.

우리가 있는 동산 바로 뒤에는 가톨릭 신부가 사는 좀 더 높은 동산이 있고 거기에는 아주 조그마한 성당이 있다. 매일 아침저녁으로 성당 종소리를 듣는데 사람들은 성당에 가는 것이 아니라 우리의 조그마한 교회로 온다. 사실 이 교회는 너무도 적어서 남성들만이 이곳에서 모이고 여성들은 학교로 쓰는 집(school house)에서 모여서 남녀

---

1 Julia Annette Martin(1869.10.23.~1944.9.1.): 1908년 한국으로 선교를 옴. *The Missionary*(May, 1909), p.223.
2 전라남도 목포시 유달산. 높이는 228m.

가 전적으로 분리된 예배를 드린다.

다음날

어제 소풍은 아주 성공적이었다. 조그마한 소나무들이 있는 섬으로 갔다. 거기서 본 경치는 정말 좋았다. 모든 곳에서 산과 물이 만난다. 오후에는 마을이 있는 두 섬을 방문했는데 남자 선교사들이 마을 남자들을 위한 작은 예배를 드렸고 우리는 우리 주변에 모여든 여성들을 위해 예배를 드렸다. 내가 언어 시험을 다 마쳤기 때문에 여자 선교사들은 내가 곁에 있으면 한국말을 하지 않으려고 했다. 그 결과로 내 목이 오늘 약간 아팠다. 토요일까지 녹스 부인의 집에 머물기 위해 잠시 후 그곳으로 갈 것이다. 녹스 부인에게는 아주 예쁜 어린아이가 있다. 베티(Betty Virginia)[3]는 거의 두 살이란다. 큰 갈색 눈을 가지고 있고 예쁜 꽃과 같은 어린아이란다. 나를 아주 좋아해서 사랑하는 유모(Amah)가 아니면 다른 사람에게 가기보다는 내게 온다. 내가 그 아이를 몹시 좋아한다는 것은 말할 필요도 없다. 결혼 선물로 녹스 부부는 아름다운 것들을 많이 받았다. 우아한 은식기와 문양이 새겨진 유리제품을 많이 가지고 있다. 그들의 집은 매우 매력적이고 그 예쁜 접시들과 다른 것들 때문에 모든 것들이 더 한층 좋아 보인다. 그들에게는 아주 부유한 친척들이 있는데 그들이 예쁜 것들을 보낸다. (녹스 부인은 연유(煉乳)로 유명한 보든(Borden) 집안사람이란다.) 녹스 목사님은 프린스턴(Princeton) 신학교 출신으로 설교를 아주 잘 한다. 어제 소풍을 가서 다행이었다. 오늘 아침에 비가 다시 시작되었고 엄청나게 내릴 것 같기 때문이다.

---

3 Elizabeth Virginia "Betty" Knox Passmore(1908.8.23.~1991.6.15.)

1910년 8월 24일 [일본, 내해]

사랑하는 윌과 룻에게,

이번 여름에 내가 한 것이 창피스러운 일이라는 것은 안다. 그러지만 내가 절대적으로 해야 할 것 말고는 다른 것을 하지도 않았고 확실히 휴식만 취했다는 것을 안다면 나를 용서해 줄 거라고 생각한다. 또한 나는 끔찍한 홍수가 발생한 곳에 있었는데 홍수에서 안전하게 벗어나기 전까지는 홍수에 대해서 편지를 하는 것이 꺼려졌다. 그러니 이제 홍수에 대해서 말해줄게.

마지막에 가루이자와(輕井澤)에서 편지를 했다. 이번 여름에 비가 너무 많이 내려서 홍수[1]가 났다. 8월 1일 이후에 50인치가 내렸는데 홍수가 나기 전날에는 24시간 동안 24인치(역자: 393밀리리터)의 비가 내렸다. 비가 엄청 온 거란다. 가루이자와는 깔때기 모양 계곡의 뾰족한 점 위에 세워져 있다. 도시를 둘러싸고 있는 산에서 내려오는 물들이 작은 개울로 흘러드는데 그 개울은 도시 옆으로 이렇게 흘러간다.(원문에 그림이 있음) 홍수가 나기 전날 밤에 강이 급류로 바뀌었다. 둑이 무너져서 동쪽으로 20피트 떨어져 있던 X와 Y로 표시된

---

[1] 당시 신문에 따르면 일본에서 385명의 사망자가 발생한 홍수. "Floods Cause 385 Deaths in Japan," *San Franciso Call*, Vol.108, No.75, 14 August 1910. p.29. "가루이자와 지역의 산홍수로 미카자 호텔이 파괴되었습니다. 많은 외국인들이 그곳에 머물러 있었지만 사상자는 보고되지 않고 있습니다.(The mountain flood in the neighborhood of Karuizawa has destroyed the Mikaza hotel. Many foreigners were stopping there, but no fatalities have been reported.)"

두 집이 흔적도 없이 휩쓸려 가버렸다. 오후 9시에 힘을 쓸 수 있는 모든 사람들이 소집되어 D에 댐을 쌓는 것을 도왔다. 그 장소를 강물이 뚫어 버릴 거라고 두려워했거든. 새벽 한 시에 그곳이 무너졌다. 물줄기 하나가 중심가로 쏟아지듯 와서는 순식간에 그 길을 4에서 6피트 깊이로 옴짝달싹 못 하게 만들어버렸다. E로 가던 조그마한 개울이 급류로 바뀌었다. 우리가 머물던 집에서 서쪽 편에 있는 조그마한 거리는 부글부글 끓고 쉿 하는 날카로운 소리를 내는 급류가 되었고, 거기에서 'A' 부분의 갈라진 틈이 넓게 벌어져서 우리의 집 1, 2, 3, 4가 줄지어 있는 곳 아래까지 물이 밀려들어 왔다. 다른 거대한 물줄기가 교회의 뒤쪽을 휩쓸고 갔고, 다른 물줄기가 와서는 교회 앞에 있는 테니스장을 휩쓸고 아래로 쏜살같이 내달려 큰 물줄기와 합쳐졌다. 저녁 10시에 자러 갔는데 새벽 한 시에 물줄기가 막 몰려왔고, 경주하듯 내달리는 30센티 깊이의 개울물이 땅을 덮었다. 밖으로 나오라는 말을 들었지만 갈 곳이 없었다. 물길 중 가장 강한 부분이 우리 친구인 메이어(Myer) 부부 집의 기반을 쳤는데 그 집이 가볍게 건축된 여름용 집이라서 견디질 못할 것으로 판단하여 집이 있던 3번에서 1번으로 옮겨가야만 했다. 손에 땀을 쥐게 하는 일들이었다. 다행히도 비가 자정에 그쳤기 망정이지 그렇지 않았다면 우리는 모두 집 없는 신세가 되었을 수도 있었을 거야. S라고 표시된 지역에 있는 호텔은 끔찍한 산사태로 절반이 파괴되었다. 버클런드 선교사와 다이서트 선교사가 머무르던 호텔까지 위협했다. 가루이자와의 모든 땅은 "무섭다." 일본의 활화산인 아사마(淺間)에서 온 화산재도 있다. 홍수에 떠밀려가지 않은 가루이자와에 있는 모든 집들은 자갈이나 화산재로 4에서 6피트까지 덮였다. 철로가 떠내려가 버려서 공급품이 부족해졌고 우리는 몇 주간 머물러 있어야 할 것만 같았다. 가루이자와 바로 아래에 도쿄로 가는 길에 있는 아주 훌륭한 터널들이 있다. 26개의 터널이 20마일에 걸쳐 있다. 이 터널들은 모두 그대로 있지만 터널과 터널 사이는 모두 휩쓸려 가버렸거나 토사가 싸여 있다. 그래서 우리는 서쪽으로 멀리 돌아가서 평행(parallel)노선 기차를 타야만 했다. 우리는 물을 헤치고 1마일이나 걸어서 철로까지 갔고 거기서 가루이자와 아래에 있는 역까지 다시 3마일을 걸어가야만 했다. 그런 후에도 우리는 (?)을 세 번 넘어야 했다. 우리 있는 곳에서 유실된 것만도 수리하는 데 30만 달러가 들 것이다. 교토까지 가는데 평소에는 8시간이 걸리는데 이틀이나 걸렸다. 수마(須磨) 호수 옆에 있는 일본 여관에서 하루 밤을 보냈다. 경치가 정말 장관이었다. 내가 미리 알았더라면 이렇게 돌아가는 긴 여행을 택했었을 거다. 이 길로 가면 일본의 알프스라고 불리는 지방들을 통과하기 때문이란다. 어느 날 우리는 53개의 터널을 통과했다. 그중 두 개는 길이가 3마일이나 되었다. 이렇게 장엄한 풍경을 본 적이 없다. 양옆으로 10,000에서 14,000피트 높이의 산들이 주변을 둘러싸는 계곡과 평원 위로 치솟아 있었다. 정상에 눈이 있는 산이 많이 있었다. 15명인 우리 일행은 즐거운 무리였다. 중국 선교사인 펀 의료선교사(Dr. Fearn)가 개인적으로 우리를 안내해 줬으며 요코하마에서 온 매력적인 젊은 영국인 사업가가 일본어 통역을 해줘서 정말이지 즐거운 시간을 가졌다. 예정대로 떠난 기차는 없어서 요코하마에서 고베까지 12시간이면 가던 것이 21시간이 걸렸단다. 그런데 그것이 유일한 기차여서 밤낮 북새통을 이루었다. 우리는 토요일에 고베에 도착했고 어제 "K. Maru"라는 멋진 작은 증기선을 타고 그곳을 떠났다. 나는 갈수록 배 타는 것에 익숙해지고 있다. 이곳으로 돌아오는 길에 한 번도 뱃멀미를 하지 않았다. 그리고 나는 오늘 몸이 아주 가뿐하다. 바다는 푸른 병처럼 푸르고 유리처럼 표면이 매끄러우며 아무런 움직임도 없다. 내 머리 위에는 윌리엄(William Jennings Bryan)이라는 사람이 이 배의 선장 하라야마(Harayama)에게 보낸 감사의 편지가 액자에 보관되어 걸려있는데 그 내용은 배를 이용할 때 호의를 베풀어줘서 고맙다는 것이다. 승무원들이 우리에게 할 수 있는 모든 것을 해줘서 줄리아와 내가 그들 식탁보의 단을 꿰매주었다. 우리 테이블에 예쁜 린넨이 있었는데 이것이 꿰매지지 않은 상태였거든. 꿰매줬더니 주방장이 어찌나 좋아하던지.

연례회의가 내일 시작되는데 토요일 오후나 되어야 회의 장소에 도착할 수 있을 것 같다. 우리는 최대한 빨리 일본을 떠났다. 남들이 보기에 우리가 떠날 거라고 생각했던 것보다 일찍 떠났다. 우리는 홍수 피해에 대한 끔찍한 이야기를 들었기 때문이다. 엄청난 사람들이 밤낮으로 복구하고 있다. 철도는 국가 소유 재산이기에 잘 유지 보수된다. 이곳도 아름다운 나라지만 작은 나라 우리의 한국을 너무도 그리워한다. 불쌍한 한국... 이번 주가 끝나기 전에 합방[2]되게 되어있다. 일요일 신문에서 합방에 관한 모든 절차가 끝났다는 소식을 보고 하마터면 울 뻔했다.

어제 룻에게 줄 옷을 우편으로 보냈다. 전깃불에서 보면 더 옅어 보일거지만, 너무 진한 분홍색이지 않은지 걱정이다. 룻이 너무 밝은 옷은 안된다고 말했었거든. 룻이 저녁에 몸에 두를 수놓아진 완벽하게 아름다운 명주 만다린 외투(mandarin coat)를 가지고 있다. 관세가

---

2 1910년 8월 22일(월) 한일합병조약 통과. 8월 29일(월) 조약 공포. 제19차 연례회의 광주에서 1910년 8월 25(목)~9월 3일(토) 열림.
   한일병탄: "남의 물건이나 국가를 강제로 빼앗아 합치는 것"을 뜻함.
   https://www.hani.co.kr/arti/opinion/column/398270.html

너무 붙을 것 같아서 이른 봄에 프레스톤 부인 편으로 보내려고 한다. 아주 예쁘게 조각된 상아로 된 우산 손잡이도 가지고 있는데 이것은 윌에게 줄 것이고 이 또한 프레스톤 부인 편으로 보낼 거다. 룻의 옷과 함께 어머니 성탄 선물로 찬장용 천(sideboard scarf)을, 룻에게는 거울이 붙은 옷장에 쓰도록 좀 단순한 천을, 또한 집에서 여러 가지 용도로 쓰라고 중앙장식물을 보냈다. 내가 쓰려고 아주 예쁜 다기 세트를 샀고 윌이 준 돈으로 다른 조그마한 자질구레한 것들을 샀다.

홍수 나기 바로 전에 편지를 몇 장 썼는데 이모가 보내준 우편환에 대한 감사 편지도 있었단다. 이모의 여자아이들(girls)이 학교를 위해서 준 돈이다. 우편이 몇 개 분실되었을 수도 있으니까 이모께서 내게서 소식을 못 들었다는 말을 하거든 이것에 대해서 말을 해주렴. 내가 전주에 도착하자마자 이모의 여자아이들에게 편지를 할 것이다.

나는 연례회의가 있어 광주에 가서 10일간 있을 것이고 그 후 집에 갈 것이다. 학교로 옮겨 가고 9월 중순에 개학하는 것을 준비해야 한다. 그래서 당분간 아주 바쁠 것이다. 4명의 미혼 여성과 한 쌍의 신혼부부가 한국으로 왔는데 미혼 여성 중 두 명은 전주에 있게 될 것이다. 우리 집이 끔찍이도 복잡해질 것이기 때문에 학교로 방을 옮기기로 결정한 것은 좋은 일이다.

사람들에게 8월 1일 이후에 도착한 우편은 무엇이 되었든 내가 여행 중 있던 곳으로 전하지 말라고 했단다. 그래서 편지가 몹시도 그립다. 광주에 가면 내 앞으로 많은 우편물이 있기를 기대한다. 룻은 5월 1일 이후로는 한 번도 내게 편지를 안 썼다. 편지를 썼는지도 모르겠다만 어쨌든 나는 룻의 편지를 한 통도 받아 보지 못했다.

저 멀리 시모노세키의 연기가 보이고 산들은 수평선에 푸르게 있다. 내가 너희 모두와 함께 이런 아름다운 광경을 같이 봤으면 하고 얼마나 바랐는지 아무도 모를 거다. 이모가 이곳의 꽃을 볼 수 있으면 좋을 텐데. 아주아주 좋은 시간을 보냈지만 다시 집에 와서 아니 집으로 돌아가고 있어서 기쁘다. 어제 저녁에 배에서 심부름하는 소년을 우리랑 이야기하라고 올려 보냈단다. 그 사람이 한국인인데 한국어를 다시 듣게 되었을 때 여름날 풍뎅이처럼 아주 기뻤다. 한국어를 조금은 잊어버리고 혀가 아주 굳었을 거라 생각했는데. 이야! 이제 거의 집에 왔다!

룻에게 말해서 받은 소포에 시애틀 우표가 붙어있는지 살펴보고 소포 받는데 세금을 얼마나 냈는지 알려 달라고 해라. 시애틀이 가장 좋은 항구라는 말을 듣고서 시애틀로 가도록 표시했단다.

다니엘 의료선교사 부부가 지난주에 왔다. 그 사람들이 여기서 나와 가장 친한 친구들이라 그들을 보고 싶어 미치겠다. 그들을 무지무지 좋아한단다. 포사이드 의료선교사의 여동생 진(Jean Forsythe)과 내가 3년간 서신 왕래를 해 왔다. 그녀도 저번 주에 왔어. 그녀도 무척 보고 싶다. 정말이지 집에 가고 싶다. 야호!

모두에게 많은 사랑을 전해줘라. 그리고 모두들 여름을 어떻게 지냈는지 내게 편지하라고 전해 줘.

많은 사랑을 전하며 사랑하는 너의 누이 넬리.

1910년 10월 6일 [한국, 전주]

생일을 맞이한 사랑하는 남동생[1]에게,

네 편지가 도착할 때쯤이면 학교를 여는 것 때문에 무지 바쁠 거라고 한 9월 4일자 네 편지는 정말이지 정확했다. 왜냐하면 이 편지는 10월 3일 전킨 기념 학교(Junkin Memorial School)가 상징적으로 (figuratively) 처음 문을 열기 꼭 30분 전에 도착했기 때문이다. 정말 즐겁고도 바쁜 날이었다. 아니 매우 바쁜 날들이 이어지고 있었는데 그중의 하루라고 해야 더 올바르겠다.

여러 가지 자질구레한 일들을 아직 끝내지 못했지만 나는 3주일 전에 10월 3일[2]에 학교 문을 열기로 마음을 굳게 먹었고 결국 문을 열었다. 우리는 9월 중순에 학교 문을 열었어야 했지만 그렇지 못했다. 중국인들과 한국인들의 망치 소리가 사방에서 들리고 있지만 한국식으로 된 큰 식당 방은 전체 모임 장소의 역할을 하고 있다. 학교 예배당이 난로, 등, 못, 유리, 그리고 건축자재 등을 모아놓은 창고가 되었기 때문이다. 토요일에는 말 그대로 일꾼들 위에 서서 그들에게 일을 계속해가도록 재촉했다. 이 선생님(Mrs. Yi)과 새로 오신 이 선생님(Miss Yi) 그리고 네 명의 소녀들과 저녁을 먹은 후에 우리는 바닥을 쓸고 물건들을 정리하고 섀시(sash) 커튼을 달았단다. 11시

---

1 William Scott Rankin(1883.11.15.~1931.5.24.). 생일이 11월 15일임.
2 1910년 10월 3일(월요일) 기전학교 고등과 1기 입학.

20분에 자러 들어갔는데 정말 피곤했다. 오늘 나의 부엌 창에만 창문을 달았고 위아래 베란다에는 난간이 설치되지 않았다. 물건들을 중요한 순서대로 정리해 두려고 했다. 내가 데리고 있는 소수의 선한 사람들이 건물을 빨리 완성하기를 바란다.

작년에 교회[3]에서 시내 아이들을 위해서 보통과(primary school)를 열었기 때문에 우리는 저학년을 빼고 4학년 이상만 보통과 상급반(grammar school)에서 가르치고 고등과(high school) 과정도 시작할 거다. 교사진으로는 내가 매일 성경 세 시간, 상급 산술, 상급 지리를 가르치고, 전부터 있던 이 선생님(Mrs. Yi), 새로 오신 이 선생님(Miss Yi), 그리고 김 선생님(Mr. Kim)이 다른 모든 것을 가르친다. 그리고 학교 텃밭 가꾸는 것에서부터 음식물을 구입하는 것, 그리고 오고 가는 편지 관리까지 내가 다 총괄한다. 지금은 매일매일 눈과 관계된 일도 해야 한다. 이 선생님(Mrs. Yi)이 눈에 이상이 생겨서 얼마 전부터 힘들어하고 있고, 입양한 내 딸도 눈에 문제가 있다. (내게 입양한 딸이 한 명 있다는 것을 알고 있었냐?) 그래서 다니엘 의료선교사가 내게 하루에 세 번씩 눈에 넣어주라고 아트로핀(atropine)[4]을 주었는데 학교 일로 바빠서 두 번이나 못 넣어줬단다. 지금 모두들 줄지어서 내 옆을 지나가는데 기도회에 가는 중이다. 문을 걸어 잠근 뒤 내게 몇 분의 평화가 생길 것이다. 우리는 내가 생각하기에 아주 훌륭한 계획을 가지고 있다. 내 사역에 따르는 책임이 아주 많기는 하지만 나는 일을 하면서 아주 행복할 것이다.

내가 쓰는 공간에 대해서 말해줄게. 내 공간은 아주 좋다. 네가

---

3 현재 전주서문교회.
4 경련을 가라앉히거나 동공을 확대하는데 사용되는 약.

내 예쁜 거실을 봤으면 좋을 건데. 나중에 내부를 찍은 좋은 사진을 보내줄게. 여기 펜으로 그린 그림이 있으니 보렴. (원문에 그림이 있음) 내 거실은 식사하는 방과 거실과 서재 그리고 사무실이 다 합해져 있는데 이곳 한국에서 본 것 중 가장 아름답다. 밖으로 튀어나온 넓은 창이 하나 있는 16×16피트의 방이란다. 동쪽 끝에 이렇게 4개의 창문이 있지. 이 그림은 척도에 맞춰 그린 것이 아니니 대강 어떻게 생겼는지만 봐라. 방에 큰 창문이 여섯 개 있는 것이 보이지. 1번은 내가 가지고 온 식기장이다. 구석에 있는 2번은 붙박이로 만든 책장 겸 도자기장이다. 이 장에는 미닫이문이 있는데 그 문의 바깥 표면에는 다이아몬드 모양의 작은 유리가 있다. 이 장의 길이는 5피트 약간 넘는다. 최고의 사진들, 꽃병 등이 있다. 그 구석은 정말 예쁘다. 3번은 식당 방의 식탁이고, 4와 5는 닛코(Nikko)에서 구한 조그마한 탁자들이고 이 탁자 위에는 크고 아름다운 양치류가 놓여 있다. 앞면의 창과 창 사이에는 컷 벨벳(cut velvet)에 그려진 그림을 걸어뒀는데 이것은 일본여행 때 기념품으로 사 온 것이다. 창문에 달 차양막을 미국에 주문했는데 아직 도착하지 않았다.

내 침실은 16×13피트인데 아주 예쁘다. 남쪽에는 긴 창문이 있는데 가로와 세로의 길이가 같다. 이 창문은 마루에서 5피트 정도 높이에 있다. 그 창문에도 다이아몬드 형태의 조그마한 유리가 있다. 세면대가 그 아래 있다. 거기서 "나의" 큰 산을 바라보면 장관이다. 화장대의 역할을 하는 작은 침실용 옷장은 동쪽에 있는 두 개의 창문 사이에 있다. 남쪽에 있는 서랍장에는 중국 사람들이 만들어준 작은 압축기(press)가 있다.

위층의 나머지는 큰 예배당이다. 홀의 가장 넓은 곳은 7피트고 내 부엌으로 오는 통로에서는 홀이 3피트다. 부엌은 10×12피트이다.

거실과 침실의 벽은 크림색인데 분홍과 하얀색이 섞였다. 앞방에 내가 직접 금박 몰딩(molding)을 둘렀는데 효과가 눈이 휘둥그레질 지경이다. 이곳에 있으면 너무도 외로울 것이라고 생각했는데 10일간 있지만 외로움이 어떻게 생긴 것인지도 모른다. 맥커첸 부인이 토요일에 이곳에 와서 주일을 나와 함께 보낼 것이다. 맥커첸 목사님이 시골 지역에 갔기 때문이다. 이번 여름에 일본에서 구입한 예쁜 다기 세트를 자랑하려고 토요일 차 마시러 오라고 부인들을 초대했다. 다기 세트가 어떻게 포장되어있는지 봤으면 좋았을 거야. 도자기를 포장하는 것은 일본인들이 굉장히 잘하는 거란다.

신문을 통해서 보니 온 세상 사람들이 우리가 병합된 사실을 알고 있는 듯했다. 신문에는 틀린 부분들이 많다. 그리고 서구 세계는 자기만족에 푹 빠져서 남에게 신경을 안 쓴단다. 그래서 누군가가 돈지갑에 좋지 않은 문제가 생기는 것이 아니면 보도된 것의 진실을 확인하려고 하지 않는다. 진실을 알게 되면 해야 할 일이 생기기에 우리는 모든 것이 다 괜찮다고 상상하기를 좋아한다.

오늘 계란 값이 여름 동안에만 두 배나 오른 것을 보고 놀랐다. 내 식모(woman)가 말하길 계란이 지금 모두 일본인들 손에 있다고 한다. 닭을 키우는 데 그렇게 높은 세금을 부과하는데 일본인 아니면 누가 과연 닭을 키울 수 있겠니.

엘리너가 지금 이곳으로 오고 있다. 자기를 보러 서울로 반드시 오라고 편지에 썼는데 그것은 불가능하다. 학교가 막 시작했고 전주에서 여자성경학교가 다음 주에 문을 열기 때문이란다. 나는 거기에서 매일 오후에 한 시간씩 성경지리, 구약사를 가르쳐야 하거든. 그래서 이곳을 전혀 벗어날 수가 없다. 그녀는 일정 상 자신의 정해진 길에서 벗어날 수가 없어서 전주에 못 올 수도 있다고 하지만 나는 그녀가 이곳 전주로 왔으면 좋겠다.

네가 보내주는 신문들은 아주 정규적으로 온다. 올 여름에 내가 있던 곳으로 보내지지 않고 전주 주소로 와서 날짜가 지난 것을 훑어보면서 재미있는 시간을 보내고 있다. 신문을 보내주어서 매우 고맙다.

다니엘 의료선교사 부부가 이곳으로 왔고 이제 거의 정착했다. 아이들은 가장 귀엽다. 프랭크(Frank)[5]는 두 살 반인데 내가 본 아이 중 가장 좋은 아이란다. 아주 크고 어깨가 넓으며 잘 생겼지. 아주 귀엽게 이야기를 한다. 그리고 누가 물어봐도 즉시 대답을 한다. 내 생각으로는 그 아이가 한 가장 귀여운 말은 아마 두 살 때 했던 것이다. 그 아이의 삼촌 프랭크가 집에 왔을 때 꼬마 프랭크가 당연히 삼촌에게 소개되었다. 프랭크(Frank)라는 말은 어린 그 아이가 발음하기 상당히 어려운 단어라서 항상 챙크("Chank")라고 발음을 했는데 발음을 제대로 못 하는 것을 항상 창피하게 생각하는 것 같았다. 삼촌인 프랭크(Frank Dunnington)가 들어오고서 잠시 있다가 누군가가 들어와서 'Frank Dunnigton'을 가리키며 어린 프랭크에게 누구냐고 물어보니까 그 아이가 "알아요"라고 하면서 "이름이 저하고 같은 삼촌이지요"라고 했단다. 정말 귀엽지? 아버지 다니엘 의료선교사가 나를 항상 "미스 넬리"(Miss Nelly)라고 부르니까 그 아이도 비슷하게 "밋 넬리"(Mit Nelly)라고 부른단다. 그 아이는 내가 자기 턱 아래에 키스하고 놀려대는 것을 좋아한다. 다니엘 의료선교사 아이들은 모두 매우 잘 생겼다.

이곳 새 보금자리로 오고 나서 이웃들을 볼 시간이 많지 않았다. 그러나 일단 일을 시작하고 다음 주 목요일부터 한 달간 진행되는

---

5 Frank Dunnington Daniel(1908.5.3.~1978.7.26.)

여자성경학교가 끝나면 내 친구들을 잠시만이라도 보고 싶다. 이곳 전주 선교사들은 굉장히 바쁘다. 놀 시간이 많지 않단다.

이 학교에 기숙하는 학생이 27명이고 내가 알고 있는 여섯 명이 더 올 것이라고 말을 했던가? 낮 동안에 학교를 다니는 학생들이 상당히 많다. 그리고 나는 다른 사람들을 매일 거절한다. 4학년 과정을 들을 준비가 되어 있지 않으면서 단지 시내에 있는 한국식 건물의 학교보다는 큰 학교에서 공부하고자 하기 때문이란다. 나는 학교 운영을 조심스럽게 하나하나 하기 위해서 기숙하는 학생들이 30명이 넘지 않기를 원한다고 지난겨울에 말했지만 내 뜻대로 하지는 못할 것 같다. 많은 학생을 데리고 있고 싶지 않았고 또한 어린 소녀들을 받아들이고 싶지 않아서 공지 글도 전혀 보내지 않았고 소녀들을 모을 시도도 전혀 하지 않았다. 기혼인 이 선생님은 여전히 내 인생의 즐거움이다. 내가 무엇을 하든 그녀가 나를 지지해 줄 것이고 날 위해서 최대한 일을 쉽게 해 줄 것을 믿고 있다. 참 좋은 여성이지. 미혼인 이 선생님도 좋은 분이다. 서울 학교에서 1등으로 졸업을 했다. 그리고 그녀의 아버지는 전혀 들어보지 못한 일, 즉 가르치는 일을 하도록 허락했다. 거의 스물이 됐는데도 결혼을 않고 있다. 이곳에서 그녀의 아버지[6]는 장로이고, 성경 번역자 중 한 명이다. 아주 좋은 사람이지. 미혼인 이 선생님은 아주 예쁘고 겸손하며 교양 있다. 나이 드신 김 선생님(Mr. Kim)은 한문을 아는데 그것이 전부다. 옛 학문을 한 양반이란다. 그분이 단지 한문을 가르치기 위해서 이곳에 있기 때문에 나는 불만이 없다. 그분은 아주 훌륭한 유학자로 여겨지기에, 존경을 받아야 한다. 내가 단지 여자라는 사실만으로 혹은 여자라는

---

6 이창직(李昌稙, 1866~1938)

사실에도 불구하고 나를 아주 좋은 사람으로 믿으려고 몹시 애썼던 좋은 어른이다.

윌! 너는 너에게 보내는 내 편지에 대해서 이렇다 저렇다는 말을 꼭 하게 만들지만, 이번 편지는 약속된 제 시간에 보낸다는 장점과는 먼 편지가 될 것이다. 이 편지가 너의 생일 이전에 도착해서 나의 사랑을 많이 많이 전하고 앞으로 네 삶이 행복하기를 빌면 좋을 건데. 오! 이런, 너도 나이를 먹어가고 있구나. 사실 나보다 나이를 훨씬 먹어가기에, 내가 귀국하게 되면 너와 나는 서로 같은 무리들과는 다니지 않겠지. 새해에 많은 축복이 있기를 바라고 큰 축복을 누릴 진정으로 깨끗한 삶이 되기를 바란다.

캐리(Carrie Belle)가 서배너에서 이사 갔다는 사실을 잊고 있지는 않았다. 그러나 초봄에 그녀에게서 얘기를 들었을 때 주소가 분명하지 않았었다. 어느 도시에서인가 유치원을 할 생각을 했으니까 어머니가 조지아를 통해서 아시고 정확한 주소를 구하실 수 있을 거야. 내 편지가 흥미를 끈다면 내 엽서들은 어떻게 생각할까?

레이놀즈 부인에게 편지를 해서 그녀가 가족들을 방문하러 리치먼드에 가게 될 때 너에게 연락을 하여 그녀의 주소를 알려달라고 하련다. 만약 네가 그때에 리치먼드에 있게 되면 네가 그녀와 남편 레이놀즈 목사님을 방문했으면 한다. 레이놀즈 목사님은 한국에 관해서는 미국에서 가장 뛰어난 학자이고 사랑스런 사람이다. 그분과 부인은 내게 참 잘 해줬다. 네가 있는 동안에 시내에 좋은 악단이 있으면 그리고 네가 날 위해 뭔가를 하고자 한다면 레이놀즈 목사님 부부의 딸인 11살 먹은 캐리(Carey)[7] 더러 같이 보러 가자고 해라. 아

---

7 Carey Mebane Reynolds Wilson(1899.8.10.~1969.7.2.)

주 재미있는 아이라서 한순간도 따분하지 않을 거다. 그 아이가 음악을 매우 매우 좋아하니까 그 아이를 아주아주 재미있게 해주어라. 그러면 레이놀즈 목사님 가족이 내게 해 준 것을 내가 고맙게 생각하고 있다는 것을 보여주게 될 거야. 나는 그들에게 한 명의 가족이거든. 내가 그들의 가족이 된 것은 내게 엄청난 의미란다. 서커스나 조랑말 전시회가 열리면 캐리와 엘러(Ella)[8]를 데리고 가라. 일행이 많겠지만 아주 좋은 시간이 될 것이다. 네가 그 아이들을 어떻게 생각하는지 내게 편지로 알려주렴.

평상시처럼 잠잘 시간이 될 때까지 편지를 썼다. 그래서 이번에는 그만 접어야겠다. 수업에 빠진 아이들 엉덩이를 얼마나 때렸는지 등등은 다음 편지에 쓰마. 작년보다 올 겨울에는 네가 집에서 더 많은 시간을 보냈으면 좋겠다.

너에게 많은 사랑을 전하며 사랑하는 누나 넬리.

네가 찾아가겠다고 말한 대로 이모를 찾아갔니?

---

8 Ella Tinsley Reynolds Groves(1902.12.11.~1997.12.19.)

1910년 10월 19일 [한국, 전주]

사랑하는 동생에게,

살루다(Saluda)에서 보낸, 날짜가 적혀 있지 않은 네 편지가 어제 도착했는데 행간에 숨은 뜻을 알아내려고 수십 번이나 읽었다. 읽을 때마다 미소를 지었단다. 귀여운 놈!

살루다에서 누구와 같이 있었는지 궁금하다. 너는 그 말을 하지 않았단다. 네가 볼티모어로 내려가 엘리너를 만나지 않은 것은 참 안된 일이다. 엘리너는 지금 일본에 있는데 그녀가 서울에서 이곳 전주로 혹시 내려오지 않으려고 할까 봐 안절부절못하고 있다. 내가 그녀를 보러 서울로 갈 수가 없는 처지란다.

포사이드 의료선교사의 편지가 오늘 왔는데 엘리너가 언제 오는지를 묻는 내용이었다. 그도 그녀를 몹시 보고자 하는데 그가 이쪽으로 건너오고 있단다. 나는 그에게 즉시 편지를 하면서 서울로 가서 엘리너를 이곳으로 데리고 내려오라고 부탁했단다. 그 사람이 그렇게 하기를 정말 바란다. 그녀와 네가 만나지는 못했지만, 만약 만났었다면 그랬다는 것을 알고 있는 것만도 좋을 텐데. 우리가 브랜치 씨(Bromwell Branch)에 대해서 말을 할 때 어떤 말을 하는지 듣고 싶지 않니? 그 사람(Bromwell Branch)의 방문에 굉장히 흥미가 있다. 그 사람이 그곳에 얼마나 머물렀는지, 네가 누구에게 그 사람을 소개시켜 주었는지, 언제 그 사람이 다시 방문하기를 원하는가를 꼭 편지해서 알려주렴. 그 사람 사진을 가지고 있니? 그렇다면 한 장 보내주렴. 나는 그 사람에게 푹 빠진 여자가 기절했다고 한 네 글을 읽고 방금 목이 막혀 콜록거렸단다. "약간 겁이 난다."는 너의 글을 보며 생각한 건데 너도 또한 기절할까 봐 두렵니? 네가 기절하는 것을 생각할 때면 웃음이 난다. 네가 오빠인 윌을 도와주는 여동생이 되려고 한다면, 결혼을 빨리 해야 할 거다. 가족 중에 노처녀는 하나면 족하거든. 그러니 이제 모든 것은 너에게 달려 있다. 게다가 윌과 나는 모든 계획을 다 세웠거든. 즉, 네가 결혼을 하자마자 윌이 이곳으로 와서 나를 돌보아 주기로. 그러니 결혼이 빠르면 빠를수록 좋다. 윌이 참 좋은 동생이며 오빠임에 틀림이 없다. 그리고 동생아, 그런 사람이 우리 가족이라는 것은 참 행운이다. 커가면서 오빠 짐(Jim)을 닮아 가는구나. 너는 너무 어려서 네가 무엇을 잃었는지를 몰랐지. 너는 큰오빠 짐에 대한 기억을 갖고 있지 않지만 나는 기억을 갖고 있으니 내가 더 부자란다. 짐과 윌 둘 다 훌륭한 사람들이다. 내가 짐의 여동생이고 윌의 누나라는 것이 자랑스럽다.

너와 마찬가지로 올해 독일어를 하나도 못 하게 될 것 같구나. 8시 30분에서 2시 45분까지 점심시간을 빼고 가르치는 시간이거든. 그리고 한 달간 매일 3시에서 4시까지 여자성경학교에서 가르친다. 그런 다음에 편지를 써야 하고 열심히 고집스럽게 공부를 해야 한다. 모두 합해서 1주일에 성경을 22시간, 지리를 3시간, 산술을 5시간 그리고 생리학을 2시간씩 가르친다. 그러기에 독일어 공부를 못 하게 될 것이다.

잠옷이 찢어져 조각조각 되고 있고 속옷도 마찬가지가 되고 있는데 바느질할 시간도 없다. '파티용 옷'은 없다고 말했어야 했는데. 재봉틀을 올 겨울에 사려고 한다. 그런데 그것을 언제 사용할지 모르겠다. 엘리너가 오면 내 대신 재봉틀을 사용해달라고 해야겠다.

네가 꿈을 꾸고 있는 거야. 내 인생 동안에 런치 천(lunch cloth) 값으로 7달러 50센트를 쓴 적이 없어. $7.50으로 표시가 되어 있을 수도 있지만 그것은 일본 돈 표기이고 일본 달러는 미국 달러의 절반 이니까 실제 미국 돈으로는 3달러 75센트란다. 이제 알겠니! 고향에 서도 그 천들을 싸게 구할 수 있고 관세가 높기에 일부러 그것을 보 내지는 않은 것이다. 명주를 어떻게 생각하는지 알고 싶다. 주황색 명주 외투를 받게 되면 어떻게 생각하는지 솔직하게 말해주렴. 그 외투는 길어야 서너 달 입겠지.

학교는 아주 잘 되고 있고 내 기분도 그저 좋다. 초여름에 빠졌던 25파운드를 아주 빨리 다시 찌우고 있는데 중노동을 해도 전혀 피곤 함을 못 느낀다. 혼자 살고 있는데 외롭지는 않다. 식모가 나를 잘 먹여주고 있어서 살이 엄청 찌고 있으며 날로 번창하고 있다.

지난 주 토요일에 블라젯 선생님에게서 좋은 편지를 받았다. J. 부인(Mrs. J.)이 그녀에 대해서 이야기하는 것을 들은 적 있니? 그녀 가 조금 진정됐니?

이곳에서 심을 아티초크(artichoke) 몇 개와 요리법도 잊지 말고 꼭 보내렴.

감이 지금 제철인데, 비밀을 하나 이야기 해주마. 감이 지독한 얼 룩을 만든다는 것을 아니? 감을 어딘가에 떨어뜨리면 그 장소를 즉 시 소금으로 문질러라. 그러면 얼룩이 다 빠질 거야. 우리 나무에는 열매가 잘 열리고 있니?

네가 지금 자수를 놓고 있는 알파벳 R 하나를 그려서 보내주렴. 식탁보를 몇 개 구해야겠다. 내년 여름에 "영순(Young soon)"이가 달 리 할 일이 없으면 수놓는 법을 가르칠 것이다. 영순이가 작년 여름 에 내게 좋은 레이스를 만들어 줬단다. 잊지 말아라.

가족들에게 사랑을 전해주렴. 그리고 내게 성탄절 물건을 보내려고 하면 크리스마스 소포를 포장할 용도로 적갈색 빨간 리본 한두 통을 보내주렴.

내게 곧 편지해라. 그리고 새로운 소식을 모두 전해주렴.

7월에 이곳으로 온 이모의 우편환은 일본에 있을 때 내게 전해졌다. 그래서 8월이 되어서야 그것을 받게 되었다. 그런 다음에 이모에게 편지를 했단다. 늦어진 이유는 내가 있던 곳으로 전해져 왔기 때문이다. 나 대신 추수감사절 칠면조를 많이 먹으렴. 그리고 먹으면서 나를 생각하렴. 이곳에 칠면조가 없기 때문이란다. 다시 한번 모두에게 사랑을 전하며 특히 너에게 큰 사랑을 전한다.

사랑하는 언니 넬리.

롯이 4월이나 6월에 결혼한다고 나는 생각했단다.

1910년 11월 7일[1] [한국, 전주]

사랑하는 윌에게,

네가 보듯 이번에는 약간 편지가 늦는다. 그렇지만 엘리너가 방문한 것 때문에 늦었다는 것을 들으면 네가 나를 용서해 줄 것을 알고 있다.

이번 주 마지막까지도 그녀가 오리라고는 기대하지 않았었는데, 그녀는 와서 머물다가 갔다. 지난주 화요일에 그녀가 제물포를 떠난다는 전보를 받았다. 그 소식을 듣고 멍해졌다. 그녀는 수요일 저녁 10시에 전주로 들어왔다. (패터슨 의료선교사가 군산에서 이곳까지 태워주었다.) 3년 동안에 하나도 안 변했더구나. 머리칼은 여전히 예쁜 빨간색이고 피부는 어린아이의 피부처럼 부드럽고 예쁘다. 그녀는 3년 전 내가 봤을 때와 똑같이 잘난 척하지 않는 아이란다. 그녀는 나와 같이 이틀을 보내기 위해 먼 길을 왔단다. 그렇지만 즐겁다! 우리는 오늘까지는 배가 없다는 것을 알았고 그래서 그녀는 오늘 아침까지 머물렀다. 군산까지 타고 갔는데 막 받은 전보에 그녀가 배를 탔다는 소식이 있었다. 그녀 아버지 가우처 박사님에게 특별히 감사를 드린다. 그분은 목요일 급행열차를 타고 선양(심양(瀋陽), Mukden)으로 떠나는데, 엘리너가 늦었더라면 어떻게 됐겠니! 가우처 박사님은 중국의 중서부 지역에 가야만 했다. 상하이로 가서 집배(house boat)를 타

---

1 엘리너의 여정: 1910년 11월 1일(화) 제물포에서 출발, 11월 2일(수) 저녁 10시 전주 도착, 11월 7일(월) 아침까지 전주에 머무름. 11월 10일(목) 급행열차를 타고 중국 선양으로 출발.

고 양쯔강을 따라 올라가고 거기서 가마를 타고 10일간 육로로 다닌 단다. 굉장한 여행이지!

그녀의 방문 때문에 얼마나 기뻤는지 말로는 도저히 표현을 못 하 겠다. 그녀는 다른 사람들과 있으면 말을 잘 안 하는 편인데 둘이 있을 때는 정말로 사랑스럽다. 내가 엘리너를 사랑하듯 네가 사랑하 는 사람이 너에게 애정을 보여주는 사람이면 좋겠다. 오랜 동안 외롭 다는 것이 무엇인지를 모르고 있었다. 또한 혼자 이곳에서 살고 있지 만 이곳에 온 후로 외로운 순간은 모르고 지냈다. 그런데 오늘 아침 에 엘리너에게 작별을 하고 들어왔을 때 바닥이 꺼지는 느낌이었다. 아침 시간을 바쁘게 보내고 혼자 점심을 먹기 위해 집에 왔을 때 오 늘 아침때보다 기분이 더 좋아진 것은 아니었다.

한 달 동안 이곳에서 지낸 시골 여성들이 공부한 여자성경학교에서 시험을 내면서 이 편지를 쓰고 있다. 그래서 다소 혼란스럽게 되더라도 나를 용서해 줘야겠다. 그리고 엘리너가 아침 4시에 일어나야 했기 때문에 혹시 우리가 늦잠이라도 자게 될까 봐 걱정이 돼서 나는 자정부 터 줄곧 1시간 단위로 깨어났다. 정말 졸리다. 어린 동생아, 너에게 충고를 하마. 엘리너가 다음 7월이나 8월에 귀국하게 되면 볼티모어로 가렴. 가서 그녀를 봐라. 네가 최고의 아내를 찾고 있다면, 그리고 네가 그녀를 얻게 되면 너는 나의 축복을 받게 된단다. 그녀는 너와 나이가 비슷하다. 체구가 나보다는 상당히 적지. 빨간 머리칼에 얼굴색 이 아주 예쁘고, 용모도 아주 단정하다. 그녀의 아버지는 아마도 선교 회들과 학교에 돈을 유산으로 줄 것이기에 딸들이 많이 받지는 못할 것이다. 그러나 엘리너는 요리하는 것과 바느질하는 방법을 알고 있다. 그리고 옷을 예쁘게 잘 입지만 너는 그녀를 보고 부잣집 딸이라는 생각은 절대 하지 않을 것이다. 애 늙은이야, 가서 그녀를 봐라. 네가 그녀를 얻을 수 있다면 그것보다 나를 기쁘게 하는 일은 없을 것이다.

네 편지는 토요일에 왔는데 네 소식을 들어서 정말 기뻤다. 나를 아주아주 기쁘게 만든 일이 한 가지 있었고 굉장히 염려하게 만든 것이 한 가지 있었다. 크나큰 기쁨이라는 것은 의심할 여지없이 네가 성경학교(Bible Class)에 참가한다는 것이다. 그것은 올바른 길로 가는 것이란다. 그래서 내가 무지 기쁘다. 그런데 윌! 나는 네가 음주에 대해서 말하는 것이 싫구나. '새벽녘까지 먹고 마신다'라고 했지. 그 말을 들으니 가슴이 너무 아프다. 잘못된 것은 알고 있다고 했지, 그런데 왜 그런 일을 하니? 하룻밤에 네가 쓰는 그 돈이면 몇 달간 한 학생을 학교에 둘 수 있는 돈이란다. 물론 나는 '금욕'을 옹호하는 것은 아니다. 나도 재미있게 노는 것을 좋아한다. 그리고 내가 귀국하면 즐겁게 놀 것이다. 그런데 윌! 네가 나를 사랑한다면 더 이상 술을 마시지 말아라. 모든 사람들이 자기가 술을 끊고 싶을 때 끊을 수 있을 정도로 강하다고 생각하는데, 너무도 깊은 곳으로 미끄러져 떨어지게 된다. 네가 맨 밑바닥까지 미끄러져 가지는 않겠지만 너는 너보다 약한 형제를 지옥에 떨어뜨리는 데 일조할 수 있다. 너의 행실이 남에게 끼칠 수 있는 영향에 대해서 생각해 봤니? 윌! 내 말은 네가 절대 극장에 가지 말라는 것이 아니란다. 좋은 연극이 사람들에게 해를 끼친다는 생각은 안 하니까. 질이 떨어지거나 더러운 것들을 보지 말아라. 네가 남들과 어울려 술을 먹고 다니는 것을 보고 다른 사람들이 타락하는 데 도움을 주지는 말아라.

바로 이 시점에서 네가 가지고 있는 잘못된 생각을 고치려고 한다. 나는 1913년 여름 이전에는 귀국하지 않을 작정이다. 내가 이번 여름에 미국에 가는 것을 포기했을 때 내 안식년 휴가 기간까지 포기한 것이었다. 그러니 헛된 희망을 키우지 말아라. 할머니께서 나에게 남겨두신 돈을 쓰지 않으면 나는 갈 수가 없다. 그렇게 하고 싶지 않은 것은 그 돈은 만약을 위해 남겨둬야만 하기 때문이다. 집에 돌아가면 네가 나를 부끄러워하지 않게 괜찮은 옷을 몇 벌 사야만 한다.

고쳐야 할 점이 하나 더 있다. 남에게 우러름을 받는 것이 좋은 일이기는 하지만 그러다가 몰락이 올 때는 참 힘든 일이 된다. 네가 나를 영웅인 것처럼 생각하지만 난 영웅이 아니란다. 내 희생에 대해서라면 난 사랑하는 가족들을 떠난 것밖에 없었다. 그런데 여러 가지 이유로 사랑하는 가족 곁을 떠나야만 하는 사람들이 얼마나 많니. 나는 아주 평안하고 음식도 잘 먹고 있으며, 인생에서 가장 좋은 건강 상태를 유지하고 있다. 너의 상상 속의 영웅이 화를 갑자기 크게 내고, 식모를 심하게 꾸짖고, 시내로 취주악대를 따라다닌다는 것을 알게 되면 너는 놀라고 고통을 받게 될 거다.

네가 레이놀즈 목사님 부부를 방문했다니 정말 기쁘다. 너의 방문을 고맙게 여길 거야. 그리고 네가 그렇게 함으로써 그분들이 내게 베풀어준 친절함에 내가 감사하고 있다는 것을 알 거다. 그분들은 정말 나에게 잘 해 주거든. 아이들도 훌륭하다. 내가 말했듯 나 대신 그 아이들을 서커스에 데리고 갈 수 있으면 그렇게 해주렴. 그 집 딸 캐리가 너에게 이렇다 저렇다 오랫동안 말을 한다는 것을 듣는다면 나는 무엇이든지 주겠다. 그 애는 아버지와 오빠[2]를 무척 좋아하는데, 그 아이에게 네가 더 훌륭하다고 이야기하면서 놀린단다. 그 말 때문에 그 아이가 너에 대해서 호감을 갖고 있다.

신문들은 아주 정규적으로 온다. 그리고 신문들을 아주 즐겁게 본다. 애틀랜타(Atlanta) 신문이 서배너와 콜럼버스 소식 모두 전하기에

---

2 John Bolling Reynolds(1894.8.20.~1970.3.20.)

그 신문에서 크나큰 즐거움을 얻는다.

지금 한국에는 특별한 운동이 열리고 있다. 첫째, 2주 동안 서울에서 특별예배가 열렸다. 그리고 각각의 선교부에서는 그 특별 예배를 돕기 위해 몇 명씩을 서울로 올려 보냈다. 그때에 2,500명이 넘는 사람들이 예수를 위해서 분명하게 결심을 했다. 그런 후 이 사람들이 중심지들로 갔고 지방에서 올라온 사람들에게서 도움을 받아서 모임을 열고 있다. 이 일이 지금 진행되고 있고 전주로 전도 여행 오겠다는 사람이 이미 수백 명이란다. 우리가 어디를 가든 사람들이 우리말을 듣는데 아마도 전주에 있는 모든 집을 방문한 것 같다. 지난 주일에 113명이 일어서서 믿음을 고백했다. 이곳에 새로 부임한 부지사(new vice-governor)가 독실한 기독교인이라는 사실 때문에 우리는 모두 아주 행복하다. 우리 전라북도는 한국인 도지사가 있는 6개 도(province) 중 하나이다. 김 부지사(Mr. Kim)[3]는 워싱턴에서 한국 대사관의 감독자로 4년간 있었는데 영어를 잘한다. 영어로 설교하는 주일 예배에 여러 번 왔는데 그리스도를 부끄러워하지 않는다. 새 신자들은 잠깐 남아있어 달라는 부탁을 들은 주일에 그가 와서 모인 사람들 한 명 한 명과 모두 이야기를 했다. 그들 부부는 모든 기독교인들을 초대했다. 그들은 허세를 부리지 않는 사람들이고, 동양에서 보기 드문 사람들이며 아주아주 괜찮다.

재미있는 이야기를 해 줄게. 주일에 엘리너와 내가 희한한 음식을 먹게 되었다. 어제 알고 보니 그 음식은 니스벳 부인이 특별한 선물이라고 내게 보내주었던 귀한 달리아(dahlia) 꽃의 뿌리를 모아 놓은 거였다.

3　Vice-governor는 김윤정(金潤晶, 1869.6.25.~1949.10.23.)으로 1910년 10월 조선 총독부 전라북도 참여관. 1911년 7월 10일 편지에는 동일 인물을 governor라고 쓰고 있음. 딸은 윤고려(1891.4.14.~1913.12.28.)로 윤치오(尹致旿, 1869.9.10.~ 1950.12.22.)의 두 번째 부인인데 남편을 따라 성을 김에서 윤으로 바꿈. http://encykorea.aks.ac.kr/Contents/Index?contents_id=E0010118

이 편지를 월요일에 쓰기 시작했는데 수요일까지 펼쳐 놓고 있구나. 시험이 있고 시내에서 집을 방문하다 보니 내가 많은 시간을 내지 못하는구나.

엘리너가 봄에 한국으로 다시 돌아올지도 모른다. 아주 불확실하지만 그녀를 봄에 다시 보게 될 것이라고 믿고 있다. 그녀를 아직도 끔찍이 그리워한다. 필름이 아직 오지는 않았지만 그래도 고맙다는 말은 전하마. 너는 정말 멋진 놈이다.

리치먼드에서 사람들을 많이 만났니? 거기에 괜찮은 젊은 미혼 여자들 아는 사람 없니?

루이스(Louis Dearing)와 바이더(Vida Chisholm)가 애기 엄마가 되었다는 말을 적어 보냈을 때 내가 나이 먹은 할머니가 다 된 느낌이었다. 가련한 어린 아가들!

룻이 메이컨(Macon)의 브랜치 씨(Dr. Branch)에 대해서 아주 열정적으로 편지를 했다. 그 사람은 엘리너의 아주 훌륭한 친구이며 아주 좋은 사람이지. 그 사람 만나봤니? 네가 이번 겨울에는 고향에 더 많이 있을 수 있으면 한다. 어머니와 룻이 너를 아주 그리워한단다.

지금 시험지를 교정해 주어야만 한다. 이제 안녕. 내 대신 추수감사절 칠면조를 많이 먹어라. 그리고 곧 편지를 해라.

날씨가 아주 좋다. 이 좋은 날에 말을 몇 번 타면 얼마나 좋을까라는 생각이 막 들었다. 모두에게 사랑을 전하며. 특히 너에게 큰 사랑을 전한다.

사랑하는 누나 넬리.

레이놀즈 목사님 가족을 다시 보게 되면 내가 사랑한다고 전해주렴.

1910년 12월 7일 [한국, 전주]

다른 이들의 구경거리(circus)인 것과 특히 구경거리를 제공하는 못된 조련사 역할을 하는 것에 정말 싫증이 난다. 그래서 집으로 달려가 너와 함께 성탄절을 보내고 돌아와서 다시금 채찍을 휘두르고 싶다!

나는 항상 아주까리기름을 언제든 사용할 수 있도록 많이 가지고 있는데, 우리가 필요로 하는 것은 기계에 바르는 기름인 것 같다. 일이 부드럽게 돌아가지 않기 때문이다.

먼저 바로 내 자신의 집에서부터 보자. 내 식모는 모든 한국 사람과 마찬가지로 빚을 지고 있다. 다른 말로, 그녀가 일을 하고 나머지 가족들은 놀고먹기에 그녀가 그 집을 대표한다. 28살 먹은 아들이 있는데 결혼해서 어린애도 한 명 있다. 자기 어머니는 모든 식구를 먹여 살리고 있는데 그 아들은 공부를 해서 상류층이 되기를 원한다. 동양의 이런 가족에서의 문제는 정말 이해를 못 하겠다. 내 식모의 남편 송 씨는 형이 있는데 그 형은 가문의 우두머리이다. 그 형이라는 사람이 일본인하고 문제가 생겨서 미국 돈으로 25달러라는 큰돈을 지불해야만 했다. 여기서는 어마어마한 돈이란다. 그런데 그 사람은 평생 한 번도 도와 준 적도 없고 어떤 일을 해 준 적도 없는데 동생인 송 씨에게 그 돈을 달라고 요구했다. 형의 요구이기에 송 씨는 집을 팔든가 돈을 빌리든가 아니면 훔쳐서라도 그 돈을 마련해 주어야 했다. 그래서 내가 그들에게 25달러를 빌려주었다. 내 식모의 월급에서 빌려준 돈을 갚아오고 있기에 그들은 살아가며 빚더미에 빠지기 시작했다. 이곳에서는 이자가 75%나 되어서 그들은 점점 더 깊이 늪에 빠져갔다. 그 사람들의 채권자들이 빌려간 돈을 달라고 압박하고 있다. 이번 여름에 일본에서 홍수가 나 식량이 부족해서 계속해서 쌀값이 올라가서 모두가 자신들이 구할 수 있는 모든 돈을 쌀에 투자하려고 한단다. 그들이 지금 내 식모를 앞세워서 내게서 이자 없이 가져가려고 한다. 그래서 나는 그녀가 이미 6개월 치 월급을 미리 내게 빚지고 있기 때문에 그들에게 한 푼도 빌려주지 않겠다고 그녀에게 말했다. 그들에게 아들이 일을 해야만 한다고 했더니 그 말을 듣고 그 아들이 화를 냈다. 그녀가 집에 있을 때마다 사람들이 들들 볶아서 그 여자가 거의 발작을 일으키게 됐고, 아주 사소한 일에도 화를 낼 지경이 되었다. 그런 후 나는 집에서 허드렛일을 하는 사람에게 말하여 내가 다른 일을 시킨 사람을 도와서 한 가지 일을 하라고 했단다. 그 둘은 하라는 일에 대해서 서로 의견을 달리했는데, 허드렛일을 하는 사람 즉 물을 긷고, 한국식 방에 불을 때고, 교실 난로를 봐주는 일을 하는 사람 즉 관리인이 자리에서 일어나서 떠나 버렸다. 그 사람을 불러왔지. 그리고 오해가 없도록 잘 설명을 해주어야만 했다. 그 사람은 성격이 굉장히 불같거든. 그리고 그 사람에게 다시금 일하도록 했다.

여학생들 중 몇이 싸움을 해서 그 일을 해결했다. 그런데 약간 주도면밀하지 못했어. 지금 모든 이들이 기도 모임에 있는 동안 내가 이 학교 건물을 돌보고 있으면서 너에게 이 슬픈 신세 한탄을 하고 있다. 내가 하는 일은 힘들지 않은데 이러한 난리 법석을 해결해야 하는 것은 너무도 싫다.

조금 있으면 '떡을 하나 더 먹겠다.' 한국인들이 생일을 이렇게 부르거든. 그리고 새해 1911년을 쓰는 데 가장 큰 즐거움은 잠시 가족 모두와 함께 있게 될 1913년에 약간 가까워진 것이기 때문이란다.

성탄절에 군산으로 초대를 받았고 그곳으로 가려고 마음먹었는데 이러지도 저러지도 못하는 학교를 대신 봐 줄 사람을 구하지 못해서 이곳을 떠날 수가 없다. 포사이드 의료선교사의 동생 진(Jean Forsythe)에게 성탄절을 나와 함께 보내자는 편지를 했는데 그녀가 그럴 것 같지는 않다.

네가 11월에 보낸 편지가 아직 도착하지 않았지만 볼티모어에서 보낸 우편물은 받았다. 엘리너가 귀국할 때 너는 볼티모어에 갈 핑계 거리를 꼭 찾아야만 한다.

다니엘 의료선교사의 집에 어린이들이 있기 때문에 우리는 성탄 나무를 그곳으로 보낼 것이다. 학교 여학생들은 모르고 있지만 여학생들 용으로 성탄 나무를 학교로 하나 가지고 갈 것이다. 할 수 있으면 그들을 놀래주고 싶지만, 그들은 여러 의미에서의 냄새를 잘 맡는다.

서울 YMCA의 브록맨 씨(Mr. Brockman)[1]가 이곳으로 내려오고자 하지만 그가 올지 안 올지 모르겠다. 만약 그 사람이 오고 포사이드 의료선교사 오누이가 오면 우리는 큰 성탄절 파티를 열게 될 것이다.

1년 치 식료품이 토요일 저녁에 왔다. 포장을 벗기는데 참 재미있었다. 1년 치의 소금, 설탕, 밀가루 게다가 연례회의에 참석할 손님들 것까지 해서 어마어마했다. (연례회의가 내년 8월에 이곳에서 열린다.) 내 창고는 층계 아래에 있는 벽장인데 꽉 차 있다. 보관해 놓은 것에다가 통조림 된 채소, 비누, 각종 음식까지 1년 동안 먹고 살기에 충

---

1 Francis Marion "Frank" Brockman(1878.5.21.~1929.6.10.)
   뿌락만(Brockman) 형제. https://yunheepathos.tistory.com/1353

분하다. 설탕은 얼마 안 쓰니까 충분히 2년 치는 될 것이다. (…) 는 성탄절에 같이 보낼 사람들이 없으니까 1월이나 2월까지도 남아있을 수 있을 거다.

이 모든 것이 너에게는 매우 흥미 있는 일일 것이다. 내가 아는 일에 대해서 다 적었기에 이제 더 쓸 말이 없다.

주일날 6, 70명이 넘는 사람들이 교인이 되었는데 그중 9명이 우리학교 학생이다.

우리 전주 선교사의 3/4이 지금 밖으로 나가 있어서 우리는 서로 멀리 떨어져 있다. 어제 밤에 다니엘 의료선교사 집에 식사하러 갔고 오늘은 매리언(Marion)[2]이 이곳에 와서 나랑 같이 점심을 먹었다. 그 애는 어머니를 위한 선물을 만들고 있는데, 그 선물을 만들기 위해서 나를 보러 왔단다. 5살인데 매우 귀엽다.

정학시켰던 학생 모두가 돌아와서는 매우 겸손하며, 행복한 아이들이 되었다. 너의 휴가와 사람들에 대한 소식을 모두 전해주렴. 프랭크(Frank H)와 애니(Annie Simpkins)는 어떻게 지내고 있니? 네가 이번 겨울에는 작년보다 더 집에 머물렀으면 좋겠다. 경마 때문에 집에 있었니?

모두에게 많은 사랑을 전하며 특히 네게 큰 사랑을 전한다. 정말로 즐겁고 행복한 새해가 되기를 바란다.

---

2 Marion Sterling Blue(1905.8.31.~1986.1.14.) 다니엘 의료선교사 부부의 맏딸.

1911년 1월 10일 [한국, 전주]

사랑하는 월에게,

네가 보듯이 이번 달에 약간 편지가 늦는구나. 그런데 어머니께 성탄절에 대한 모든 것을 편지하면서 너에게 그 편지를 보내 달라고 했으니 나를 용서해 주렴. 성탄절 이후에 시험이 있었고 그때부터 정규적인 일들이 있어서 편지 할 시간이 없었고 성탄절 선물 받은 것에 대한 감사 답장도 못 했다.

선물 목록은 다음과 같다.

여러 장의 손수건: 올브리튼(Allbritton) 소녀들
블로터(blotter): 페이프 선생님
예쁜 손수건 여섯 장, 바느질 꾸러미, 방석: 메이(May Inglesby)
사탕 한 상자(보냈다고 하는데 아직 도착하지 않음): 뉴욕의 애버리 씨(Mr. Avery)
1년 더 연장된 『레이디스 홈 저널』 구독권: 르누아르 선교회(The Lenoir Miss. Society)
예쁜 일본 베개 덮개: 일본의 에릭슨 부인
예쁜 목걸이: 일본의 해슬 부인(Mrs. Hassell)
식탁보: 군산 불 부인
침실용 슬리퍼: 군산 다이서트 선교사
은 핀: 광주 오웬 부인(Mrs. Owen)
사탕 한 상자: 목포 마틴 선교사

책 한 권: 서울 브록맨 씨

허리띠: 광주 프레스톤 부인

선교부에 있는 모든 분들과 많은 한국인들이 보낸 것

일본, 중국, 미국에서 온 카드들

마지막으로 가장 좋은 것은 집에서 올 내 은수저란다. 이것이 오기를 미치도록 기다린다. 레이놀즈 목사님 가족에게 부탁해서 그것을 가져와 달라고 할 것이다. 네가 수저를 구하려고 편지를 했었다고 어머니께서 말씀하셨다. 나는 정말 노처녀가 되었기에 수저로 음식을 먹는 것(spooning)과 다른 의미로 사용되는 남녀가 한 방향으로 옆으로 누워 껴안는 자세(spooning)는 하지 않을 거다만 (나는 정말 확실히 노처녀란다.) 너와 하루에 세 번 수저로 밥을 먹을 것이고 이곳에 네가 있어서 나와 같이 그 수저들을 사용하면 좋겠다. 동생아, 무지무지 고맙다. 전에도 말했듯 너는 정말 멋진 놈이다.

흥미 있을 사진을 몇 장 보낸다. 이곳에서는 사람들이 목화씨로 기름을 만들지 않고 'bunny'(?) 씨를 이용해서 기름을 만든다. 우리 장로들 중 한 명이 아주 부유한 기름장수인데 여기는 그의 공장이란다. 들보(beam) 주위를 미끄러져 내려오는 여러 개의 무거운 추에 의해서 압력이 전달된다. 이 방앗간의 주인은 작년에 있었던 여자성경학교를 후원했었다. 그는 올해 작년과 같은 수준의 혹은 더 많이 후원을 하는데 작년과는 다른 방식으로 한다. 그 사람은 새로 세운 남문교회의 대들보(mainstay)라서 그 교회를 재정적인 면에서 받쳐 줘야 한다. 그의 이름은 최(Chay)[1]다.

---

[1] 1907년 3월 30일 편지에서 기름집을 방문한 것을 참고. 전주남문교회 최국현(崔國鉉) 장로. 최국현 장로는 전주의 3월 13일 만세운동에서 주도적으로 참여한 최요한

나의 최근 소식을 너에게 말하지 않은 것 같구나. 내가 그 문제를 다니엘 의료선교사에게 제시했을 때 그는 "좋은 일이지만 당신은 할 일이 이것 말고는 없는 것처럼 말하네요"라고 했단다. 거리를 따라가다 보면 누구에게 소속되어 있던지 혹은 홀로 있던지 더러운 누더기 옷을 입은 어린 부랑아들이 모여 있는 것을 보게 된다. 이런 불쌍한 어린아이들을 볼 때마다 내 마음은 아팠고 그들을 위해 뭔가를 하려고 했는데 할 수가 없었다. 이 문제를 다니엘 의료선교사와 의논했었는데 자기는 가르치는 데 소질이 없다면서 내가 가르친다면 한번 해보자고 했다. 그래서 거리로 찾아다녔다. 15살 이상은 받아들이지 않았는데도 매주 주일날 300명 혹은 그 정도의 아이들이 온다. 어느 주일날은 끔찍한 눈보라가 쳤고, 살을 에는 바람이 불었고, 길이 너무 미끄러워 다니기가 어려웠다. 참 끔찍한 날이었는데도 152명이 왔다. 지난 주일은 맑고 추운 날씨였지만 길은 끔찍이도 안 좋았는데 283명이 왔다. 다니엘 의료선교사는 노래를 인도하고, 질서를 유지하며, 기도하고, 아이들을 다스린다. 나는 새로운 노래를 가르치고 수업한다. 무척이나 재미있다. 정규 주일학교와, 교회 예배, 그리고 선교사들의 영어 예배로 시간이 없지만 어쩌겠니. 악인에게는 쉴 틈이 없다!(There isn't much rest for the wicked!)[2]

다른 사진들은 일본 천황의 생일에 찍은 것이다. 엘리너와 패터슨

나의 아버지임.
https://www.domin.co.kr/news/articleView.html?idxno=1157169&sc_section
_code=S1N12

2 "악인에게는 쉴 틈이 없다"는 말은 이사야 48장 22절에서 유래되었는데, "There is no peace," says the Lord, "for the wicked."로, 개역개정성경에는 "여호와께서 말씀하시되 악인에게 평강이 없다 하셨느니라"임. 이 편지에서의 의미나 일반적인 의미는 "아주 피곤하지만 쉴 틈도 없이 해야 할 일이 너무도 많다"임.

의료선교사 그리고 내가 장식들을 보기 위해 시내 중심에 갔었다. 천황이 했던 많은 기적을 듣게 된다. 사람들은 이 모든 것이 운명(Ito)이었다고 한다. 내가 일본에 있을 때 천황이 대부분의 시간 곤드레만드레 취해 있다는 말을 종종 들었다. 벚꽃 대축제가 도쿄에 있는 큰 공원에서 열리는데, 천황이 어떤 의식을 하면서 공원을 통과해야 축제가 열릴 수 있다는 말을 들었다. 지난봄에 천황이 술에서 깨어 대중들 앞에 나올 때쯤에는 벚꽃은 거의 져버렸다. 황태자는 아주 괜찮은 사람인데 폐가 하나만 남아 있고 그것도 심하게 손상되어 있다.

새로 부임한 브랭크 목사님(Mr. Brank)[3]을 어떻게 생각하니? 룻은 그분을 좋아하는 듯하더라. 캐리(Carrie Miller)는 그분을 열광적으로 좋아하는 것 같다. 그런데 캐리가 내게 아주 재미있는 책을 보냈다. 제목은 『미스 미네르바와 윌리엄 그린 힐(Miss Minerva and William Green Hill)』인데 웃고 싶으면 이 책을 읽어 봐라.

네 또래들이 굉장히 많이 결혼했으니 서배너가 많이 변한 것을 알게 됐을 거다. 서배너 신문이 저번 주에 왔는데 정말 재미있게 봤다. 밀스 부인(Mrs. Chas Mills)을 위한 파티가 열린 장소를 봤다. 밀스(Chas Mills)랑 결혼한 것은 아니겠지! 밀스가 누구랑 결혼했니? 네가 무엇을 했고 어디에 갔으며 집에는 얼마나 있었는지 내게 꼭 말해주렴.

네가 이모를 방문했다는 소식을 듣고 기뻤다. 이모가 나의 편지를 재미있게 읽었다는 말을 한 줄도 써 보내지 않아서 몰랐는데, 이모께서 내 편지를 즐겁게 보셨다고 너에게 말씀하셨다는 뜻밖의 글을 읽고 놀랐단다.

---

3 서버너독립장로교회의 자료에 따르면 Dr. Brank는 1910-17 시무 함.
　　https://ipcsav.org/about/our-history/

네가 보러 간다는 것에 대해서 엘리너에게 편지를 했다. 그들은 볼티모어에서 약간 떨어진 그들의 시골집에서 시간의 대부분을 보낸다. 몇 년 전에 가우처 박사님이 시내에 있는 집을 대학에 기부했다. 사람들은 가우처 박사님이 살아 있는 동안에는 그 집에서 살라고 강권하지만 그의 딸들은 (적어도 엘리너는) 시내에 있는 집에 사는 것을 좋아하지 않으며, 시골집에서 사는 것을 선호한다. 주말 파티를 열기 때문에 그들은 대단하다. 혹시라도 주말 파티에 초대받게 되거든 네가 시간을 낼 수 있다면 꼭 가봐라. 사진이 다는 아니겠지만 그래도 사진으로는 굉장히 좋은 장소란다.

전킨 부인의 조카인 엘리자베스(Miss Moreland)의 아버지는 볼티모어 가까이 있는 맥도너(McDonough) 학교의 교장이란다. 언젠가 그녀를 만나 보길 바란다. 그녀는 엘리너처럼 예쁘지는 않아도 보기 드물게 아주 좋은 젊은 여성이거든.

지금은 잘 시간이고 난 정말이지 피곤하다. 해가 뜨려면 아직 먼 새벽에 아래층에서 돌아다니는 소리가 나서 잠에서 깼다. 뭔가 문제가 생겼구나라고 생각하고서 잠자리를 박차고 일어나 알아봤단다. 기숙하는 여학생들이 몇 시인지도 모르고 아침을 준비하고 있었다. 성냥불을 켜 봤더니 4시 약간 넘었더라. 그때부터 잠을 더는 못 잤다. 그래서 지금 나의 작은 침대로 가서 자야겠다.

사랑을 많이 보내며, 올해가 가장 행복하고, 가장 훌륭한 해가 되길 바란다.

사랑하는 누나 넬리.

1911년 2월 7일 [한국, 전주]

사랑하는 룻에게,

지금은 점심시간이라 이 상황에서 이 편지를 다 쓰게 될 것이라 기대는 거의 하지 않고 있지만 어쨌든 편지를 써본다. 2월도 며칠이 지났는데 올해 들어 편지가 한 통밖에 오지 않았구나. 월의 편지는 항상 정기적으로 오는데 너와 어머니는 점점 심해지고 아버지는 나를 완전히 포기하셨더구나.

그러나 소포가 왔기에 네가 나에게 편지를 하지 않은 것을 용서해준다. 아티초크를 제외하고 모든 것들이 잘 도착했다. 곰팡이가 슬어 있는 것을 아티초크라고 생각했다. 그러나 내가 아티초크가 어디에 있는지 물어보지 않았었다면 남아 있는 것들은 완전히 말라 비틀어져 있고, 푸른색으로 덩어리져 있어서 무엇인지 아무도 추측할 수 없었을 것이다. 아티초크에 대해서는 너무 너무 안타깝다. 룻, 네가 몇 개를 다시 보내줬으면 하는구나. 손톱 손질용품으로 보내준 것(criton)이 매우 예쁘다. 내가 손톱 관리에 대해서는 일가견을 갖게 된 것 같다. 내 생각엔 네가 카드 파티에서 받은 상품을 보낸 것이 틀림없는 것 같은데 그렇지 않니? 이것을 담을 주머니를 내 여행 가방에 만들 거라서 여행하는 데 아주 유용할 거다. 작은 손톱 손질용 줄과 가위도 매번 잃어버리는 일은 없을 거야.

동양에서 여행을 하게 되면 소형 여행용 편의 도구들의 소중함을 그제야 알게 된다. 허리띠가 아주 예쁘구나. 사람들이 이 밋밋한 허리띠를 예쁜 옷에 하고 다니니? 내 드레스는 푸른 형광빛 몸통옷과 치마다. 이것이 일종의 파티용 옷이 될 것이다. 여기에 리본 거들을 입으면 더 멋있어 보일 것 같으니 나중에 리본도 보내 주렴.

올 겨울에 네가 북부로 갈 수 있겠구나. 그렇지만 올해는 집에 꼭 머무르고 내년까지 아끼고 있어야 한단다. 후년에 이곳 한국으로 와서 나를 보고 봄에는 우리 함께 시베리아와 유럽을 거쳐 고향으로 가자.

내가 벌써 개월 수를 세고 있다. 혹시 네가 온다면 다른 어느 때보다 더 정확하게 셀 거야. 고려해 보렴. 분명히 너에게 도움이 될 여행이 될 거야. 비용은 약 600달러가 들것이다. 혹은 5백 달러가 들 수도 있지만 대부분 6백 달러가 드니까 이제부터 돈을 절약하렴.

이번 겨울 윌이 집에서 시간을 조금 보내게 되었다니 기쁘다. 윌이 너무도 피곤한 삶을 살았거든. 집에서 가족 모두와 조금이라도 함께 있게 되면 윌에게 도움이 될 것이다.

전주지역 여자성경학교 다른 말로 사경회(Bible Conference)가 지금 진행 중이다. 오늘 8명의 여성들을 저녁에 초대했다. 이 여성들은 내가 시골 지역에서 가르칠 때 나를 대접해 주었던 분들이란다. 내가 뭘 먹을지 궁금하지 않니? 콩나물, 쌀, 김치, 국수 (베르미첼리 (Vermicelli)의 일종인 면이 소고기 국물과 같이 나옴), 귤, 감, 김부각(fried seaweed) 그리고 엿(candy)[1]을 먹는다. 내가 이러한 음식을 아주아주 좋아하기 때문에, 다른 사람들처럼 이러한 것을 먹는다고 나를 바보 취급해도 좋다. 너는 이 맛들이 어떨 것 같니?

---

1 1910년 5월 2일 편지에도 과자(candy)가 나오는데 이는 엿으로 추정됨. 1908년 2월 3일 편지에서 언급한 음식과 비교해볼 것.

너와 브랜치 박사(Dr. Branch)는 더 이상 만나지 않니? 서배너에서 특별히 누구와 데이트를 하니?

솔직하게 하는 말인데 내 말이 비꼬는 말로 들리지 않았으면 좋겠구나. 나는 정말로 너의 '크리스천 사이언스(Christian Science)' 친구들이 에디 부인(Mrs. Eddy)[2]의 죽음에 대해서 뭐라 하는지 궁금하다. 에디 부인이 쓴 책에서 그녀는 질병과 죽음 같은 것이 없다고 했는데 그녀도 남들이 다들 가는 그 길을 따라갔기에 그녀의 추종자들이 이것에 대해서 어떻게 설명하는지 궁금하다. 그녀의 큰 기초가 잘못되었다면 그 위에 세워진 구조물들이 어떻게 안전할 수 있겠니? 의심할 바 없이 그녀는 천재였다. 그러나 다른 천재들도 지금껏 있었고 끝나는 순간까지도 천재들은 있을 건데, 그녀가 천재였다는 사실이 속임을 당한 사람들에게 아무런 위로가 되지는 않을 것이다.

지난주에 세 명과 함께 즐거운 시간을 보냈단다. 군산선교부의 베딩거 선교사(Miss Bedinger)[3], 케슬러 간호사(Miss Kestler)[4] 그리고 패터슨 의료선교사가 이곳 전주 선교부에서 한 주를 지내면서 각자 다른 사람들을 방문했다. 그들과 함께 점심 또는 저녁 식사에 거의 매일 초대받아 나갔다. 참 고상한 삶을 즐겼단다.

다이서트 선교사(Julia Dysart)가 같은 때에 내려왔는데 성경학교에서 가르치고 있으면서 전주에 남아 있다. 그녀는 내게 토요일과 일요일에 올 것이다. 다른 날은 내가 너무 바빠서 대접할 시간이 없

---

2 Mary Baker Eddy(1821.7.16.~1910.12.3.). 1879년 뉴잉글랜드에서 The Church of Christ, Scientist를 창립함. 랭킨 선교사는 그녀를 사이비로 보고 있음.

3 Miss Bedinger. Anna Moore Bedinger(1872.9.27.~1916.8.28.)

4 Miss Kestler. Ethel Esther Kestler(1877.4.26.~1953.3.2.). 에셀은 의료선교사로 한국에서 30년 넘게 지냈다.(Ethel spent over 30years in Korea as a medical missionary.)

거든. 일본에 함께 간 이후로 처음 같이 있게 된 때라서 우리는 할 이야기가 아주 많을 것이다. 우리가 만났던 친구들에게 둘이 함께 편지를 써서 보낼 거거든. '삼각대'에 올려놓고 찍은 사진이 잘 나오면 좋겠는데.

학년(school year)의 절반이 끝나지만 서운한 마음이 없다. 책임감이 크기에 학년이 끝나면 기쁘다. 그런데 더 많은 학년도를 다시금 시작하기 위해 한 학년도가 끝나는 것이란다. 2개 학년도를 마치면 집에 간다.

얼마 전에 보낸 편지에 너에게 위임한 일을 적은 긴 목록을 적었다. 그 일들이 너에게 많은 어려움을 주지 않았으면 한다. 네가 보낸 굽이 높은 신발보다 한 치수 큰 갈색 신발을 구해 주렴. 동상 때문에 나와 내 발이 고생을 해서 꽉 끼는 신발을 신을 수가 없다.

가족 모두에게 특히 너에게 큰 사랑을 전한다.

사랑하는 언니 넬리.

1911년 2월 24일 [한국, 전주]

사랑하는 조지아에게,

사람들은 기회가 모두에게 찾아온다고 하지만, '조지아 앞'이라는 꼬리표가 붙은 기회는 아직 모습을 드러내지 않았다고 단언하기에 '조지아 앞'이라는 특별한 기회를 내가 만들어서 얼마 전에 받은 너의 길고 만족을 준 편지에 대한 나의 감사의 마음을 전하도록 하련다. 네 편지를 적어도 수십 번은 읽었다. 너의 모든 편지를 읽을 때마다 열댓 번씩 읽듯이 저번 보내준 편지도 재미있는 내용이 정말로 많아 여러 번 읽었단다. 지금은 그 편지를 어디에 뒀는지 모르고, 너에게 편지를 쓰는 이 기회가 사라져 버릴 것이기에 그 편지를 찾으러 갈 수도 없다. 꼭 언급해야 할 몇 가지에 대해서는 기억하려고 노력할게. 그리고 나머지 것들에 대해서는 나중에 편지할게.

네가 너의 사촌 캐리(Carrie Belle)에게 한 칭찬은 정말로 네가 할수 있었던 최상의 칭찬이었다. 왜냐하면 내가 아무리 친구를 끔찍이 사랑한다고 할지라도 내 남편을 그 친구와 항상 공유하고 싶지는 않거든. 그렇지만 그 제안을 나보다 더 잘 알거나 더 고맙게 받아들일 사람은 없다. 레이놀즈 목사님 가족이 이곳에 있었을 때 그 가족의 일부가 되었었지. 그분들의 가정사를 시시콜콜히 알았고 언제든 내가 원하면 그 집에 오고 갈 수 있었고, 그분들은 나를 항상 환영해 주었단다. 지금 다니엘 의료선교사 가족과도 그런 관계로 지낸다. 그 것이 얼마나 내게 소중한 지 아무도 모를 거야. 내 가정을 꾸리는 것은 미국을 떠날 때 포기했던 것이란다. 황홀한 독신 생활이 불만족스럽거나 불행하지는 않다. 사실 내가 어떤 부부를 보게 될 때는 혼자 있게 된 내 운명에 감사를 드리기도 한다. 반면에 나는 실패한 운명을 가지고 있지는 않다. 결혼 생활이 행복한 여성이 가장 행복한 여성이라고 생각한다. 그렇지만 우리 모두가 해야만 하는 일을 하면서, 자신에게 꼭 맞는 천생연분과 결혼할 수 있는 것만은 아니다. 그래서 나는 내 인생에서 내가 할 수 있는 최선을 다하고 있으며 우정을 통해서 얻을 수 있는 좋은 것들을 모두 얻고 있고 다른 사람들의 자식을 사랑한단다.

조그마한 한국아이들이 예쁘다는 말은 마라. 그것은 알고 있다. 다니엘 의료선교사의 부인 새디는 거의 세 살이 된 사내아이[1]가 있는데 내가 그 아이를 끔찍이도 좋아한다. 큰 아이들처럼 크고 힘세고 어깨가 넓은 아이란다. 그런데 가장 깜찍한 아기란다. 항상 기분 좋고 즐거운 아이지. 때때로 일이 생겨 아주 바빠 새디를 보게 되어서 아이들을 잊기도 한다. 그러면 잠시 후에 프랭크가 "Miss Nellie 저에게 키스를 안 해 줬어요"라고 한다. 그리고 내가 걸신들린 듯 키스를 해주면 싫다는 몸짓을 전혀 하지 않는다. 내가 덜 바쁘고 그 아이가 이야기를 원할 때는 내 무릎에 앉힌단다. 내 얼굴에 그 큰 눈을 고정시켜 놓고 잠시 멈췄다가 "사랑하고 싶어요"라고 하며 포동포동한 두 팔로 내 목을 감싸는데 그러면 그 아이가 질식할 정도로 꼭 껴안아 준다. 내 기억 속에 베티(Betty Virginia Knox)[2]와 프랭크(Frank Daniel)가 있는 한 예쁜 한국아이들에 대해서는 얘기하지 말아라. 내

---

1 프랭크에 대해서는 1910년 10월 6일자 편지 참조.
2 Elizabeth Virginia "Betty" Knox Passmore(1908.8.23.~1991.6.15.), 1910년 6월 28일 목포에서 보낸 편지 참조.

천생연분의 사람이 결혼하자고 하면 나는 서둘러서 "예"라고 할 거다. 그러나 그 천생연분의 사람이 내 앞으로 나오는 것을 주저하는 것 같다.

어린애들에 관한 얘긴데 제니(Jennie)가 임신을 하다니 안됐다는 말은 할 수 없다만, 그녀 남편이 아무 일도 하지 않고 있다니 안됐다. 내게 편지를 써서 그가 어떻게 지내는지 말해주렴.

의사들이 네 아들 윌리엄의 병이 결핵이 아니라고 했다니 참 다행이다. 나는 혹시나 결핵인지 걱정하고 있었거든. 어휴, 가여운 것. 힘든 시간을 보냈지만 어려움을 다 이겨내기를 간절히 희망한다. 네 딸 앨리더(Alida)[3]는 아주 오래전에 좋아져서 자신의 모습을 되찾았겠지. 캐리(Carrie Belle)가 내게 편지를 해서 앨리더가 얼마나 부모님 말씀을 잘 듣고 착하게 지내는지에 대해서 알려 줬다. 앨리더의 귀여운 애기 시절을 정말 보고 싶은데, 내가 귀국하면 앨리더만큼이나 귀엽거나 더 귀여운 아기가 있겠지. 서배너로 가게 되기까지는 27개월이 남았다. 그러니 기대하시라! 내가 실내 가구가 어떻게 배치되어 있는지 아는 집으로 네가 이사했다니 기쁘다. 너와 아이들이 가까운 곳에 오게 되어서 너의 어머니께서 아주 좋아하실 거고, 어머니를 가까이서 볼 수 있어서 너에게도 좋을 것이다.

요즘 찰리(Charlie)는 무엇을 하고 있니? 여전히 사람들과 어울리는 것을 좋아하니? 약혼한 여자가 있니? 노라(Nora)는 뭐하고 살고 있니? 음악을 가르치고 있고 결혼에 대해서 심각하게 생각하고 있니? 룻은 이런 풍문들에 대해서 잘 쓰지 않으니까 네가 새로운 소식

---

3 Alida Harper Fowlkes(1908.6.8.~1985.1.21.), 1908년 6월 11일 Georgia에게 보낸 편지 참조.

과 앞으로 짝이 될 것 같은 사람들 등등에 대해서 편지를 길게 해주렴. 얼마 전에 프랭크(Frank Heyward)가 애니(Annie Simpkins)에게 결혼하자고 아주 맹렬히 쫓아다녔지만 프랭크가 가톨릭교도이기 때문에 그녀의 어머니가 찬성하지 않았다고 하는 것을 들었단다. 그일은 어떻게 됐니?

내 남동생이 괜찮은 여자를 만나서 정착하면 좋겠다. 그러나 내가 귀국하기 전에 룻이 결혼하는 것을 원하지는 않는다.

오늘 오후에 내가 사놓은 땅을 보러 갔고, 그 땅에 작물을 심기 위해서 밭갈이를 좀 시키려고 한다. 여전히 매일 밤 얼기는 하지만, 며칠 날씨가 좋았다. 올해는 겨울이 무척 질린다. 학교는 내게 큰 책임감이고 모든 것들이 새로운 것이라 일이 힘들다. 봄이 되면 아주 기쁠 것이다.

지난주에 우리는 간호사(trained nurse)를 잃었다. 작년 8월에 이곳에 온 내 나이 또래의 키가 아주 크고 잘생긴 여자였다. 광주에 잠깐 볼일이 있어서 가고 있는 중이었는데 아주 기분이 좋은 상태였다. 그날 밤에 잠자다가 심장마비로 죽었다. 전혀 깨어나지도 못했고 니스벳 부인이 새벽 2시에 그녀의 손을 만져보고 차갑게 죽어있었다는 것을 알았을 때는 죽은 지 몇 시간이 지난 뒤였다. 한국에 있는 선교사들은 아무리 잘해도 장수하지는 못한다. 그래도 피츠 간호사(Miss May Pitts)[4]의 죽음은 아주 슬펐다. 우리 생각에 그녀의 사역이 시작

---

4 Miss Laura May Pitts(1878~1911.2.14.) Mrs. Sadie B. Daniel. "An Appreciation: Laura May Pitts-Died February 14, 1911," *The Missionary*(April, 1911), pp.168-9 참고. 피츠 선교사가 사망한 장소는 현재 전북 정읍시 입암면 천원(川元)리로 이곳에는 1905년 4월 20일 테이트 목사에 의해 설립된 천원제일교회가 있음. 천원제일교회 100주년 기념비에는 "천원제일교회는 신의주에서 목포 1번 국도변 전북과 전남 경계에 자리 잡고 있어 미국 남장로교 선교사들이 전남 나주지역 선교를

도 하지 않았는데 끝나 버렸다. 올해 우리 네 곳의 선교부에서 모두 손실이 있었다. 전주는 죽어서 사람을 잃게 된 유일한 선교부이고 군산에서는 얼 목사님 가족(the Earles)이 얼 목사님의 건강 때문에 미국으로 귀국해야만 했다. 광주에서는 프레스톤 목사님 가족이 프레스톤 부인 어머니의 병이 급속히 악화되는 바람에 12월에 귀국하게 되었다. 그리고 목포에서는 포사이드 의료선교사가 매우 아팠고 그 다음에는 동생 진(Jean Forsythe)이 병에 걸려서 두 달이 넘게 침대 신세를 졌고 오랫동안 우울했다. 오누이 모두 병의 회복을 위해 목포 선교부에서 떠나있으라는 의사의 지시를 받았다. 이 기후가 몇몇에게는 굉장히 힘든 것 같다. 내가 이곳에 온 첫해 여름에 병에 걸렸었는데 죽지 않고 살아난 다음에는 나는 그저 번창하고 있지만 기후 때문에 내 신경이나 다른 것이 손상되는 것을 보니 문제의 원인은 이곳의 기후다. 내 머리카락이 희어지고 있다. 남아 있는 것이 거의 없지. 이를 치료하기 위해서 매번 꼬박 이틀을 가야 하고, 치료해 주는 의사는 삼류인데 일류 의사에게 내는 치료비를 지불한다는 것을 생각해봐. 네 이가 아프고 좋지 않은 부분이 있어서 위든 아래든 뽑아야 할 때에 가까운 곳에 치과의사가 있다는 것을 감사하게 생각해야 한다.

집에서 가져온 옷들이 하도 많이 헤져서, 기워 넣은 것들 사이에서 몇 개의 줄로만 남아 있게 됐다. 저녁 시간에 바느질을 조금 하려고 한단다. 참 더디게 되는 일이지만 바지 하나를 끝냈단다. 그 바지

위해 전주에서 말을 타고 입암면 천원리에 경유하고 유숙하면서 교회가 설립되다."라는 설명이 있음. 현재 정읍과 장성간 국도 1호선 구간은 2004년 12월~2016년 7월 동안 공사한 것임. 옛 구간은 천원리를 거쳐 갈재를 넘어가는 것이었음. 선교사들은 길이 험한 갈재를 넘기 전 천원에서 하룻밤을 보냄. 천원은 과거 말을 갈아타는 역과 숙소가 있던 곳에서 유래한 지명이라고 함.

가 굉장히 자랑스럽다. 속옷을 몇 개 반드시 만들어야 한다. 속옷이 완성될 때에 내 여름 몸통옷이 이곳에 와 있을 거야. 만약 룻이 북부 지역에 너무 오랫동안 머물지 않는다면 말이야.

만약에 엘리너(Eleanor Goucher)가 초여름에 한국으로 다시 온다면 그녀와 함께 서울로 갈 것을 약속했다. 그래서 필요하다면 학교가 방학하자마자 떠날 수 있도록 준비하려고 한다.

너의 어머니께서 내가 보내드린 조그마한 상자가 성탄절 이후에 도착했다고 하셨다. 내가 어머니와 너에게 보낸 꽃병은 괜찮은지 어떤지 말씀을 안 하셨다. 괜찮았기를 정말 바라마. 나는 그 거친 칠보 세공품(cloisonne)[5]을 사랑한다. 한련화(nasturtium)와 함께 있으면 특별히 예쁘다고 생각한다. 일본에 있는 에릭슨 부인이 내게 준 것을 하나 가지고 있는데 너에게 보낸 것보다 크다. 빨갛고 노란 한련화와 함께 있으면 보는 것만이라도 나는 좋다. 네게 보낸 것은 작년 여름에 일본에 있는 동안 산 것이란다. 네가 칠보세공품과 사쓰마(Satsuma) 공장 아니 공방을 방문했으면 하고 내가 얼마나 바랐는지 모를 거다. 정교한 도자기가 있는 그들의 공방은 정말 황홀하다. 가장 유명한 장소 중 몇 곳을 다녀왔다. 그 장소에 들어갈 때마다 십계명[6]을 어겼다. 일본에는 눈여겨봐야 할 것들이 많이 있다.

나는 룻이 내후년 겨울에 이곳에 나를 찾아오는 것 때문에 무지 기뻐하고 있다. 이곳으로 오는 동안 룻은 일본의 일부를 볼 것이고 그런 다음에 우리는 시베리아와 유럽을 거쳐 집에 함께 갈 것이다. 아주 훌륭한 여행일 것 같지 않니? 그런데 그 전에 27개월 동안 열심

---

5 1910년 5월 17일 편지 참조.
6 일본에 신이 너무 많이 있거나 탐나는 것이 많아서 십계명을 지키지 못했다고 말한 듯함.

히 일해야 한다.

새로운 목사님은 어떠니? 클레이 부인(Mrs. Clay)이 그녀의 사촌 메이(May Copes)가 그녀에게 쓴 편지에서 한 문장을 골라 나에게 적어 보내 줬다. 그 목사님을 열정적으로 찬양한 것이더라. 나는 그분이 서배너로 가기 전에 그분에 관해서 상당히 많이 들었다. 선교사들 중 한 분이 그분이 있던 세인트루이스(St. Louis) 교회의 지원을 받았 거든. 그분은 틀림없이 아주 좋은 사람이고 괜찮은 사역자일 거다.

해야 할 더 중요한 일이 없을 때는 앉아서 아주 재미있는 편지를 한 장 더 쓰렴. 이곳 아시아 대륙의 전주에서 네 편지를 아주 즐겁게 보기 때문이란다.

너의 어머니, 노라(Nora), 너의 남편 윌, 그리고 자녀들에게 최고 로 좋은 일만이 있기를 바란다. 너에게도 엄청난 사랑을 전한다.

진실한 벗 넬리.

1911년 4월 15일 [한국, 전주]

사랑하는 아버지께,

아버지께서는 일 년에 한 번은 편지를 주셨지만 다음에는 규칙적으로 편지를 하시겠다는 새해 결심을 하시고 나서는 괜찮은 신년 결심을 하시는 것을 포기하신듯합니다. 아버지로부터 직접 소식을 들은 지는 너무도 오래전 일이고, 어머니께서 편지하셔서 아버지께서 저를 위해 만들어주신 훌륭한 성탄 선물에 대해서 알려주셨습니다. 은행 주식을 사 주신 것에 정말 감사를 드리며 다른 이들이 선물을 보낼 때 거기에 더해서 아버지께서 식탁용 큰 스푼들을 보내 주신 것에 많은 감사를 드립니다.

저는 결혼한 여자가 모든 것을 갖게 되고 노처녀는 아무 것도 갖지 못하게 되는 것은 공정하지 않다고 항상 말했습니다. 노처녀들은 일종의 위문 잔치를 가져야 합니다. 저는 저의 잔치와 선물을 구하고 있습니다. 그래서 현모양처가 되겠다는 약속을 할 필요는 없습니다. 우리 노처녀들이 아주 만족하고 있다는 것은 좋은 일입니다. 두 달 후면 우리 선교회에는 총각이 한 명도 없을 것이기 때문입니다. 포사이드 의료선교사는 건강 때문에 지난주에 미국으로 갔고 패터슨 의료선교사의 약혼녀가 곧 이곳에 와서 그와 함께 있을 것이기 때문입니다. 저는 6월에 북쪽으로 잠시 다녀올 생각입니다. 사람들에게는 사냥을 간다고 했어요. 요즈음은 사냥감이 거의 없으니 두려워하지 마세요.

어젯밤 잠들기 전에 아버지를 생각했습니다. 아버지의 생신[1]이 가까워져서입니다. 시간이 얼마나 빨리 흘러가는지요. 안식년까지 남아 있는 시간을 달 단위로 세어 봤더니 25개월 반이더군요. 곧 집에 돌아갈 것처럼 보입니다. 제가 신문을 볼 때마다 많은 변화가 생긴 것을 보게 됩니다. 새로운 이름들이 많더군요. 어린아이들이 지금은 결혼을 했고 나이 드신 분들이 많이 돌아가셨더군요. 저는 브랭크 목사님(Mr. Brank)과 교회일 전반에 대한 아버지의 의견이 몹시도 궁금합니다. 브랭크 목사님께서 보내 주신 좋은 편지가 있는데요. 그 편지에서 아버지와 아주 친한 사이인 것처럼 말씀하셨어요[2].

어머니께서 말씀하시길 제가 아버지보다 농사일을 잘 한다고 합니다. 저는 텃밭을 일구지 않으면 굶주려 죽게 된답니다. 이곳에서는 사먹을 채소가 없습니다. 비록 일본인들이 우리가 사용할 수 있는 감자와 양파 같은 것들을 대량으로 재배하기 시작했지만 그것이 다입니다.

한 번 더 새해 결심을 하시고 저에게 편지를 하셔서 그 결심에 대해서 정말이지 빨리 말씀해 주세요. 저를 위해 아티초크 씨를 몇 개 보관해 주세요. 이곳으로 오는 중에 뿌리가 다 썩었답니다.

많은 사랑을 전합니다. 새해가 아버지에게는 가장 좋은 해가 되길 빕니다. 그리고 앞으로도 더 많은 좋은 해가 있기를 바랍니다.

버림받은(?) 딸 넬리 올림.

---

1 James Lee Rankin(1846.4.14.~1933.9.30.), 생일 4월 14일.
2 랭킨 선교사의 아버지가 교회의 장로(elder)였다는 사실은 저자 소개에 있는 Libbie Alby Bull의 추모글에서 알 수 있음.

1911년 5월 12일 [한국, 전주]

사랑하는 윌에게,

5월 중순에 보내는 이 편지를 받고 겁먹지는 말아라. 오늘 저녁 너랑 이야기를 하고 싶고 1일 보낸 미안한 편지에 대해서 계속 미안 했기에 편지를 다시 하는 거란다. 아무래도 6월에 보내게 될 편지는 늦어질 것 같구나. 학교가 6월 3일 방학하게 되는데 학기말 정신없이 바쁜 것이 내게 어떤 의미인지 너는 알잖니. 그리고 방학하면 곧바로 산행을 하려고 하거든. 그래서 편지가 늦어지는 것이 확실시된다. 그 래서 이번 편지가 다음 편지를 기다리는 고통을 완화시켜 줄 거야. 네가 이 편지를 읽고 있을 즈음이면 나는 평양에 있을 것이다. 평양 은 3천 년 전 사무엘이 이스라엘의 사사로 있던 시대에 한국의 수도 였는데 그 당시 한국은 기자(Kija)가 다스리고 있었다. 평양 이야기는 나중에 더 할게.

지난주에 너의 엽서를 받고 기절할 뻔했다. 네 편지에서 첫 번째 본 것은 치과의사 한 선생(E. E. Hahn)이 내게 인사를 전하더라는 것 이었다. 윌! 너를 보기 전에 내 생명이 거의 다 될 뻔했다. 네가 하필 이면 한 선생을 만나게 될 게 뭐냐! 그 사람이 다음날 떠났다니 기쁘 다. 왜냐하면 더 있었으면 그 사람이 너에게 사기를 쳤을 수도 있으 니까. 그 한 선생 참! 내가 그 사람과 말을 하고 지내는 관계라고 생 각지도 않고 있는데 내게 카드를 보내왔다. 그 사람에게서 온 편지를 오늘 받았다. 그 편지에 너의 인사를 대신 전한다고 하면서 "언제,

어디서 연례회의가 열립니까?"라고 추신을 덧붙였다. 그 말은 연례회의에 참가해서 우리에게서 부당하게 돈을 빼앗아 가겠다는 거란다. 먼저 내가 들었던 말을 해주마. 내가 테이트 여선교사님에게 엽서를 받았노라고 했더니 "동생에게 사기를 칠 거예요"라고 하더라. 다니엘 의료선교사는 이것을 듣더니 "얼마나 동생에게 사기를 치려는지"라고 했단다. 오늘 맥컬리 목사님에게 그 편지에 대해서 말을 했더니 "그 사람 참 낯짝이 두껍네"라고 하더구나. 이러한 이유 때문에 내가 그 사람하고 끝냈다. 그 사람은 전에 이곳 전주에서 열린 우리 남장로교 한국선교회 연례회의 때 왔다. 이를 치료하고는 어마어마한 돈을 요구했단다. 그 사람을 내 집에서 대접했었다. 2년 전에 그 사람은 군산에 있었고, 다른 어떤 사람도 오기 전 1주일 동안 우리는 상당히 오랫동안 함께 있었다. 그 사람은 아주 매력적이었지. 목소리도 좋고, 피아노도 잘 치고, 연기도 아주 잘한다. 그리고 예의범절도 바른 사람이란다. 내가 불 부인의 집에 머무르고 있었는데, 그곳에서 그는 좋은 시간을 보냈단다. 내가 두 달 뒤에 서울로 갔다. YMCA 회의에 들어가면서 한 씨에게 목례 인사를 했는데 그 사람은 나를 빤히 바라보기만 할 뿐 꿈쩍도 않더구나. 이틀 후에 그는 윌슨 선교사와 녹스 선교사가 결혼[1]할 때 피아노를 쳤고 개인 집에서 열린 저녁 식사에 참석했단다. 나는 신부 들러리 두 명 중 한 명이었는데 그 사람은 내게 한마디도 안 꺼냈고, 서울에 있는 동안 내내 내게 다가오지도 않았다. "나는 나이가 너무 들었거나 너무 추하다." 다른

---

1 1910년 5월 17일 편지 참조. *The Missionary*(December, 1909), p.624. 윌슨 의료 선교사와 녹스 선교사는 둘 다 광주선교부 소속인데 채프만 부흥 집회 기간 서울에서 결혼함.(Dr. R. Manton Wilson and Miss Bessie Knox, both of the Kwangju station, were married in Seoul during the Chapman meetings.)

사람들은 내게 아주 잘해 줬다. 다른 남자들은 일부러 나를 찾아왔기에 데이비드(David)[2]만 다르게 행동해서 눈에 띄게 되었다. 그 사람은 감리교 소속으로 먼저 중국으로 갔다. 중국과 감리교선교회를 떠나 돈을 보고 한국으로 와서 돈을 챙겼다. 이곳에 오기 위해서 선교사들하고 아주 밀접한 관계였다. 그런 다음에 그는 종교와는 완전히 단절했다. 그리고 사업에 뛰어들었다. 그 후에 회개하고 영국 성공회에 들어갔다. 그런 후 다시 성공회에서 나왔고 다시 회개하고 교회에 다니는지 어쩐지 모른다. 그 사람은 치료를 형편없이 하고 엄청나게 많은 돈을 요구한다. 그 사람 하는 일이 너무 불만족스러웠기에 우리는 그 사람이 돌아오리라고는 생각지 않았다. 북장로교에서 서울에 있는 의과대학에 치과를 개설하려고 한다. 그리고 올 가을에 일류 치과의사를 모셔오려고 한다. 그러면 우리는 모두 그 사람에게 갈 것이다. 작년 여름에 내가 일본에 머무를 때 그곳에 있는 치과의사가 한 씨에 대해서 물었다. 내가 대답하면서 굉장히 조심했는데 그 사람이 계속 물어왔다. 마침내 그는 나에게 아주 단도직입적인 질문을 몇 가지 하고는 그 이유를 말해줬다. 그 사람 말이 한 씨가 그에게서 그리고 그가 알고 있는 일본에 있는 두 명의 다른 치과의사들에게서 많은 용품들을 가져갔단다. 그 사람들은 한 씨에게서 어느 것도 얻어낼 수가 없었다고 한다. 금니를 때운 것이 세고 있는 것 같아서 일본인 치과의사에게 치료해 달라고 할 것이다. (그 사람은 필라델피아 치대를 졸업한 사람이다.) 한 씨가 내게 공손하고 좋게 대하려고 하면 내가 어떻게 해야 할까? 그 사람은 정상적인 것 같으면서도 뭔가 많이 부

---

2 한국, 전주 1909년 봄이라는 편지를 참조. David Edward Hahn(1874~1924). 여기서 앞서 Mr. Hahn이라고 하는 것이 아니라 이름 David를 사용한 것을 보면 랭킨 선교사가 치과의사 한 선생과 개인적으로 가깝다고 생각한 것을 엿볼 수 있음.

족한 사람이거든.

맥커첸 목사님이 약 10마일 떨어져 있는 시골교회에 회합이 있어 갔기 때문에 오늘 오후 맥커첸 부인을 돌봤다. 그녀는 아주 많이 좋아졌다. 그리고 매일 몇 분간 병상에서 일어나 앉아 있다. 내가 바느질을 하기 시작했는데 새 몸통옷에 단추 구멍을 만들었다.

브록맨 씨가 15일(월요일)에 이곳을 방문하러 내려오는데 어머니를 모시고 올 것이다. 그의 어머니는 참 사랑스러운, 나이 드신 숙녀분이란다. 그분은 먼저 나와 같이 있을 것이고 그런 다음에 다니엘 의료선교사 가정에서 지낼 것이다. 그 후에 내가 북쪽으로 갈 때 그분을 모시고 갈 수도 있고 브록맨 씨가 내려와서 모셔갈 수도 있다. 그 사람은 남쪽 지역에 있는 학교들을 순방하고 있는데 무엇을 계획[3] 하고 있는지 나는 모른다.

혹시 그 사람이 오게 되면 그에게 잘 해줘라. 키가 작고 아주 소박하다. 그런데 더할 나위 없이 좋은 사람이란다. 아주 훌륭한 멋쟁이지. 방문하는 모든 젊은 여성들에게 잘해주고 누군가 부탁을 하면 하던 일을 마다하고 일부러라도 도와준단다. 그 사람 내게 정말이지 끔찍이도 잘해 줬다. 그는 내년 여름에 귀국할 거다. 지금 미국에 스나이더 씨(Mr. Snyder)[4]라는 분이 있는데 그 사람도 아주 좋다. 그 사람이 내게 특별한 관심을 보여주지는 않았지만 항상 친절했다.

---

3 Francis Marion "Frank" Brockman(1878.5.21.~1929.6.10.), 1910년 12월 7일 편지를 참고할 것. 브록맨은 남부지방을 다니면서 학생 YMCA를 조직함. 그 결과 전주신흥, 광주숭일, 군산영명 등에 YMCA가 생김.
뿌락만(Brockman) 형제. https://yunheepathos.tistory.com/1353
4 이상재(Mr. Yi Sang Choi)와 서재필(Dr. Jai So Peel)에 대한 글을 쓴 사람. Mr. L.H.Snyder, of Seoul Y.M.C.A, "A Wonderful Story," *The Missionary*(July, 1911), pp.363-4.

여호수아 삼촌(레이놀즈 목사님)이 서배너에서 엽서를 세 장 보냈다. 그분이 서배너에 있을 때 가족들이 빛나는 식기에 음식을 담아 대접을 잘 해주었기 바란다. 그분과 부인(Aunt Patsy)은 정말이지 내게는 모든 것이기 때문이다.

아주 예쁜 새끼 돼지가 일곱 마리가 있다. 내일이면 태어난 지 일주가 되는구나. 새끼들이 아주 빠른 속도로 자라서 그것들이 뭔가에 열중하는 것을 볼 수도 있을 거다. 아주 장난기가 많고 귀엽다.

맥커첸 목사님은 아름다운 사냥개를 한 마리 가지고 있는데 예쁜 강아지를 다섯 마리 낳았다. 맥커첸 목사님이 내게 먼저 선택하게 약속했다. 지난밤에 미친개가 와서 내가 찍어 두었던 예쁜 강아지를 죽였다. 그리고 어미가 다른 새끼들을 지키려고 하니까 어미 개를 물어 뜯었다. 오늘 어쩔 수 없이 어미 개를 사살해야 했다. 강아지들은 아주 작지만 약간씩 유동식을 먹을 수 있기에 내일 강아지 한 마리를 집으로 가져올 것이다. 내가 두 번째 선택한 이 강아지는 예쁘긴 하지만 내가 처음 선택한 강아지처럼 두드러진 얼굴은 아니다. 비단 같은 긴 털이 있고 검고 하얀 얼룩점이 여럿 있어서 이 강아지는 포인터 같다. 나는 세터(Setter)와 포인터(Pointer)를 구별하지 못한다.

꺾꽂이(cutting)해서 키운 장미 28개를 옮겨 심었다. 아주 잘 되고 있지. 옮겨 심을 것이 약 12개가 더 있다. 그래서 결국 나는 좋은 장미를 갖게 된단다. 네가 보내준 플래그 릴리(flag lily)를 네가 볼 수 있으면 좋을 텐데. 뿌리가 3개만 살아남았었는데 마치 잡초처럼 번식을 잘 해서 지금 멋진 플래그 릴리 밭이 되었다. 다른 것들도 잘 자라고 있다. 아주 아름답단다. 내 탁자 위에 플래그 릴리가 한 아름 있는데 그것을 보니 네 생각이 나는구나.

스커트 아랫부분 둘레와 몸통옷 위에 푸른 등나무 자수가 된 예쁜 드레스를 샀더니 아주 멋쟁이가 된 기분이란다.

네가 볼티모어 근처에 가서 엘리너나 엘리자베스를 봤는지 궁금하구나. 내가 가까이 가면 좋으련만. 내가 그 두 사람을 아주 사랑해서 그들을 보면 아주 기쁠 거다.

애틀랜타 신문은 정규적으로 온다. 아주 즐겨본다. 『라이프(Life)』는 두 번 왔고 『플라이어스(Fliers)』는 마지막 뭉치에 있었다.

내 농장은 잘되고 있다. 어제 토마토를 옮겨 심었고 꽃을 조금 옮겨 심었다. 오늘은 알맞은 비가 하루 종일 꾸준히 내리고 있기 때문에 모든 것들이 다들 잘 자랄 것이다. 배추도 옮겨 심었으면 좋았을 것을. 우리가 같이 키우는 딸기는 일주일이나 10일 후면 나올 거야. 내 딸기밭은 새로 만들어져서 많은 딸기는 없을 거야. 딸기를 이번 봄에 옮겨 심었거든. 이번에는 아무 것도 기대하지 않고 있지만 딸기 꽃은 많이 피었다. 네가 이곳으로 달려와서 조금 먹으면 좋으련만.

아홉 시를 알리는 종이 울리고 있다. 아직 저녁을 못 먹었으니 이제 밥을 먹어야겠구나. 오늘은 이만하련다.

혹시나 나를 기억할 수도 있는 옛 친구들에게 사랑을 전해주렴. 넌 G와 페인(Miss Payne)에 대해서 내가 물어본 말에 답을 하지 않았단다.

많은 사랑을 보내며 사랑하는 누나 넬리.

1911년 5월 23일 [한국, 전주]

[편지에서 발췌한 것.]

10일 전에 우리를 잠시 방문하려고 브록맨 씨가 내려왔는데 어머니를 모시고 왔다. 그녀는 참 좋은 어른이신데 72세이지만 매우 생기가 넘치고 모든 일에 흥미가 있으시지. 나랑 같이 1주일간 있었다. 그런 다음 다니엘 의료선교사 가정에 가서 며칠 계셨고 오늘 맥커첸 목사님 집으로 옮겨가셨다. 월요일까지 그곳에 계실 것이고 그런 다음 나와 테이트 여선교사님과 함께 서울로 가실 것이다. 나는 먼저 송도로 갈 것이다. 미국 남감리교 선교사들이 그곳에서 사역을 하고 있는데 거기에는 고향 조지아에서 온 아주 매력적인 젊은 여자가 있단다. 그녀가 나를 초대했다. 그런 후 평양으로 갈 거다. 진남포(Chinampo)에서 사업하는 사람을 몇 명 보려고 했었는데, 그 젊은 여자의 어머니가 매우 아파서 서울에 있는 세브란스 병원에 입원해 계시기에 그곳은 못 갈 것 같다. 그런 후에 6월 27일부터 7월 7일까지 뉴욕에서 온 화이트 박사(Dr. W. W. White)[1]라는 분이 서울에서 인도하게 될 사경회 (Bible Conference)에 참석할 것이다. (브록맨 씨 가족과 함께 있을 것이다.) 그런 후에 집으로 돌아오려고 한다. 학교는 모레 방학하게 되는데 기쁘지는 않을 것 같다. 시험 때문에 거의 죽을 지경이다. 필름은 무사히 왔다. 이제 좋은 사진을 몇 장 찍었으면 좋겠다. 무지무지 고맙다.

---

1 Wilbert Webster White(1863.1.16.~1944.8.21.), 1911년 7월 10일 편지 참조.

손으로 그린 작은 카드에 관해선데 여기서는 80센트밖에 안 하는 가격이란다. 그런데 미국에서는 거의 10달러 가까이 할 거다. 그러니까 그 카드들을 너무 아무에게나 주지 말아라. 내가 귀국할 때 선물을 조금 가져가고 싶어서거든. 그리고 절대로 가격 이야기는 하지 말아라.

룻이 얼마 전에 편지를 해서 돈을 보낼 테니 그 카드를 많이 보내 달라고 했단다. 카드 중 몇 개를 성탄 선물로 쓰려고 한다는구나. 일본에 있는 친구에게 편지 해 올 여름에 그것들을 구해달라고 할 것이다. 네가 여전히 그 카드들을 룻에게 주고 싶으면 네가 그 비용을 지불하면 될 것이다. 룻이 성탄절 선물로 그것을 필요로 하면 룻에게 내가 보내줘야만 하니까. 너 좋을 대로 해라.

네가 볼티모어로 빨리 가서 엘리너와 엘리자베스를 만나기를 바란다. 네가 가게 되면 거기서 어땠는지를 내게 꼭 알려주렴.

우편환이 도착했다. 이 돈이 꼭 있어야만 하는 사람을 이번 여름에 찾을 것이다. 그리고 너의 이름으로 그 사람에게 이 돈을 줄 것이다.

여자들은 30이 넘으면 결혼을 잘 안 한다. 그래서 나는 어느 때나 네가 이곳으로 오면 "우리"가 있는 동산 위에다가 우리의 집을 지을 준비가 되어있단다.

내 새끼 강아지는 아주 대단히 잘하고 있다. 그리고 돼지들도 잘 크고 있다. 한창 딸기가 나올 때란다. 네가 이곳에 와서 맛을 보았으면 좋으련만. 내가 본 것 중에서 이곳 딸기가 가장 좋다. 내가 기르는 포도 넝쿨에 작은 포도송이들이 가득 달려 있다. 복숭아나무 중 몇 그루는 올해에 열매를 맺을 거야. 다른 농작물들도 좋은 결과가 있을 것 같다.

많은 사랑을 보내며 사랑하는 누나.

1911년 7월 10일 [한국, 전주]

사랑하는 윌에게,

오, 집같이 좋은 곳은 없다. 어제 어머니께 보낸 편지에 집으로 돌아오던 짜릿한 여정에 관한 모든 것을 적으며 어머니께 부탁드려 그 편지를 너에게 보내달라고 했단다. 그래서 그 부분은 생략하고 곧바로 내 여행에 대해서 쓸게.

아니, 먼저 『몰리 메이크 빌리브(Molly Make-Believe)』라는 책을 보내준 것 고맙다. 전에 읽었지만 내 것으로 한 권을 가질 수 있게 되어 아주 기쁘다. 신문들은 규칙적으로 온다. 그리고 내가 여행을 떠나기 전 필름을 잘 받았다고 편지했단다. 너는 정말 멋진 놈이다. 애 늙은이야, 나는 너를 그냥 무지 사랑한단다. 너를 보게 되면 죽을 정도로 꼭 껴안아 줄 거야.

이곳에서 곧바로 평양으로 갔다. 그리고 그곳에서 10일간 머물렀지. 교육자 회의(Educational Conference)에 참석하고, 교사와 계약을 맺고, 전체적으로 좋은 시간을 가졌다. 이 세 가지를 한 번에 다 했단다. 이 선생님(Mrs. Yi)을 잃게 되는 것이 너무 가슴 아프다. 내가 오른팔처럼 사용하고 아주 사랑하는 선생님인데 그녀를 포기해야 하는 것은 끔찍이도 어려운 일이란다. 남편이 대학 과정을 끝내고자 했기에 그들이 평양으로 돌아갔다. 평양은 한국의 수도 중 가장 오래된 곳이다. 기자(Keija)가 3천 년 전에 평양을 세웠단다. 폐허라고 하는 게 더 나아 보이는 고대 성벽의 일부분들을 여전히 볼 수 있다. 현재의 성곽들도 약 5백에서 6백 년 정도 된 오래된 것들이다. 나는 중국 군이 일본군과 큰 전쟁에서 싸울 때 마지막 지키고 있던 전쟁터에 갔는데 중국군은 패하자 이 산을 넘어서 도망갔다. 일본인들은 기자가 백성들을 위해서 파 놓은 유명한 샘을 덮어버리고 거기다 기념비를 세워 놓았다. 가장 유명한 건물은 장대현교회(Central Church)인데 매주 3,000명이 모여 예배를 드린다. 이 교회에서 7개의 교회를 개척해서 독립시켜 주었는데 그 교회들도 눈에 확 띈다. 길 목사님 (pastor Mr. Kil)[1]은 기독교인이 되기 전에 아주 독실한 유학자였다. 하늘에서 오는 능력을 받기 위해 그분은 차가운 물에서 몇 시간을 서 있고, 육체의 정욕을 죽이고 영혼을 정화시키기 위해서 벌거벗은 몸에 차가운 물을 들이붓고 그 물이 얼도록 한다. 그분이 위대한 학자였기에 그분이 개종한 것은 큰 사건이었다. 그분의 양쪽 눈에 백내장이 생겨서 눈이 거의 멀었다. 단지 빛을 구별할 뿐이었다. 수술을 해서 고통은 덜었지만 그분은 여전히 눈 때문에 많이 고생하고 있다. 목사 안수를 받은 최초의 사람들 중의 한 분이고 아주 훌륭한 사람이란다. 모든 사람이 평양에서 내게 잘해 주었는데 특별히 모펫 목사님 부부가 그랬다. 모펫 목사님은 내가 이상적인 선교사로 오랫동안 생각하던 분이란다. 한국에서 내가 만난 사람 중에 가장 위대한 사람이지만 거리감이 느껴지지 않는 사람이란다. 그분은 매우 바빴지만 그분과 안성맞춤인 부인은 내게 잘해 주었고 집으로 나를 종종 초대했단다. 나를 아주 잘 대해 준 또 다른 사람은 베어드 부인(Mrs. Baird)[2]이다. 한국어, 학교 교과서 그리고 한국에 관한 책들을 쓰신 분이지.

---

1 길선주(吉善宙) 목사(1869.3.25.~1935.11.26.)
2 Annie Laurie Adams Baird(1864.9.15.~1916.6.9.), William Martyn Baird(1862.6.6.~1931.11.29.)

그분은 한국에서 가장 탁월한 여성이란다. 내가 베어드 부인에게 전에는 무척 존경했었는데 가까이에서 알게 되니 남들과 똑같다는 것을 알게 됐다고 말씀드렸단다. 그분이 내게 아주 잘해줬다. 홀아비인 그분의 남동생[3]과 같이 있게 되었는데 나중에 우리 둘이 결혼할거라는 말이 들리더구나. 그 사람은 정말 좋은 사람이고 한국에서 가장 강한 사람 중의 하나라고 여겨진다. 그런데 그 사람은 나를 쳐다볼 필요도 없었지.

평양에서 송도로 갔다. 그곳에서 존스턴 선교사(Miss Mary Johnstone)[4]와 5일을 보냈다. 그녀는 예쁘고 보기 드물게 매력적인 아가씨란다. 옷도 잘 입고 사람들에게 매우 인기가 있지. 그녀의 아버지는 서배너에 있는 트리니티(Trinity) 교회의 목사님이란다. 그래서 우리는 꼭 22개월하고 19일 후에 함께 집에 갈 것을 계획하고 있다. 그곳에 정말이지 좋은 젊은 여자가 세 명 있더구나. 참 즐거운 시간을 가졌다. 그러고 나서 2주 동안 서울에 있었다. 나는 브록맨 씨 어머니[5]의 초대 손님이었는데, 브록맨 씨가 내게 다소 드러내고 돌진해서 남들이 뭐라고 쑥덕거리겠다고 생각했다. 그레그 씨[6]는 YMCA 간사 중 한 명으로 브록맨 씨 모자와 함께 사는데 내게 정말로 잘해 주었다. 브록맨 씨와 그의 어머니는 계속해서 사람을 보내서 나를 찾았고 그래서 내가 사경회(Bible

---

3 Rev James Edward Adams(1867.5.2.~1929.6.25.), 1893년 Nellie Grant Dick
   Adams(1866.9.15.~1909.10.31.)와 혼인함. 상처 후 1913년 Caroline McNeeley
   Babcock Adams(1875.4.26.~1937.10.21.)와 재혼함.
4 1911년 5월 23일 편지에 소개된 조지아에서 온 남감리교 선교사. 1906년 4월 개성에
   설립된 미리흠여학교(Mary Helm Girls' School) 교장 Mary Frances Johnstone
   Kagin(1884.10.14.~1966.2.25.) 북장로교 선교사 Edwin Kagin(1879.2.16.~1975.
   7.29.)과 1913년 10월 14일 결혼 후 북장로교 선교사로 전직함.
5 Rosa Emory Wood Brockman(1840.2.26.~1915.3.7.)
6 1909년 7월 1일 편지 참조.

Conference)가 시작되기 4일 전에 서울로 내려왔다. 서울에서 6월 20일 부터 25일까지 열릴 예정이었던 YMCA 학생 하령회[7](여름수련회 Student Conference)가 마지막 순간에 송도로 장소가 바뀔 수밖에 없었다. 그래서 그것 때문에 나는 그레그 씨와 함께 특별하게 되었다. 그래서 사람들이 내가 결혼할 사람은 브록맨 씨가 아니라 그레그 씨라고 했다. 선교사들은 아주 훌륭한 사람들이지만 짝 만들기와 뜬소문 만들기를 그렇게 잘한다. 한 남자가 한 여자와 두 번 만나면 확실한 사이라고 공표된다. 그래서 한 달 사이 나는 3명의 남자와 약혼했다고 알려졌고 사실 노처녀가 누리는 자유에 대해서 더 한층 생각하게 되었다. 다음 달에 베어드 부인의 남동생인 홀아비가 테이트 목사님을 방문하러 온다. 그레그 씨는 시간을 낼 수 있으면 9월에 올 것이라고 했다. 그리고 브록맨 씨는 가을에 학생들이 하는 일을 봐주기 위해 올 것이다. 그분들이 올 때마다 사람들은 더 한층 말들을 하겠지. 젊은 여자가 결혼에 대해서 말하면 우스꽝스러워 지니까 이제 다시는 결혼이란 말을 반복하지 말아라. 근데 내가 너에게 재미있는 것을 말하지 않으면 너는 듣지 않을 거잖아. 브록맨 씨는 너무 작다. 그레그 씨는 매우 유쾌한 사람이지만 나를 친구로만 바라볼 뿐이고 애덤스 목사님은 아주 훌륭한 사람이지만 결혼을 염두에 두고 있지 않고, 우리 둘이서 공개적으로 재미있는 잡담을 여러 번 했다는 것과 평양에서 그의 누나의 집에서 함께 있게 되었다는 것을 제외하고는 말할 것이 전혀 없다. 나는 결코 남자를 혐오하는 사람이 아니다. 그렇지만 한 여성이 31년간 혼자 잘 살아왔고, 완벽한 자유를 누리고 있으며, 원하는 대로 할 수 있는 돈을 가지고

7 우리나라 최초의 YMCA 하령회 (여름수양회)는 서울의 진관사에서 1910년 6월 22~27 일에 열림. W. A. Venable, "Korea's First Y.M.C.A. Student Conference," *The Missionary*(November, 1910), pp.558-60.

있는데, 이 모든 것을 포기할 만큼 괜찮다고 여길 남자들이 그리 자주 눈에 보이겠니? 편안한 집이 있고, 내가 원할 때 오고 갈 수도 있고, 좋은 친구들이 많이 있으니 내게 시시한 남자는 필요치 않아!

장마가 3주간 계속되고 있다. 녹음이 우거지고 채소뿐 아니라 잡초도 잘 자라고 있다. 화단이 예쁘다. 온갖 색조의 한련화, 장미, 카네이션이 수백 송이 피어있다. 그리고 잔디밭도 아주 아름답게 잘 되고 있다.

서울에 있는 동안 아주 좋은 경험을 했다. 우리 도지사(governor)[8]가 기독교인이고 우리와는 가까운 친구 사이란다. 워싱턴에 있는 한국 대사관에서 8년간 있어서, 우리 미국인들에게 아주 친절하게 대한다. 그녀의 딸이 이번 봄에 그를 방문하러 내려왔을 때 내가 그녀를 찾아갔다. 내가 서울에 있는 동안에 그녀가 우리 전주 사람들을 만찬에 초대했다. 그녀의 남편이 일본인들에 의해 살해된 민씨 성을 가진 왕비(Queen Min)[9]와 육촌관계(2nd cousin)라는 것을 알게 되었고, 대단한 양반(Yang-ban) 집안이라는 것 또한 알게 되었다. 만찬 자리에 박씨 성을 가진 왕족(Prince Pak)[10]과 부인도 초대되어 있었다. 그

---

8 1910년 11월 7일 편지에는 동일 인물을 Vice-governor라고 하고 있음. 김윤정(金潤晶, 1869.6.25.~1949.10.23.) 딸은 윤고려(1891.4.14.~1913.12.28.)로 윤치오(尹致旿, 1869.9.10.~1950.12.22.)의 두 번째 부인인데 남편을 따라 성을 김에서 윤으로 바꿈.

9 명성황후(明成皇后) 민씨(閔氏, 1851.11.17.~1895.10.8.)
"Queen of Korea,"(*The Missionary*(January, 1896), p.10)에 따르면 1895년 10월 8일 아침 시해 사건이 발생함. "서울에 있는 일본군 지휘관인 미우라 장군이 이런 끔찍한 비극을 계획하고 실행한 것을 담당했다는 것이 어떠한 의심의 여지 없이 확정된 것처럼 보입니다.(It now seems settled beyond a doubt that Gen. Maiura, Japanese commandant in Seoul, planned and was responsible for the execution of this horrible tragedy.)"

10 Prince Pak: 박영효(朴泳孝, Park Young-hyo, 1861.6.12.~1939.9.21.). 박영효

분은 왕실의 일원이었다. 내가 그 왕족 옆에 앉았다. 나는 그렇게 높임말을 써 본 적이 없었다. 그분이 영어를 하지 않기에 내가 특별히 그분에게 말을 해야만 했다. 일행 중 몇 사람이 그분과의 대화에 소극적이었기 때문이다. 내가 이곳에 온 지 얼마나 되었냐고 묻더구나. 4년 반이 되었다고 했다. 왕족이 "그것이 전부입니까?"라고 물었다. "한국어를 너무 아름답게 해서 그보다는 훨씬 오래됐었다고 생각했습니다."라고 하더구나. 그러고 나서 "단지 4년 만에 한국어를 이렇게 하다니"라고 했단다. 그분은 한국어를 잘한다고 하는 것이 외국인에게 할 수 있는 최상의 칭찬임을 알았다. 그러나 그 말을 들으니 정말이지 몸 둘 바를 모르게 되었다. 그분이 다른 사람과는 말을 안했기 때문에 만찬 식사 동안 다른 숙녀들은 무엇이건 말하는 것을 특히 부끄러워했다. 그래서 내가 말을 더 많이 해야 했다. 일행 중 누군가가 한국말을 배워서 하더라도 랭킨 선교사처럼 한국인들과 대화할 거리를 많이 찾을 수 있다면 좋겠다고 말하는 것을 들었다. 이제 더 뛰어난 말솜씨를 가지려고 하지 않아도 되겠어!

만찬 후에 우리를 초대한 분이 한국 골동품들을 모아 놓은 것을 보여주셨다. 희귀하고 오래된 한국 자기들을 아주 많이 보관하고 있었는데 600년이 안 된 것은 하나도 없었다. 600년 전에는 일본인들이 야만인들이었고 아무런 예술도 없었을 때였는데 한국 사람들은 도자기(fine pottery)를 만들고 있었다. 일본인들이 승리자가 된 끔찍한 전쟁 후에 일본인들은 이 도자기의 비밀을 아는 모든 사람들을 붙잡아서 일본으로 끌고 갔다. 그래서 그 비밀이 한국 사람들에게는 잊혀졌고 일본인들이 그 비밀을 개발해서 사쓰마(일본 자기)를 만들게

는 1872년 고종의 사촌인 영혜옹주의 부마가 됨. PRINCE PAK Pak Young Hio.

되었다. 윤 영감님(Mr. Yu or Yun)은 아주 아름다운 자기를 몇 개 가지고 있었다. 옛날 문양(seals), 우상, 무덤 가구, 한자로 쓰인 희귀 고서(서재에 책이 2만 권이 있었다.) 및 일반적인 골동품까지 소장하고 있었다. 전에 금으로 칠한 말안장 두 개가 일본의 왕실을 위해서 만들어졌었다. 400년 전의 전쟁[11]에서 한국 사람들이 하나를 빼앗았는데 (일본이 끊임없이 이어지는 전쟁에서 항상 승리한 것만은 아니었다.) 윤 영감님이 그것을 가지고 있고, 다른 하나는 도쿄의 왕실박물관에 있다. 그 집을 본다는 것은 아주 드문 특혜란다. 내가 한국에서 본 것 중 가장 멋진 것이었다. 일본인 요리사가 제공하는 생소한 12코스 정찬을 먹었다.

사경회는 재미있었다. 뉴욕의 큰 성경학교의 화이트 박사님(Dr. W. W. White[12])이 지도자였다. 그런 다음 그의 동생이자 평신도 선교 운동의 대표 캠벨 목사님(Mr. Campbell White)[13]이 우리에게 하루에 한 시간씩 그리고 YMCA 동양 사무총장인 에디 씨(Mr. Sherwood Eddy)[14]가 하루에 한 시간씩 가르쳤다. 우리는 아주 훌륭한 강사진을 모셨고 모임은 좋았다.

매일 저녁 식사 초대 받아서 나갔고 정말이지 좋은 시간을 가졌다.

결국 나는 치과의사 한 선생에게 갔다. 내 앞니를 일본인에게 맡기기가 두려웠다. 일본인들은 이 위에다 금을 넓게 펴놓는 것을 좋아한다. 공손했지만 다소 쌀쌀하게 그를 대했다. 그것은 그도 마찬가지였다. 그 사람이 너를 만났다는 말을 했지만 다른 말은 절대 없었다.

---

11 임진왜란(壬辰倭亂, 1592~1598).
12 Wilbert Webster White(1863.1.16.~1944.8.21.)
13 John Campbell White(1870.3.31.~1962.3.23.)
14 George Sherwood Eddy(1871.1.19.~1963.3.4.)

그는 내 이를 치료만 했고, 평상시에는 말을 많이 하는데 침묵을 지켰다.

우리 연례회의[15]가 9월에 이곳에서 열릴 것이다. 한 선생이 이곳으로 와서 참석자들을 위해 일을 할 거라고 했다. 전에 그가 왔을 때는 우리 선교회의 일원으로 대접받아서 각각의 집으로 초대받았었다. 그런데 이번에는 그를 내 집으로 초대하지 않을 것이다.

무덥지는 않지만 너무 끈적끈적하다. 좋은 미풍이 불고 있지만, 소나기와 소나기 사이에 밖으로 나가면 땀이 막 쏟아진다. 그리고
[편지를 끝맺지 않음.]

---

15 The Twentieth Annual Meeting, Chunju, Korea. 4th October~19th October, 1911.

1911년 8월 3일 [한국, 전주]

사랑하는 월에게,

내가 이틀이나 늦었지. 네가 보낸 편지가 도착하면 그 편지에 답장을 할까 하고 있었다. 그런데 편지가 전혀 안 오기에 내용은 거의 없지만 몇 자 적으련다.

장마철이 6월에 시작돼서 7월까지 계속된다. 한두 번의 약한 소나기 말고는 10일간 아주 더웠다. 오늘은 구름이 끼어서 어제와 그제보다는 훨씬 좋다. 어제와 그제는 폭염이었다.

어제 다니엘 의료선교사가 와서 신체의 불필요한 작은 부분을 떼내었다. 내가 마취제를 맞았기에 교직원들의 도움을 받았고, 내 손으로 다니엘 의료선교사의 얼굴과 팔을 만져서 확인했다. 나중에 30분 정도 쉰 후에 예쁜 사과 젤리(apple jelly) 14잔을 마셨다. 다니엘 의료선교사를 알고 있지? 내가 아주 이상적으로 생각하는 사람이야. 내가 첫해에 겪었던 아주 처참한 여름 기억할 거야. 군산에서 그 부부와 두 달을 보냈다. 다니엘 의료선교사와 그의 아내 새디와 나는 나이로 따지면 서로 6개월 이내의 차이고 마음이 매우 잘 맞았다. 그들은 나를 그들의 집에 정말 친근하게 데리고 있어 주었다. 세 명의 예쁜 아이들이 있다. 세 살 먹은 프랭크를 내가 가장 좋아한다. 새디와 아이들은 군산에 한 달간 있고 다니엘 의료선교사는 주일을 그들과 보낼 거란다. 진료소(clinic) 말고도 그는 지금 약방(dispensary)과 그의 집, 그리고 병원(hospital)을 짓는 것을 감독하고 있다. 우리 새

병원은 아주 아름다운 건물일 거야. 시내를 내려다보고 있는 동산 위에 지어지고 있는데 툭 튀어나와서 눈에 확 띈다. 병원을 지을 작은 산 발치에서 아름다운 회색 화강암을 발견[1]했다. 그래서 병원의 기초와 마감 부분은 회색이고 건물은 붉은 벽돌이다. 우리 선교사가 7명 있고, 학교가 두 개 있으며, 병원과 약방을 갖추고 있기 때문에 우리는 조그마한 도시처럼 보이기 시작한다. 지금 모든 것들이 아름답다. 비 때문에 녹음이 우거졌다. 우리 텃밭의 잡초도 비 덕분에 잘 자란다.

집에 온 이후로 편한 삶을 살고 있다. 바느질을 약간 하며 책을 읽는다. 1마일을 돌아가거나 개울을 걸어서 건너가야지 시내에 갈 수 있다[2]. 그래서 대부분의 시간을 집에서 보낸다. 새 냅킨에다가 내 이름 첫 자를 수놓는다거나 하는 소모적인 일을 하고 있다. 좋은 은식기가 있으면 예쁜 냅킨들도 있어야 하잖아. 내 이름 첫 철자 R이라는 글자를 수놓는 데 한 시간이면 충분하니까 다 해봐야 큰일도 아닐 거다.

---

1 전주시 마을조사사업 "동심(洞心)" 찾기 중화산 1동.(재단법인 전주문화재단, 2018) p.100. "그리고 중화산동의 남동쪽의 낮은 산지 일대는 백악기에 형성된 화강암 지대로 지속적인 풍화와 지형변동으로 인하여 현재의 낮은 산지를 형성한 것으로 보인다."

2 지금의 모습과 달리, 이 시기에는 선교사 촌에서 시내로 가는 직선 길에 튼튼한 다리가 없었음. Anabel Major Nisbet. "Some of Korea's Future Leaders," *The Missionary*(December, 1910), pp.603-5. "이곳에 있던 첫 해 우리는 집에서 약 1마일 떨어진 시내에 있는 작은 현지인 집에서 가르쳤습니다. 날씨가 나쁠 때는 우리와 시내 사이에 있는 다리가 휩쓸려 사라지곤 했습니다. 그래서 우리는 학교에 가기 위해서 고개를 넘어서 돌다리로 가야 했습니다.(The first year we were here we taught in a little native house over in the city about a mile from our home. In bad weather the bridge between us and the city would be swept away, and we would have to go over a mountain pass to a stone bridge to get to the schoolhouse.)"

내가 전주 선교부를 대표하여 보고서를 작성해서 연례회의에 제출해야 한다. 모두가 자신들이 한 일에 대해서 서류로 작성하고 내가 전주 선교부 전체보고서로 통합한다. 어떤 과목을 몇 시간 가르쳤다는 등등을 기록하는 것이 재미있는 일도 아니고 단순한 통계들을 흥미롭게 만들 수도 없다.

월요일에 하루 종일 내년 교육과정을 어떻게 할지 무엇을 가르쳐야 할지 무엇을 준비해야 하는지를 알아보면서 시간을 보냈다. 완전 새로운 성경뿐 아니라, 고급 생리학, 새(新) 지리, 자연지리학, 고대 역사, 그리고 고급 산술도 있다. 이것을 가르치려면 한 학기로는 안 되고 새로운 학기들이 많이 있어야 할 거다.

내 가족에 예쁜 새끼 고양이를 포함시켰다. 암컷인데 같이 놀아달라고 계속 조른다. 내 손을 살짝살짝 때리고 손에 머리를 비비면서 내 주의를 끌어 보려고 한다.

학교는 9월 1일 개학할 것이다. 연례회의는 9월 24일이나 25일에 시작될 것이다. 레이놀즈 목사님 가족으로부터 직접 들은 것은 아닌데 그분들이 어제 미국에서 출발할 예정이었다고 한다. 그분들을 보게 되면 정말 기쁠 것이다. 이곳 전주에 레이놀즈 목사님 부부와 다니엘 의료선교사 부부가 모두 다 있어서 나는 친구 걱정은 없다.

엘리너에게서 연락이 얼마간 없었다. 네가 볼티모어에 갔었는지 궁금하구나. 오늘 오후에 말을 타고 연꽃 연못[3]으로 가서 활짝 핀 연꽃을 볼 계획이었는데 다시 비가 내리기 시작했다. 그곳으로 남 몰래 갈 수는 없을 것 같다.

나의 조그마한 셀러리가 아주 훌륭해서 내년 겨울에도 이 셀러리

---

3 현재 전북 전주시 덕진구에 위치한 덕진연못(德津池). 연꽃으로 유명함.

를 많이 갖게 될 것 같다. 지금까지 본 것 중 가장 예쁜 한련화가 피었다. 그리고 내 장미는 전주 선교부 모든 사람들이 부러워하는 거란다.

저녁에는 2층 베란다에서 잔다. 내 침실은 여름에는 매우 따뜻하기 때문에 실외에서 자는데 아주 만족스럽다. 잠을 잘 때 마다 내 간이침대에 맞도록 깔개를 두 겹으로 만들고 얇게 덮는 천도 두 겹으로 만든다. 종종 이불을 사용하거나 퀼트(quilt)를 이용한다. 낮에는 덥지만 밤에는 항상 산들바람이 분다.

결혼한 네 친구와 카드 놀이할 사람들에게 줄 예쁜 런치 천(lunch cloth)을 사달라고 일본에 편지를 보냈다.

네가 어머니와 룻과 함께 산에서 휴가를 보낼 건지 궁금하다. 너의 여름에 대해서 모든 것을 내게 편지하렴.

고든(Gordon Haines)은 지금 어떻게 지내고 있니? 그 사람이 삶에 대해서 더 염증을 느끼고 있니? 아니면 여전히 오랜 친구들에게 흥미를 느끼고 있는 것 같니? 개러드(Garrard)는 지금 누구에게 적극적으로 달려들고 있니? 옛날처럼 그 무리의 보호자로 사교 모임에 따라갔으면 좋겠는데.

월터(Walter)와 애니(Annie)는 어떻게 지내고 있니? 교회 일이 아직도 해결되지 않았니?

편지가 참 산만하다. 그렇지만 아주 더운 여름날이고 나의 창조적인 힘이 다 고갈됐다는 것을 기억해주렴.

많은 사랑을 보내며 사랑하는 누나 넬리.

1911년 8월 14일 [한국, 전주]

니스벳 부인(Anabel M. Nisbet)이 랭킨 선교사 부모님께 쓴 편지

친애하는 넬리 부모님께,

마음속으로는 하루 종일 편지를 쓰고 있었지만 펜을 들려고 하니 글을 쓸 수가 없습니다. 우리가 도움을 드리고자 하면서 도리어 상처를 주기가 아주 쉽습니다. 그러나 저는 넬씨(Nelsie)가 저에게 얼마나 소중했는지 그리고 넬씨가 두 분을 얼마나 사랑했고 매일 두 분에 대해서 저에게 어떻게 말했는지를 알려드리고자 합니다.

넬씨와 저는 한국에 5주의 간격을 두고 도착했습니다. 우리는 남학교를 따님은 여학교를 담당했지요. 우리는 가까이 살았답니다. 그래서 우리는 함께할 시간이 많았습니다. 올 여름에 따님은 저와 같이 시간을 많이 보냈습니다. 일주일에 두세 번씩 같이 식사를 하고 종종 낮 시간을 같이 보내기도 했습니다. 저는 항상 따님을 "넬씨"라고 불렀는데, 고향에 있던 한 친구가 자기를 그렇게 불렀다면서 그 이름을 좋아했습니다.

8월 4일 금요일 저녁, 따님이 저와 같이 저녁을 먹었는데 우리는 부드러운 복숭아를 먹었답니다. 그 음식을 아주 맛있게 먹는 것처럼 보였답니다. 그리고 그날 저녁에 아주 행복했으며 밝아 보였습니다. 다음날 복숭아를 먹어서 아프게 되었다며 강장제로 쓰는 블랙베리를 조금 보내달라고 했습니다. 일요일 따님은 점심 식사하러 우리 집에

왔습니다. 그런데 "배가 아팠다"라고 했습니다. 점심 식사 후에 2층으로 올라가서 긴 시간의 낮잠을 자고 나서는 기분이 좋아졌다고 말했습니다.

다니엘 의료선교사와 테이트 여선교사 그리고 다른 이들이 따님의 병에 대해서 부모님께 편지를 드렸습니다. 목요일 저녁 내내 제가 부채를 부쳐주었습니다. 따님이 "어머니, 아버지, 윌, 룻, 이모, 외삼촌, 외숙모(Ada), 그리고 조카 아이"를 아주 사랑스럽게 말했습니다. 첫째 짐을 잃었을 때 가족들이 받았던 충격에 대해서 저에게 말을 하며, 자신이 죽게 됐을 때는 그렇게 슬퍼하지 말아 달라는 말을 전해 달라고 했습니다. 따님은 살고 싶다고 말했습니다만 죽음을 두려워하지 않는다고 말했습니다. 수술 동안 따님과 같이 있었답니다. 그리고 토요일 저녁 내내 따님 옆에서 있게 된 것은 저의 큰 특전이었습니다.

따님은 제가 본 가장 아름다운 안식일 태양이 막 떠오를 때 우리 곁을 떠났습니다.

저는 누구보다 넬씨를 사랑했습니다. 그리고 그녀에게 순백색의 드레스를 입힐 수 있는 기회를 갖게 되어 무한히 영광이었습니다. 그 옷은 윌슨 의료선교사 부부 결혼식 때 신부의 들러리로 가면서 입으려고 그녀가 만들었던 것입니다. 그 옷은 목과 어깨가 드러나 보이는 파인 옷이었습니다. 그래서 우리는 룻이 수를 놓은 몸통옷을 사용했습니다. 넬씨는 항상 그 몸통옷을 좋아했습니다. 그리고 저는 넬씨가 그것을 입는 것을 룻이 좋아할 거라 생각했습니다. 넬씨가 평상시 하고 있던 모양처럼 그녀의 머리를 빗겨주고 고정해 주었습니다. 그런데 먼저 두 분께 드릴 머리카락 한 올을 잘랐습니다. 나중에 다른 것들과 함께 잘라놓은 머리카락을 보내드릴 것입니다.

따님은 아주 아름답고 행복해 보였습니다. 우리는 따님을 전주 시내가 내려다보이는 아름다운 언덕에 안장했습니다. 그녀는 피츠(May

Pitts) 간호사 옆에 묻혀 있는데, 그녀는 따님보다 정확히 6개월에서 하루 부족한 날 전에 이곳에 묻혔습니다. 따님의 무덤은 부활 백합으로 덮여 있습니다. 그 백합 뿌리를 몇 개 보내드리겠습니다. 제가 새 분홍색 리본을 한 다발 가지고 있습니다. 따님이 분홍색을 좋아했다는 것을 아시죠. 그래서 우리는 백합과 양치류(fern)를 분홍 리본을 이용해서 나비 모양처럼 보이게 묶었습니다. 따님의 무덤은 아름다운 장소에 있습니다. 저는 따님의 무덤에 있는 풀을 자르고 꽃을 가꾸는 것을 저의 특별한 일로 받아들이겠습니다.

사랑하는 부모님! 따님은 "어머니를 봤으면 합니다," "윌이 이곳에 있기만 하다면," "아버지의 손을 만져볼 수 있다면," "룻을 한 번 더 봤으면," 하고 여러 번 이야기를 했답니다. 그러나 이곳 한국으로 온 큰 즐거움을 반복적으로 표현했습니다.

내가 부채질을 하고 있었을 때 따님이 "제가 이곳 사역에서 가졌던 즐거움 때문에 제 삶을 여러 번이라도 바치겠습니다"라고 말했습니다. 따님은 한국 사람들을 사랑했으며 하는 사역에서 행복했습니다.

"딸이 미국에 있었더라면, 목숨을 구할 수도 있었을 텐데"라고 생각하실 줄 압니다. 그러나 따님은 한국에서 하늘 아버지의 집으로 가게 되어 기쁘다고 말했습니다. 따님은 하나님과 천국이 이곳에서 매우 가깝다고 했습니다.

넬씨는 제가 아는 사람 중 가장 총명했으며, 분명한 생각을 가졌으며, 분별력이 있고, 균형 잡힌 시각을 갖고 있었고, 사업 수완이 좋았던 여성이었습니다. 그녀는 한국어를 놀라울 정도로 쉽게 배웠고 한국어를 잘했습니다. 한국인들이 따님을 아주 사랑했습니다. 따님 무덤 주위에 몰려온 노인과 여자들 어린아이들을 보실 수 있으시면 좋았을 텐데요. 어떤 이는 "이분이 처음으로 내게 그리스도에 대해 말했어요," 다른 이는 "내 우상을 다 버리도록 만들어 줬어요"라고 했답니다. 이런 말들을 들으셨다면 두 분께서는 4년 반이라는 세월을 떨어져 지냈다는 것에 대해서 덜 비통해하실 것입니다.

인간적으로 말씀드려서, 우리는 넬씨가 사랑하고 절대적으로 믿었던 두 명의 의사를 우리가 모셨고, 우리가 레몬과 얼음으로 그녀를 좀 더 편하게 해주었고, 우리에게 그녀를 간호할 경험이 풍부한 간호사들이 있었으며, 우리가 그녀를 서늘하고 편안한 방으로 옮겼던 것과 편리한 물건들이 있었다는 것에 기쁩니다. 그러나 무엇보다도 그녀 자신의 빛나는 믿음과 하늘 아버지의 손에 모든 것을 기꺼이 맡기는 자세 때문에 기뻤습니다. 그녀에게 있어서 죽음은 아무런 힘도 발휘할 수 없었고, 무덤은 승리로 삼켜졌습니다[1]. 그것이 우리의 위로입니다.

제 말로 두 분이 덜 힘드시게 되시면 좋겠습니다만, 우리가 위로를 받을 수 있도록 갈보리 십자가 위에서 피 흘리고 돌아가신 예수님께 두 분을 맡깁니다.

구천 마일을 가로질러 있는 우리의 마음은 두 분과 함께 고통스럽고 눈물이 흐릅니다. 제가 가지고 있는 따님의 사진을 두 장 보내드리겠습니다. 그 사진들은 갖고 계시지 않을 수도 있습니다. 사진 두 장에 나온 따님의 얼굴이 모두 아주 사랑스럽다고 항상 생각했습니다.

하나님의 축복이 있기를 그리고 하나님께서 힘을 주시기를 기도합니다.

같이 슬퍼하며 애너벨 니스벳(Anabel M. Nisbet) 올림.

---

1 고린도전서 15:54-55. "사망을 삼키고 이기리라.(Death has been swallowed up in victory.)", "사망아, 너의 승리가 어디 있느냐? 사망아, 네가 쏘는 것이 어디 있느냐?(Where, O death, is your victory? Where, O death, is your sting?)"

1911년 8월 [한국, 전주]

니스벳 부인(Anabel M. Nisbet)이 랭킨 선교사의 죽음에 대해서 쓴 편지

사랑하는 친구들에게,

넬리(Nellie Rankin)가 영원한 안식에 들어갔음을 알린, 어제 저희가 보내드린 국제 전보를 이미 봤을 것입니다. 그래도 친구들이 더 많은 것을 알고 싶어 할 것이기에, 자세한 내용 중의 일부를 즉시 알려주기 위해 편지를 합니다.

8월 4일 금요일, 그녀는 저와 같이 식사를 했고, 아주 건강했으며, 기분도 좋았습니다. 우리는 여성들 사이에서 특별한 일을 할 것을 계획하고 있었습니다. 그녀가 "내년 겨울에 좀 더 활동적인 일을 했으면 합니다. 그리고 전보다 더 '주님'에 의해 쓰였으면 합니다"라고 말했습니다. 다음날 좋지 않다는 소식을 전하는 그녀의 짧은 편지를 받았습니다. 그러나 일요일 그녀는 우리 집에서 점심을 했습니다. 니스벳 목사님이 베드로가 예수님에게 질문한 것과 예수님께서 베드로에게 대답하신 "그것이 무슨 말이냐? 나를 따르라.[1]"를 가지고 영어 예배에서 설교하면서, 우리 인생에서 단 한 가지 목적은 주님을 직접 그리고 가까이 따르는 것이기에 다른 주변적인 문제에 빠지지 말아

---

1 (요 21:22) 예수께서 이르시되 내가 올 때까지 그를 머물게 하고자 할지라도 네게 무슨 상관이냐 너는 나를 따르라 하시더라.((John 21:22) Jesus said to him, "If it is my will that he remain until I come, what is that to you? Follow me!")

야 한다고 했습니다. 저녁에 넬리 선교사가 저에게 소녀들과 하는 모든 사역에서 그리스도의 사랑을 중심 되는 것으로 만들려고 더욱 더 노력할 것이라고 했습니다.

월요일에 그녀는 정말로 아팠고, 화요일 아침 다니엘 의료선교사가 군산에 있는 패터슨 의료선교사에게 전보를 쳐서 이곳으로 오도록 했습니다. 패터슨 의료선교사는 저녁 아홉 시경에 이곳에 도착했고, 두 명의 의사는 그녀의 병이 맹장염이라고 결론 내렸습니다. 즉각적인 수술은 필요치 않을 것이라고 희망하면서 그들은 기다리기로 결정했습니다. 수요일과 목요일은 아주 조금 괜찮아졌습니다. 그러나 금요일에 증상은 좋지 않았고, 의사 두 분 모두 그날 저녁 수술할 것을 결정했습니다. 랭킨 선교사는 수술을 아주 훌륭히 견디어 냈지만 그녀의 기관은 이미 중독 되어 있었습니다. 그녀는 제가 본 가장 아름다운 주일날 날이 밝아 올 때 영원히 주님과 함께 하는 승리한 무리와 함께하게 되었습니다.

그녀는 지난 토요일 저녁 늦게까지는 이성이 있었고, 완전히 정신을 차리고 있었고 고향에 있는 사람들과 한국 친구들에게 사랑스런 메세지를 전했습니다. 그녀는 4년 반 동안 추수할 것은 많으나 일꾼이 너무도 적은[2] 이곳에서 봉사하도록 허가받은 기쁨에 대해서 여러 번 되풀이해서 이야기했습니다. 이곳에 온 것이 기쁘지 않았던 순간은 단 한 차례도 없었다고 말했습니다.

8월 13일 일요일 저녁 해가 지고 있을 때, 전주를 내려다보는 아름

---

2 (눅 10:2) 이르시되 추수할 것은 많되 일꾼이 적으니 그러므로 추수하는 주인에게 청하여 추수할 일꾼들을 보내 주소서 하라.((Luke 10:2) He said to them, "The harvest is plentiful, but the laborers are few; therefore ask the Lord of the harvest to send out laborers into his harvest.)

다운 동산 중 하나에 그녀를 편히 쉬게 했습니다. 그녀는 피츠(May Pitts) 간호사 옆에서 쉬고 있는데, 피츠 간호사는 시골 지역에 있을 때 조그마한 한국인 토방에서 "잠든" 사람입니다. 우리는 앞서 정확히 6개월에서 하루가 부족한 날 전에 아픈 마음을 가지고 저 외로운 피츠 간호사의 무덤 옆에 섰었습니다. 그리고 "그녀가 없이 어떻게 지낼 수 있을까"를 물었습니다. 그런데 다시 관 옆에 둘러서서 슬피 우는 여학생들을 보면서, 랭킨 선교사가 주일 오후 주일학교로 불러 모았던 누더기를 입은 도시의 어린애들을 보면서, 토요일 성경학교의 학생들의 얼굴을 보면서, 주일학교 학생들이 "이제 누가 우리를 가르치지요?"라고 하는 말을 들으면서, 그녀가 교육시키던 한국인 소년이 "이제 누가 나를 도와주지요?"라고 말하는 것을 들으면서, 우리도 아픈 가슴과 무거운 마음으로 "누가 그녀의 일을 맡을꼬?"라고 물어보게 됩니다.

우리는 하나님이 당신의 일꾼을 땅에 묻으시지만 당신의 일을 계속하신다는 것을 알고 있습니다. 그리고 우리는 믿을 수 있습니다. 그러나 우리가 저 두 명의 이기적이지 않으며, 능력 있고 헌신적인 여성들과 그들이 다 못 하고 간 일들을 떠올릴 때면 "이리 와서 우리를 도우시오"라는 마케도니아 사람의 외침(Macedonian cry)[3]을 고국에 있는 사람들에게 전하지 않을 수 없습니다. 랭킨 선교사는 비상할 정도로 지적인 여성이었습니다. 그녀는 한국어를 아주 쉽게 배웠으며, 이곳에 있는 기간이 짧았는데도 아주 유창하게 한국어를 구사했

---

3 (행 16:9) 밤에 환상이 바울에게 보이니 마게도냐 사람 하나가 서서 그에게 청하여 이르되 마게도냐로 건너와서 우리를 도우라 하거늘.((Acts 16:9) During the night Paul had a vision: there stood a man of Macedonia pleading with him and saying, "Come over to Macedonia and help us.")

습니다. 아주 경영을 잘한 여성이었습니다. 분명한 생각을 가졌으며, 무엇보다 가장 바람직한 것 즉 상식을 갖춘 여성이었습니다. 아주 좋은 선생님이었으며, 명확하게 가르쳤으며, 진리를 매력적으로 제시했습니다. 그녀는 한국인들을 사랑했으며, 한국인들은 "랭킨 부인이 지나는 곳마다 미소가 자라난다"고 했습니다.

그녀가 사랑하는 이들에게 남긴 유품에 즐거워합니다. 그녀는 녹이나 좀이 상하게 할 수 없는 보물[4]들을 매우 많이 소유하고 있었습니다. 다른 사람들을 사랑하되 이타적으로 사랑하는 것, 봉사하는 삶을 즐거워하는 것, 수술에 대한 두려움도 약화시킬 수 없었던 하늘 아버지에 대한 군건한 신뢰와 밝게 빛을 발하는 믿음, 이러한 것들로 우리는 기쁘답니다. 그녀에게 죽음은 아무런 힘도 발휘할 수 없었고, 무덤은 승리로 삼켜졌습니다.

목요일 저녁은 기도회 시간입니다. 그날 오후에 넬리에게 부채를 부쳐주면서 앉아있었을 때, 그녀는 내게 니스벳 목사님에게 말해서 그날 기도회에 모인 사람들에게 한국에서 그녀의 할 일이 아직 끝나지 않았으면 그녀의 목숨을 가져가지 말아 달라고 기도해 달라는 요청을 했습니다. 그러나 반드시 그들에게 "나는 아무 문제가 없다. 죽는 것이 두렵지 않다. 그리고 이곳에서 너무너무 행복했다"는 말을 전하도록 했습니다. 교회를 확장하고 처음 기도회를 한 저녁이었습니다. 마루는 아직 전부 다 끼워진 것은 아니었고, 벽은 아직 마감되지도 않았습니다. 그러나 우리는 그곳에서 설교단을 제 자리에 놓고

---

4 (마 6:20) 오직 너희를 위하여 보물을 하늘에 쌓아 두라 거기는 좀이나 동록이 해하지 못하며 도둑이 구멍을 뚫지도 못하고 도둑질도 못하느니라.((Matthew 6:20) but lay up for yourselves treasures in heaven, where neither moth nor rust consumes and where thieves do not break in and steal.)

첫 예배를 드리기로 했습니다. (그 전 주일에 옛날 건물을 사용했습니다.) 그래서 그날 저녁 니스벳 목사님이 그녀가 한 말을 전하면서, 그녀가 교회를 확장하려고 여러분에게 도움을 청했을 때 여러분 모두가 돈을 어떻게 보냈는가에 대해서 말을 했고, 또한 모인 회중들에게 친구들과 넬리의 간절한 소망 즉 각자가 새 신자를 교회로 인도해서 이 교회가 곧 차고 넘치게 되었으면 하는 것에 대해 말했습니다. 우리 모두의 위대한 아버지께 사랑의 감사를 하면서 한국인들이 진심으로 다가가자 눈물이 뺨을 타고 흘러내렸습니다. 그리고 하나님의 아들이라는 선물을 통해서 우리 모두를 하나로 만들어주었습니다.

교회를 확장시켜준 여러분의 선물로 랭킨 선교사는 아주 기뻐했습니다. 브랭크 목사님(Mr. Brank)의 편지와 돈을 가지고 그녀가 이곳으로 달려왔던 날을 저처럼 여러분들이 봤으면 얼마나 좋았을까요? 여러분들의 선물이 많은 이들에게 영원한 생명에 대해 듣는 기회를 주는 수단이 되길 바랍니다. 전주와 독립장로교회(Independent Church)[5]는 항상 매우 가까이 있을 것입니다. 이 언덕에 공동으로 무덤을 소유하고 있으며, 그녀 사역의 소중한 유산과, 그녀의 사랑, 그리고 우리에게 남긴 "사역을 계속하라"는 유언을 함께 나누고 있기 때문입니다. 우리 모두가 우리에게 맡겨진 일에 진실하기를 기원합니다.

함께 하나님의 일을 하며, 함께 슬퍼하는 애너벨 니스벳.

---

5 1755년 설립된 독립장로교회(Independent Presbyterian Church), Savannah, Georgia 랭킨 선교사를 파송함. https://ipcsav.org/

1911년 8월 15일 [한국, 군산]

친애하는 어머니,

이 편지를 받기 한 달 전에 넬리의 사망 소식을 전보로 알고 있을 것입니다. 그녀가 아주 생기로 가득 차 있어서 회복했어야만 하는데 일주라는 짧은 시간이 지나고 사망했다는 것이 믿을 수도 없고, 불가능한 것처럼 보였습니다.

넬리는 하루 이틀 아주 좋지 않았습니다. 월요일 이른 아침 혹은 그 전날 주일 저녁에 급성 소화불량으로 아팠던 것으로 보입니다. 톰[1](Tom)이 화요일 패터슨 의료선교사에게 전보를 쳤고, 혹시라도 맹장염일지 몰라 수술을 생각하고 있었습니다. 그러나 패터슨 의료선교사가 그날 저녁에 와서 조금 더 기다려 보자고 했습니다. 톰은 그의 말에 동의했습니다. 고향에 있는 대다수의 의사들이라면 즉시 수술을 했을 것이고, 환자가 한국인이라면 전혀 망설임이 없었을 거라고 둘은 말했습니다. 그래서 두 사람은 수요일 내내 그녀를 관찰하면서 시간을 보냈는데 목요일 아침에 그녀는 조금 좋아져 보였습니다. 좋아진 기간 동안 그녀가 유언장 등을 작성하는 것이 허용되었습니다. 뒤따른 그녀의 심상치 않은 심장박동은 부분적으로는 자연 흥분 때문이었습니다. 그러나 금요일 오후가 되자 그녀의 병세는 확연히

---

1 Dr Thomas Henry Daniel(1879.9.16.~1964.1.29.) Thomas를 Tom으로 줄여서 부름.

악화됐습니다. 그래서 그들은 그날 저녁 수술을 했지만 그녀의 상태가 거의 절망적이라는 것을 알게 되었습니다. 그러나 그녀는 기력을 회복했고, 살기 위해서 모든 노력을 기울였습니다. 그러다 토요일 오후에는 마침내 의식을 잃고 주일날 아침 4시에 사망했습니다. 너무 무더운 더위 때문에 장례식은 그날 오후 늦은 시간에 열렸습니다.

톰은 넬리가 아팠다 사망했던 지난 일주일 동안 있었던 잘못된 것이 무엇인지를 밝히려고 전주에 있는 집에서 기다리다가 이제 제발 그만하라는 모두의 간청을 마침내 받아들였습니다. 톰은 어젯밤 말을 타고 전주를 나서서 오늘 아침 새벽에 이곳 군산에 도착했습니다. 넬리에 대한 저의 크나큰 슬픔도 그이의 비통함에 비하면 아무 것도 아니었습니다. "그녀를 너무도 사랑했기에 그녀의 의사 역할을 제대로 못했다"는 말이 수술을 연기하자는 그의 결정을 되돌아보면서 스스로를 위안하는 유일한 말이었습니다. 그는 남들이 안쓰러워할 정도로 자신을 탓했습니다. 그는 "그녀가 그냥 날품을 파는 일꾼이었거나 빨래해주는 한국 여자였다면, 지금 여기 살아있을텐데." "수술을 즉시 꼭 해야만 하는 증상들이 있었는데 감염의 위험과 안전장치가 너무도 없다는 것 등의 몇 가지 작은 이유로 수술을 반대한 것이 결국 가만히 서서 그녀를 죽게 만들었다!" "우리가 왜 수술을 안 했는지 이유를 모른다. 앞으로도 모를 것이다."라고 말했습니다. 그래서 우리는 "하나님은 아신다!"고 말하면서 그를 위로하려고 했지만 그는 "하나님이 우리에게 지성을 주셨고 우리가 그 지성을 사용하는 것을 당연한 일로 기대하신다."고만 했습니다.

제 자신도 하나님의 계획이 넬리를 하늘 집으로 곧바로 데려가는 것임을 확실히 믿습니다. 아마도 이것을 통해 사랑하는 동생 월을 구원하려는 것임을 믿습니다. 이 일로 인해서 그녀는 영원히 말로 할 수 없는 감사를 드리며 하나님을 찬양할 것입니다. 그러나 두 의사의 수술을 지체하게 만드시고, 인간적인 사랑과 근심 때문에 의사의 뇌를 혼미하게 만드신 것이 하나님 본인임에도 불구하고 그분의 도구로 되는 것이 얼마나 끔찍한 일인가요! 넬리의 죽음은 톰에게 있어서 다른 어떤 죽음보다도 더 힘든 하늘의 처분이며 톰은 죄책감으로 괴로워하고 있습니다. 분명히 하늘 아버지의 마음은 불쌍히 여기시며, 부드러운 자비의 마음입니다. 하나님은 "고의로 고통을 주거나 슬프게 하지 않습니다[2]." 그리고 하나님은 어느 날 그의 자녀들에게 이 끔찍한 벌에 대한 의미를 보여주실 것입니다. 제가 가지고 있는 무기력하고 조마조마한 인간적 사랑으로 톰을 위해 울 뿐입니다. 저의 인간적 사랑은 톰이 반복적으로 똑같이 느끼는 가슴 아픈 고통의 어둠 속으로 들어갈 수는 없습니다. 그러나 하나님은 그 어둠 속으로 들어가실 수 있으며, 그곳에 계십니다. 하나님은 이해하십니다. 하나님은 사랑하십니다. 이것이 오늘 제가 새로이 알게 된 것입니다. 넬리가 사랑했던 미국에 있는 불쌍한 가족들, 아버지, 어머니, 여동생, 남동생 그리고 나이 드신 이모는 어떻게 지내시는지 궁금합니다.

한 달 전에 보내신 편지를 톰이 가지고 와서 다시 소식을 듣게 되어 정말 기쁩니다. 이번 편지는 지난 번 편지가 온 지 3주 반이 지난 후에 온 것입니다.

사라 B. 다니엘 올림.

---

2 (예레미야 애가 3:33) 주께서 인생으로 고생하게 하시며 근심하게 하심은 본심이 아니시로다.((Lamentations 3:33) for he does not willingly afflict or grieve anyone.)

1911년 9월 11일 월요일[1] [미국, 노스캐롤라이나 블로잉락]

랭킨 선교사의 어머니가 "조지아"에게 보낸 편지

사랑하는 조지아에게,

며칠 전에 너의 친절한 마음이 담긴 위로의 편지를 받았다. 그리고 네 어머니께서 보내신 것도 받았다. 내가 너에게 자세한 상황에 대해서 쓸 수 있게 되면 넬리의 병에 대해서 듣고 싶다고 했지. 넬리의 죽음은 내게 큰 충격이었고, 레이놀즈 목사님이 "마른하늘에 날벼락 같았다."고 표현했듯 그 아이의 많은 친구들에게도 큰 충격이었다. 그 아이는 항상 건강이 완벽하게 좋았고, 아주 튼튼했고 활기가 넘쳤었기에 병과 죽음이 그 아이에게 왔었다는 것을 나는 이해할 수가 없다. 토요일 저녁 넬리를 돌봐주던 다니엘 의료선교사에게서 편지가 왔는데 그 편지에 넬리의 병에 대한 자세한 내용이 있었다. 그분이 편지에 쓰길, 8월 4일 (금요일) 저녁에 자기 부부와 넬리가 니스벳 목사님 부부와 함께 차를 마셨다고 한다. 넬리는 아주 밝고 생기가 넘치고 있었다고 한다. 무엇이 되었건 병이 있다는 어떤 기미도 없었다고 한다. 그러나 그날 밤 넬리가 위에 경련이 생겼고, 다음날과 일요일에

---

1 8월 11일이라고 적혀 있지만 우편 소인은 "9월"로 되어 있는데 랭킨 선교사가 8월 13일 사망했기 때문에 9월 표기가 올바른 것임.(Letter dated "Aug. 11" but postmark is "Sept" which is probably accurate since Nellie died on Aug. 13.)－서의필(John N. Somerville) 박사 부부 설명 글.

깨어있는 동안 몸 상태가 좋지 않았다고 한다. 월요일 이른 시간에 밤새도록 고통스러웠다는 것과 약을 보내 달라는 말을 덧붙이는 쪽지를 보내왔다고 한다. 다니엘 의료선교사가 즉시 가서 약을 조제해 주었는데 약을 먹고도 통증이 사라진 것이 아니어서 뭔가 심각한 병이 생긴 것은 아닌가 걱정이 되기 시작했단다. 화요일에 더 악화됐고, 그래서 그는 군산으로 사람을 보내 패터슨 의료선교사를 불러오게 했다. 그 둘은 협진한 다음 맹장염(appendicitis)이라고 결론을 내렸다. 그곳에는 수술 장비들이 너무 열악했기 때문에 수술을 하면 너무도 큰 위험을 무릅쓰는 것으로 느꼈다. 그 아이는 다음날 다시 좋아졌는데 그래서 의사들은 갑작스런 고통이 사라질 거라는 희망을 갖게 되었다. 그런데 금요일 다시 악화되자 두 사람은 즉시 수술하기로 결정했다. 그렇지만 이미 중독된 상태라 수술이 너무 늦었다. 그 아이는 급속도로 악화되었고, 주일날 아침 4시 40분에 사망했다. 그분이 편지에 쓰길 넬리의 의식이 토요일 오후 5시까지 완벽하게 맑았다고 했다. 넬리는 사람들이 수술을 준비하느라 들락날락할 때도 웃고 농담을 할 정도였고 병상에 있는 내내 밝고 생기가 넘쳤다고 한다. 다니엘 의사에 따르면 넬리는 살고자 했고 그가 그 아이에게 하는 모든 일에 협조했다고 한다. 죽는 것을 두려워하지 않았다고 했다. 친구 모두에게 유언을 남겼는데 그가 너무 급하게 적었기에 친구들에게 보낼 때 다시 적겠다고 했다.

아주 충실하게 한국어를 배우고 한국어를 완벽하게 했을 때 그리고 그렇게 많이 선한 일을 하고 있는 것처럼 보이는 때에 그 아이를 앗아가 버리다니 너무한 것 아니니? 그곳에서 아주 행복했으며, 한국인들과 자신의 사역을 사랑했다. 다니엘 의료선교사는 편지에서 "넬리 양이 제게는 너무도 소중한 친구였기에 제가 그녀를 얼마나 사랑했으며 그녀를 잃게 되어 개인적으로 제게 얼마나 큰일인지 감히 말씀드릴 수가 없습니다."고 했다. 너는 넬리가 네게 보낸 편지에서 다니엘 의료선교사 부부에 대해서 언급한 것을 들었을 거야. 그 아이는 다니엘 의사를 이상적인 의료선교사로 여겼다.

어머니에게 사랑한다는 말을 전해주고 친절한 편지에 깊은 감사를 드린다고도 전해주렴. 그리고 이 편지가 너의 어머니의 친절한 편지에 대한 답장으로 받아달라고 하렴. 고향으로 돌아가서 너를 다시 보기를 바라며 사랑을 전한다.

넬리의 엄마.

1912년 3월 14일 [노스캐롤라이나 솔즈베리(Salisbury)]

친애하는 랭킨[1] 씨,

편지에 언급하신 물건들을 기꺼이 가져다 드리겠습니다. 그러나 저의 장모님께서 계속 편찮으시기 때문에 우리가 정확히 언제 복귀하는지는 지금 말씀드릴 수가 없습니다.

버지니아 리치먼드에 있는 유니온(Union) 신학교의 파커 목사님(J. K. Parker)[2]이 한국에 있는 우리 남장로교 한국선교회로 5월 첫 주에 갈 것입니다. 저는 당신이 말씀하신 물건들을 그가 기꺼이 가지고 가리라는 것에 대해 아무런 의심도 없습니다. 저희가 언제 배를 타고 갈지가 불확실하기에 그분에게 요청하는 것이 어떤가 싶습니다. 그렇지만 그 문제는 전적으로 당신의 판단에 맡깁니다. 우리가 당신의 요구를 기꺼이 들어줄 것이라는 것에 대해서는 확신을 가지셔도 좋습니다.

당신께서 그 물건들을 우리에게 보내실 마음이 있으시면 여기 적힌 주소로 당신이 편리한 아무 때나 보내 주십시오.

좋은 일들만 있기를 바랍니다.

프레스톤 드림.

---

1 미국 장로교회 해외선교부 특별 대표 프레스톤(J. Fairman Preston) 목사가 랭킨 선교사 남동생 윌리엄 스콧 랭킨(William Scott Rankin, 1883.11.15.~1931.5.24)에게 보낸 편지.
2 J. Kenton Parker Sr.(1883.8.7.~1960.6.16.)

1915년 4월 21일 [한국, 전주]

친애하는 랭킨 씨,

며칠 전에 우편환이 왔었는데 그때 저는 집에서 떠나 있었습니다. 돈을 그렇게 신속하게 보내주신 것에 대해서 감사드립니다.

넬리 양보다 반 년 먼저 사망한 피츠 선교사를 위해서 이제 막 비석을 하나 세웠습니다. 그녀의 가족으로부터 어떤 지시도 받을 수 없었지만 그것을 세울 돈을 제가 가지고 있었기에 실행에 옮겼습니다. 제가 넬리 선교사를 위해서 준비한 묘비를 우리 모두가 아주 흡족해 해서 우리가 그 묘비를 복제했습니다.

제가 보내드렸던 명세서의 품목들을 올바르게 이해하셨는지요? "글씨에 7달러 50센트"라고 하고 인돈 목사님(Mr. Linton)[1]이 글씨를 썼다고 적은 것으로 생각합니다. 물론 제가 의도한 것은 인돈 목사님이 글씨를 썼고, 그 글씨들을 중국인 석공이 비석에 새겼다는 것이며 그 석공에게 7달러 50센트를 지불했다는 것입니다. 나중에 생각해보니 혹시 인돈 목사님이 일을 하고 그 대가를 받은 것은 아니냐고 오해하실 수 있겠다는 걱정이 되었습니다.

저는 지금 할 일이 상당히 많습니다. 입원해있는 환자들 외에도 아주 빈번하게 하루에 70명이 넘는 환자들을 진료합니다. 그 수는

---

1 William Alderman Linton Sr.(1891.2.8.~1960.8.13.): 한국명 인돈, Charlotte Witherspoon Bell Linton(1899.1.6.~1974.5.1.): 한국명 인사례.

한 사람이 관리할 만합니다.

내년에 한국을 영원히 떠날 계획입니다. 우리 둘이 언젠가 만났으면 합니다. 어디에서 정착할 것인가에 대한 저의 계획은 전적으로 불확실합니다. 그러나 저희 가족은 우선 고향인 버지니아의 샬롯츠빌(Charlottesville)로 갈 것입니다.

좋은 일만이 있기를 바라며 다니엘(T. H. Daniel) 드림.

추신: 조지아주 은행 구좌 연합(Savings Association)에 편지해서 제 구좌로 전달된 모든 돈에 대해서 관리인이 되어 달라고 했습니다. 그들이 옛날 증명서 때문에 당신을 방문할 것입니다. 괜찮으시다면 당신이 새 증명서를 간직하시면 좋겠습니다.

T. H. D.

서의필 박사가 조지아의 아들(윌리엄)에게 문의해서 알게 된, 조지아 편지에 등장하는 인물들임. 랭킨 선교사 편지에 등장하는 주요 인물로 소개함.

WILLIAM E. HARPER. JR.
5 GRIMBALL RIVER ROAD SAVANNAH. GEORGIA 31406
Identification of persons referred to in letters of Miss Rankin to "Georgia", Georgia Law Edmondston Harper [Mrs. William E. Harper]

Letter June 11, 1908—
"Mrs. Howard" Sarah Harper Howard [Mrs. John Webb Howard sister-in-law of Georgia.]
"Jennie" Jennie Bryan Connerat [Mrs. William H. Connerat.]
"Alida" Alida Harper [later Fowlkes] Daughter of Mr. and Mrs. William E. Harper.
"Mother and Father" Mr. and Mrs. Charles Edmondston. [Alida Stark Law]
"Nora" Nora Lawton Edmondston. [Mrs. James Harper Whitehead] daughter of Mr. and Mrs. Charles Edmondston and sister of Mrs. William E. Harper. [Georgia]
"Will" William E. Harper
"the babies" William Edward Harper, Jr.

Letter dated February 24th—
"Carrie Belle" Carrie Bell Axsom, cousin of Georgia

Letter April 17, 1907—
"Mr. Melchers" Gari Melchers, the artist

[별첨 1]
교육과정

미국 남장로교 한국선교회 16차 연례회의(1907) 의사록 중 교육과정 위원회 보고서 중에서 발췌함.

"Report of Committee on Curriculum," Minutes of Sixteenth Annual Meeting of the Southern Presbyterian Mission in Korea (1907), 30-1.

쇼학교 과정

일년급
성경 신계명 숙독 유귀도문 숙독 요졀 숙독
국문 초학언문 성경문답‥
숙조 초학소학 일편 웅학쳡경 초편상 혹류한

어년급
성경 산상보훈 숙독 요졀 숙독
한문 현토지귀 국문동본 국문조고져
숙조 초등소학 이편 웅학쳡경 어부상 심상쇼학

삼년급
성경 마가복음 요졀 숙독
국문 훈으젼언 국문조고져
숙조 초등쇼학 삼편 웅학쳡경 이원학 삼조경

선년급
성경 마태복음 요졀 숙독
국문 복음요스 인가귀됴 국문조고져
숙조 초등쇼학 회도몽학 파본유졉 웅몽쳔조 일쳔

오년급
성경 누가복음 요졀숙독 스도신경
한문 장원상론 예수힝젹 구세론 국문조고져
숙조 고등쇼학 유몽쇼학 소박동학 회도동학파본이졉
디리 공디지 작문

륙년급
성경 요한복음 요졀숙독 국문조고져
한문 유몽쳔조 상편 회도동학파본삼집
숙조 대학한디력 한국력스
디리 대한디지 작문
산학 산학 간식
스귀리 초셔
덕혜입문도셜 삼편 한십수도 수인필지시작
격치 격물공운문답 혹 위성

ACADEMY.

CLASSES PREPARATORY TO ACADEMY	BIBLE	HISTORY	MATHEMATICS	SCIENCE	CHRISTIAN BOOKS	CHINESE AND NATIVE CLASSICS	COMPOSITION	MUSIC AND DRAWING
	Mark, Luke and Acts	Hist. of Korea, Part I	Arith.	Physiology and Geog.	Gate of Wisdom		Composition	"
	3	3		4	4		1	2
FIRST YEAR	Gen., Gal.	Sheffield's Universal Hist., Vol. I and II	Arith.	Elementary Psychology Hygiene Natural Geography	Pilgrim's Progress	Native Classics	Writing and Criticism	"
	3	4	5	2	2	2		2
SECOND YEAR	I & II Cor., Prov., Ex., Josh.	Universal Hist., Vol. I, II and III	Arith.	Physical Geography	Faber's Christian Civilization	Chinese Classics Korean Grammar	Writing of Original Stories	"
	3		2	2	2	2	1	2
THIRD YEAR	I & II Tim. I & II Sam. I & II Kings	Hist. of Korea, Part II	Algebra and Book Keeping	Natural Philosophy	Martin's Evidences of Christianity	Chinese and Native Classics	Original Composition & Criticism	"
	3			4			1	

반	성경	역사	수학	과학	기독교 서적	중국과 한국 고전	작문	음악, 미술
고등과 준비반	마가복음, 누가복음, 사도행전	한국 역사 1부	산술	생리학, 지리	지혜의 문		작문	"
1학년	창세기, 갈라디아서	쉐필들의 세계 역사 1, 2권	산술	기초 심리학 위생 자연지리	천로역정	한국 고전	글쓰기와 비평	"
2학년	고린도 전후서 잠언서, 출애굽기, 여호수아서	세계 역사 1,2,3권	산술	자연지리	파베르의 자서조동 (自西徂東)	중국 고전 한국어 문법	독창적인 글쓰기	"
3학년	디모데전후서 사무엘 상하서 열왕기 상하서	한국 역사 2부	대수, 부기	자연철학	마틴의 천도소원 (天道溯原)	중국 고전 한국 고전	독창적 작문과 비평	"

[별첨 2]
언더우드, 『언더우드 선교사의 미국무부재외공관문서 편지』*

한강

1904년 8월 18일

미국 공사 H. N. 알렌 귀하

친애하는 알렌 공사님,

17일 자 편지를 잘 받았습니다. 그 편지를 복사하여 미국북장로교 한국선교회 구성원들에게 회람시켰습니다. 우리 선교회의 계속된 정책은 그런 (독립)운동에 찬성하지 않는 것뿐 아니라, 우리가 힘이 있는 한, 한국 기독교인들이, 기독교인의 신분으로, 어떠한 정치운동에라도 참여하는 것을 적극적으로 금지하는 것임을 저는 말씀드리고자 합니다. 물론, 우리는 그런 운동과 연관되어서 교회 건물들을 사용하거나, 교회 상징물을 사용하거나, 기독교인이라는 이름을 사용하는 것을 거부합니다. 그렇지만 우리는 개인 신분으로 그 사람들이 (독립)운동에 참여하는 것을 금지할 권리를 가지고 있지 않다는 입장을 견지해왔습니다. 그러나 우리는 그들에게 만약 그런 운동을 하면, 결과는 자신들이 책임져야 한다는 것과 우리에게 어떤 보호를 요청해서도 안 된다는 점을 주지시켰습니다.

독립협회가 다시 조직될 가능성에 대해서는 듣지 못했습니다만 우리 북장로교 한국선교회 소속 기독교인들이 그러한 종류의 어떤 것에도 참여하지 못하도록 하기 위해 최선을 다할 것이며 만약에 그

---

* H.G. 언더우드 지음, 김종우 옮김, 보고사, 2022, pp.329-30.
  별첨에 실린 번역문은 이 책의 역자인 송상훈이 직접 번역한 것이다.

런 활동에 참여하면 결과에 대해 전적으로 자신들이 책임을 지는 것임을 그들에게 알려줄 것입니다.

H. G. 언더우드

Han Kang
August 18, 1904

Dr. H. N. Allen,
U. S. Minister, Seoul.

Dear Dr. Allen:

Yours of 17th, duly to hand and I have had the same copied and circulated among the members of our mission. I would like to say that it has always been the policy of our mission, not only to discourage such movements, but, as far as we had the power, to positively forbid the native Christians, as Christians, to engage in any political movements. We refuse, of course, the use of the Church buildings, our Christian emblems or the name of Christian in any such connection, but we have always taken the ground that we have no right to forbid them, as individuals, from engaging in the same; but we have been careful to inform them that if they do so, it is entirely at their own risk and that they must not look to us for any protection.

I had not heard of the possible re-organization of the Independence party but will do my best to discourage our people from engaging in anything of the kind, and will let them know that if they do so it will be entirely at their own risk.

Yours sincerely,
H. G. Underwood

원문

1907 [No. 1 Written aboard the Southern Pacific "Sunset Express" between San Francisco and New Orleans, early in 1907.]

Dear Mother:

Writing is rather difficult under the circumstances. Talking all around... strange scenery to look at all the time, and above all the motion of the cars. Still I am very comfortable at a little desk in the observation car.

The Hancocks planned a very pleasant surprise for me and joined me early Wednesday morning at San Antonio, Tex. It has made the trip a very enjoyable one. The four, Mr. and Mrs. Hankock, Mr. Vincent(?) and I have had an awfully good time. We are comfortable as can be and have the run of four Pullman cars.. Two sleepers.. a diner and an observation. The engines burn oil so no cinders and so far little dust. The engines are the biggest I have ever seen. The wheels are 6 feet in diameter. Taller than I. There has been some lovely scenery as the Castle Canyon and now we are on the prairies.. scrub vegetation and in the distance strange and bare rock mountains in such ragged curious shapes.

We expect to have all day in Los Angeles tomorrow and expect to see sights. Tuesday and Wednesday were hot it is a glorious day today.. clear, cold and dry.

I'll write a fuller account some day this is just to let you know
I'm safe and well and happy.

Yours, Nellie

Feb. 20th, 1907 [Chunju, Korea]

Dear Mother,

At last I have reached my destination! Now this letter is not going to be a history of my trip, for I am going to write that up in a few days and send it around as a circular letter, but there are a few business things I want to write about and do not want to put in a general letter so I'll say them now and just give a brief review. After spending eight days in Japan I came on by steamer to Kunsan - where Miss Alby is - owing to storms we were two days longer than usual on this trip too, so you see why I begin to think of myself as a Jonah. Miss Tate joined me at Fusan so half the trip was with her. We arrived in Kunsan in a hard snow storm but found a warm and hearty welcome awaiting us. Was there a day and a half and came on to Chunju Friday - reached here about dark.

You and father were worried about my safety. Let me say now a woman especially a foreign woman is far safer in Japan and Korea than a woman in America. Chunju is beautiful! Not the city for it is the usual mass of mud houses with straw roofs that are found in Korea, but the scenery is grand! I have never seen any where a grander view than from our house. Great high mountains that are now white with snow surround us on every side and sun rise and sun set is grand beyond words. Today we have had little snatches of sunshine and snow. It is snowing so hard now that "my mountain" and all to the west are completely obscured. Chunju is the fifth city of the Kingdom and is walled. Our mission is just outside the walls on the hills. We have quite a large place and each house is built on a hill by itself after the fashion of Rome. Our house, the one for Miss Tate and me, is not finished but it is very attractive and is going to be very comfortable. The Chinese carpenter is coming next month to finish up so we hope to get in in about six weeks. In the mean time I am boarding with Mr. and Mrs. Tate for Miss Tate is out at the outstations a great deal and her present home is in the city. Mr. and Mrs. Tate are middle aged and lovely people. Mrs. Tate is a doctor. They have no children but have adopted me and couldn't be nicer to me if they tried.

I had my first lesson in this heathenish language Monday. It is awful! Mr. Junkin has me for an hour immediately after breakfast, then my native teacher comes. She doesn't know a word of English and we go over and over characters and sounds till dinner. Then a short walk and study till night. The day simply flies though I get up at six every morning and I simply could not get in a letter till today, Wednesday and I told Mr. J. I was going to write if I never learned Korean.

The welcome from the Koreans has been very touching and greetings such as these have been the usual heartfelt expression, "you have come far from home but we are so glad you have come." "We have prayed for a teacher for our girls for so long and we are so thankful you have been sent." My name in Korean strange to say when transposed literally means Peace and Nellie is "spacious"

- so the whole is Spacious Peace.

Now for the business as I have to declare goods etc and price of freight. Please let me know at once the freight from Sav. to New York and from N.Y. to Chemulpo and if you paid the latter - the former I know you will pay. Then if a book did not come for me after I left, from Fleming Revell of N.Y., please ask Ruth to write them about it and tell them to send it to me at once. I have forgotten the name but Carrie Belle can tell her the name. It was a new book she recommended and is a religious one. Then tell Ruth she need not send either the *Ladies Home Journal* or *Saturdays Post* for they are both taken here at the Station, but if father will send the *Independent* before it gets too old we would enjoy that. Now freight rates are high across the Pacific and I have been told rates from Baltimore via Suez were much cheaper - please get father or Will to write to the North German Lloyd of Baltimore (not N. Y.) and ask them if they would ship to Korea in connection with the Nippon Yusen Kaisha. The Lloyd goes to Japan but if they will connect with the Cusen Kaisha (Japanese line) they could ship to Kunsan - our nearest seaport. And please send me the rates. It may be cheaper for me to order my things from Sav. than San Francisco. You remember the box I sent to China was returned? Well that was a mistake for the U.S. government adopted the "parcel post" some time ago and the Sav. office is just ignorant. Will knows the asst. postmaster and get him to see about that - any package contents valued at 3.00 or less can be sent into Korea, Japan or China free of duty and at a very low rate and if the Sav. office does not know about it insist on their (finding?) out for small things such as notions etc. which are "impossible" here could be sent from home for very little. I want to know just what it is tho.

I was delighted on reaching Kunsan to find your letter there and some Ruth forwarded to me have also come.

It was a great disappointment to me when visiting Miss Alby to find that none of the children speak a single word of English - they are Koreans all right. They are very nice children and tried very hard to make me understand. I promised Alby to come back and visit her in March for Miss T. goes there then to hold Bible classes for women but I am afraid I won't get off for I am afraid of losing some of my Korean and then someone will have to see about the house. I am crazy to see it finished - I will send a Kodak of it when we get things in shape. I arrived in Korea on New Year's day so have seen many of the queer customs such as driving the evil spirits out of the wells etc. The Korean religion is really demon worship. We must have had nearly four hundred on Sunday though I could not see how many men were there for the church is partitioned off - one side for men and one for women and you can't see over.

I feel quite like a baby for I am learning to write all over again- I shall sign my name in the new writing. It is all very interesting but the promise is for at least three years of hard study. You see there are three ways of saying everything- one high form- for your betters- low form for servants- and another for children- and you must never get them mixed. Then when I have learned Korean writing I will have to learn Chinese writing for the classics are in Chinese. This last is because I am to the school teacher so must know the classics!! I'll never have time for anything else. As I am going to Mrs. Junkin's to tea I must study more now. Give my love to all. Tell Aunty I'll write to her soon.

Yours lovingly

March 20th, 1907 [Kun San, Korea]

My dear Kid:

You have heard of letters a yard long and this one is to be measured thus. You are no doubt wondering what I am doing at Kunsan. Well, I went right through on our way out but as Miss Alby is going home so soon and wanted me to pay her a visit I came back last week. Miss Tate is teaching in a Bible Class here for women... something on the order of Miss Blodger's classes only more of a conference and women come for weeks to study. So as she was coming I came along and have been having a fine time.

There are some lovely people here. I have heard people say that only doctors and preachers who could not get anything to do at home ever comes to the foreign field, but I would like to show them some of our Korean force. Dr. Daniel is one of the loveliest men I have ever known. He is as handsome as can be and is one of the jolliest of young fellows. He refused... he didn't tell me so... some very flattering offers at home and is just enthusiastic over his work here. He and his wife and I are about the same ages and as I know her sister... met her at Agnes Scott... we are great friends already. Then Mr. Reynolds of Seoul is another charming man, while the rest are all (word illegible).

When I went through Atlanta Mr. Flyn(?) was distressed that

I was going through for his church is supporting Mr. Nisbet and he and his wife were going to have leave in February. I thought it was strange Dr. Chester didn't need us together for the Nisbets are to be stationed at Chunju... but I can now be thankful enough I didn't wait for they came out on the "Dakota" and were wrecked on the Japanese coast. They say no reason will ever be given for it was unpardonable and many think it was done on purpose. This boat has never paid and they wanted the insurance. At any rate in the broad daylight of a perfect day they came on a reef that is famous on the Japanese coast...charted and so was known that even sailing vessels shun by miles and they simply came over a mile out of their way to get on it! Everybody lost everything. The Nisbets have been married some years and had gathered many pretty things... silver and so at the bottom of the sea and there are doubts of things ever being raised. Mrs. N. says there was no discipline at all... that the crew got in the boats first and the passengers were all rescued by sampans or small Japanese boats. She and Mr. N. were the only passengers taken off in the life boats and they simply had to demand it. I do hope the government will demand a scorching investigation. The Nisbets arrive in Kunsan today and are simply full of it all... just think... she didn't even save a change of clothes! Rough as it was I'll be thankful I came on the *Doris* to the ends of my days. I am glad I and my possessions are together.

Yesterday I went on a fine horseback ride. Mr. Bull has the finest little Korea pony for his outstation work that I have yet seen. The horses here are hardly any larger than Shetland ponies and are usually very vicious... biting on any and all occasions.

But this little fellow is fine and is a treasure for such. Our roads are largely mud banks between rice fields and we are in the great rice region here. As I was riding along I came to a place. I just couldn't cross and yet the path was only one foot wide and the bank sloped rather decidedly to the (?) below.. what was I to do? Dare turn on such a narrow path? Had to just because there was nothing else to do. That pony had been raised in Korea, so he planted his four feet together and as well as circus horses could have done a stunt turned around without slipping on the incline at all. It looks as though we were going to have rain today but if we don't I am going riding again though I have to ride sideways on a gentleman's saddle.

Tell Ruth I will send her a Chunju post card next week and also a fine Korean one. Over here I have a man teacher and he wrote ones as cards the other day and if Ruth will promise not to tell any one what it says I'll let her know it will be really an interesting souvenir.

Your letter from Memphis was much enjoyed. You certainly have a good time don't you? Write me all your fun for if I don't have any parties out here I do like to hear about them.

Remember me to any of our friends that may inquire about me and write often. I try to get a letter off to some member of the family every week but have no idea how they reach home as our mails leave first by coolies and often as not have a long delay in Seoul.

I hope to have some pictures of my house before very long... have been waiting to have it all finished before taking any.

The day before we left Chunju we set out our strawberries,

blackberries and raspberries so you see we will have some good things. Miss Tate has ordered some fruit trees from American so we will have fruit in time. They have lots of persimmons here. The Korean variety are said to be much finer than the Japanese... the latter keep better. Mrs. Tate has some still that she has kept since fall and I tell you I have enjoyed them.

Save any interesting newspaper clipping and any good story in any magazine. Give my love to all and tell them I am perfectly well and have gotten real fat and am enjoying life. I am learning some Korean and don't feel quite like such a dummy for I can get what I want tho cannot converse in a general way. If Dr. Forsythe comes to Savannah be sure to hear him for they say he is splendid and as he lives at Chunju can tell you all about our station.

Now I know is the longest letter you have had, isn't it.

Yours with love, Nellie B. R.

March 29th, 1907 [Chunju, Korea]

My dear Aunt Nellie:

If ever you had any fear for my safety in this far off land let me assure you right now that I am far safer than any women in the back (does she mean "black"?) belt of America. And if you have been wasting any pity on me imagining I had given up a life of comfort and ease to live a life of want or even in a rough way let me hasten to assure you your pity has been misplaced for I am just as comfortable as can be. The only hard thing is that all I love are so far away and I might add a second hard thing... not being able to make myself understood.

The Christmas box did not reach Savannah till after I left so the package was put in a box of freight and is now on the way via Suez. The letter with the invitation to visit you was also a late arrival but was forwarded to the Doris (possible name of her ship) and was read two days out from San Francisco. I was glad to hear from you and there would have been nothing I would have enjoyed more than a visit to Washington. I should have loved to see you again and I am sorry I never saw Washington. I have always wanted to see it.. but that is one of the good things in store when I "come home."

My trip across the country was delightful. I met my friends the Hancocks who were on their way to China at San Antonio

Texas and we had a very congenial and jolly crowd... everyone in our Pullman were bound for Cal. The trip over was not enjoyable as I am a poor sailor and we had very rough weather all the way.. I spent one very delightful day in Honolulu with Mr. and Mrs. Whiting.. friends of Jim's.. Aunt Nellie, Honolulu is the most beautiful spot on earth! And to a weary sea tossed maiden it was a paradise indeed,

I was in Japan nearly two weeks. Mr. and Mrs. Erickson of Takamatsu met me in Kobe and insisted on my visiting them at Takamatsu. There are only two foreign families in the whole province so you see I saw real Japan. One of the most noted of the old castles is there.. also what is considered by many as the most beautiful garden in all Japan. These and the trip there through the Inland Sea made it an ideal stop. Nothing seemed real in Japan. I felt all the time like a child with a beautiful picture book and wanted to hush every loud sound for fear of waking up and finding it all a dream.

The trip over to Kunsan Korea was pleasant and yet uneventful and I had a visit of three days at Kunsan with my friend Mrs. Bull. The trip on to Chunju a distance of forty miles was made in a chair. You can just imagine the interest. After crossing the chain of low mountains on the coast we spent most of the days on the great rice plain and our road was a foot path on the banks between rice fields.. which were frozen fast and covered with snow. In the afternoon we again reached mountains and at dark climbed the hill on which our mission is built. The country around here is beautiful and the mountains which hem us in on all sides are grand. I have always loved mountains so it (is) with real joy that

I can at last call them home.

Chunju is a very large walled city... the fifth in the Kingdom and we are just out from the West Gate. The Japanese are in control of every thing and in many ways are treating the poor Koreans shamefully. One would suppose they were a conquered foe rather than "adopted." Still there are some modern institutions for which we thank the Japanese such as delivery of mail and we hope in time a general improvement of roads and they have even surveyed a railroad to Kunsan our nearest seaport for which we will rejoice and be glad.

The Koreans are not as clean about their persons or houses as they might be. but as far as modesty and decency go they are far ahead of the Japanese. Japanese are disgusting.

My house.. or I should say our house for it is for Miss Tate and me...is not yet finished and we are waiting on the Chinese carpenter to come to finish up... but it is a pretty and comfortable little house and I will send you a picture as soon as it is finished. As to food, we have all the vegetables we have at home... fruit and beautiful berries..black, .. straw and raspberry. Meats are very poor but there is much elegant game and I have feasted on pheasant and wild ducks ever since I came. This suits me exactly as I care very little for meats. The only thing I miss in the diet line is milk and I am a baby about milk. The Korean never milk cows so now cows don't give much milk. My friend in Kunsan has one that gives three quarts a day and that is a wonder in Korea. No one has a cow at our station so we get our milk from cans.

They say the climate here is delightful... it certainly has been for the past month and now the violets are out and everything is budding so soon all will be green and beautiful.

The welcome I received from all our people... I mean the Christians and adherents has been really touching and when many greeted me with "Oh, I am so glad you have come, we have been praying for so long for a teacher for our girls," I was more glad than ever that I had come.

There has been so much to see and do there has been no time for loneliness and I am very happy. The language is awful but others have learned it and I meant to too.

Mr. and Mrs. Nisbet have just arrived at our station and they were on the Dakota when she went down. I hope the people at home will demand a thorough investigation for it looks very shady to me. The Dakota on a perfectly clear day in broad day light ran three miles out of her course to get on one of the most noted reefs on the Japanese coast, one that not only is charted but guarded with a large light house. Not an order was given. only seven passengers were landed by life boats and every piece of baggage lost. And tho the boat was only half submerged no guard was placed on or around her so she was looted and even the cabin baggage that could have been saved was stolen. It is an awful thing, and I believe there was something behind it all.

Give my love to cousin Nellie and the boys and cousin Lina. Write soon and address Chunju Korea. With a great deal of love to you I am

Your loving niece
Nellie B. Rankin

March 30th, 1907 [Chunju Korea]

Dear Mother,

Our mail has been coming in rather mixed so that your last two letters came only one week apart so I will answer the questions all together. About Ruth's bill, they have made a mistake and I have written them about it. You know I ordered some books for Mr. Hudson's Christmas from *the Missionary* society and they sent all but two saying they would forward them later and I suppose it was the bill for one of those books. As I said I have written about them. But just before I left I ordered a book for myself which did not come and I wrote Ruth about writing them. I hope she did. As to any bills for boxes and eiderdown. I never bought any. As to Wolf's bill. The roses were those Will got for Epping I suppose and the bulbs were to be paid for out of the money I left with you. I think I wrote that Leny's bill for the gloves was all right and to pay for them. Now I never dreamed my freight would be so much but, I'm awfully awfully glad the things are on their way. The next problem is to get them to Chunju.. for everything has to be carried by coolies and the joke begins where the boat leaves off. I think I left twenty-five dollars for freight with you there. There will be $45 the first of May and Father will just have to wait till next November for the rest of it all. I wish however when all these bills are paid you will get Ruth (or do it yourself) to make out an exact statement as to how I stand so I will know how I stand.

I had a lovely visit of ten days with Mrs. Bull and would have stayed longer had I not the prospects of taking that long journey all by myself and so preferred to come on with the Nisbets, the shipwrecked missionaries of our station. The weather here now is perfect I am still wearing my heavy underwear and my lined dresses. And while it is a little warm in the sun in the middle of the day it is so cool in the mornings and in the evenings I have not cared to make any change.

We have had a man plowing our fields yesterday and today and are getting our garden in shape as rapidly as possible. You asked in your letter what I had to eat. I think I wrote to some of the home folks about two weeks ago what a splendid variety we have. Anything and everything. Melons do not do well, but then we have elegant celery to offset that and all other fruits. Strawberries, raspberries and blackberries in abundance.

Thursday we went up on one our nearby high mountains. The city of Chunju is in a valley between two high ranges and up in the mountains is an old fortress. Along the ridge of our chain is a natural wall of rough rocks. The jutting ends of a strata of rock so in (g)est past the people continued the chain of fortifications on the other mountains. like a great wall of China and used the encircled valley as a refuge in time of war. Where the great gate is in the pass the mason work is from ten to fifteen feet thick. There is a large Buddhist temple in the fortress now and we saw a large school of boys being trained as priests. On the way we visited an oil mill. The oil is made from what we call "?" of "?"

candy fame. The seed are ground up... put in a sack and a hugh weight an inclined plain slid down on it. The oil is about the same color as the crude cotton seed oil and I could not help comparing that plant and the one of the SC O cop at home.

We have been disappointed again about our house. The carpenters were to have been here to work weeks ago and have not yet come so I don't know when it will be finished. About Uncle's remark about my getting my furniture in Hong Kong. I am merely a two weeks journey from Hong Kong! There would be a small (?) expense in getting there. American goods are very highly and the selection poor. You can get only very poor goods in Japan even and then the freight from China here would be a plenty. I priced furniture in San Francisco and my goods would have cost me three times as much there and the freight would have been more. The rates over are very high now.

About Dr. Robson's bill. He filled and treat and filed a tooth and then put in one or two other fillings I forget which... but they were all amalgam fillings.

April 17th, 1907 [Chunju, Korea]

Letter to Mrs. William E. Harper

"Georgia"

That letter of yours, dear Georgia, was what I call a dandy, one of the most satisfactory letters I have ever received for you told me what was of most interest to you and even the little details of your house arrangements that made you seem so near. When you tell me about your box with the pillows it was more as though you wanted to warn me so when I dropped in shortly I wouldn't stump my toes or be surprised. I have reread the letter several times and enjoy it every time. When I read a letter like that I do feel ten thousand miles away or that seven years lie between the present and the time I shall see it myself. I don't know whether it will be seven years from this spring or next fall for I am debating the question of returning via Europe. And time flies so rapidly out here the time doesn't seem so very far off. Now this isn't said for effect for honestly I am as happy as can be and have so much to do I never accomplish all I want in a day. I am fearfully behind on my correspondence and am jumping to have a chat with you today. There are times when the language seems hopeless and I get real desperate about it. One day such as today is enough to drive anyone to drink, for it is ideal out and yet I have to study, study, study, and then know nothing more than I did this morning early. There is really no such a thing as Korean grammar and there are no really fine textbooks and my teacher doesn't know a word of Eng. and everybody has troubles of their own and to look up anything in a dictionary involves a research into Chinese also. You see, the classics are derived from Chinese so a school teacher (I am to be one) has to know some Chinese too!! But not to be conceited, all say I am doing very well. I am going to try to take my first year examinations in September at the time of our Annual Meeting. Mr. Junkin (the director of my studies) says if I keep up at this rate and lose no time this summer, he thinks I can - but to do a year's work in seven months, and the larger part of that time the long wet trying summer season is another proposition.

I don't have a moment's time during the day for sewing or reading and at night my eyes are so tired from looking at these strange letters, I don't feel like reading anyway, but the hardest thing of all is to have to stay indoors at this season. It is ideal!! It is cool enough to still have on my woolen underwear and to have a little fire in the morning and at night. But the sunshine is warm and nice. The cherry and peach trees are in full bloom and the leaves on other trees just showing up a tender green. The mountains are covered with wild azaleas, a delicate shade of lilac. These are not what we call wild azaleas, but are like the Azalea Indicus, like those in the park. The wild violets a beautiful deep purple are all out and wild crab apples are plentiful. The barley fields are a gorgeous green though the grass is still rather brown. When I lift my eyes from this paper I look out on views of beauty, with five successive chains of blue mountains in the background. I wish you could come and pay me a visit - won't you?

My house will be finished by the time you get here. I know you would like it. It is very attractive veneer (?) with a very picturesque tiled roof. When it gets all done and the lawn is cleaned of all the trash, I am going to take some pictures of it. The windows are particularly fine big ones four feet wide: We have Chinese carpenters at work. Isn't that a medley? American boss, Chinese workmen, language spoken Korean. And such a language! The euphonic changes may come naturally someday but are painfully acquired in the beginning.

I was interested in hearing about Connie (?) and Mrs. MacKan (?). No One here takes *Harper's* and the newsstand didn't have it!!! So if you can get hold of one with the article on Mr. Melcher in it to send me I will appreciate it very much. The other worldly items were very interesting. I heard just after I arrived of several of them - one in particular.

I suppose Mr. Robertson's death will keep Angie from having a big wedding. Who else is going to try the rough (?) way to happiness this spring?

My friend, Mrs. Bull, leaves for America early in May and I will miss her, for while I probably wouldn't see much of her during the next year, it is nice to know she is only forty miles off. I had a pleasant visit to her last month. Still if I can pass my exams I may start up with the school in January. All this will be decided at Annual Meeting (to be held at Chemulpo in September), and if I do I'll have enough and a plenty with language study, etc. I have the cheerful prospects of examinations ahead for three years! There is no rest for the wicked!

I was very sorry to hear of Mr G's (or Y ?) death because he was your friend. His youth was no excuse when the summons came. I tell you, Georgia, when I see the poor people die, some so young, and compare my lot and life with theirs, it makes my heart sick - honest -. There is a nice girl, a young grass widow, her husband deserted her and went to Hawaii and that is an awful thing anywhere, but especially so here. The poor thing is dying of a broken heart and consumption and her suffering is pathetic. The little children suffer here also - suffer more from the results of devil and spirit worship than any other class. If I only had the money I would start an orphanage for them.

I am up to nearly one hundred and fifty - ten pounds more than when you saw me - so you see I am increasing! I am glad to hear William is coming so well. When you have more postcard photos taken, be sure to remember me and tell me all his cute tricks.

You had better make Will behave himself or you will soon be a widow. No fellow can stand such a strain long. When I get into my own house (I am now boarding with Mr. and Mrs. Tate), I'll tell you all the particulars. In the meantime, write soon again and duplicate the letter and pleasure of your former efforts. With love to your mother and Nora, Jennie B.C. and Will and William. I am with just lots to yourself,

Your sincere friend,
Nellie B. Rankin

April 30th, 1907 [Chunju, Korea]

My dear Mother:

If Saturday had not been an unusually busy day I would have written then hoping the letter would reach you on your birthday to bring you many good wishes and greetings from this side of the world. I am afraid this may be a few days late but nevertheless the love and good wishes are the same. How I wish you could be here for your birthday to see this land--everything is beautiful just now. The bridal wreath, spirea, syringa(?) and azaleas are wild everywhere. There is another beautiful plant very common here, the flowers have clusters and are very much like small pear blossoms or wild crabapple. The wild violets are very plentiful--very large though scentless and range from white to deep purple and all the shades of royal pink from white to a deep magenta--I have never seen these red violets before. Next summer I am going to send you some peach-seed.. the peaches are no good but the blossoms are exquisite--very durable (?) and very large and are much more beautiful than the "flaming almond." I wish you could have seen a tree of the pink ones in Dr. Forsythe's yard. It was a picture! Though I believe the white are more lovely. The trees are very beautiful in all their new leaves and the great barley fields are heading and show up two beautiful shades of green. Our station is beautifully located and life runs in every direction fine.

Mr. Junkin showed me a letter from Dr. Forsythe in which he spoke of having been to Savannah and seen you all. What did you think of him and tell me all about his visit. I suppose to have seen you he must have been at the house. Well you have seen the idol of the Mission before I did. He must be very fine for the missionaries are all devoted to him and the natives adore him. You can ? all from the poorest orphan boy to the members of the great Ye Chinsee(?) family by mentioning "po sa" his Korean title. His mother and sister are coming out with him and I will be awfully glad to have another girl at the station for while all the ladies are lovely to me I miss the girls so much. Mrs. Junkin is especially nice to me and I am getting very fond of her. I take supper with her every Sunday night and as she has two of the dearest little babies (one two and one two months old) I love to drop in at her house.

I hope Father won't forget to send me the *Independent* regularly for just remember we have no daily papers and I haven't seen a paper since leaving San Francisco. I would love to have the *Country Life in America* if he will part with it for besides liking to see it myself the Koreans love to see pictures of America and you can entertain the visitors that way when all else fails.

I can't help thinking of Alby and pitying her. Mr. Bull failed to engage passage in time (They leave for their furlough this spring) and there isn't a passage to be had across the Pacific till August! How's that for travel! As a result they are going home by way of the Trans Siberian R.R.! It will be an awful undertaking with her four little children, one a baby of five months.

She leaves this week for Seoul and goes on from there to Europe.

Some years from now I am going to take my vacation going via Europe but I am going by steamer. It will probably be cheaper than going by San Francisco. But from all I hear of the Siberian road, Excuse me!

Please send me the recipe for tomato soup. We hope to have lots of tomatoes this summer. Our plants look quite fine, though I have not yet had them set out in the ground but have them still in boxes. We will have to use ? condensed milk but I want some soup just the same.

I continue to thrive and the life of a student is conducive to increase of size. I'm most up to 150 pounds, more than I've ever weighed before and still growing. Several of the buttons refuse to meet and that is the sad part for I have no desire to have to let out my clothes.

Though the last of April I am sitting by a fire in my study. There has been a gentle but steady rain today and much wind and a general chilly feeling. have just come in from superintending the planting some fruit trees. A Korean woman sent me a fine lot of small peach, plum and apricot trees this morning and I wanted them to get this rain and the fire feels most comfortable after being in the rain.

Nobody has hurt themselves with letter writing lately for with the exception of Ruth's letter I haven't had a letter from any of the family for a month nearly. We are looking for foreign mail the last of this week and I hope to get a nice lot then.

In the fall I want you to send me a few bulbs of the flag lilies.. the blue and white. The bulbs can be wrapped up and sent 3 or 4 oz for a ? package not exceeding 1 oz. If they are heavy, send two packages. The man in the p.o. at home said just mark them sample bulbs as they came under the head of small sample packages. Any paper with interesting accounts of doings at home would be appreciated so send it along. We have a great many magazines here but nothing with local news.

I have never had any invoice from my goods nor had Steward up to ten days ago. I asked that a duplicate bill of lading be sent me but have heard nothing more of it. I hope the things will get in during the next month for if they don't they will land in the rainy season and will have to be stored at Chemulpo or Kunsan till fall for the road to Kunsan is almost impassable for the summer months.

Give my love to Aunt, Uncle and ? and the Hulls. Remember me to Mrs. Gillespie and any of the friends who may ask about my welfare. With love to all the home folks. I am with best wishes for many many happy returns of the 27th.

Your loving daughter.
Nellie B. R.

May 26th, 1907

My dear Will:

Here it is the first of another week and I haven't written you as I had expected but as things are just as they were when I wrote last you haven't missed any news. The last letter I had from you was a full month ago.. a regular diary of your movements. New Orleans, Memphis, etc. and I enjoyed every bit of it and think it is full time for another.

There is one great piece of news and that one means a lot to me. We have a visitor - a girl - and a very fine one too. She is Miss Eleanor Goucher of Baltimore. Dr. Goucher, Pres. of the Woman College and his three daughters are on a "round the world" tour, having left the States last October. I had met Miss Jeanette G. once two years ago and again last winter in Nashville and though she was fine so was delighted when Mrs. Junkin told me that Eleanor was her niece's most intimate friend and expected to visit her in Korea.

Eleanor arrived last week and I am enjoying her visit immensely. She is pretty--small, and has loads of red hair very much like Ora Adams. She dresses beautifully and as she has lots of money has a whole lot of pretty things. It is fine to see some one from civilization again and especially a girl. We are together every minute almost that I am not at work and as we have been saving up our picnics for her visit there will be more play times for me. We went on a picnic yesterday--the whole station and had a fine time. I liked her right from the start and as I am the youngest at the station she had to put up with me or nothing but fortunately she seems not to mind and so everything is pleasant. She will be here for about three weeks in all and then join the others in Seoul.

This is the season for picnics.. roses are just beginning to open but the peonies are in full bloom. They are very lovely and all shades from white to a deep red. The wild roses are open and everywhere they can get a footing one finds the wild rose. The flowers are smaller I think than the wild rose at home but they grow in long wreathes and the odor is very delightful. If the accommodations were only better--or as there are none at all I should say, if there were only any accommodations in Korea as in Japan the country would be a lovely one for tourists. The houses are not as pretty but the scenery is certainly lovely and the flowers beautiful

May 27th.

This is mother's birthday and I hope my letter written in April is there today.

I have just finished packing my suitcase to move over to Mrs. Junkins to spend a week with Eleanor. Last night letters from Ruth and Aunty came and the "Records" Aunt sent. Thank her for them and tell her I will write next week. Ruth says you are all complaining about my letters. I can't understand for I have written to some member of the family every week except two since I came and last week was one of the two. I meant to write you then but somehow just didn't get it in. Somehow my afternoons get away mighty fast with Eleanor to help kill time. She is the last girl I'll have for many a day so I am going to enjoy her visit while I can.

Ruth certainly writes a good newsy letter. I always enjoy seeing a letter from her. Your one has not been very much so you can't complain about my not writing often.

I wish you could see the strawberries we have today. Mr. Tate gathered nearly five gallons so I invited the little school girls up for a strawberry feast. They did enjoy it. I tell you. While the strawberry is not native here it does beautifully and everyone in the station has more than they know what to do with.. .They are so very large I often cut them into three and even four pieces and always two. They are the "Dewey" variety if father wants to plant any of them. Mrs. Tate ordered fifty about two years ago and has not only supplied our station with plants but practically the whole mission.

Give my love to everybody that asks about me and to all the family regardless. With a whole lot for yourself from

Nellie.

Aug. 2nd, 1907 [Chuniu, Korea]

My dear Aunt Nelly,

Not very long after I reached this strange land I wrote you but as I have heard nothing I fear the letter must have gone astray.

Since writing "lots of things" have happened. The most important I guess was the move to my own house and housekeeping. Fortunately as I live with Miss Tate and she only talks like a native but also has a fine native servant there has been smooth sailing. Our house is a most comfortable one-story cottage with a nice garret for storing away under the roof. I am going to wait till I can get a good picture of it to send you to describe it all to you. The girls' school when built will be set almost as an ell to our house, and my two rooms - a study and bedroom each 14 x 16 - are at the west end near the "school-to-be'. The plaster used is a mixture of paper-pulp and lime and some of it is splendid. That in my rooms was not very good so I had them washed cream and with white wood work they are very pretty and attractive. I brought my furniture out and all my pictures so the rooms are really very nice. So much nicer than I ever dreamed of having things out here. Some of the Northern folks - Pres. & Meth. have very nice houses but we have comfortable ones though not as fine. Miss Tate has been here fourteen years and is a fine worker. The larger part of the time is in the country holding classes so as that would leave me much alone I am glad to get the news that a Miss Cordell, a trained nurse, will sail in September and will live with us in Old Maids' Retreat as I call our house. When our doctor - Dr. Forsythe - who is now in America comes out we expect to put up a large hospital so after awhile Miss Cordell may move but I do hope she is nice for the next year or two we will be the firm. Miss Tate returns to U.S. for a vacation next spring.

I have found the summer very trying and have been forced to cut down my study hours. One's head does not stand much out here in the summer. I am sorry for I want to take my first year's exams this summer but am almost afraid to try as I have been able to do so little for the past two or three weeks.

There are three small visitors playing near - playing with some dolls and toys I brought with me. You never saw happier young ones for I have never seen a toy in Korea - even the doll is entirely lacking as far as I can find out.

While housekeeping was the most important event, the most pleasant was the visit of Miss Eleanor Goucher of Baltimore- daughter of the Pres. of the Women's College, Dr. G. and his daughters were on a round the world tour and Eleanor came here to visit Mrs. Junkin. I didn't know how I was missing the girls till Eleanor came. Mrs. J. invited me to stay with E. so we were like siamese twins for the month she was here - never separated except during my study hours. She was a lovely girl and I missed her dreadfully when she left.

I would have liked Ruth to go to the Women's College but she is going to Mary Baldwin at Staunton Va. this fall. She would have gone off last year I think if it hadn't been for my leaving home. It is hard for me to think of her being nearly grown. She is not a little taller than I and a very pretty girl - She will always be the baby to us though.

We all go to Seoul the first of Sept. for our Annual Meeting and then the Presbytery of Korea will be organized this fall. I am looking forward to seeing the Capital of my adopted country.

How have you kept this summer? What will Edward do and where does he expect to locate? Write me a long letter and tell me all about yourself and the family. Give my love to Cousin Nellie and the boys and to Cousin Lina. With a great deal for yourself I am

Your loving niece,
Nellie B. Rankin

Writing my name reminds me of some fun. The other day two Jap. officers who were glad of a chance to air their English, came up for the census. Wanted "our full names and native province." I wrote my name Nelly B. Rankin and he insisted on knowing what the B was for so I said Beckwith he nearly strangled over it and I got the giggles so I could hardly keep my dignity and tell him over and over. When he left I remarked "If Aunt Nelly could have heard that she would have enjoyed it. I will venture Beckwith was never so murdered before!

About Sept. 15th, 1907

years exams. One of the class ? has been here 20 months. While I was here a month longer than the Nisbets I was compelled to give up studying by the doctor's orders five weeks before examinations, while the Ns. studied up to the last minute with a good teacher so we were even in the end. Mr. N. is a very bright man and a fine student so I feel especially gratified in beating him. You may think this all sounds very conceited. I don't mean it that way but when one has boned and worked hard it is comfortable to know they have succeeded.

Yesterday we went to the most beautiful spot I have yet seen in Korea for an afternoon picnic. It may sound funny but it is true that dead men occupy the choicest land, and yesterday picnic ground was the grave site of the grandfather of the recently deposed emperor. A magnificent avenue led up to it and the grounds, for it is a regular park, are kept in magnificent order. The most beautiful lawn you can imagine. The grave a huge round mound was fully 15 ft in diam and 12 ft high. Before it were many carved figures and a huge worship stone, all in gray granite. There were several buildings where the tablets for worship were kept, another with the tablets, etc. And as at all grave sites of royalty, the trees are very fine. There are four palaces inside the city. The one that is now used is near our consulate and I saw it from outside the walls. We hope to get permits to go through the grounds at least, of several of the palaces but not the one that is occupied.

Since coming here I have heard of much trouble in these northern provinces. There is much unrest but I hope it will not spread to our district. There is no doubt that if the people had had a leader there would have been a general uprising when the emperor was deposed. It is hard to stand by and see the injustice done the Koreans and they have been wonderfully patient, but on the other hand if anything has been proved by the 3000 years of national history, it is that Koreans are not capable of self-government in their heathen state, at any rate, and for centuries the people have been ground down by a corrupt and merciless officialdom. The people have some fine traits though and I heard a prominent in conversation say today he believed that Korea would yet be the dominant nation in the East, not through military power but by moral power.

Seoul is a city of 250,000 people and covers much ground. We have to allow a good three-quarters of an hour to get to a church (on electric cars too) where a general council of Protestant Missions is now being held.

There is a big meeting this week at Pyeng Yang when the first Presbytery of Korea is to be formed. Many of our mission will attend. I am going to visit Mrs. Reynolds while many of the others are away, and as our business was not all finished we have another session the 23-26. In the meantime, I hope to see more of Seoul and will write a fuller description later. Send this to Ruth when you are through, and if ever you go to Balt. and see Eleanor Goucher and tell her I say she is it. Write soon, haven't heard from you in a long time.

With lots of love to all from
Nellie

Nov. 4th, 1907 [Chunju, Korea]

My dear Will,

You see I am going to keep my part of the program of writing the first of every month - now I didn't get on the 1st but have come pretty near it. Then you see I wrote about two weeks ago.

This morning the postman brought a letter here with a lot of Japanese heiroglyphics on it and said it was for "Nan Pooine" (a is very broad and would be pronounced as we would say "narn". I said she did not live here, he asked if I wasn't "Nan pooine" or Miss Nan. No said I am An. I do not know Nan. Said I "Read this address" said he "Nan poo ine outside the west gate" only he said "su moon pat key" Said I "You take it up to Miss Tate, maybe she knows Nan" etc and so we "yaggied" when I discovered there was no stamp and probably it was an official document which it proved to be - announcing the fact one parcel was waiting for me to pay 13 cents duty on. So this afternoon I mailed my asbestos mats home and now I am thanking you for your kindness. I don't know what I would do if I didn't have you all to call on for these little things. We can't send an order off for less than five dollars that is a draft through the committee and there are so many little things one needs. You don't know what it is to be in a place where you can get nothing. Miss Cordell remarked today it seems so funny not to be able to get even a piece of common gingham.

In Kunsan you can get some few things for there are so many Japs there being a port that the market is opening up - but here is another question. I am getting along quite well with the language but dare not look ahead too much because one becomes discouraged when they see what is yet to be done. Miss Cordell is in the depths of the alphabet and initial sounds and I am glad I am not in her shoes.

I am glad you could spend your vacation with Mother and Ruth and also have such a good chance at the Exposition. Your company treated folks white didn't they? If ever you go to Baltimore don't forget to meet Eleanor Goucher. Oh by the way I never corrected a curious mistake. While in Seoul a cable came saying "Chunju 10000 Goucher". Those who read it supposed it meant the Gouchers had given us $10,000 and I wrote you so. Well it was a tremendous surprise to us and after several days we just couldn't believe it. Someone then suggested we look up the code and see if any light would be cast on. the subject an lo "Gouch" means "A special gift for educational Purposes". Now we thought the r had simply left off. The donor was a Mr. Graham. of S.C. who gave the $10,000 as a starter of the College for Men. Well I had the fun of building a fine school with $5000 of it just the same. Just at present I am trying to plan for a more modest affair and yet one that will give us plenty of room. I will probably room in the school building and so though scarcely settled in our new house I am already planning a move and feel quite like a transient boarder though I will probably be here another winter anyway for next year Miss Tate will be in America and that would leave Miss Cordell alone.

Miss C. is a very pleasant girl and easy to get along with -

she's not the kind to get very chummy with however.

Mrs. Junkin has a niece, a great friend of Eleanor's, who is coming out for a year and a half to teach the Junkin boys. Elizabeth, for such is her name, is making the excuse for a trip to the East. I wrote Ruth she would have to come out next fall with Mrs. Bull, spend the winter with me and return with the party in the spring. There will be quiet a number going home that year and Eleanor says she is coming out for a visit and going back with them - and she will if the notion strikes her.

Elizabeth Goucher was in Japan while Eleanor was here. Elizabeth went perfectly crazy over Japan so When she found they were short a teacher for English in the school of which her host was the head she said she would take the position for a term.

As the school is a large Methodist Girls' school, Dr. Goucher consented so Elizabeth Goucher is there in Japan. She may come over to visit us about New Years and I am hoping she will be as nice as Eleanor. At any rate she, Elizabeth Moreland and I will have some fun.

I am going to send Ruth's waist with some pictures next week - that is if the photographer finishes them up. So be on the lookout for them.

I have written and invited the Ericksons of Japan to spend Christmas with me. They are the folks I visited when I came out. They have not positively accepted, said they could not tell till nearer the time. I hope they will come. Mr. and Mrs. Reynolds of Seoul are coming to visit Mrs. Junkin so we will have a fine big party. Mr. Junkin had promised that if Dr. Forsythe came out he would give us a big dinner for it is the Doctor's birthday as well as mine, but now that it is about certain Dr. will not return but some other doctor be sent to take his place, I am getting anxious about my dinner. As Will Junkin says he doesn't see why I should suffer.

The Junkin boys and I are having some fine tramps these days and the weather is ideal for long walks. Nearly half our station is away on country trips and we have only one man left.

Well I must close for it is bed time and I have a hard day's work ahead as well as having just closed a very busy one.

Next night

Just before saying the amen I had to stop to show Miss Cordell some Korean. One begins to feel very learned when they can thus play teacher. Very few Koreans can spell their language correctly. That comes about by some learning the letters but not studying the spelling - for the most part the Carnaegie system holds good but not always. Thus it came about that a few moments ago I corrected the spelling of Miss Cordell's teacher and I wouldn't take a pretty for the job. On the other hand I never hear a little child rattle off Korean that I don't long to be able to say things as well. I never see a funeral that I don't wish the deceased could not have willed or sold me his stock of words before he "to ro kas so" or "went back". This morning I struck a snag on the word "to boil". To boil clothes is one word - to boil water another - soup another, vegetables another and there are probably others but I swore off. Besides these different words there are also honorifics for most. I would not use the same word for my eating as I do for my teachers. "Igo" but it is heathenish.

Write me all about your Christmas fun. Tell me where you go

and I won't tell if you add who you take. Will Epping spend the holidays with you this year? Christmas will be a strange affair out here no doubt without old friends but we'll have a Christmas dinner even though turkeys are unknown out here, and try to make someone else less lonely in this not too happy country. I said turkeys are unknown - the Koreans have a word "teu key" but it means "rabbit".

Weather is ideal now cold - clear and windless and the foliage beautiful.

Write the first of the month. Give lots of love to every body who wants any word and keep a big share for yourself.

Yours,
Nellie

Dec. 16th, 1907

My dear Mother

Yours of Nov. 15th and 16th were received a few hours ago and I hasten to ally any fears you may have as to my safety and any excitement about wars or rumors of wars. What yellow journals are you reading I couldn't imagine anything more quiet than Chulla Do.. our province.. at present and the prospects are peaceful.

When the Japanese put the present emperor on the throne and disbanded the Korean Army one regiment mutinied and there was considerable excitement. While in Seoul I heard of a number of small attacks in the country but our part of the country is quiet. There are a number of bands of " ?" (means righteous army) who are going about. They are Koreans in a lawless manner and are robbing and threatening all the people in scattered villages who have cut their hair and show other signs of "progress". But they are mainly in the sparsely settled districts. They have even killed a few Japanese which have given the Japs to be even more severe in that district. As far as our relations to the Japanese is concerned (these) are nothing but pleasant relations. All foreigners have criticized Japan and Japanese methods in Korea. especially one editor in Seoul but the missionaries, while they may have written their thoughts home, have been very careful not to express any sentiments to the Koreans. As to war between the two nations it is impossible. The Japanese have a large force in Korea and could stop any disturbance at once. Then they have taken away all weapons so not even the hunters can hunt any more etc. It occurs to me there is a party in both Japan and American who are trying to make war between the two countries and it is those yellow journalists and not us missionaries who will make trouble for those in the East if there is to be trouble.

We hate to see the Koreans treated as they are. Now they have to hide their cattle just as we did during the war because the Japanese are taking everything they can. but I have dealings with only one Jap, the man who develops my pictures and he is a very nice little fellow.

Remember this.. we have a good consul who will see to our interests. Japan will see we are not disturbed she is making her name now. And everything you see about the East read cautiously allowing a pinch of salt to the column. We have been roaring today over a long item from a New York paper sent to Miss Cordell. It spoke that in view of the impending war between Korea and Japan an American girl would be in it. For it said the empress was an American girl... daughter of a Pres. missionary.. even gave her picture etc. etc. and two whole columns were given up to her life and queer customs in Korea. It was made up from beginning to end The Emperor never married any American. There is no such person and the customs assigned to Korea were whole lies. Too much. It said she was a Christian and rode her pony as is the custom of Korean women. Shade of ? A Korean woman on a horse!!! Impossible.. shocking performance! When I wanted to ride this summer we had a station meeting to settle it. I was afraid

I would ruin the school if I did such and improper thing but it was decided they would think it one of our queer customs and the exercise meant much to me etc. so I was told to go on and ride. But a Korean woman would have a fit should you mention such a thing!

The article also said when the weather got hot.. the hotter the day the more quilted coats were worn, etc. so that two men would block a street! Now Koreans are no fools! They wouldn't do such a fool thing any more than an American. They put on very thin garments and the children wear a hair ribbon only in the good old summer time.

But the American girl empress part was what got next to us. The old emperor has never even taken another wife since the death of the empress some years ago now.

Recently when in the country a Japanese soldier called on Miss Tate to ask her if anyone was disturbing her in any way especially had any " ? " been around. Miss Tate assured him all was quiet and he said if any time anything should arise to notify him and he would see to her safety.

We are really.. from a purely human standpoint.. safer than many in America so don't worry at all about me. Many many thanks for the offer of the money, but I hope I will never have to call for it to flee from my new land. One year of the seven has almost passed and there is a rumor that a movement is on foot to make the first term 5 years instead of 7. The time is passing rapidly and one of the hardest years is over. Everyone says the first two are the hardest of all. Of course there have been lonely times and sometimes I would be willing to face such a trip as I had coming over just to see you all, but it has been a happy year too and I have never regretted for a moment my coming, though God know it was hard.

The more I see of Elizabeth Moreland the better I like her. I am not with her anything like I was with Eleanor Goucher for the winter work is on but E. is a very fine girl and it is good to think of her being here for a year and a half. I am not crazy about Miss Cordell. I do not mean I do not like her or that she isn't nice but she is not just the kind to be thoroughly congenial. She is one of the very prim kind. She is lots older than I am. She told me by accident (you would never guess it to look at us for she would pass as younger I think, but she is terribly secretive. As I said she told me by accident and won't let me tell and out here where it is considered polite to ask people their age the people think it is very funny she won't tell and I insist on my telling them how many cakes she has eaten. That is the way they ask your age. Now for goodness sake don't pass this letter around for I find this is a small world and as she is Anna Harmon's sister-in-law it might get out here again.

We are on the edge of a famine. Our American goods have not come yet. They are in Korea where we know not and we are getting thrilled Mr. and Mrs. Reynolds of Seoul came this week to spend Christmas and no one at the station has gotten their order and everyone is longing for a few extras. The weather is a pretty steady cold about 20 degrees every morning and freezing all day but we are having little mud so far (for which I am thankful) and it is really delightful.. and I don't mind the ice in my basin at all.

The last of my visit to Seoul and while waiting in Kunsan was the times I did not write and every one is giving it to me. Well I just didn't feel like writing and forgot what a gap it would make a month late. Mrs. Preston who comes out in June is an old school friend.. Better late than never? I'll have one present for something came from Nina Pape today. Love to all and don't worry about your little (?) daughter..

Nellie B. R

Jan. 3rd, 1908 [Chunju, Korea]

My dear Will:

Your good Christmas letter reached me today and tho a little late it was just as much appreciated and enjoyed. I wrote mother a long letter the 26th telling her what a very happy Christmas I had, so see that part of your wish was fulfilled. The next wish that the New Year would bring no pain or sorrow came when all our hearts are heavy for if it had not been for sorry you would have had this letter the 1st. Early yesterday one of my truest friends, William Junkin, passed away after a brief illness of one week. I wrote you I had spent Christmas at his home. He seemed as well as anyone that day. He has two little children, the 2 older boys, last summer they had such a time with the baby's milk as they had no ice to keep it fresh and baby Mary is rather a delicate baby. We had such a long and hard freeze before Christmas the 24th Mr. J. found the ice thicker than he thought and had it cut to fill his ice house. That evening it began to thaw so he got up early Christmas morning and worked hard... up to dinner packing ice himself as fast as the coolies could bring it from the river. He stopped only long enough for a bite of breakfast and the Christmas tree. For some years he has suffered with stomach trouble and had to be very careful. When I left his house the 26th he seemed tired but two hours later he had a chill and at first we thought he had taken cold working in the ice and it had brought on another stomach attack. Typhoid symptoms soon developed and Tuesday pneumonia set in and yesterday he died. He was ill all the time and seemed to feel it would be the last illness. He was so happy tho and several times remarked that tho it was good to live if it was God's will he was ready to go. He was one of the first of our mission in Korea, about 42 years old and an unusually bright and successful worker. The Junkins' home has been such a pleasant place to me... they are very congenial and so hospitable. Mrs. J. will return to the States with her children for with two babies she is not able to do much work and she wants to be with the two older boys who are old enough to be sent home to school. I shall miss them sorely. Then Mrs. J. and I have become such fast friends and I was looking forward to having her here another year. Miss Cordell is quite a bit older than I ... very severe and not at all sociable so tho in the house with her I see little of her except at meal times. Mr. J.'s death will sadly cripple our work here. He was considered one of the finest workers in Korea and one of the few masters of the language. My how he could talk it!

Dr. Daniel came over for consultation and I enjoyed his little visit tho it was on so sad a mission.

Do you remember your poisoned hands? Well I have had nothing better to do than to get one too. Mine is my little finger and has been terribly sore. Dr. D. gave me a cocaine injection yesterday and lanced it and it will have to be packed and drained for some days. I remember how you danced when the doctor would squeeze your hand and spread the dressing today. My hand (right) is badly swollen and two fingers tightly bandaged. Writing is a little painful and very difficult so excuse the scratches.

I have said things about Japanese so perhaps that accounts for some of my letters not getting to you for I declare I have acknowledged every package promptly and I send a fancy postal to Aunty frequently yet she says she does not hear from me. I thanked her for the ? parcel and especially for her delightfulness in sending a pattern and some working cotton for the dress. I have written Uncle thanking him for the money and to Aunty thanking her for the things she got for me.

Now about the bank book there, there were so many things to see about I can not swear to this statement but I as I remember when I drew out all the money I had they kept the book. I will send in this an order on the bank that if the book has not been found to make out another and give you so if this is not done please let me know and tell me what to do in order to straighten it out. When they deposited my interest where was it registered... in whose book? How do I know it was deposited unless they show you the book? It seems a little funny to me.

This mornings mail brought me a big bunch of Christmas letters and several notices of packages sent... among other things the Ladies Society in the Lenoir Church sent me a notice of the subscription to the *Ladies Home Journal* and Mr. Nicholson and his sister *the Woman's Companion*. As I am getting these two illustrated magazines I want to tell you not to renew my subscription to the *Country Life* I have enjoyed the pictures but there is not much reading matter and I have about all I can read now. Mrs. Nisbet has the Sat. Post and I don't have time to read hers even. So I think as *the Country Life* is such an expensive magazine just for the pictures I would rather have say a book in its place (you see I am taking it for granted you are going to renew the subscription).

I appreciate very much the remembrances of Aurie and Vida. Give them back my love and best wishes for a happy season. Hope they will remain "birds." The same natural girlish girls the year saw them.

Well it is time for me to go to the "yak-pang" to have my hand dressed so will say goodby. Send the silver right along... just say knives, spoons.. and it will be all right for Mrs. Earle got lots of silver last month.

Your letter has done me lots of good for once I am good and homesick. May the New Year bring you great happiness and much pleasure. Give my love to all.

Yours with much love,
Nellie

Tell mother I have just had a long letter from Mr. Nichols and he never said a word about marriage... that was all I know. Excuse these blots.

Feb. 3rd, 1908 [Chunju, Korea]

Dear Will

This is begun at 12PM but how many interruptions will come I know not for we are receiving New Year calls today and anything like peace is unknown. New Year is the great day here in the Hermit nation and I have been strongly reminded of our Christmas celebrations at home. Yesterday was Korean Easter too for everybody put on new clothes. The boys and girls and young men were gorgeous in brilliant garments. There was one youth about 16 I met on my way to church and as his was a handsome suit I'll tell you about it. He is engaged therefore has his hair up and wears an "engagement hat" a peculiar straw affair. His full white trousers were tied in at the ankles with orange strings about 1" wide. His long out coat was of brilliant red (linen) with green, the latter color showing when his coat flapped back and forth in walking. Over this bright red was worn a handsome purple-blue gauze coat - very elegant. I tell you he was a sport. The little girls were very brilliant too. One little girl had on a waist the whole made of inch wide strips of red green yellow purple orange pink and blue. This was worn with a red skirt. The combination at first strikes one as alarming but the picturesqueness soon becomes evident. Saturday night we received some elaborate presents. Each received for inst. a "bread tower" shaped something like this. The Koreans have no ovens so this bread is made of rice or barley flour fried in oil. This tower was of little rolls stuck together with a syrup-like stuff they have. The three top layers were covered with a brilliant red stuff and this red and the five horns were stuck all over with popped barley. It is very artistic. These fancy breads are very popular. Some we received were about the size of a slice of bread and had popped "up sal" all over it. One of girls brought me a fancy "chu money" or purse which I will send to Ruth. Last year the noise was deafening. The gongs and drums - the gongs and drums - while they were driving the spirits out of the wells, houses and villages. I heard a little of it Saturday but yesterday and today have been very quiet except for fire-crackers. Perhaps after the feasting the devils will be attended to.

Some men have come in to "chul how"

During my lessons this morning there were strings of children coming in to wish us a happy New Year.

We are having very exciting times socially just now. Last week Mr. Brockman of the Y.M.C.A. and Mr. Kagin of the N. Pres. Mission came down and we had a really jolly time. Mr. Brockman was very nice to me in Seoul so I got up quite a supper for them. This week we will have one of the Northern Pres. men and his wife and baby to come to teach in one of our study classes held for the ladies in the country churches. Also W.D. Reynolds of Seoul is coming for the class. He will bring his two Korean helpers and spend a part of each day on his translation work. Mrs. Reynolds and the children will move down about March 1st. They have moved here so Mr. R can take charge of the work Mr. Junkin laid down.

I met an awfully nice girl in Seoul a Miss Cook who is visiting our consul's wife. Saturday I had a card from her saying she was coming to visit me sometime soon. Elizabeth goes to Seoul next week and I am going to invite Miss Cook to come back with her. Then we heard that one of the So. Meth. girls in Seoul has been very miserable - their place is in a very bad locality in Seoul and she and Miss Cordell were friends at Scarritt where both trained - we have invited her to come and recuperate in Chunju. It is very doubtful if they let her come but you can see we have the prospect of two visitors.

Elizabeth and I are both batty to go up on my mountain - the great monster to the west and yesterday our hopes were revived for Mr. McCutchen promised to see the trip through. I say revived for the last morning Mr. Junkin breakfasted with his family Dec. 26 we were planning this trip. The Junkins and E. leave here the last of March so our trip will be taken just before they go. Snow stays on this old fellow till very late in the spring.

I have just sent in a full account of a Korean feast to *the Missionary*. Mr. Williams has been after me to write for some time. As that is so full I won't repeat it but you can read it in print someday. The occasion was the anniversary of my arrival in Korea.

I don't think I ever told you, and I have meant to often, how much pleasure those lovely vases give me. I got three lovely little table-like mounts for them in Seoul - carved black wood - and they ornament the top of my bookcase which is about 5ft high. They look simply stunning and give me lots of pleasure. (The vases you brought me from St. Louis)

My study is so pretty and has been much admired. Our two

young bachelor visitors said our home was so comfortable and attractive they wouldn't mind living here at all and as it was leap year they were waiting for bids. We told them we wanted to wait till after Annual Meeting in Sept, after we had seen all the eligibles before we went in for "keeps".

So Epping is married! And not Minnie(?). You will be getting notions in your head too if many more do such rash things. Please remember I want a nice sister so bear that in mind when you are choosing. Write me what you are doing these days and you are enjoying life. "Kwoo sae e pyen au e ha si o".

Love to all, especially to yourself from your loving sister.

Nellie B. Rankin

April 3rd, 1908(?) (No Year) [Chunju, Korea]

My dear Will:

It was no April-fool joke I was trying to play when I did not write Saturday but just a case of played out. I was giving exams morning and afternoon so I wasn't in a letter writing frame of mind after that.

This is begun at my dinner hour Monday and I feel like a Nero fiddling while Rome was burning for that stack of papers to be corrected stare at me from every side.

Now each day has its own trouble but guess what today's special one is. Matrimony! Now don't get alarmed.. that question was settled for me long ago but my "adopted daughter" is the sought after one. She is a nice girl and has had a number of offers but I fear it is because they think I may help along after the marriage so I have announced that she will never get a cash from me here after. The mother of the latest would-be groom is going to call on me this evening and I am thinking seriously of giving my consent tho her people will have to shoulder the final responsibility. The girl has been a little disappointing this winter so I am rather inclined to let her go. Sometime ago I was sounded by one of the richest families in town but I put a veto to that for the man is not a Christian and the family is one that runs to plural wives. The boy I favor is as poor as Job's turkey but a hard working Christian fellow.

Our primary S. S. grows. Yesterday we had nearly 400, that is 383 not counting babies and little children tied on the backs of older children. I teach the lesson to the whole bunch so you see I have a job to hold down.

Flies out here are perfectly awful. With all the filth and terrible diseases to thrive on and then bring to our houses I have no desire to entertain such guests and so am having some wire screens made for my rooms. Got the wire from America and native carpenter is doing the work and a very neat job he is making of it.

Peach tree buds are beginning to swell so I am going to spray my trees this afternoon. Wish you were here to do it for me.

Had my little pocket handkerchief-like yard sodded last week and it looks fine or rather will look fine when it turns green. Little by little I am getting the place in shape. A few early violets are out but no trees yet show any sign of life.

Have enjoyed reading the Sav. papers you sent. Never get any except those you send. There are so many strange new names, however, that it makes me feel more of a stranger than ever.

Eleanor sails from Japan the 16th of this month. They had to give up going via Siberia on account of the black-death plague. She told me to tell you she would be delighted to have you call on her return. Said she didn't know whether they would move to the country house before her father's return or not (He goes to Eng. in May) so to call up the town house and if she wasn't there call up the country house.."Altodale" Pikesville.. and she said she would tell you a few... She is done with travels in the East, I think and I don't blame her for it must be boring when one cares as little as she does about sight seeing. Hope you will get out there this summer.

Am delighted with the design of my silver... many thanks for sending the cut. I had thought if I was told to select the design I would either order that pattern or the Paul Revere which is very similar so you see I am suited to a T.

Am awfully sorry Ruth wasn't at home while you were there. Will you be travelling most of the spring and summer or settled in Richmond? Have they every raised your salary. I do think when one is on the go all the time they (ought) to pay you well.

This morning the 2nd richest man in Chunju entered his daughter in school. It is rather late for her to do much but "catch on" but I didn't want to lose the chance of getting her both for the sake of getting in with the family and for the rep our school gets. So few of the rich towny people will allow their girls to leave the tiny court yard that I am glad to be able to say, "Why Kim Chinsa and Yi Chinsa send their daughters to us." (Chinsa is a high scholastic title corresponding to our MAD LTD. PhD. etc.

I have now 3 girls from high rich families and tho their folks are not Christians. Two of the girls are baptized and are earnest little Christians. Hope to get this new girl too. Most of the girls came from Christian homes.. have at least one parent who believes but a few came from heathen homes and we get the children and get a chance at least of presenting Christ in the homes for they always receive me cordially for they respect learning even tho I don't know Chinese. These rich girls are so nice. Two of them are my favorite pupils.. study well, put on no airs and never refuse or shirk work and are very popular with all the other scholars.

They are two of the oldest girls and try in every way to help me. To say "The Pooin won't like a going" is absolute prohibition to them. They love to come to my room and gas and as I learn a good deal from their talks about Korean view-points I let them.

Pepper for Kimchi is being planted today.. it will be enough concentrated hotness for a whole American village.

Love to all and a special big share for yourself.

Your devoted sister, Nellie B. R.

April 5th, 1908, Sunday [Mokpo, Korea]

My dear Will:

You will no doubt wonder what on earth I am doing at Mokpo and as I have written no letters lately you may have wondered what I have been doing. Now I find I have left your nice long letter with its string of questions at home, so I can't answer all but here start in for a general history. About three weeks ago letters came from both Kwangju and Mokpo asking me to visit both stations and realizing the fact another year would see me tied hand and foot in school work I decided to came on.

Here I am visiting Miss Knox and Mrs. Preston my old A. S. C. friend. I left Chunju a week ago Saturday with the Junkins and Miss Moreland. (*left 3/28*) Elizabeth and I were to leave Monday and come here and she was to join Mr. J. here on Thursday..but a terrible storm Sunday put the boats on the coast all out of schedule and we had to wait one week for a boat. My visit to Kunsan was sad this time. I was with the Daniels but on Wednesday of the week I went over they buried their little year old boy Thomas, Jr. Little Tom was the dearest baby I have ever known and I loved him dearly. He was always such a strong well baby never sick a day in his life till some stomach trouble suddenly developed and after a sickness of ten days the end came. Sadie talked of him constantly and I missed him more and more when I heard of his latest cute ways. Dr. Daniel sent for Dr. Birdman to help him but nothing did any good.

Dr. Birdman is a young German. A big fellow smart and jolly and yet one of the finest Christian men I have ever met. He came down with us and is good company. this is his station. Elizabeth got off here for the few hours the boat was in but left in the afternoon. She is one of the finest girls I have ever met. Mrs. Junkin had to start off with two half sick babies. I do feel so sorry for her. Besides Mr. Junkins there are three little boy's graves that she leaves behind in Korea.

Mokpo is the least attractive of our stations but I am enjoying my visit. Annie (Mrs. Preston) has two cute children, the baby is especially cute. Dr. Birdman and Mr. McCallie board with her so you see we have quite a house hold. Mr. Preston has been on a country trip but is expected in today. When he comes we will decide when to go to Kwangju. Mr. P. is going to take us up, "we" are Mrs. P and babies, Miss Knox, and me. We will visit Mrs. Bell and Mrs. Owen. Dr. Birdman was very ill on the steamer and in Japan with typhoid fever and is still far from well and as the Koreans flock to a doctor he has no rest so the mission wants him to visit as much as possible so as to get well and strong. Mr. McC is going on a country trip so when the house is closed Dr. B. may go to Kwangju with us. Kwangju is quite a way off. We will up the river about forty miles... spend the night in a Japanese inn and go by chair and horses twenty miles further.

Now I am crazy to go on overland from Kwangju to Chunju and as I expect to take Miss Knox home with me I am not afraid of the two days' journey at all. Dr. Birdman might be persuaded to take us over and I hope he will, for I am crazy to take the trip. It is a two day trip but we could stop at a church for the night on the road rather than at a Korean inn.

Now Will one thing more about my freight. You know my barrel was broken open and a number of things stolen such as the lovely little gilt clock Mr. Nicholson gave me, pictures etc. etc. The S.S. Co paid to me through Steward 38 yen on $18.00 damage for stolen goods. They refused to give me a thing for all the broken and water damaged goods. I wrote Steward what mother said the insurance people said and he said he had never received anything but the 38 yen for stolen goods. The amount being the same makes me think the Japanese S.S. company have collected the 38 yen from the insurance people in N.Y. Now the barrel was robbed in Japan and I ought to get damages for injury such as water soaked (?) etc. Won't you try to write the Insurance people about it and see what can be done?

I have forgotten all of your questions except about our lights. We use oil. Standard Oil Co.'s oil. 2 yen a can.. don't know how much in a tin, either.

In all the ports where the Japanese are collecting, fairly modern buildings are being erected but the Korean is kept in his mud house with its straw roof, though he has to pay the bills for the finer buildings.

The Emperor has just about completed a beautiful new modern style palace. The Japanese have seized it for "government" purposes and keep the Emp. in one of the old palaces in Seoul. One I went in while I was in Seoul in Sept. If it wasn't for the limitless patience of the Koreans... well (?) would be written in blood, that's all...

Dinner is ready and immediately after I am to meet with some Korean girls. Then we are all going on a mountain climb... so goodby for this time.

Give my love to all and tell everyone to write soon.

Yours with much love
Nellie B. Rankin

May 22nd, 1908 [Chunju, Korea]

My dear Georgia,

You are a peach! I haven't laughed over any letter in a long time as much as I have over that last one of yours. It came just a short time after I had written you a note of thanks for the book of luncheons, and fearing you could not stand too much have waited - and waited longer than I intended.

Most of March was spent as was Jan. and Feb. over at the Junkins, for I felt I must be with them as much as I could for it was my last chance. Elizabeth spent the last three weeks with me and the more I saw of her the more I loved her and so of course the gap left in life is a pretty big one. I went as far as Mokpo with them all and then visited around generally. Was in Mokpo two weeks with the Prestons. Annie and I were at Agnes Scott two years together and this was the first time we have met since I came out. We met last in the Japanese village in Charleston. She has two little children, the baby, 6 months old is a perfect darling. From Mokpo I went to Kwangju and one of the best times I have ever had in my life. Rode horseback a great deal and explored the country generally. I like everyone there so much and some like me so it was a very satisfactory visit. Coming home I made the record for horseback riding - came the whole distance 74 miles in one day. That was riding some, but the most remarkable part was I was in fine trim the next day. Since coming back have been in a grand rush. Catching up with my correspondence, working on plans for the new school building, superintending the setting out of a garden, and trying vainly to recall much lost Korean. I find unless I use a word every day, it is apt to be misplaced or lost and the whole thing learned over again. I studied a little every day while away but find I have forgotten a great deal.

Korea is ideally lovely in April and May and then again in Oct. & Nov. The azaleas that are prized so highly at home grow wild here everywhere and you never saw such a variety of colors as our violets. I go wild over this display on colors. One day we went up on "Moodongsan" or the Unexcelled Mountain and nearly "busted" from sheer joy. Whole mountain sides were lilac with azaleas, the valleys the most vivid green with barley, and other colors were spilt around generally, and everywhere like the names of the sea mountains all shapes and sizes. After you once make the trip, it doesn't seem long at all and it seems such a pity that so few people travel in these parts.

I enjoyed so much your accounts of William and hope you won't forget your promise of sending a picture of him in his boy's suit. The little one in dresses was so very good. Then the news - I am tickled to death to hear that the long talked of sister is really coming. Happy girl! We haven't as much as a little child at the station. When I was in Kunsan on my way to Mokpo my heart ached all the time for "my baby" - little Tom Daniel had died only four days before. He was such a beautiful child, and the happiest, cutest piece I ever saw. I was simply crazy about him and I felt his death so much. Sadie loved to talk of and I wanted to hear all about him, but it always broke me up whenever I went into Sadie's room and did not see his little bed or hear his merry laugh. He was born the day I arrived, Feb. 13, 1907, so I felt he was my baby especially. Dr. Daniel was so proud of him. He could not talk of Tom at all. You know I am foolish about Dr. Daniel. He is the nearest to my ideal man I ever expect to meet. One day Dr. was doing something crazy and I afterwards said "Why don't you train him better" She replied "If he was any nicer I fear you might fall in love with him, so don't want him any nicer." Sadie is a dear, crazy about Dr and so delighted that everyone else is too. He is the most popular man in our mission among the foreigners, tho I think Dr Forsythe holds the palm for charming the natives.

How I wish I could spend some mornings with you and tell you yarns and hear you laugh again - one of your old time contagious laughs.

Be sure to have Nora write me as soon as baby comes and tell me what she is like and how William likes her. Did your friend come to visit you and how did you get along?

Miss Tate leaves for America in about two weeks and Miss Cordell and I will hold down old Maids Retreat. I had a letter from a bachelor in the northern provinces and he asked if anyone should come prospecting, like the prospector, could he have his "pick". He is coming to visit these parts this summer so if sister Cordell gets picked, I will hold forth alone. I have seen the gentleman so am sure of my stationary condition.

Next month a dandy young doctor is coming over for a visit, Dr. Wilson of Kwangju, but alas! he is engaged and his girl coming out this fall, so it is hopeless. There is not an unengaged single man nearer than Mokpo so you see what opportunities we have out here. Sad, and I am getting gray and bald-headed day by day.

Just think I have been a missionary over a year now and not been fired yet! Someday I'll break loose and the explosion will be felt around the world for I'll be packed off to America. Just keep me posted on all news and your household affairs so I will be at home in one place any way.

Give my love to Will and to all the Edmondstons. What is Jenny Bryan doing these days and how is Mr. Connerat(?) doing as a husband?

Write me whenever you can for I do so enjoy your letters. Dreamed I was at your wedding again the other night.

I am sorry you have the baby named for I could send you a list of names, but it would be useless waste of time and I have a stack to study.

With lots of love to yourself and best wishes for a comfortable time and the safe arrival of little Miss Harper I am

Your sincere friend
Nellie B. Rankin

June 4th, 1908 [Chunju, Korea]

Dear Mother:

Many, many thanks for the money order which came safely to hand. As I wrote you some time ago I had to give up my Japanese trip for a year or so and at present expect to remain in Chunju. I will try to save the money and take a trip another year. About 6 weeks ago I began to act up as I did last summer.. was terribly nauseated all the time. I was trying my hot water when Mrs. Owen.. who is a M.D. but does not practice since her marriage.. prescribed salts 3 times a day. It was surely an awful dose but it did the work and I don't think I have ever looked better in my life. I feel well all the time... sleepy often these long days... and have more color than I have ever had.. I am getting on?? Keeping my fat and alas! am splitting my clothes down the back. Have ruined 4 underbodies this spring. If you and Ruth want to make me any be sure to allow for a broad back.

What do you think I have been doing today? Rowing.. here in the heart of the mountains! Mr. Reynolds has a nice little ? boat. Dr. Wilson and Henry Bell are over here from Kwanju and they fixed it up and this afternoon we went down in the river and had a fine time rowing. It was fun. Day after tomorrow everybody is going over to the lotus pond on a picnic and we are going to send the boat over and have a good time. Henry is visiting me, and Dr. Wilson is over with the Nisbets. Henry is 11 and the nicest small boy I have ever known. Dr. Wilson is a dandy fine fellow. We are riding horseback every afternoon as Mr. Bell's two fine horses are here. Henry often rides behind me and Carey Reynolds behind Dr. Wilson and we four have good old times.

Miss Tate has left for America and Miss Cordell and I are breathing easier again. She certainly keeps things in a stir and not a pleasant one either when she is around. Miss Cordell used to make me tired the way she todies to Miss Tate but she got disgusted as I did at the way she tried to boss one in everything and balked.. bad! Miss Cordell is still afraid of her but alas I am not, so Miss Tate has given up trying to run my affairs. Everyone is sorry for her for she leads the hardest life of any one on the field but just the same folks are relieved when she goes out.

We have been using my diningroom table as a library table but last night we had a fine supper and I used my new table. It certainly looked pretty. I have made a set of fringed mats like yours. And had a lovely bunch of sweet peas in one of the lovely vases Will brought me from St. Louis and we used some blue china I got in Japan. We are now having new potatoes, green peas, and will have beets in a few days. I have some elegant irish potatoes.. got the seed from Steward's. We are glorying in strawberries. Such elegant berries you never saw and such quantities. Yesterday Mrs. Reynolds gave me some ice.. The ice Mr. Junkin worked so hard on Christmas day and we made icecream. I used just the crushed berries and a can of cream and it was perfectly elegant. In the winter time we live low but in summer time with our gardens we live high. Next week, we will preserve some strawberries. I am going to put up some for Mr. McCutchen for he is in America and when he comes back the new Mrs. McCutchen won't have any preserves.

No other packages have come yet... only the ones with my black shoes.. and one with the one pair of white shoes which do not match. Do you suppose the shoes could have been sent that way from the store? Tell Will to write soon about it.

Will's picture came Monday and I have had nothing to give me as much pleasure since I came to Korea. It is what I call a speaking likeness. Isn't it perfectly splendid? I have it on my desk and every little while have to look at it. The postal announcing the shipment of the china also came. I hope there were no sets ? without a tureen for I wouldn't have minded not having that piece. You asked about the toilet set.. the basin was broken but everything else is all right and I do enjoy it so much. You cannot get such things in Seoul and in Japan, American goods are dreadfully expensive and the Japanese china very brittle and frail. The Japanese make good looking things but they do not wear!

When all these things get paid for and my May and July dividends are paid in I would be so glad to have a statement of my accounts. If there is.. and I think there ought to be, please have it deposited on time at 6% All over please send to me. There is a piece of property next to me I am afraid the Japanese will get hold of. The mission will need it some day but is so hard put for money at present they can't afford to buy. I want to secure it and later the mission will take it off my hands. Unless we get hold of some money soon to buy with we are going to be hard pushed by the

Japanese before long and it is certainly a pity we cannot buy now.

I said have 50.00 put on a time deposit. No, just leave it in the bank for I will have to get Ruth to do my Christmas shopping.

Now if you meant to keep Ruth at home another year, I won't ask for her but if she is going to go to school another year, I am going to ask for her to come out here instead. The travel will mean so much and if she will put a couple of hundred dollars of her own in it won't be any more expensive. She could come with Mrs. Bell the last of July or a little later with another party.. with Dr. Chester or Dr. Forsythe. Mr. and Mrs. Tate go home next spring, probably via Europe and that would be lovely for Ruth. She can get a round the world ticket from the Nippon ??? Co. for a great reduction with the understanding she can return via the Pacific if she does not go on around by Europe. She can see something of Japan, Korea and maybe China, India, Egypt and Europe... or Siberia, Russia and Europe. I know from that end on the line, this seems an awful trip but it really isn't and things are far more civilized out here than you think. I will give her board and the trip will be worth lots to her in an educational way. I promise she will not be asked to stay out here and will send her home next spring with Mr. and Mrs. Tate who are fine and who go to North Carolina the whole trip with her. Even if Ruth has to put some of her money in I think she will be repaid. She won't need any new clothes at all. If she is coming in the fall, cable me the one word "yes" and I will write her and tell her what to bring and some things she can bring to me. I know you will hate to let your baby go so far away but she won't be away any longer than she would be at school and I surely do want to see her and have her here for a short while. Korea is perfectly safe. And there is no possible chance of her getting matrimonial ideas in her head for there isn't a single man within two days' travel and those two are engaged (Dr. Wilson & Birdman) You see I am safe too.

Well it is time I had a bath and went to bed so goodby and Good Morning! I'll break a trace if I don't go to Japan to meet Ruth if you'll let her come. Please let her.

Love to all from
Nellie Rankin

June 11th, 1908 [Chunju, Korea]

My dear Georgia:

Your letter of May 3rd & 10th came this morning and I enjoyed it so thoroughly I am going to skip over a number of letters I ought to be writing and have a chat with you. You do write such delightfully natural letters, I always feel I have had a good chat with you after reading a letter from you.

As to the charge of my writing seldom, I will have to plead guilty but I have written more than one. I wrote from Mokpo in April and you probably got it just after you wrote me.

Just think you may be having a good picnic today or may be beave(?)ing a on a new treasure. Lucky girl! I do hope and pray you will have an easier time than last. I enjoyed the account of your sewing. I want to know what folks are doing and now I can almost see Will's new shirts and your new gowns. Then do you remember what fun we had looking through the box prepared for the little stranger - now there are two boxes and more dainty things to exclaim over. There have been two new babies over at Kunsan lately and I wish one of them could have been at Chunju. We have no baby here and I do wish we had.

What a list of new ones you sent. The Society girls are certainly doing well these days. Mollie deserves special mention. I was so glad to hear of Mrs. Howard's prospects. She has waited long and

I hope she won't be disappointed. She was always so pleasant whenever I met her, I always enjoyed seeing her. Please remember me to her and extend my congratulations. So Jennie is also "expecting"? Give her lots of love for me and be sure to let me know what she draws. This lottery feature must be very exciting and you have to be prepared to be satisfied with either of two such different things as girls and boys.

My letter from Mokpo told you of my trip up to that time and from there I went to Kwangju. K. is lovely (I should write it) and I had a lovely time there. Everybody was lovely to me and we had some good old times. There is a very attractive fellow there, the new doctor, and had a nice time. He is visiting here in Chunju at present and I have just been amusing him for the past two hours. His chief topic at present is "house plans" and under certain circumstances that might be very charming, but when the "m" means a girl in New York who is coming out this fall it is not always so absorbing. He is a nice fellow tho he makes me terribly mad at times. The other morning, he made me as mad as hops, but in the afternoon we had a dandy horseback ride together and I couldn't stay mad to save me. He simply won't let you stay mad by simply ignoring your snubs. Now if Carrie Belle has shown you what I wrote of him at Kwangju you may think I am spending a good deal of time on him, but when you have not a single man nearer than 74 miles and a charming fellow turns up and makes himself extremely agreeable, it is mighty nice even tho he is engaged and talks about what he is going to for "Helen" every other minute.

I am digging away again at Korean. It is a simply fiendish language. I am teaching a class of 20 little girls in Sunday School and am often up against it. The idioms are curiously fashioned and the changes they bring(?) on a word are enough to turn one gray. It is all agreeing with me and I look better than I ever have in my life.. Weigh 150 and have a very high color all the time.

There is a very charming girl, Miss Cook, who is visiting our American Consul's wife in Seoul. I met her last fall and saw considerable of her. She returns home this summer but may visit me before she goes. She was to be here now during our Strawberry season but she has just returned from Japan. With that exception, things promise to be very dull till September when the whole of our mission meets here for Annual meeting. Dr. Daniel was over from Kunsan for a day and he said something about my coming over to Kunsan. I am devoted to Dr. and Sadie and may go for a week in August when Mrs. Bull comes back, but that is uncertain. Dr. Daniel is my ideal of a man and he & Sadie have been so lovely to me, you can hardly imagine 3 more congenial people.

I want to send Alida something but our market is rather limited. The Koreans do little embroidery or art work of any kind. I will have a set of silver buttons made however. As the workman is very slow, they may be some time in reaching you, but they may get to you in time for her winter coat. If Frank comes instead of Alida make him save them for her.

Miss Tate has left for America and Miss Cordell and I are keeping old Maids' Retreat all alone.

Since Elizabeth Moreland left I have been lonely to beat the band. She was such a dear girl and we were together so much the bottom seemed to drop out when she left. One of the missionaries who is coming out next fall thinks a lot of her and I never could find out just what else. I hope she will come out with him for she will make a great worker.

Prospects for Leap Year are bad. There are only 3 single men in the mission and two of them are expecting their girls to join them this coming winter and no one would have the other as a gracious gift. I have managed to live this long however without a partner, guess I can finish the race alone, but - If one turns up you won't have much time to hear of it beforehand for they do things up in a hurry out here.

Well, I am dead sleepy, just can't write any more. With lots of love to your mother & father - am so sorry to hear he is so miserable and hope he is not so seriously sick as you fear. Am sorry too, to hear that Nora is miserable and hope her trip north will do her lots of good.

With love to Will and yourself and a kiss to each of the babies I am

Sincerely your friend
Nellie B. Rankin

Oct. 1st, 1908 [Chunju, Korea]

My dear Aunt Nelly:

You don't know how glad I was to receive a letter from you. It came just two weeks ago and had it not been just the time it was I would have answered it at once. Our mission... four stations.. meet once a year for a general discussion of work.. ways and means etc. and this year it met at Chunju. For months, preparations have been going on.. Late gardens planted and best things saved up. It is a very happy occasion for we have many good jolly times together.. it is not all work for some of us. Miss Cordell and I had ten guests in our house and we found we had to plan and help around too with such a big family.

Our family will number three this winter for one of the new missionaries, Miss Buckland of St. Joseph Mo. has been located here. I am charmed with her. She is older than I.. a woman of great personal imagination and spice, I do not often take a great fancy to anyone on short acquaintance but here at the end of two nurses I find I have grown very fond of our new recruit.

For three years we have regular language work planned for us and I am glad to say I have passed my second year's written and oral examinations. It will be some time before I will be able to say what I want to but on the whole can make myself very well understood. This winter I will have charge of the Girls' School and also have some country work. On account of lack of funds the Boarding School has not yet been built so I teach three classes daily and the native teacher does the rest. When in the country, I will probably do some other teaching besides the Bible Classes. The women are so ignorant and so anxious to learn that I will be almost forced to teach "Eunmoon" or the native Korean character.

Inclosed is a small map giving the location and English names of mission stations all over Korea. Chunju is about thirty miles from Kunsan. Between Chunju and Kunsan is the great rice plain of Korea. It is a very mountainous little kingdom.

We are in the south in North Chulla. We have some very lovely people in our mission and the people are very friendly. The Japanese have had and are still having trouble especially in the country but the people have all confidence in the missionaries and we have no trouble at all and are really safer than in the rural districts at home.

So Lawrence's dreams are coming true. Do you remember how often while I was in ??? he would talk of being a sailor and you would always say... no you are to illustrate Edward's books? Where is Edward? Is he a Mr. E. or E. E.?

How nice it would be if Korea and old USA were only nearer and one could go home oftener. I am happy in my work out here and if I could only see the home folks oftener would ask for no happier lot.

You spoke of reading some books on Korea. It is pretty hard to get at the root of the situation for there are two such decided parties and have such decided views. Mr. Hulburt's book on Korea is delightful.. tho there are inaccuracies. On the other hand there is the Japanese party represented by Mr. …. The name has escaped me. Our "Taihan" (The Korean name for Korea) is between the Japanese dragon and the deep blue sea and any nation with less patience could not and would not endure it.

Now that you have found that a letter addressed to Chunju will really get to me I hope you will write often. Give my love to cousin Nelly and Cousin Lena and the boys. With a great deal of love to yourself I am.

Your loving niece,
Nellie B. Rankin.

Oct. 20th, 1908 [Chunju, Korea]

Dear Father:

Your letter came yesterday and it gave me the blues.. that is, it brought up so much of an unhappy past. What wouldn't we give to change some of the past... if we could only do things over again. This was the strain of your letter and it brought up so many subjects of regret to me it made me positively blue. I am glad of one thing however.. no two things, first that you are going to give up night work and let the home folks see a little more of you and 2nd that you are going to write oftener, though it took a letter from Jim to remind you. He was a very mature fellow. I often think of his views of things and they were remarkably mature and he saw things from such a common sense, practical view point.

You'll all never have a chance of planting flowers on my grave for I expect to live till "Finish" is written at the end of the story, here in Korea if my health holds out so if you have any spare moments spend them on me now. You just don't know how hungry we get out here for a few words. I don't care about having ??? I would just like to hear what you had for breakfast, how things are going on around ? and Duffy. Just anything that would make things seem less far away. Now don't imagine I am unhappy out here or lonely to the extent of having blues often for I am not!

There is much to regret in my past but there is one thing I have never regretted a moment and that is my coming here. It is the one thing worth while in my whole life. You and mother will never know the aches your opposition gave me and what hurt most of all was to know it hurt you but you thought I didn't care. But I am glad I came and if only I make good out here I will be satisfied.

Busy? Well I should say. We are dreadfully pushed for workers so every available stick.. and as if this case a very poor one.. is used. As I have one more examination ahead it behooves me to peg away or next summer I will have to feel the disgrace of failing to hear my name called when the list of these who have passed are read at annual meeting. This year a number failed on their orals. They got through on the written but when it came to talking they were silent. The oral examination is conducted on this wise... you are ushered into the room where the examination committee sit waiting to hear your mistakes. Then a Korean is brought in and you have to talk to him. The object is to see if you can make yourself understood and understand a native. I was set down with Mr. Yi, one of the Bible translators. He was supposed to be a small girl in the school. That was to test my ability to use low or child talk. Then he was a grown person and I had to "talk religion" to him. Now my habit of talking has served me well for I practice Korean on everybody. The result was I could talk pretty smoothly so I was soon dismissed with the assurance I would pass. As I can usually make myself understood, if not in classic Korean, in plain short sentences (The intricacies of this language would make your hair curl.) I have been given a good share of work. It may not sound so much but when you consider that every Bible lesson has to be prepared first in Eng. and then worked out into Korean it takes a good while. For such I am to make my first country trip in a few days.. going to a small village 10 and over 20 miles from here. I expect to go Friday or Saturday to be gone two weeks or a few days over. Now I had to get my lessons in English first then I spend 3 hours on each lesson with my teacher putting them into Korean. One difficulty is to find the word that expresses the idea. I have them in fair shape and hope when I start to teach I can get on as well as I do with Mr. Pak. Then every day I have three classes with the girls. That means preparation as well as teaching. Then at this season the sightseers are a nuisance. You may be crazy to do something but just then a string of from 2 to 20 are apt to come in and you just simply have to let things go and be polite. I get up at 6 A.M. and I don't have any time for doing my pleasure till after supper and then I usually have a stack of letters collected for months past to answer and sometimes I am so tired I don't even care to look over a magazine. It all agrees with me, however, and I am thriving on it. I have the housekeeping this month so in addition to the usual household cares it falls to my lot to do the buying of winter supplies such as persimmons, potatoes, wood, etc. We get the big Japanese persimmons and put them away for winter. That is a nuisance... all this buying. We buy persimmons and potatoes by the piece so everything has to be counted and then the cash 100 pieces to 10 cents to be counted out. Wood is bought by the load, that is a load that a man carries. So every fellow bringing a load is given a little ticket or "pyo". Then when you are busiest he comes and gets you to redeem the ticket. We are having a well dug and the men are constantly asking for something. Miss Buckland is brand-new. Miss Cordell has not made rapid progress and understands very little so when anyone comes they refuse to talk to her and demand seeing me so I have to talk most of the time. Perhaps I don't write as often as I should but, Father, my time isn't my own out here and I simply don't have time. To tell even a small joke would require such long explanations it would be lost and unless you know the 2 Korean, or Korean language you wouldn't see the point. I was telling at dinner of a funny mistake Dr. Wilson made in giving his boy orders for bath water. The others laughed till they cried and Miss C. remarked.. That is so funny but it wouldn't sound a bit funny to write that home and it wouldn't for the use of the word "to make clothes" for the word "to wash yourself" doesn't sound funny till you learn the meaning of ( ) and ( ).

This piece of property I spoke of buying personally was valued at 22 yen or $11 gold. I bought it. The mission however is trying to buy some land near our boys' school property. A few years ago it could have been gotten for a song but it will cost some hundreds now to get it. As soon as we can get more workers out.. that is 2 years after we get them out we will open a new station in South Chulla province (Chunju and Kunsan are in North Chulla, Mokpo and Kwangju in South Chulla). So unless we build the college here in the dim distant future (We haven't the academy yet) our station will not be made any larger for the new station will have to be manned. The girls' school is still in the air so I will probably have a good long time for evangelistic work before the school is built.

Miss Buckland has been assigned school work. I think the idea is to see how she gets on with the language (She is beyond the regular age limit) and whether I prefer evangelistic work in that case I may be transferred.

Will writes he will be in Richmond a good deal. I am sorry for it will be very lonely at home with all away. I hope you will see that mother is not left to spend her evenings all alone.

As soon as our reports are out, I will send you several copies and you can give them to anyone you think may be interested.

I miss Miss Moreland very much. Miss Cordell is 35, Miss B. older still, and Miss C. is really older than Miss B. in ways. So you see there is no young company tho I am reminded in writing "young" that I am getting on to the painfully ancient 30 mark. Christmas will be very lonely this year without the Junkins and Elizabeth so I think I shall accept a very urgent invitation to visit Kunsan at that time if I find I can get off. Mr. Bull promised to send his horse over for me if I would come but it will depend a good deal on the weather.

It's bed time and I have written a long letter. Now please keep your promise and write all the news and the doings of our folks even Teddy's.

With love to each and all and wishing you each a very happy winter, I am

Lovingly,

Nov. 5th, 1908 [Chunju, Korea]

My dear Will:

Your letter of Oct. 4 mailed 7th came this morning so here goes for a chat. The reason I am late this month is because of my country trip. I got in late day before yesterday - yesterday was spent getting things to rights and today I am in harness again. By harness I mean housekeeping, language study, teaching etc. etc.

I was out two weeks with one day spent at home getting more provisions. etc. I did not expect to come in at all between classes but on account of heavy rains, I decided not to walk the 7 miles as the roads were bad; so sent for Mr R.'s horse. He told me to come in as he needed the horse next day but I could go again the day following. So I hurriedly packed my duds, sent the boy who cooks for me in to the 2nd place with my goods and ran in for a day. Then out again 20 miles. Twenty miles used to seem a very long ride but after my "75 miles in one day" affair nothing under 50 counts. Tuesday morning Mr. R. sent his horse out for me and I started home. A woman at Pong San had urged me to come home that way and stop for dinner so I did. There was one thing accomplished by this trip if nothing else I learned to eat Korean food. The main dish is rice and "kimchi" a kind of sauerkraut (their cabbage is not like ours). It is made of cabbage, red pepper, more red pepper, salt etc - formerly I couldn't touch it but suddenly the taste came to me just like the taste for olives did and I have eaten it every day since except today. At Pong San I saw one of the neatest little churches I have ever seen. In that district they raise great quantities of ginger. This summer the Christians took up a collection of ginger, sent it to Seoul and bought the stoves with the cash. You don't know what liberality is until you strike these people who have so little. They build all their own churches and support many native helpers. While teaching at "Man dong nye" several of the women who attended class but who lived in a nearby village begged me to dine with them. After class I went over. Of course I had to go to the house of each and then returned to where I was to eat. We were all sitting in the little room 8 x 8 when suddenly everybody got up and left and before I knew why the hostess brought in the little table with my food. It was set before me, then she withdrew and I was left behind a closed door to eat alone. I certainly had to smile. Some of the dishes were fearfully red-peppery but I enjoyed the stuff. Some small boys brought me in a bowl of fine chestnuts they had gathered for me and after a short visit I had to return for my afternoon class.

Coming home the ride was perfect. The days are ideal now, just snappy enough to have to have a little fire in the early morning and evenings. The trees are lovely and the rice is being harvested. I came around the foot of a range of mountains and some of the views were grand. These old mountains are bare of trees except for a few scrubby pines but they are very picturesque just the same. There were a good many fleas at the last place and they did damage to my anatomy, but I got no other livestock! The women appreciate all you do for them so much, it is a pleasure. tho this is the busy season, the men were very nice and urged their wives to attend. As it is a busy time I had expected to teach only one class a day. The first day however the big man of the church came to me and begged me to teach twice a day - said he, "The men can go to the Bible Classes held elsewhere but the women cannot. So when a teacher comes they want to learn all they can. Please teach twice a day." Is it a pleasure to tell the old, old story to such people? Well, I should say.

I had some interesting callers too. One evening three old women came in. They had heard of a foreigner coming there and they were passing near so came to see the specimen. Not one had ever heard the name of Jesus before. They listened very attentively and when I finished a Korean went over it again. Today I started in again on Bible, Geography and arithmetic.

Mr. Williams of *the Missionary* is due here any day - that is, due in Korea - in fact may be in Mokpo now. I won't go out for two weeks any way until I know when he will come here for one doesn't like to miss company.

No - my exams run on for another year and language study will continue till the end of the chapter.

Many thanks for the stamps. You know when I wrote about the china I don't think I said a word about the music. It is very pretty and we all enjoyed it during Annual Meeting. I was running over some of it at Mrs. Reynolds the other day - I am so busy and when night comes I'm pretty tired.

You asked how the Japs treated us. Very politely. I have had very little to do with them but have never had anything but politeness. Only once was a man in Kunsan rude and he calmly pushed me in a puddle to get the good path, but then there is scum everywhere. The Postmaster & I are very friendly. This summer when we had lots of vegetables I sent him a big basket and received the enclosed card. He writes our English parcel post receipts etc. but you see English is not his long suit. On the front I have marked the 2 Chinese characters that stand for Chunju. They are all that I know in that string.

This will reach you all about the time of the Christmas preparations and sometime after you have passed the 26th post. I wouldn't mind running in for the holidays. Just now my plans are to spend a week at Kunsan with Mrs. Bull. She made me promise when she was visiting here and yesterday she wrote she would never forgive me if I don't keep my promises.

Last but not least I must thank you for the Kodak pictures. The one of mother is fine, I am so glad to get it. The others are mighty good and I can't begin to tell you how much pleasure they have given me today and will give in the future.

Yes, I remember Mr. Sullivan very distinctly, he was threatened with consumption. Is he all right now? He was also a very ambitious law student. How is he doing? You look like you are having a good time and the hotel seems so attractive we will have to run up there summer after next if I get home for a little while. What do you think about it?

Dr. Birdman was to come today to live but at dark he had not gotten in.

This is long drawn out but I hope it will find you at home where you can rest after reading it!

I am glad to hear you speak so well of Mr. Wilder. Cornelia Maclean (?) is a very fine girl and she ought to have a fine fellow. I hope when you do settle down it will be with as fine a girl.

Give my love to all. With lots to yourself I am

Your loving sister
Nellie B.R.

Jan. 28th, 1909 [Chunju, Korea]

Igo, Igo, mal hal soo oop sim nai ta!

My dear father,

If you were to come into the room just now you would be greeted with the sounds written above. It would mean I simply don't know what to say, and that is just the way I am feeling at present for I was never more surprised in my life than I was yesterday when I received your Christmas present.

Yesterday morning a letter came from Ruth saying you had sent me a gentleman's watch. You (part of page missing)

--- for so long that was the first I had heard of (   ) doings. Then in the afternoon Mr. McCutchen came and last night he gave me the watch. If it hadn't been for Ruth's letter I would have thought he had made an awful mistake. I was prepared to receive a watch but not prepared for such a beauty. I thought maybe you were sending an old one but a good timepiece so when I saw a lovely, new, gold Waltham watch I was speechless. It is a beauty. I think the plain backs are so much prettier than elaborately chased ones and the little work on the edge is just enough to relieve the severe plainness and is very dainty. I really think it is the prettiest I have seen and when I come home I am going to have my monogram put on it. I do appreciate so much father and really don't know how to thank you enough for it. My little silver watch will come in today with the McCutchens' trunks. As this was new Mr. Mc. put it in his pocket and brought it in that way to save duty. At least that was his idea, but they let him bring all his things in free of duty - "homestead" I suppose.

I thought yesterday if the homefolks could have seen the reception accorded Mr. Mc. there would be no doubt of our presence in this land being appreciated. Men from his territory came in miles - I saw some men I knew who had come 20 miles and some may have come further. They had come in on foot just to welcome the "moksa" or pastor. Several hundred people met him en route to welcome him and some from his field prepared a feast for him to which we foreigners were all invited. It was so very typical I'll tell you all about it. The boys' school house was decorated with lanterns and in front was an arch made of evergreens with two huge Korean flags crossed and over all floated "Old Glory" borrowed from Miss Buckland. At about 7 PM small school boys with pink lanterns were sent to each foreigner with the news "The feast is now ready, please come." So we went. In one room a number of women and school girls were gathered and in the big room the men. The door was open but the men could not see the women. Then Mr. Yi gave out a hymn - then read an appropriate psalm, a song of thanksgiving which he said was expression of their feeling. Then the girls and boys sang a hymn alternating. Then Mr, Yi expressed the joy of the Koreans in having "Ma Moksa" home again. He said Ma Moksa had gone home one but had come back two, and they were glad with him and for the women for the 2nd Moksa would teach the women. It was a very pleasant and happily expressed speech. Mr. McCutchen replied, then Mr. Reynolds led in prayer, then followed the eating. They (the Koreans for no foreigner knew just what they were going to get up - they did it all by themselves) had Mrs. Nisbet to make a cake for them. On the table was fruit - apples and oranges, skinned chestnuts and canned pears (bought from Japanese store), several kinds of kimchi, which is a kind of kraut, steak in pieces, "chan wa noo" or the seed of a kind of pine out here, cake bread, "moo" or pickled turnip, sea weed and some other Korean dishes. While we foreigners ate, native refreshments were served to the special Koreans. They had had two silver teaspoons made, one with "Ma Moksa" on it and one "mapoo in" which means "pastor McCutchen" and "Mrs. McCutchen" After supper the boys, each carrying a pink lantern, drilled in front of the school and they looked mighty pretty. After all was over the boys escorted the bride and groom to Mrs. Tates where they are staying till they get their house in order. Mr. Nisbet is out in the country for a week and Mrs. Nisbet is staying with us. She is mighty good company.

To go back to the bride and groom. Mrs. McC. used to be out here as a So. Methodist. She won't have to learn this beautiful language. That is, she won't have to grind over it every day as many of us have to do. We are going to lose one of our old maids soon, but she will only move across the road. Miss Cordell and Dr. Birdman have done things up in a hurry. Miss Tate will be coming back next summer so there will soon be three again. Miss Buckland is the pick of the bunch. She is lovely.

Mr. and Mrs. Tate leave in June for their furlow and the Reynolds the summer of 1910. My plans (?) are to go with the Reynolds and return with the Tates tho frankly having once taken the trip I wouldn't mind doing it alone again. The only trouble about going with the Reynolds is they expect to go by Siberia and while I would like that it takes a little longer and I would rather wait to go that way when I have my regular furlow.

This is the Korean New Year season and we are giving a 2 week mid-winter holiday in the schools. That gives me my afternoons for my own and I am getting in some calls on the children's parents and Korean friends.

It has been 2 years Korean count since I came out having arrived at the New Year season. This is the Korean leap year and instead of having one day extra they have a whole month - their months are lunar months.

Ruth wrote that the things had been received, the things I sent for Christmas - I am glad to hear - Mother hasn't written me for a month.

Give my love to all the family. I had a letter and calendar from Nina Pape the other day. I write her soon but should you see her, thank her for me.

With a great deal of love to you and mother and many, many thanks for the watch, I am

Lovingly yours,
Nellie B. Rankin

Feb. 8th, 1909 [Chunju, Korea]

My dear Will,

This is the only paper I could get here and as it is very heavy I will have to write small so as to get all I want to say in. I am a little late this month and I am strongly tempted to wait till tomorrow for I think your letter must come then. I have had no American mail for a long time so feel it must come tomorrow. My! but I am busy these days but I enjoy the work very much. The best of things have been coming my way and I have been very happy over it. I think I can truly say that the thing I really want more than any one thing is our girls' school building. The girls are so anxious to learn and you simply can't realize what a little schooling means to them, not only because of the book education but the whole general broadening of life's horizons - but we simply are tied because we haven't the money. Honest, Will, I don't begrudge anyone a good time and am the last one in the world to preach asceticism but it does make me jealous for these Eastern girls when I think that the cost of a single entertainment at home would mean not merely pleasure but unmeasured good to so many, many girls. Our mission is dreadfully crampt for money and our turn comes away down on the building schedule. Now the committee had promised us a school, but when is another matter - maybe this year - maybe the next or maybe the year after. Koreans pay 75%

interest - the Japanese banks charge from 20% up so you see to borrow the money is out of the question. This fall when I was in the country this was weighing on my mind and the condition of the women was brought home very forcefully so a brilliant idea came to me. Why not ask someone, not for $5000, for I didn't know anyone who would give that much, but maybe someone would lend us free of interest that amount, give the interest to missions. I hadn't thought of Miss Nan Stewart - Mrs. Huston for long months but the name flashed into my mind so I wrote her all about it and asked for the loan of 2 or $3000 promising to repay it in 2 or 3 years. This would enable us to put up the main part of our school as planned and the wings could be added later. Now imagine yourself in a study 14 x 15, not a very bright morning and three people gathered to discuss how to run schools when there was no room or money. The boys' school was in sad need of another good teacher - our girls' school teacher could only teach the primary classes. There was an opportunity of getting a good man and his wife for the schools if we had the money. When one is supposed to have charge of girls and cannot oversee them personally, as I am now situated, it is very hard. Said "I would be willing to pay the teacher myself and enlarge the school if there was any prospect of our building soon, but as that is so far out of sight I don't want to take any more responsibility." As I finished I glanced at a letter that had just been handed me and saw Huston in the corner. I tore it open and oh Will what do you think I saw - a cheque for 5000 yen - $2500 gold and a gift. Mr. Huston gave it to Miss Nan for a Christmas present. I was speechless and the tears couldn't be kept back. Her letter was lovely

- so full of sympathy for the work and actually thanking me for giving the opportunity in helping! So as soon as the ground thaws, our school will be begun and pushed as rapidly as possible!!!

We secured the new teachers at once. Mr. Yi is a very bright fellow and his wife a charming little woman, both graduates of the Presbyterian schools in Pyeng Yang. We have put the little girls in town - that is we have started a primary school in the city proper and have only boarding pupils and young married women in our school in the village. Miss Buckland & I have shared expense - added another room to the school house it used to be 8x16 ft, we added on 8x24 room. There are so many young married women ranging from 16 to 20 who are anxious to learn we have secured rooms for them at a nice widows house and have a class for them. So far we have 14 of these young married women or "caxies" and more are coming. School opened yesterday after the midwinter holiday at the Korean New Year. This all means extra work for me but I surely so enjoy it and the prospects are bright. There is a very decided interest just at present in religion in this ancient city. For years we have seemed to make slow headway in the city but there is a great deal of interest at present. We wonder if there is any political scheme back of it but so far it seems to be a real sincere desire to know the truth. We hope it means great things. We have marched around Jericho and it seems that at last the walls are falling down.

Last week there were two deaths that stood out strikingly. One day I was sent for by a friend saying her mother was ill. I went to find the old lady in a dying condition. She must have had a blood vessel burst on her brain for it was a very sudden affair.

The daughter is a Christian but the old woman, tho she often went to church, never gave up her Buddhism. She never spoke or seemed to recognize a soul but me. When her daughter asked her who I was she said very distinctly "mi". The word for "America" is "mi kook" so they thought she tried to say the American. She closed her eyes again and never spoke again or knew anyone. She died during the night. Next day I saw her in her burial clothes and must confess I was startled when the sheet was drawn away, for the old woman was gorgeous in a bright green silk robe elaborately trimmed with red. The sleeves were made of stripes of yellow, green, red, orange, blue, etc.., the costume of a bride. These folks are among the richest and most aristocratic people in Chunju. According to Korean ideas she had everything a body could want and yet I just ached as I sat by her and saw her slipping away with no hope.

The next day a man died. Years ago he went to the Reynolds as a servant - a raw, green heathen boy. He became a Christian and no one has heard a mean or bad thing since that day about Mehudy(?). He was a servant till leprosy developed. It was the form that attacks the nerves first. He was the church sexton till last year and earned a living by odd jobs. This winter galloping consumption set in and soon made an end. We were glad, for while his hands were helpless the terrible rotting away had not set in. He settled all his accounts, turned the money for his funeral to one of the deacons and waited for the end. No word of complaint, no murmurings, he was always cheerful and to the very end was true blue. All of us Americans attended the funeral. One was rich, one was poor but I would rather have been Mehudy (?) with leprosy than the old rich woman.

Lepers are not numerous but there are several who beg - one poor fellow has no lips, fingers or nose, his feet have no toes and the stumps are so affected he can scarcely walk now. I tell you a Merciful Providence watches over us for if germs were as dangerous as American doctors think where would we be for one sees and hears of more terrible diseases in one day out here than in a lifetime at home. I thrive in spite of it all.

Please ask Aunty to write to the *Record of Christian Work* and ask them if they have received no subscription for me. Mr. Avery has sent it to me these two years but it has not come yet this year. If he didn't subscribe please send on some of my money at once and ask them if possible to send me the January number too.

Well, enough for tonight. I must stop and write to the Junkins. Give my love to all the home folks and the Jones streeters too. With whole lots to yourself I am

Your loving sister
Nellie B. Rankin

Feb. 24th, 1909 [Chunju, Korea]

Dear Mother,

You know it has been two solid months since I have had a line from you? In two months time I have received one letter from Will, one from Ruth and not another line from a single member of the family. I think you are all treating me like a red-haired stepchild. It is a shame. If you don't care any more than that I'm not going to save and scrape and use Dardars (?) money to go to see you next summer. Now aren't you sorry?

Eleanor and Elizabeth have thanked me for their rings and Will for his flag but no one else seemed to like their present - oh and C. B. A. thanked me for her fan. My friends the Daniels will have to return to America in April on Dr. D.'s account - has to have a serious operation. Now I had intended sending some things home by him but I don't know that I will. Now aren't you sorry?

Smallpox has broken out in the school and I might have had it and died and then you might have been sorry you hadn't written me oftener. I tell you, you don't treat me fair. Yes, one of the girls was sick, I sent her to the dispensary and the Dr. at first thought it was going to be typhoid. I was rubbing her head, etc. and next day the sores came out. She is one sore from the crown of her head to the soles of her feet. So far, hers is the only case. I must confess since seeing so much of it out here it has lost its terror.

That is, the fear of it. There are lots worse things than smallpox.

We are all very busy at this time and everyone is very well. These pictures will show you that your step child is not losing flesh in Korea. The 22nd, we all - whole station - went over to the Reynolds for super. Dr. and Mrs. R. dressed up as Gen. and Mrs. Washington much to the servants amusement, and we all had a fine time. The Reynolds family is coming here to supper. If I go home next summer I will go with them by way of Siberia & Europe. Hot stuff.

The dolls Miss Lula's girls sent have come and the school girls are wild over them. Children have no toys in Korea, poor things.

I am delighted with our new school teacher. I think she is fine and she and her husband call sometimes in the evenings and we have real pleasant times. If there was only a short way home to be traveled for a vacation, life would be perfect out here.

Last Sunday was communion. 51 were baptized and received into communion, 57 were admitted as catechumens and 6 babies were baptized. I was at church from a little before 10 (we have S. S. at 10) till 2 P.M. It was a very long service. More catechumens will be admitted this week but Mr. R. didn't have time to examine all last week. We are at last beginning to make an impression in the city.

We have had a mild winter but our coldest weather is one now. Late spring of course just to keep us from getting started on our school.

I positively will not write you again till I hear from you. With love to all I am

Yours lovingly,
Nellie B. R.

March 2nd, 1909 [Chunju]

My dear Kid:

You see I am pretty prompt this month and if it hadn't been for a big rumpus in the school affairs yesterday I would have gotten your letter off last night.

First I want to report that the atomizer came safely Saturday. The box was badly broken but the contents were not injured at all and I want to thank you very much for your trouble. Going over to Kunsan for Christmas seemed to break up a severe cold in the head that I had, but last week I took another so am very glad to have my own spray. Have been using Mrs. Reynold's when very bad off.

Now for the rumpus I know you want to hear of. Up to Feb. we had Mrs. Kim as Girls' School teacher. She was very good in some ways... a fine disciplinarian... but she was not much as a teacher so when we had the chance of getting the Yi's.. Mr. Yi for the boys and Mrs. Yi for the girls, we took it up and put the old teacher Mrs. Kim in a new primary school we were starting in the city.

Now it is an awful thing... Korean standpoint... for a girl to go in the city.... yet Friday without saying a thing to me Mrs. Kim took 3 girls in turn and had them spend the night. It has caused a good deal of talk and yesterday she got a grand scolding. The girls were lectured and a general spring housecleaning indulged in the shape of new rules etc. I will surely be glad when I get them under my eye. Mrs. Yi and I had a very nice talk afterwards! She is not as pretty as Mrs. Kim but she is pleasanter in manner. Yesterday after the fracas I was too tired and out of sorts to write.

Some time ago you asked me about oil. We get the Standard Oil out here... five gallon tins for 2 yen each ($1.00). That is they are supposed to be 5 gallons. Until Saturday I have seen no other but then I saw two oxen loaded with boxes of oil marked from Russia. I have not used it so don't know how it compares with the American stuff. I will send you an account of a "Romance" as I heard it today. I have heard of stealing widows out here but did not know of it till today. About 2 weeks ago a man died leaving a strong young widow. One night five widowers attacked her house and tried to steal her. Marrying out here is rather expensive for the bride groom has to furnish the bride's trousseau. I think the wedding feast too and usually if the family is in debt the old man gets some of that paid off. So when a woman is left with no one to protect her there is a grab. Well, it happened that Mr. McCutchen and his helpers were in the village the night of the raid. The woman managed to escape and run shed to the room where the helpers were, crying "Save me, oh save me." The men when they found out the trouble said they didn't want to get into a fight but the host sent her to the "anpang" or woman's room where she stayed with his wife and children. The next day a home was sought for her and a Christian man offer her a home temporarily. That night a number of guests were there so there were 5 or 6 women in the woman's room. That night the men, all poor and good for nothing broke into the woman's room and then began a battle royal. Twice the man's wife was dragged as far as the gate before it was found she was not the widow. The man got mad... called his friends and there was a grand scrap. The widowers arrested, etc. The woman's parents said they had lost all claim on her at her marriage and washed their hands of her. The woman has a "believing mind" and appealed to the Christians to keep her. Then Mr. McC. and his helpers remembered a nice widower.. a Christian.. in a nearby village who wanted to marry so they wrote him a note telling him all and said if he could send a chair for her and send her to a safe place till mourning was over he could have her. He sent a chair at once and sent her to his brother's house where she will stay till the time of mourning is over and then he married. Such is a "romance" in the East. There are several of old maids who feel very lonely and wonder why "nobody loves me."

I had a funny time one day last week. We all deposit our money at the Dai Ichi Ginko.. a big Japanese banking house that has branches in Kunsan, Mokpo, Chemulpo, Seoul, etc. As our cheque are in Kunsan sometimes it is not easy to sell a cheque here. So when a new bank.. Japanese.. was started here this winter some of us who have to handle a good many small cheque... school funds, etc... decided to deposit a little here. I went in to deposit a Dai Ichi Ginko cheque. I was asked to be seated till they could telephone to Kunsan and see if the cheque was O.K. Miss Buckland was with me and we were invited into the President's office. There we were met by a gentleman who wanted to practice his English. English is taught in all schools in Japan so nearly all have a smattering of which they are very proud. Then came in the fellow to tell us the cheque was all right and pass a few remarks etc. The Dai Ichi have cheque made out in English but this has only the Japanese. So of course the cheque form had to be explained. It was a great day in the bank and I enjoyed it very much. They were all very polite about it all but very amusing. Next day Mr. Nisbet went in to deposit some and he was treated in like manner. He was amused when he was asked if he knew Miss. Rankin.. anything to use English.

How are all your crowd? Does Olea Adams dance? Who is the most popular girl in that set? What kind of a time has Rosa Gibbs had? Tell the girls hello for me. How do you like Richmond? If ever you go to Baltimore I wish you would call on the Gouchers and Miss Moreland. You will find Eleanor.. aged 25.. and Elizabeth Goucher.. age 23.. very attractive. They live in a fine house on St. Paul's St. They are very rich. Elizabeth Moreland lives at McDonogh a little way out of Baltimore. If you are in town and have time to call, call Eleanor up over the phone. It will be all right with her as you are my brother. She is in California at the present time on a visit but will be back about the time this reaches you.

Ruth was very enthusiastic over a prospective visit from you. She sent me a Kodak of herself taken with 3 girls. She is the prettiest in the bunch and a very stylish looking girl I think.

Is Garrard as devoted to Miss Payne as ever. Write me some of the gossip. I was very much disappointed that no one sent me an account of Elizabeth Briton's wedding. Two wrote that it had been but added as they were not there and I had probably heard of it etc. they didn't tell me about it. I thought maybe you would send a paper.

The Daniels have to return to America this spring on account of Dr. D.'s health. I am going to send my Christmas presents in by him so as to save duty so you mustn't peep till next December.

I am sleepy and I guess this has made you sleepy too. So here's for a good night and pleasant dreams.. only you are just starting the day. I won't object at all if you should write a letter in between times. I am glad to hear of your raise.. "All expenses" means board bills too? You will be getting married soon.. Won't you?

With lots of love to all and a big share to yourself, I'm

Your loving sis.
Neillie B. R.

Spring of 1909 [Chunju, Korea]

(First Page Missing---)

crazy to take my first pictures. I want to read directions more carefully, however, before experimenting. Will is certainly a dear fellow and most generous to his sisters.

Mr. McCutchen is in Pyeng Yang at present teaching in the Theological Seminary so (Mrs.) McC. is our guest. The Northern & Southern churches united and have a joint seminary. We send teachers there and Mr. McC. and Mr. Bell are there now. A little later, in a week I think, Mr. Reynolds goes up for a course of lectures. We have three men from our field who graduate this summer and become regular ministers. Fine, strong men they are and we are so glad to have them finish. Mr. Kim, who was formerly Mr. Junkin's helper, is an unusually bright man. He preached a sermon just before Mr. J.'s death that Mr. J. pronounced one of the finest sermons he had ever heard and he said he was going to write it up sometime just to show what a Korean who a few years ago was a raw heathen and a bad one at that, could do. It was one of the things left undone, however.

I never knew a man who loved another as Mr. Junkin did Dr. Forsythe and several times when together, especially when I was at the Reynolds for meals. Dr. F. was entertained there, it seemed that Mr. Junkin must come in. It seemed strange to be joking with him (Dr. F.) sitting in the very place I had joked about him (Dr.

F.) with Mr. J. that last morning I saw him - that last joke we had together - Mr. J. & I ended in a very clever pun in Korean on Dr. F.'s name. I have had some mighty nice letters from Jean Forsythe and hope she will stay here in Chunju.

I have lost a filling and the tooth has been giving me some trouble. Sunday night it ached so I telegraphed the dentist to see if he was in Seoul and thought if he was in Seoul and thought if he was I would go up with Mrs. McCutchen who goes tomorrow. By some mistake, they left my name off, I suppose, for Dr. Hahn telegraphed Dr. Birdman to come Friday. Dr. B. old chump that he is, said nothing at all and here tonight just at bedtime he comes over to say he mentioned to Mrs. R. he had gotten a crazy telegram from Dr. Hahn. Mrs. R. said, Why that's the telegram Nellie has been looking for. It is too late for me to get off now and as the tooth is easy I am going to try to let it go on till June. When I go over to Kunsan I can go up by boat, a night's trip and half a day. I tell you teeth in the East are expensive. So many of my fillings have dropped out or leaked.

This has been written in three installments.

Goodnight and goodby till next time. Give my love to Aunty, Ada, Uncle and the Boy. Will they call him William or Hampton? Give my love to the Olmsteads & Nina Pape.

Please send me whatever money I have in the bank - no, just send 50.00 if it is there. You can send it by money order and I get better exchange than I do on New York exchange drafts. Just buy a postal money order on Chunju, Korea.

Love to all from
Nellie

May 3rd, 1909 [Chunju, Korea]

Dear Will

Your letter should have gotten off Saturday but we had our school picnic that day and hence no letter. We had a simply perfect day, cool and sunshiny and the woods are filled with azaleas, violets and all sorts of wild flowers. The violets are lovely, there are all shades ranging from deep purple through lilac to white and deep magenta and varying shades. We went out to the King's grave. I sent a picture of the memorial tablet to Mother for her Kodak book. When I get my velex paper I will send you a set of my new Kodak pictures.

Friday I sprained my ankle badly. We have bare floors with matting rugs, whether the woman had dropped a piece of soap or candle grease I don't know but I was hurry and ran into my room, one foot slipped & the ankle turned and I came down on it. It is badly swollen but gives me no trouble further than not being able to walk around on it much. I went to the picnic in a chair and hobbled around some which didn't do it any good.

The Koreans are terribly disturbed over the new proclamation that soon Korea will be no more but is to be annexed by Japan. Poor little kingdom - poor people. The Japs are the most insolent people on earth and the class we have here unbearable. God pity the poor Korean, the Japs are seizing his lands, everything. They have no weapons, nothing to resist, and if they had, it would only be the worse for her. She didn't wake up soon enough. Japan waked up & stretched with no one to disturb her, but Korea wakes up to find nothing - all gone. I suppose the Japanese tariff rates will also go on soon which means no more American flour, and you can't make decent bread with Japanese stuff. Dr. B. has just been here mourning over the fall. We will have to use Japanese drug etc. They make nice looking things but "Japanese" stands for 'shoddy'. I wonder of the Powers are not going to say anything. A Korean can't even do anything with his own land. There is a lovely hill site joining our property we want for our new hospital. The Koreans say - You are not building that for Americans but for us, so a Club here said they would give it to us for the hospital. Now it seems the Japs had their eyes on it for a park so when they heard they had given it to us or were going to, they said - There is no house there hence you cannot claim it. You have no right to it for all untilled land belongs to the Japanese government. So you can't give it away. We said we were going to send to Seoul about it, so they talked polite and asked us to wait for two days till a high official came and get his decision and then they straightaway sent a messenger to Seoul! You need never expect any courtesy unless they expect to get money out of you and no fair dealing. Shut your mouth in their presence if you have gold fillings! They hate us Americans and only suffer us because they are afraid of us. And it makes me tired that we missionaries have to stand a lot just for peace's sake.

Miss Nan Stewart Huston sent me $2500 for our school you know. Friday Dr. Forsythe sent me $700 more that he had collected. That is he sent me the orders. I haven't drawn it yet so we are near to our total of $4000. We have had so much rain lately that it has interfered greatly in the work. We are nearly through our grading but it has been raining today like the rainy season and no prospect of a let up.

Mrs. Reynolds and the children have been so miserable for some months that they have gone over to Kunsan for a change. Dr. Reynolds has gone to Pyeng Yang to teach in the Seminary. Mr. and Mrs. McCutchen have been gone 6 weeks, Mr. and Mrs. Tate are on a month's itinerating trip so the Nisbets, Dr. B. & we old maids are all that are left and Miss Cordell goes to Kwangju to nurse tomorrow.

We have asparagus out of our garden and the first radishes were gathered today. Strawberries are all in bloom and the garden looks fine.

A man brought an azalea tree here about a month ago, it is about 10ft high and lovely. I wanted it very much and shocked the people by paying 15 cents for it. Why, that was a man's day's pay (17 cents is coolie's pay) and they smiled and were puzzled over our foreign simplicity of paying such scandalous prices for flowers! I wanted that tree tho and I got it - bought two lovely ones in fact and they are both living. My roses seem fated - I put them in pots and set them in the lumber room where they would get light but no sun till they recovered and the rats chewed up three. The others are still green but have not yet put out any leaves. My little duchess, came last year, was hurt some by a very heave freeze but is doing splendidly now.

I had given up my trip home next summer for really I don't approve of it theoretically, but Ruth's & mother's letter today put me all the notion again and I think I will ask permission at Annual Meeting. It is a pretty long trip for just two months at home - but -

I hope if you and Ruth went to Washington as Ruth hoped,

you called on Aunt Nelly. She has not written me at all and I sent her a Kodak book like mother's but she never acknowledged it.

I would like very much to see Uncle with the baby. He is very proud of him I guess. Usually little babies make handsome grownups so don't be hard on the kid.

If you want to amuse yourself, write to Cook's agency and see if they will sell me a round trip ticket 6 mo. limit from Kobe to Savannah and see if you can get round trip rates from San Francisco or Seattle. I may take the northern route - Vancouver and cross the continent by the Canadian Pacific. No Europe via Siberia if I have only 4 months for the whole thing.

Well it is after 10 P.M and I was up at 5:30 A.M. and am now dead tired so good night and good by for this time.

Have you received your boat and do you use the Korean flag?

You certainly wrote me a nice budget of news. I thought Claudia McAlpin & Alex Lawton were a match. As you say it looks mighty like John Frain(?) was after the money, Is Garrard still devoted to Miss Payne? Did Rosa Gibbs have a good time this winter? Does Jennie Haines go around much now and how does her match seem to be working out - I never thought it was a love match. Where do the Willis Wilders live? Have Constance, Anna Bell, Anners S (?) any special beaux? What a back number I will be when I get home! But with two languages to talk in I will talk you black and blue in the face.

Give my love to all and write soon to

your loving sister
Nellie B. R

June 24th, 1909

My dear Mother & Ruth

As this will not be read till the last of July and you will probably be at Balsums (?) I will write to you all together. There is not very much to tell for at present I am trying to review the studies of the year for next week. I want to try my last examination. Days manage to be interrupted greatly and one can never count on one's time. Take today for inst. Mr. Reynolds has a horse and surrey.. the road to Kunsan is however the only one we can drive on. Mr. R. had the opportunity of getting the surrey very cheap in Seoul and as we can drive to Kunsan he bought it, for the trip over by chair is very expensive. The other day he said the only chance he could get to take us driving was before breakfast so this morning at 5:30 my woman came in to say that Mr. R. said to hurry and dress. I dressed in a hurry and started out. Just as we were ready to start it began to rain so after waiting a while to see whether it was just a shower we came home.. no ride. I studied a while then had breakfast and prayers. Then came some more study. Mr. Pak, my teacher, came at 9 and at 10 our man of all work came in with the cheerful news that one of the pigs I bought yesterday was gone. I had to stop to hold a court of inquiry... call small boys and set them to scour the hills etc.. Then more study. Just after dinner I thought I would rest for half an hour but before doing so would review a few adverbs... and lo a friend came with a white elephant. Last year a kind friend wanted to present me with a hive of bees and in spite of protests she insisted. One day she sent the hive which is a tree trunk hollowed out. Then before the bees came there was sickness etc. in her home so the bees didn't come much to my pleasure. The hive was put in the cellar. This afternoon just as I was about to rest in she came with the swarm of bees done up in a cloth! The hive was brought out but found to be mouldy etc. so I hoped thus to fence (?) again.. not so.. she sent to her house and got a new hive for me... of course I had to entertain her all that time & then the fun! Without going into details "When the bag was opened the bees began to sing" ...Bees swarmed over the piazza.. in the dining room & sitting room. The whole afternoon from 2 to 6 was spent working with those bees! Then I had some business to attend to for Mrs. R. Then dressed and now while waiting for supper (7 P.M.) I am writing you.

About the pigs. As lard is expensive to import we buy a good deal of fat and make our own lard and after I taught my cook how to do it (having learned myself) I have had no trouble in that line. Mr. R. when in Seoul also bought two American hogs. The Korean hog is small.. scrawny and all stomachs! I have bought two little pigs from them and hope to raise enough for my own use.. lard, pork and hams. Mr. Bell cures hams fine so I am going to learn from him. I tell you a missionary is a jack of all trades. A Korean pig has a very nice flavor... what there is to him but he seems to go to middle.

Two weeks from tomorrow I expect to go over to Kunsan.. and

three weeks from today our Annul Meeting begins. Last year with such a big crowd in our house, I didn't enjoy things as much as I might have... too much to look after but this year I hope to have a good time. I sprained my ankle badly nearly two months ago and it still troubles me so I will be out of any tennis games... but for boating and horseback riding I'll be there. We have 6 single men too and two grass widows. One of the men is after Miss Cordell. She has broken her engagement to Dr. Birdman. Dr. Wilson.. the fellow who is so much like Mr. McNeill has had his girl go back on him. He was engaged to a New York girl. He has just finished the prettiest house in the Mission and expected her out the first of May. Her health is given as the reason but... one can't tell. One other is engaged you know but he is nice to every lady and Mr. Venable and I are great friends.

I have ordered your pongee. Will send it the first chance I get and I am in no special hurry for the money. I think told you that as I was not going away at all last summer I didn't make up 2 waists you sent me. Well I marked them off and sent them to Japan and had them embroidered for a song. They are certainly love... one is a made thusly (NR drew a picture here) The collar and tiny yoke is made of the lace you sent me last year. Then there is a band about 2 and 1/2 or 3 inches wide embroidered in (?) Then another row of lace. The cuffs have lace & I say have... the sleeves aren't cut out and the yoke tho put together is not fastened to the body at all. It is going to be lovely. The other waist is embroidered in violets... some solid and some eyelet. It is perfectly lovely. I will try to finish that one before I go to Kunsan but won't make the other till later. Hope to have it to wear in Seoul if I go up in September. I have made 2 new plain waists and the one you sent me will get me through, I hope. My other things are just on the ragged edge of being all gone.

We are having a glorious June and I am surely glad and hope it will keep (....) It has been cloudy several days and showery today. I guess the rainy season is on or soon will be.

Oh Ruth. Did I tell you that about 3 weeks ago the Girls' School teacher Mrs. Yi brought a little book mark here for me to send you? Now I can't remember whether I sent it or not. I cannot find it anywhere. It was awfully sweet of her to do it and I want you to write her a note of thanks. Just say how nice it was of her and how you appreciate it but don't say you didn't get it. I am teaching here English so write distinctly and she can read it and some time when you are sending some of my things you might send her a trifle. Ask Mother how much a lace mosquito net costs. If you can get one for $2.00, can't you write to someone at home, Mrs. Gibbs or some one, and get one and send it to me. Mrs. Yi says she would give $2.00 if she could get a net that would wash. Mosquitoes are awful here. Every spot that can be dammed up is planted in rice so the breeding places are endless and life near a (?) is awful.

The Reynolds came back last Saturday and I am glad to have them home.

Please write Will at once and ask him to send me 3 rolls of film for my new camera and 3 for my Brownie right away. I am going to Pyeng Yang and Seoul in Sept. Pyeng Yang was the capital of Korean when Kijah was king at the same time Samuel was Judge in Israel before David! Think of it! There will be lots of interesting things to photograph so I want some films. I will try to make your book this summer in Aug. I will rest then. Of course study awhile every day and teach my two Bible classes. Now don't forget about the films.

With lots of love and good wishes for a good time this summer and I hope you will write often and tell me about your doings. I am

Lovingly, N. B. R.

July 1st, 1909 [Chunju, Korea]

My Dear Will

This letter will have one virtue anyway.. being on time but I fear that will be its only one for I am mentally and physically in a state of collapse today all because yesterday I used all my brain juice on my 3rd year language examination. I began right after breakfast and excepting about 45 minutes I was working all P.M. Last year I rather distinguished myself but I don't think I will do so excellently this time. It was a long and hard exam. I will have my oral exam at annual meeting and then I will never take another on any subject. Remember how happy I was when I passed my last exam paper at Agnes Scott and thought then that would be the last but I am sure these will be unless I fall down and I can't truly say that is doubtful. The Nisbets and I will hold the record for Korea. I have been here just 2 years 4 month and 11 days. The Nisbets came a month later but as I had to stop studying in June my first summer on account of sickness it really makes me 2 weeks less on actual study time. Dr. Daniel is the only one who has finished on time.. that is done the 3 years work in 3 years. Most take 4 years so you see the Nisbets and I are way ahead on the language. Miss Cordell and Miss Dysart who came but not long after I did - that is I had but 4 months study ahead of them tho they came 7 months of actual time- have only taken their 1st year's written both having failed on their orals. Miss Cordell is not near ready for her 2nd year's exams but I do not know what Miss Dysart is going to do. Of course this does not mean that I am proficient in the language but it means I have done more than was expected of me and I can get along pretty well, tho not strictly classically. Next year, I expect to do full work and study as I can for I mean to talk well before I quit.

Now all of this before one word of thanks for your latest piece of generosity, Will. You are simply a peach, a regular Georgia peach and, you can know what a compliment that is till you get where there are no Georgia peaches. Monday the 2 boxes came. I am sorry to say the 3 pans were all broken. The box of salts were broken and some spilt out but not very much. The printing frame was OK and the films etc. I am simply more obliged than I can tell you. I won't be able to try my hand for some time. For a week I will be very busy serving and getting my clothes mended up before going to Kunsan for Annual Meeting. I will be there a week beforehand and meeting usually lasts 2 weeks so it will probably be the 1st of Aug. before I get back.

Not long ago I wrote Ruth and asked her to get you to send me some more films as I am going to Seoul and maybe Pyeng yang in Sept. So you see I was delighted to get these films you have just sent. I think they will do but you might get more film for my brownie. Mr. Gregg, one of YMCA men in Seoul does perfectly beautiful work... finer, so I may even wait till Sept. and (learn) how from him but I am very anxious to do some and try. I am anxious to see the schools in Pyeng yang and Seoul so as to profit by other's experience but while that is one excuse for going I just want to get away.. except the trip to Korea I have been here already for 2 years and it gets on one's nerves out here not to get some change.

Our building is going on slowly. We have only one set of workmen for the 2 buildings so try to work them to the best advantage and the basement is being ? the Boys' building. The digging of the cellar and the grading were the tedious parts. The stone foundation is all done. The carpenter finished yesterday putting the sleepers for the flooring. The brick have been coming in for ten days and the brick masons will either begin work tomorrow or Monday. I had no trouble at all with the coolies. They are very polite and when they have made mistakes they are very nice about doing it over. You have to keep a close eye on them for they don't consult the plan enough and are liable to make mistakes. Chang, the head man, is a very agreeable fellow and I always call him when I have any orders to give.

We are laughing and saying we are going to have great times in Kunsan this year for we have more bachelors than ever before in history. That some are engaged doesn't matter. Men are (?), scarce out here. The single ones... and we will actually have 5 this year of our own men and the dentist from Seoul making 6. The dentist, Dr. Hahn is the best kind of company. While he sticks us hard he adds greatly to the comfort and pleasure of us all. Dr Hahn, Wilson, Birdman and Mr. Venable have good voices. Mr. McCallie has a boat he uses for itinerating in the island territory so we will have some nice boat trips.

It has been threatening for several days and rain has begun today as the rainy season is overdue. I fear now it has started.

I say fear for the only fear I have is about all getting to Kunsan. Your letter from Memphis came yesterday and was an oasis in my dry desert. I do not mind rainy days as you do. Our county is so hilly that the water runs off quickly so while the roads get in bad shape they don't stay that way long.

I have adopted a daughter, but I haven't time to tell you all about her now.

It is too bad that they keep you on the move so all the time. I wish they would transfer you to regular work at home. I suppose you will go to Balsam with Ruth and Mother. Would (surely) love to join for a month or two. Give my love to all the folks and write me all the news & gossip. Had such a nice letter yesterday from Hattie Hull.

Again thank you for all the Kodak supplies.

I am your loving sister,

Aug. 2nd, 1909 [Chunju]

My dear Will:

When I took my pen up I meant to write mother for it has been a good while since I have written. Then I remembered the date and decided to send this note of greeting to you and you can pass it on to mother.

We got back Saturday night from Annual Meeting and I feel downright tired out. I had a time in a way and yet it was not as satisfactory as last year's meeting in many respects. You know I have never liked Dr. Birdman and yet when it was necessary to demand his resignation it made us all sad. There were lots of nuts to crack in the way of plans to make and plans to break... but it was a glorious report as far as great results for the year's work.

Mr. McCallie of Mokpo who has charge of the island work brought his sampan up and we enjoyed a good many evenings on the water. Well, I am through language exams forever and forever. Of course I will have to study on but hereafter language study will not be my first concern. Mrs. Nisbet and I hold the record having passed our 3rd year's work in just a little over 2 years. While I was on the field 1 month before her I lost 4 weeks out my first summer. When we finished we surely had a jubilee. As the church is in a hall on the hill used for church school etc. is in a little town on the hill above the church and just behind Mr. Bull's house. Mrs. N. had her oral first... took them alphabetically... then I had mine. When I came out we just shouted. Then we raced to the bell and fulled and pulled. The natives wondering what had happened. We are surely a proud and happy set. Mrs. Bell also finished this summer but she has been on the field 5 years. Miss Cordell and Miss Dysart, Miss Knox and Mr. and Mrs. Knox who came in Oct, that is 6 months after we did.. have only passed their 1st year's exams. Most of them having failed last year. This is only cited to show that exams are not just bluffs.

Between Henry Bell aged 12 and Mr. Venable, I had a good time. Henry is a dandy little beau. He was trying to encourage a case between Mr. Venable and me so always helped on much to Mr. Venable's and my great amusement. Mr. V. is a thoroughly nice fellow and took the joke in a jolly good way and so we furnished fun for all who wanted any. Dr. Hahn was down from Seoul and I am a gold tooth and some fillings richer but have less cash in the bank. Dr. Forsythe was finishing up after their epidemic at Mokpo so didn't up till toward the end of the meeting.

Billy! Billy! Billy.. what do you think! The mission has granted me a 4 months leave of absence for next summer. That means only 2 months at home but unless something unforseen and very disastrous comes up it means that I care enough about seeing you home folks enough to spend all my substance in riotous living. Fix your wedding day so I can dance at your wedding. As we will not get into our new building till late winter we won't be able to have many girls so Miss Buckland says she would rather close school next summer rather than have the fun of opening the following fall especially as she hopes the schools will be running smoothly, so I will leave here May 1st if all is well and leave home the first of Aug. so as to be here to start school in Sept. 1st.

Isn't that just too fine for anything? Save your pennies for soda water treats etc. for I expect to put in good time on such things. The Reynolds are going via Siberia but I will come the shortest way, via Seattle. I wish Ruth could come out in the winter with Dr. and Mrs. Daniel and see a little of Japan and Korea and return with me. But more of plans later.

Dec. 6th, 1909 [Chunju]

My dear Will,

A very, very happy New Year to you! As I had money and packages to acknowledge I wrote Mother and Ruth last week so that is why your letter is late this month.

I have just finished making out an examination that I am to give to fifty-odd women tomorrow and as many of them write and spell poorly I know I will spend my next few evenings making them out and grading them. We have had over fifty women for a month doing good, hard work and now come exams. These were specially picked women. Any church could send one delegate for every 25 members. We selected a bad time of the year however, so many who wanted to come could not because that has been the time for putting up "kimchi". Then there are not many women who can afford to come in and bear the expense of living here for a month. We never give them their living when they come to study. We do furnish the wood for heating and the oil for the lamps but they have to support themselves. No rich Christians in Korea.

I have my exam tomorrow afternoon, and then a little let up. I haven't been able to get in any language study for this month and must get to work again. Especially on my Chinese.

I enjoyed your letter so much, the one when you summed me

up as the whole show, teacher and pupil, doctor & patient and trained nurse etc but the last part of all when you claimed me as your sis - that was the nicest part of all. You know you all rather made me feel that I was rather disgracing the family by coming out here so that ending was especially appreciated.

Let me tell you you are going to get me into trouble. You write me about coming out here and if I reply, mother has fits for fear I will persuade you to come out so you must be careful for whenever you say anything about coming. I build a castle, a dear little tiled-roof castle on a beautiful site overlooking the city and the mountains around here. It is the site for a house in all Korea. It may be a little hard for us to get it for it is the place the city officially sacrifices to the "unknown spirits". At New Year time everybody sacrifices to every ancestor, spirit and demon they know of but for some reason may be left out and the slightest ones take their revenge on the city. The officials prepare a great spread on "my" hill top to "all spirits" so that none may have a spite against Chunju. Maybe by the time you come however the people may know enough of the truth to be free.

Every now and then something comes up rather striking in the way of accentuating the extremes of East & West. Thanksgiving day the school boys got up a novel entertainment given in the afternoon. It was an acted allegory. Mr. Yi was dressed as an old man - the man of the ages - and he said a whole lot I am not going to tell you. Then someone explained the old man and that was really good. The staff the old man carried had John 3:16 carved on to it. The man of the ages leaned on the Word of God, it was his staff and support. His glasses were the truth - eyes without

God's Truth saw only confusion and wreckage but the eye of faith saw clearly, saw God's plan in all etc. It was really very good. Then the old man called in his 4 sons - the four seasons, each bringing in something typical of a blessing that season brought to man and it was there we were surprised for spring was the oldest son while winter was a little boy. Is not spring first hence the oldest of the seasons? And yet we put spring down as the youth and winter as old age!

I had a gentleman write me a short note so he wrote it on his visiting card and as you may like to see it, here it is. Of course it is in Chinese (his name) and fearing I might not know exactly who it was he wrote the Korean alongside. The word I have translated *to whom offered* really means "This is offered by me on their knees before you - a very polite way of saying - from your humble servants". The note says, for I know you want to know, "The bearer is the man I called at your request to repair the school fence, so give him the wages."

As freezing weather has settled down on us and we haven't done the plastering, work on the school will be shut down this week and we won't get the school done before late spring. If we can't have Dr. Moffett at the dedication we are going to try to get Dr. Gale. Dr. Moffett is my first choice but he leaves in April for Scotland to attend a big mission council so maybe we won't be able to get him. Dr. Gale is always so much in demand we may not get him but Dr. Reynolds said he would speak to him when he saw him & Dr. R. is now in Seoul on mission business.

I am fated on the tray subject. Miss Tate says one was broken when she received them, one got broken on the way over, so only one reached here safe and sound. The films came O.K. Many many thanks. Don't send any more till next summer when I expect to go to Japan.

Hope Ruth Taylor has a nice time in the South. What kind of a time is our Ruth having? Hope you will be able to be home more this winter than last.

Give my love to all the folks and send me any newspapers that have anything in them about people I know.

With lots of love to you and best wishes for a very happy New Year I am

Your loving sister,
Nellie B. Rankin

Feb. 1st, 1910 [Chunju, Korea]

My dear Will,

Just after supper I got my things together all ready to write and then Mrs. Nisbet came in on business. She was station treasurer last year and has been getting her books ready to have audited and there were several things to ask about. After that was done there was a general discussion about some country classes the different ones were to hold and some local work so I am afraid my letter won't more than get started.

Cold?!? Well, I should say. We are having the very coldest weather now I think I have felt in Korea. Everything is frozen hard as rocks. Friday was a perfect spring day, Saturday because cloudy seemed a little cooler and Saturday night a West wind came up and froze everything hard. Sunday night I thought I had better empty the water out of my pitcher, I found half an inch of ice over the top and a thin layer all over the inside. You see I didn't do it any too soon. Next morning the woman came in early and kindled a little fire for me and brought me some water. She put the pitcher in the little "wash room", a small dressing room 4x6 ft where I have my wash stand and in fifteen minutes when I went to use it I found it frozen over. When the woman came on Monday and found my window open I wish you could have heard the tone in which she asked me why I wanted to do such a thing (in) such weather. Koreans never open a crack for ventilation in winter so think I am crazy. We had only a little snow Sunday with all the cold, just enough to make everything slick.

Some two or three months ago Ruth wrote "I suppose you have gotten your pins", now I never have and I told her so two months ago but never heard anything more from her about it. Please tell her to hunt them up. A Daniel Low catalog came yesterday and that reminded me of my pins.

American mail came in yesterday, the first in nearly two weeks. I was dreadfully disappointed in not getting anything from home especially your letter and Ruth's picture. My, what a round of weddings there have been! With so many of the girls of your crowd married off you will have to start in and take another set through.

Next week I expect to go over to Kunsan to teach for ten days in a class beginning Feb. 14. The Chinese New Year is next Thursday and that is the great day of the year for sacrificing, ancestor worship, the animal bath, etc. Of course the heathen customs are dropped by the Christians but it is still the holiday time, the time of reunion, etc. so our school gives the midwinter holiday at this time. We will close this Friday for two weeks. I do hope there will be a considerable rise in temperature before next week for the plain between here & Kunsan is always disagreeable. In summer it is piping hot, in winter bitter cold.

Feb. 2, 1910

Today has been rather uneventful but very full of regular duties. Mr. McCutchen dropped in for a short while and reported the mercury at 7° this morning - it was colder yesterday but can't say how much. I know you most freeze if you don't keep moving.

Wild excitement in the camp - a new single man is on the way! A doctor and he will come to Chunju until Dr. Daniel comes out next fall. You would hurt yourself laughing if you could hear the rules and regulations made out for the single people out here. Of course such a thing as a woman ever being seen with a man is unheard of in Korean society, but then we have tried to be proper, etc. and it didn't matter, but last year Miss Cordell made such a spectacle of herself with Dr. Birdman (she is now married to Mr. McCallie) that the older men made iron fast rules governing the conduct of single people. The sum and substance of it all is that unless a married women is present, a single couple can never be seen together. We broke rules with the Reynolds' permission in less than a month after they were made by having Dr. Forsythe over to meals and now with Dr. Patterson due shortly you will no doubt hear rules smashed clear in America. With Miss Tate 45, Miss Buckland 43 and yours truly having cut her eyeteeth it makes me smile - these rules.

Well, I must stop such nonsense. Give my love to all the family and keep a big share for yourself.

Your loving sister,
Nellie B.R

March 2nd, 1910 [Chunju, Korea]

My dear Father:

Your letter written the middle of Dec. came during the busiest and in many respects the hardest month I have had in Korea. The first week of the New Year was spent in correcting examination papers.. 100 papers on Bible, Geog. and Physiology in native script is no funny job. The arithmetic was no trouble at all. Then up to Feb. 10th I spent every afternoon working hard on the work I was to teach in the Kunsan class. After morning in the school room and the afternoon in hard work I was worn out at night and while I often thought of you and wanted to write, I never felt that I could write the letter you deserved and now that I am enjoying a little let up I find the words hard to find to express what I want to say.

Somehow father I felt that we have been playing at cross purposes all our lives. I am so much more like you than like mother and I find myself growing more like you all the time and if we had only known it sooner think of how many happy times we may have had. I used to blame you because you seemed to care so little for us. You were slaving all the time for things for us but gave us so little of yourself. I understand that grind more now when I see how short ten dollar bills are and remember how you made yours stretch out for good educations for us all but father why didn't you give us more of yourself. Now as to my own faults, words fail to express them. For all the quick unappreciative words, angry and impatient words, words that I would give years of my life to recall - what would I not give to have them all forgotten and I cannot hope to have forgiven. Why you and mother objected so to my leaving here I cannot understand for I was certainly no pleasure to you and now I will be a living disappointment to you both to the end for I expect to pass the rest of my days here in Korea and make these years count tho the past is one bitter disappointment. Now there is one thing that I have heard that you regret and I am going to ask you not to mention it to anyone again for two reasons. The thing I refer to is that I never went out as a young lady. No one knows how I have missed what others call a good time. I missed all of what should have been my girlhood. I could have gotten on with lots less than Ruth is having. I am glad she is having a good time but am sorry she is spending so much of mother's money as you say for I wish mother would spend a little more on her own comforts. I think it is the feeling that I was judged so unattractive that so much would have had to be spent on me to make me go that hurts most of all. I don't envy Ruth her fine clothes. This I never had, but no dress in my life that cost $8.00 to make and they were street dresses. I don't envy her card parties, wasted time, nor the dances.. but I do envy her just the good time, the girlhood, that will soon be over. I have chaperoned Will's crowd at Thunderbolt and then gone home and had a hard cry just because I had been cheated out of my youth. And yet I know if things had been different I would not be here now and I am glad I am here tho it was an awful bitter lesson

I had. Now I am old at thirty and I often think that when my vacation comes at the end of seven years how old.. out of all and out date I will be. The second reason is very selfish. I understand what you mean other people don't but take it that you wanted to push me up higher in the social world than we were entitled to. At least that is the construction Miss Tate put on it, and announced before quite a crowd. You told Miss Blodgett all about it too and she didn't understand and I resented it at the time. For all you did, I thank you and don't want you to regret not giving me things I was not made to have. Now you know the worse so we won't discuss that matter again.

As to the fields. I received the first $100 but have not heard of the second. I haven't any idea how much an acre is. We buy by the "mar-chi-ki" out here or little pocket handkerchief like fields. I was so afraid the field near us would be gotten by Japs I bought it myself and will use it as a garden till the Mission needs it. Next winter I will be housekeeping alone and want to raise all I can myself and not have to order so much from America. I want to try to lay up something every month against a rainy day for when I get old I don't want to be dependent on my relatives. We need land for the Boys' school too and are so glad to have this gift. When the land is bought I'll try to get Mr. Nisbet to estimate it in acres so you can have some idea. Land is not high out here except where it is thought we want to buy. In Seoul and in the city here where there is business, property is going up all the time.

Mr. Nisbet has been quite sick for two months. He had consumption years ago and got entirely well but he has had bronchitis so long and such a severe case we feared the old trouble had come back. The doctors do not find any such troubles but have ordered him away for a month so we hope he will pick up rapidly now. Our new doctor has come. A rather small man named Patterson from Penn.! He will be stationed here till Dr. Daniel comes out and then goes to Kunsan. He is in Kunsan now with Mr. Earle who is threatened with ? trouble. Two weeks ago Mrs. Knox at Mokpo was at death's door and no one thought she could recover. Dr. Forsythe and Dr. Wilson assisted by Dr. Reed of Songdo, Methodist doctor who was visiting Dr. Forsythe and operated and Mrs. K. is now making a fine recovery. Mrs. Preston's baby has been very sick at Kwangju and there is a good deal of smallpox on the compound there in the servant's families so they are scared. I tell you ten days ago we were all anxious with such severe trouble at each station... but all are now doing nicely.

We have just had a fine men's class here. About 700 from the Chunju field attended. The men gave the equivalent of 9 continuous years work of one man in active evangelistic work that is pledged, that much time.

Today's mail brought mother's, Ruth's and Aunty's letters. Am so sorry to hear you are trying to be so fashionable as to have grippe. Hope you have long ago gotten entirely well tho the aftereffects often hang on for a long time.

Mother seemed surprised at the Hobst-McGundell match. He has gotten a fine girl. May is not pretty.. has fine eyes.. but is a very fine and talented girl.

As soon as the school is finished I will move into my rooms over there. With itinerating a good deal... one a little and one scarcely at all it is a little hard to run a house jointly, so I will have my own establishment.. probably take my meals over here at this house a part of the winter anyway. Miss B. and I get along beautifully together on running the house but I simply can't stand the other one. Miss B. doesn't want me to leave her but Miss T. insists on having a share in the house so I am going to get out. I've stood things from her I wouldn't take from anyone else just because I had to but that isn't saying I have to stand it forever. I simply won't. It will be very lonely I know over there alone. I will have all the girls but no foreigner but rather loneliness than other things. Miss B. and I will continue to run the house till we go to Japan. Miss T. boards with us.

I have a long physiology lesson to prepare so good by for this time.

Try to keep your good resolutions about writing often. With much love to all the family, I am

Your loving daughter,
Nellie B. Rankin

March 9th, 1910 [Chunju, Korea]

Dear Will,

Your last letter reached me in Kunsan where I was teaching and it seemed extra good as I was away from home. I was glad to hear of Ruth's good time. It is funny mother told me she had some pretty dresses and who made them and said Ruth would tell the rest... and she never mentioned her clothes beyond saying she had a blue taylor made suit. Then you told me she had been all the dances. She says she is going all the time but has never mentioned tho she has been to places with or any remarks at all.. not even a remark about her own card parties. I thought some one would probably send the accounts (newspaper clipping at least) but not one have I had. I feel quite like Cinderella--minus the prince and fairy godmother but maybe they will come later.

I am sending you some more pictures to be pasted in your book and as they are marked you will know all about them except the gwang-magie. At the New Year's time (the Chinese new year which comes along about the middle of our Feb.) men dress up in fantastic dresses with hideous false faces and then with the most horrible of noises drives the evil spirits out of wells, fields, etc. They often dance and cut great capers and their dances remind me of the Indian dances. This is a very poor picture taken by Bolling R. I never got mine.

In the picture where I look like a mother? I was wearing all my clothes to Kunsan. The trip over is very cold, because you face the cold wind from the sea all the way over. I had on two woolen union suits and three skirts so I look like a balloon. You can't wear a hat but have to wrap your head in veils and shawls if you want any head left. This was snapped just as I was leaving. In the picture where I am in the chair on a narrow street I have my hat tied down with a veil on account of the wind.

I used the last of my ? paper last night. Miss B. borrowed some so will have that (on.) If you have not sent any don't send any more now before I go to Japan. But I will write more of that some other day.

I enjoyed my visit to Kunsan and was kept pretty busy teaching. We had over 112 women from the country, but in between times we had lots of fun.

Next Tuesday our class for country women opens so I will be teaching morning and afternoons again. You can think up some things you may want in Japan and let me know and I will get them for you. Last summer you mentioned something but I have forgotten what they were. Write all the news you know and tell Father to send a paper occasionally. With lots of love to all from

Your loving sister, Nellie

April 21st, 1910 [Do Jung Kol]

My Dear Mother:

I wonder if you would know your own daughter if you should see her. I am in a tiny little valley in the heart of the Chiri mountains. I came horseback and the trip was delightful. The road winds between high rough mountains. Often I found myself in valleys no larger than a pocket and on looking around could see no way of getting in or out when suddenly a sharp turn would show a gorge that cut through the range. Violets, azaleas and wild flowers are beautiful now and so my 20 mile ride was delightful. I am teaching three times a day and doing a sideshow act in between. I am the first foreign woman to have ever visited here so am quite a show. The people are very friendly and kind-hearted and have given me their best which is as follows... One room 8x8ft. The floor is mud with rough matting rugs. In one corner is a big straw sack of grain with 3 smaller ones piled on it. On the other side over my cot is a shelf of two poles with innumerable bags, gourds, etc. piled up. The ceiling which is of twigs tied together with straw string is black from smoke and fly specks. On one wall hangs a large gourd, a mirror that distorts my beautiful features, a bottle of hair oil, and an uninvestigated cruise. Just outside my door hangs the chicken coop.. a wicker basked affair. The pig pen is about 6 feet away and the pig is all grunt and growls. Honestly it keeps up a continual rocket all day and all night. As Koreans are rather afraid of horses, I have to see to mine for they can't tie them securely. In order to give me this room the family of father, mother, married daughter and son-in-law and 3 children all occupy the other 8x8ft. room.

I have to sit on my cot to comb my hair and I just miss scraping all the dust and fly specks off the ceiling when I am in my stocking feet. The door is 4x1½ft. There are holes in the mud wall and are securely pasted over with paper.

April 26th

Hinpacaao (sp ??????)

Last Saturday I came on to this place and it was one of the hardest and most delightful trips I have ever taken. It was called 25 miles from the last place but it seemed 50 for we went over 3 ranges and between dozens of others. The first range I walked up and down, the second I walked up and down, the third I walked and started to ride down and would have given a pretty if I could have gotten off but I really didn't dare. We went down the steepest narrowest path I ever saw. A steep cliff above, almost a precipice below and at the bottom a wide river. It made my head swim to look down at it. My foot on one side scraped the bluff while the other hung over the almost perpendicular incline. Oh the mountains were grand! Range on range and never ending. Beautiful clear streams and azaleas everywhere. The little pocket like valleys were all terraced for rice planting but it was the first time in Korea that I have been half a mile and not seen a human being or dwelling. Night caught us in a mountain wilderness of never ending mountains. Fortunately it was full moon but the path was only a trail so I could not see it in the darkness. Finally the sound of ? could be heard and a group of women came to welcome me. They had come about 2 miles fearing I was lost. I had left my load coolies at dusk as they were tired and I wanted to push on. Two Christian men were afraid the coolies had lost the trail so went out to meet them. It was a warm and royal welcome that they gave me. The best that they had was put out for me and they are certainly most kind-hearted and hospitable.

I am literally "dwelling in the house of the Lord" as I am keeping house in the little church built on a hill overlooking the village. The wicked flea has a strong fortress on the walling and makes one long for the house where the wicked cease from troubling and the weary will be at rest. People who have never been inside the church are flocking to the afternoon meetings to see the foreigner. It is a little trying at times to be on exhibit for they stare at me as tho I was a wild animal. I know how the animals at a zoo feel.

Mr Kim, one of our ordained native ministers, was here to welcome me and as I go home I am going by his village. It is a little out of the way but I am very anxious to see his wife as I am very fond of her. Expect to go there Friday, spend the night at their home, and go on in to Chunju Saturday. It is 20 miles from here to Changsoo and 40 miles from there to Chunju.

I have eaten rice and pickled turnip, sea weed and a native sauce till I feel pickled myself.

There is no such thing as a timepiece within miles and no bells so people come at all times for classes. Everybody gets up with the first streak of day which is about 4:30 A.M. now. So from 6:30 A.M. on they begin to gather. Now when the day is long anyway I hate to get up at 5 but there is nothing else to do unless I dress, eat and do everything to a grandstand full. Teaching 2 hours in the morning, 2 in the afternoon, and 2 at night about uses up my voice so I really cannot talk to a continual string. After the afternoon class I usually go out for a little exercise. Yesterday I went up a small mountain and down to a nearby village this afternoon. I am billed to visit some of the women in their homes. (Another collection of livestock)

Chunju

Have just come in safe and sound. Will write up the rest of my trip in Will's letter soon. Found lots of mail. Ruth's pictures have at last come. Will write her soon. This p.s. is just to wish you a very happy birthday and many, many happy returns of the day. Love to all from

Your loving daughter,

May 2nd, 1910 [Chunju]

My dear Will,

I know perfectly well when starting this that I won't finish it tonight but in order to get the date on it and a start made, here goes.

In my letter to mother I said I would tell you the rest of my travels but something so very exciting has happened I must tell you about it. I was wakened last night at 11:30 by a burglar entering my room. On Saturday Miss B. had the windows in the bay window cleaned and as I got in late I never once thought to see if they were locked (I am the one in this house who sees to the locking up). Sunday none of those windows were opened at all, so last night when I was shutting up I said to myself none of those windows were opened today - so I never looked at them. I was very tired and was dead asleep when roused by a brilliant light in the doorway, from my study into my bedroom. From habit I said in Korean "Who's there?" but still I was not fully awake. My first thought Miss B. or Miss Tate were wanting something, then as I got no answer I said "Who's there?" in very commanding Korean and the lamp was put down and a scuffle away in the darkness roused me to the fact that a burglar was there. I chased after him but he disappeared. I found he had opened the window, lighted the big Rochester burner & with it started to go through my things under the fond delusion

I think that I had not yet returned. It was certainly daring, but he got out in a hurry. As I am so blind I could not tell who it was and was in fact half asleep until he started to run. Nothing was taken at all. I think he meant to search my wardrobe where I usually keep my money - he wouldn't have found any.

Today Miss Tate & Miss B. went to the country and here I sit at 9 P.M. alone in the house. I am expecting a Korean woman at any moment to come to sleep here however and our outside man is in the gate room tonight so I am not the least bit afraid. The trouble about 2 itinerating is that the 3rd has to hunt other quarters so often, Mrs. Nisbet and Mrs. McCutchen were most cordial & insistent on my sleeping at their houses but it is not convenient for my work. Mrs. McC is far away and her meal hours do not suit my school hours. Mrs Ns. do, as she has school work but she is in the Tates' house up on the top of a terribly high hill and it is just too much to trot up & down there so often. The Clarks have only one spare room which is occupied by Dr. Patterson and she too said she would like to have me, but here I am a lone critter in a lone house all by its lonesome, but not at all scary.

In my letter to mother I wrote about the up & down hill or rather mountain work getting to Hein powie (?) - the people there are dreadfully poor but were so kind & did their best to do for me. For inst. Will, one of their little mud houses costs $3.00 in our money and yet there were people who could not afford a house but had a tiny room joined onto some other rat hole. Can you imagine such poverty? They make a kind of puffed-rice candy, that is the rice is stuck together with "*yut*" or the candy made from wheat, which by the way is delicious & is very much like molasses candy. A stick of this costs 1/10 cent so when some member of the little group brought me five sticks every day, while it was a little thing to us, it meant the outlay of cash, the hardest thing to get hold of in rural districts. They even killed a little pig for me and that was a big thing for most of them don't get meat once a year.

As the road I went was so hard I decided to accept the invitation of our native pastor, Mr. Kim, to go by his village and spend a night for tho further it is a far easier road. I was always very fond of his wife and knew she had been rather lonely since moving out into her husband's territory. So I went to Changsoo which is the county seat of a county by that name. It was a royal welcome I had there. Mrs. Kim had prepared a feast of good things (Korean) and I enjoyed being in their home tho they were distressed that I had not sent my cot there so would have to sleep on the floor. From 1:30 P.M. to 10 P.M. there was a constant rush of people to see the strange animal. I will never go to a zoo again as long as I live for I know how the poor creatures felt. Every now and then I would hear "It's time for you in the room to come out we want to see you too". They were somewhat disappointed I think to find I had only 2 eyes, 2 hands & 2 feet. They asked all sorts of nonsensical questions and my hair was a curiosity indeed. When at last I got away from a crowd & slipped into my room to sleep I had to station my woman at the door till the lights were put out to keep them from punching holes in the paper doors for a better view.

My woman was invaluable on this trip. She has been my cook for 2½ years now and is so capable. She thinks I am it so will move with me to the school & declared even should I return to

America she will go with me. After breakfast of beef stew(?), rice, pickled turnips, 2 kinds of sea weed which I think fine, eggs, sprouted beans, fern sprouts, etc I started home. Just outside of Changsoo there is a high rough range that has to be crossed. The road zigzags straight up the side - from zig to zag was from 10 to 15ft very steep. Of course one can not ride up or down such passes and as I sprained my ankle at the bottom of the grade, the climb was both painful and tedious. From there was obliged to be in the saddle all day 40 miles up & down so I was very stiff and tired when I got in Saturday night. But Oh the fun of getting the mail. There were magazines and letters. Ruth's pictures & Mrs. Erickson's picture, my visiting cards and flower seed from Lenoir.

One letter from Eulalie (?) Lawton told of the death of her father from Bright's disease after an illness of only 5 days.

Your New Orleans card came too. I have 2 from there from you. Were you there at the time of the Mardi Gras?

I hope to start tomorrow on my summer waists. Ruth sent one tho I have very little time for sewing. Hope by doing a little every day to get them done in time for my Japan trip.

Please tell father the money order was received today tho as yet no letter has come from him. You see the office here gets the order from folks so don't wait for the slip from me as they can't read English anyway.

Later Your letter from Dothan(?) came. Will answer it later.

Lots of love to all and especially your dear self

from
Nellie B. R.

May 17th, 1910 [Chunju, Korea]

My dear Georgia,

It is a pity that I am not in a better letter trim so as to answer that dandy letter of yours in a way it deserves, but - Before I go further, I must tell you what Mrs. Nisbet says about you. Two summers ago, I was staying with her when one of your letters came. There were so many bright things in it that I read many extracts to her. Since then she asks about you every once in so often and always wants to know what bright things you say. I was telling her some of your latest and she remarked "Georgia's letters are good enough to print". Now Mrs. Nisbet is a bright woman herself so there. I never let folks just take all my letters for letters are personal, but I do share much of yours and folks enjoy them for you can tell about cooks having fits and nurses going on a strike in such an interesting way you make us jealous of your changes!

The lovely cushion cover and the skirt gauze came a few days after the letter last week. Now I am so tickled over the cushion cover - it is so pretty and you have stitched so much for me when your hands and heart were so full. You see, in a short while I am going to be alone, that is, I move over to my suite in the girls' school. For some reasons I am sorry. I will be alone so much and eating alone is not much fun but then - and this is strictly private

- being alone is preferable, I think, to some old maids. I am devoted to Miss Buckland and we get on beautifully but Miss Tate rubs me the wrong way. I am bossy and she is too, and what is more, she wants to run all my business so I prefer to be where I am absolute ruler of all I survey. When she is in the country Miss B. & I will be together, she with me or I with her, but when Miss T. is in, little Nellie will keep on her side of the fence. Now when I move over I am going to put out all my pretty things and that cover will be one of the things. I will have three rooms over there, my study & dining room & living room all combined is about 16x15ft with a big bay window. My bedroom is 12x15ft, and my kitchen 12x12. There is a lovely big piazza which I will use as a summer parlor. My rooms are all on the 2nd floor.

The building won't be done before I go to Japan so I won't move in till Sept. after our Annual Meeting. When I move in I will send you a plan of my rooms showing you where my furniture is. My rooms are very pretty and I hope to have things real cozy.

Now as to the skirt gauze. You couldn't have sent me any thing more useful. Miss B. has one and it has been such a treasure in fixing over old skirts and in making the one, new one, I have had. I am so glad to have one of my own for when I move it may not always be convenient to be running after hers, especially as she is to do country work and will probably be in the country when I want it most. I am making two new white skirts & a gingham dress for my Japan trip and will use my new gauze this very week. I am making two of galitea (?) but am not as ambitious as you so will have a Jap tailor make my jacket.

I can scarcely wait for the time to come to go to Japan and

yet I hate to leave too. Hate to leave before the finishing touches are put on the school for Mr. Nisbet may not have it done as I want it. Then my garden is a great and important interest, on the other hand, I have been here 3 summers and have kept on a grind all the time. I want to go off where I will be able to forget all my responsibilities and not have Koreans after me every minute of the day. Miss B, Miss Dysart of Kunsan (Julia) & I are going together. We go first of all to visit our friends for a week. I go to Takamatsu to Lois Ericksons & the others to Takashima to Miss Pattons. After a week's visit we go to Kobe where we will shop, go to dentists and have some clothes made. From there to Gotumba (?) a village at the foot of Fuji and while there I hope to go up that celebrated peak. From there to Kyoto, the ancient capital where the satsuma and especially cloisonne is made. Then join Lois at Karuizawa for a month where she has engaged a cottage. From K. I hope to go to famous Nikko and other points of interest. You see I have a fine trip planned and have been saving up for it for two years. If my money holds out, I will have had a dandy trip. We three, Julia, Miss B & I are very congenial (I am especially fond of Julia) so we will have fun. They both declare they are going to stick to me like leeches for I manage to get around. We three went up to Seoul together to the Chapman Alexander meetings last fall and those two never opened their mouths except to speak to me in Eng. I had to talk to porters, buy tickets, etc and on to baggage. They have no confidence and I don't mind jumping in. Have got a few Japanese expressions & expect to have a jolly time getting around in a heathen land with no lingo. I'll have some funny stories to write later.

Had a fine two weeks' trip in the country. Taught two country Bible classes. Had to cross 4 mountain ranges and rode 100 miles. From now to the end of school June 7, will be awfully busy preparing for exams, making out averages. And as we graduate our first class from the grammar school, will have to get up a special commencement program. We have some awfully nice girls in school and I am so delighted with my work. Have little time for sewing but hope to knock it off after school, and so I stop 3 days at Mokpo on my way to Japan. Will leave here about June 22 or 23rd to be away the whole of two months! When I come back, my special friends the Daniels will be back I hope. The Daniels used to be at Kunsan. Dr. D. had to go home last year for an operation and when they return will move here as the Mission transferred him to this station. He is one of the finest all round men I have ever seen. His wife & I are great friends & we three - all the same age - are just as 3 folks can be, so you see I am delighted at having them at Chunju.

This spring the Nisbets & I ordered a lot of fruit trees from America. Mine are doing splendidly and I hope some future day to enjoy some of the fruits of my labor.

I do hope you and Will will have a nice summer in the mountains and that he will gain a great deal. Has William ever had any more trouble with his neck?

Am so glad to hear that your mother is bearing up so bravely. Give her a great deal of love for me.

Enjoyed your account of C B's visit to you. She is a dog! She treats me shamefully. Now there she was all that time in Savannah and not one word did she write me and tell me how she found things. Really, I get more Sav. news from your letters than from any other source. Ruth's aren't of a newsy type, Will is away so much and mother doesn't go out to write gossip. So you see I am dependent on you - don't fail me.

It is real late and I must go to bed. Would try to write you more tomorrow but it is the school picnic so I won't get a thing done and if I put it aside indefinitely there is no telling when anything will get done on it. So excuse this time. Lots and lots of love and many thanks for the good things and best wishes for a happy summer from

Your sincere friend
Nellie B. Rankin

June 28th, 1910 [Mokpo]

Here I am in Mokpo on my way to Japan and as we are going on an all day boat trip in about an hour I will have to hurry if I am to finish this letter.

The two weeks after school closed was almost a nightmare for with settling school accounts, building directions, sewing and packing my things to be able to move over to the school immediately on my return I was about worn out. I haven't written in such a long time but Kid it was because I haven't had a minute. When I look back on what I did I don't see how I got through. Just a week ago today we left Chunju for Kunsan. Dr. Patterson drove us over. The day was very cloudy. I wore a veil yet burned, so I have been losing the skin off my nose, cheeks and exposed arm (I had on a heavy waist too) ever since. We left Kunsan Wednesday. We means Julia Dysart, Miss B. and I and it would be hard to imagine three more congenial folks. I am the conductor. I make all the bargain, scold the coolies and all such delightful things. We came near losing our boat for the rains made the causeway between the port and our mission almost impassable. I found Dr. Patterson the best natured man I have ever met for he had a time getting me and my horse over a mud flat ? I ever saw and he never lost his temper. Remembering our awful trip to Seoul last fall we went right to bed at 2 P.M. before the boat started. As a result be it known none of us were sick and even I was able to eat some supper. Mokpo was reached in the early morning.

(Had to stop here to ice a cake).

Thursday afternoon tho threatening we went for a delightful boat trip late in the afternoon taking our supper with us. The west coast of Korea is as lovely as the celebrated Inland Sea of Japan. The mountains run down to the water's edge. Huge ? covered with ivy hang long garlands in the water below and the sunset is perfectly grand with ever varying hues reflected in endless valleys and channels. We have been kept in the house by heavy rains ever since for this is the beginning of rainy season. Today the sun is bright for the first time so we are going on a picnic.

We expected to leave today for Japan but find the boat goes no further than Fusan so will have to wait till Saturday. We are not sorry for we are enjoying ourselves. We are invited around so we never eat two consecutive meals at the same table. We sleep at Mrs. McCallie (Miss Cordell that was). The McCallies leave on a trip tomorrow so we go to Mrs. Knox's for the rest of the week. Everybody is so cordial we are having a nice time and the rest is delicious. I feel like an escaped convict having nothing to do after such rush.

I wish you could see the new house here. Stone is everywhere at Mokpo so they have built the house of rough hewn stone. It is perfect beauty. 2 stories and cost $2500. Imagine a stone house at home for that! They are preparing the foundations for Dr. F.'s residence now and the stones are being brought in. Great big beauties.. squared but rough surface 3½ cents each delivered on the ground! Dr. Forsythe is the only beau but he is such a ladies' man he is equal to the occasion. We are all trying to guess whether he is engaged to Miss Martin of this station or not. Some things point that way and others just the opposite so they have all guessing. She is 5 years older than he but that is the fashion out here.

Wish you could see the old mountain I am now looking out on. 3/4 of the way up its steep sides are covered with barley patches then the rest is almost perpendicular rock with sharp saw-like teeth at the top. At the foot ? the Korean port of Mokpo, the Japanese settlement is near the water front. There are three nice houses here and Dr's new dispensary. His house and hospital will be built soon. Our mission hill with its pretty gardens and trees is very pretty but the rest is very unattractive.. in fact Mokpo is the least attractive of our four stations.

Just back of our hill is a higher one where the Catholic priest lives and has a tiny chapel. Every morning and evening we hear the bells but, the crowds come to our little church instead of going to the chapel on the hill. In fact the church here is too small so the men meet in it and the women meet in the school house and have entirely separate services.

Next day. The picnic yesterday was a great success. We went to an island where there tiny pine trees.. from there the view was lovely. Everywhere mountains and water meet. In the afternoon we visited two islands where there were villages and while the men held a little service for men, we women did the same for the women who flocked around us. When I am around the others won't talk, for am through with my exams. As a result my throat is a little rough today. We move over to Mrs. Knox's in just a little while to be with her till Saturday. Mrs. K. has one of the dearest babies I ever saw. Betty Virginia is nearly two. A dainty flower like little creature with big brown eyes. She has taken a great fancy to me and will come to me from anybody except her beloved Amah. It is needless to say that I am devoted to her. The Knox's had so many beautiful things given them as wedding presents.. elegant silver and cut glass galore. Their home is so attractive and everything seems so much nicer because of the lovely dishes etc. They have very wealthy relatives (She was a Borden of the Condensed Milk fame) who send them lovely things. He is a Princeton man and a very fine preacher. We are glad we got our picnic in yesterday for it has been raining again this morning and looks like it is going to rain cats and dogs.

Aug. 24th, 1910 [Inland Sea, Japan]

My dear Will and Ruth,

It is a shame the way I have done this summer I know, but
you will just have to forgive for I have surely rested and done
little more than I absolutely had to. Then too, I was in the awful
flood district and was afraid to write about it till I got safely away
so here goes.

I wrote last from K - well, we had a very rainy summer and
finally it settled down to have a flood. We had 50 in. after the
first of Aug. but the day before the flood we had 24 in. in 24
hours! Hows that for rain!?! Karuizawa is built on the point of
a funnel-shaped valley. A small stream collects the water from the
surrounding mountains and flows to the side thus. Well the night
of the flood the river had become a torrent, cut its banks so that
two houses at x and y, 20 ft to the East were washed completely
away. At 7 P.M. all able-bodied men were called out to help build
a dam at D for they feared the river would break through there.
At 1 A.M. it did - one stream ran down main street pinning (?)
that up to a depth of 4 to 6 ft - a tiny stream to the E became
a torrent - a small street to the West of our house became a boiling,
hissing torrent and from that a break at 'a' spread out and rushed
under our row of houses, '1, 2, 3, & 4' - another huge stream swept
back of the church and another, sweeping (?) over the tennis courts

in front of the church, rushed down to join the main stream. We went to bed at 10 P.M. and then at one there came the rush of waters and a stream a foot deep running like a well race covered the face of the earth. We were told to get out but there was no place to go. Our friends the Myers in No.3 had to move into No. 1 for the strongest part of the current struck the foundations of their houses and as these are just lightly constructed summer barns it was not thought it could stand. It was very exciting. Fortunately, the rain stopped at midnight or we all might have been homeless. A terrible landslide demolished half of the hotel at the spot marked S and threatened the hotel where Miss Buckland and Miss Dysart were staying. All the ground at K. is "scary" or cinders from Asama, the other volcano of Japan. All houses at K. that were not washed away were filled up 4 to 6 ft with this gravel or volcanic ashes. R. R. were washed away so supplies ran low and it looked as tho we would have to stay on for weeks. Just below K. on the way to Tokyo is a wonderful tunnel system, 26 long tunnels in 20 miles. These all stood but all between was washed out or filled with landslides. So we had to go to the West for a long way & get on a parallel line. We had to wade a mile to get to the tracks & walk 3 miles to the station below K., then afterwards we had only 3 short walks over breaks (?). Our washout alone will cost $300,000 to repair! The trip to Tokyo is 8 hours but we had to take 2 days. We spent the night at a Japanese inn at the side of Lake Suma - scenery grand. If I had known, I would have preferred this long trip for it goes through what is called the "Alps" of Japan. One day we went through 53 tunnels, 2 of which were 3 miles long. I have never seen grander scenery for the mountains on both sides rise from 10,000 to 14,000 ft above the surrounding valley & plain. There was snow on many of them. We had a jolly party of 15. A Dr. Fearn (?) of China personally conducted us & a charming young fellow from Yokohama, a young English business man, did our Japanese interpreting, so we had an awfully jolly time. No trains were on schedule yet our usual 12 hour trip from Y. to Kobe took 21 hours and as that was the only train it was jammed, all day & night. We got to Kobe Saturday & left yesterday on the "K Maru" a dandy little steamer. I am getting to be a good sailor. I wasn't sick at all coming over and today I am as chipper as you please. The sea is as green as green bottles & as smooth as glass and there is absolutely no motion. Over my head hangs a framed letter of appreciation from William Jennings Bryan to our captain Capt. Harayama thanking him for his courtesy on a trip he made on this boat. The crew do all they can for us and so Julia and I have just hemmed a table cloth for them. We had a pretty linen cloth on our table but it was not hemmed so did it and the steward is as pleased as punch over it.

Our Annual Meeting begins tomorrow but we can't get there till Saturday afternoon. I am sorry but we got off as soon as we could, & sooner than some thought we were sure in doing for we heard such terrible tales of the damage. Big forces are at work day & night. R. R. are government property so are well kept up. This is a beautiful country but I have been awfully homesick for our little Korea. Poor Korea - she is to be annexed before the week is out. I nearly cried when the news came out as settled in Sunday's paper.

Yesterday I mailed Ruth her dress. I am a little afraid it is too pink but it is lighter in electric light & she charged me against having it too light. I have a perfectly beautiful pongee embroidered Mandarin coat as an evening wrap for her but am afraid of duty so will send it in the early spring by Mrs. Preston. I have a lovely carved ivory umbrella handle for Will but will send that by Mrs. P. too. With R.'s dress I sent a side board scarf - draw work- for Mother's Christmas and a simpler one for Ruth's bureau and a centerpiece for the general use in the household. I got a lovely tea set for myself and several other small odds & ends with the money Will gave me.

I wrote several letters just before the flood, amongst them one to Aunty acknowledging the receipt of a money order she sent from her girls for the school. Some mail may have been lost so if she says anything about not hearing from me, tell her this please. I will write her girls just as soon as I get settled at Chunju.

I go to Kwangju for ten days to our Mission Meeting then home, but I have to move over to the school & get things ready for opening up the middle of Sept. so will be very busy for some time. We have gotten out 4 single women & a new couple. 2 of these single women will be in Chunju so it is a good thing I decided to move over to the school for our house will be dreadfully crowded.

I told the folks not to forward any mail after the 1st of Aug. so I am hungry for some letters. Hope to find a bunch for me in Kwangju. Ruth hasn't written since May 1, at least I haven't gotten any letters from her.

In the distance the smoke of Shimonoseki can be seen and mountains are blue on the horizon. No one knows how everyday I have longed for you all to enjoy this scenery with me. I wish

Aunty could see the flowers here. I have had an awfully nice time but I am glad to be home again or rather to be going home again. Last night the cabin boy was sent up to confer with us as he is a Korean. When I heard that old tongue again I was as happy as a June bug. I fear I have forgotten some and my tongue has gotten very stiff again but Hurrah! I'm nearly home again!

Please tell Ruth to notice if the Seattle stamp is on her package & tell me what duty she had to pay for I hear Seattle is the best port and marked it to go that way.

The Daniels came through last week. I am crazy to see them for they are about my best friends out here. Am crazy about them. Jean Forsythe & I have corresponded for about 3 years. She came last week too so I am anxious to see her. I want to get home I tell you. Hurrah!

Give lots of love to all & tell each one to write me how they spent the summer.

With lots & lots of love I am

Your devoted sister
Nellie B. Rankin

Oct. 6th, 1910 [Chunju, Korea]

My dear Birthday Brother,

You certainly hit the nail on the head in your letter of Sept. 4th when you guessed that when that reached me I would be rushed with the opening of school, for it was handed to me Oct. 3 just a half hour before the Junkin Memorial School opened its doors for the first time figuratively. Oh it was a jolly busy day, or rather I should say one of a series of very busy days.

There were a number of odds and ends unfinished but I determined on Oct. 3rd three weeks ago (we should have opened the middle of Sept) and opened it we did, tho Chinese & Korean hammers could be heard on all sides. Our big native-style dining room serves as an assembly hall, for our chapel is the store room of stoves, lamps, nails, glass and building materials generally. Saturday I literally stood over the men and goaded them on, then after supper with Mrs Yi, Miss Yi (our new teacher) & four girls we swept and straightened up, put up sash curtains and when I got in bed at 11:20 I was dead tired. Some glass was only put in my kitchen window today and no bannisters have been put on upper or lower piazzas. I have tried to get things done in order of importance and hope the few good men I have kept will be able to finish up soon.

The church started a primary school in the city last year for city children so we cut out the lower grades and teach only the 4th up in grammar school & begin our high school work. Faculty - N. B. Rankin, Three Bible, Advanced Arithmetic & advanced Geography daily. Mrs. Yi, Miss Yi & Mr. Kim - everything else! Then I have entire charge of everything from running the school garden, purchasing all the grub, up to supervising incoming & outgoing letters, and just now doing daily optical work. Mrs. Yi has been having trouble for sometime with her eyes, so has my adopted daughter.

(Did you know I had one?) so Dr. D. gave me atropine(?) to put in three times a day and already this has been interrupted twice with school affairs. Just this minute all are filing by, going to prayer meeting, so I hope to have a few minutes' peace after I lock up. Well, we have a lovely plan I think and I am going to be very happy in my work tho there is a lot of responsibility connected with it.

As for my own quarters - they are lovely. How I wish you could see my pretty living room. I hope I can get some good inside pictures to send you, but here goes for a pen-picture. My living room, which is dining room, sitting room, study, and general office combined, is the prettiest room I have seen out here. It is 16x16ft with a broad bay window - 4 windows in the east end - Thus - Now this isn't drawn to scale but will give you some idea - you see I have 6 big windows in this room. No 1 is my little buffet brought out with me - 2 in the corner is a bookcase and china closet built in the room - it has sliding doors that have diamond-shaped panes in them on top of it - it is a little over 5 ft high - I have my best photos, vases and such. That corner is a beauty. No 3 is my dining room table, 4 & 5 are small taburettes (?) I got at Nikko and are mounted by big beautiful ferns. Between the windows on the front hangs a small cut velvet picture I got in Japan which is the souvenir of my trip. I have ordered shades from America for my windows but they haven't come yet.

My bedroom is 16x13 and so pretty. On the south side there is a long window - that is the length is really the width - that is about 5 ft from the floor. I have diamond panes in that too. My wash stand is under it, and the view is grand of "my" big mountain. My little bureau which is more a dressing table is between the two windows on the East. In the closet at the South I have a little press the Chinese made me.

The rest of the upstairs is the big chapel. The hall is 7 ft wide at the broadest & 3 ft in the passage to my kitchen. The kitchen is 10x12 ft. My walls, living room and bedroom have cream tinted walls, cream calsomine and white painted woodwork. I treated myself to some gilt molding for the front room and I tell you the effect is stunning. I was afraid I would be awfully lonely over here but I have been here 10 days now and haven't known what loneliness would look like. Saturday Mrs. McCutchen is coming to spend Sunday with me as McC. is in the country & Saturday I have invited the ladies to a tea party to show off my pretty tea set I got in Japan this summer. I wish you could see how it was packed - packing china is one thing the Japs excel in.

I see by the papers the world knows we are annexed. Well there is a lot of rot in the papers and this old world is very complaisant and doesn't take much trouble to verify reports unless somebody's pocket book is hurt. We like to imagine all is well for fear a discovery would give us work.

Today I was surprised to find the price of eggs have doubled during the summer. My woman said the eggs were all in the hands of the Japs now, for such a high tax had been put on keeping chickens no one could afford to keep them but Japanese.

Eleanor Goucher is now on her way out here. She writes that I must go to Seoul to meet her but that is impossible for with school just starting and our Bible Women's Training School opening next week - and I'll have an hour every afternoon in that teaching Bible Geography & Old Test. History - I simply won't be able to get away. She talks like there is some doubt of her getting to Chunju because of the ungettableness from her route but I am hoping she will get here.

The newspapers you send come very regularly. They were not forwarded to me this summer so I have a great time looking over the back numbers. Many thanks for them.

The Daniels have moved over and are fairly settled. The kids are the cutest ever. Frank, the 2½ year old is the finest specimen I have seen. He is a very large child, very broad and handsome. He talks the cutest and has a ready answer for everyone. One of his cutest sayings I think was made when he was just two. His Uncle Frank came home on a visit & little Frank was duly introduced. Now "Frank" is a very hard word for him to say - always says "Chank" and seems ashamed that he can't do better. So when someone came in a short while after Frank Dunnington came in and asked baby Frank if he knew who that was, "Yes" he answered "It's Uncle Me" How's that for cute? He calls me "Mit Lelly" as Dr. always calls "Miss Nelly" and loves for me to tease for sugar which is brand of kisses I get from kissing him under his chin. The Daniels' children are all very handsome.

Have seen very little of my neighbors since coming over here to my new quarters but I hope after things get running & the Bible Training Class which runs a month from next Thursday, when that is over I hope to see a little bit of my friends. We are a pretty busy station however, and don't have much time for play.

Did I mention we have 27 boarders and there are 6 more coming that I know of. There are a number of day pupils & I turn off others daily because they are not prepared for the fourth grade but prefer to study at the big school than the native school in the city. I said I didn't want over 30 boarders this winter - wanted to feel my way along, but it looks as tho I can't have my way. We have not sent any notices out at all or made any attempt to get girls, for I didn't want many and won't take the little girls. Mrs. Yi is still the joy of my life. I can count on her to back me in everything and make things as easy as can be for me. She is one sweet woman. Miss Yi is a dear girl. She graduated with first honors at the Seoul school & her father is allowing her to do an unheard of thing - teach, and she isn't married tho nearly twenty! He is our elder here and one of the Bible Translators, a very fine man. She is a pretty girl and so modest and refined. Old Mr. Kim knows Chinese and that's all - he is a gentle man of the old school. Still, as he is here just to teach Chinese I have no kick coming & he is considered a very fine Chinese scholar and therefore he is to be highly respected. He is a nice old man who tried very hard to believe I am a very fine person tho only or rather in spite of the fact that I am a woman.

Now Will, you will make me vain saying such things about my letters but this one I know will not be put up on its classical merits. This ought to reach you before your birthday but it is to take you lots of love and best wishes for many, many happy returns of the day. You are getting old, my dear. In fact, so much older than I that we won't go with the same crowd when I come home some future day. May the new year bring you many blessings and a true clean life to enjoy them with.

No, I hadn't forgotten that Carrie Belle had moved from Savannah but her address was uncertain when I heard from her in the early summer. She was thinking of taking a kindergarten in some town, so I thought mother could find out from Georgia and get the exact address. If you thought my letter interesting, what will you think of my postcards!?!

I am going to write Mrs. Reynolds that when she goes to Richmond to visit some of her people to drop you a line and give you her address and if you are in Richmond at the time I want you to call on her and Dr. Reynolds. He is the finest Korean scholar in the country, a lovely man, and he and Mrs. R. have been just lovely to me. If there should be a good band in town at the time and you want to do something for me, ask Carey, the 11 year old to go with you. She is a fascinating child - you won't have a dull moment. You will tickle her to pieces for she is very very fond of music and it will show them that I appreciate something of what they have done for me. I am made one of the family there and it has meant a whole heap to me. If a circus or pony show is around take Carey & Ella - she is smaller - you will have a team but a jolly good time. Write & tell me how you like them.

As usual I have written right up to bedtime so will shut off for this time - it will be continued in one next - all about who missed their lessons how many spankings I have had to deliver, etc.

Hoping you can be at home more this winter than you were last I am with a great deal of love

Your devoted sister
Nellie B. Rankin

Did you call on Aunt Nellie as you said you were?

Oct. 19th, 1910 [Chunju, Korea]

My dear Kid,

Your letter (undated) from Saluda came yesterday and I read and reread it fully a dozen times, trying to see exactly what is between the lines and smiling all the time. Oh, you kiddie.

I would like to know who you were with in Saluda - you failed to say. I am awfully sorry you didn't go down to Balt. to see Eleanor. She is now in Japan and I am on pins and needles for fear she won't get down here from Seoul and I simply can't go to her!

Had a letter from Dr. Forsythe today asking when she was coming as he was anxious to see her and was coming over. I wrote him at once to go to Seoul and escort Eleanor down and I do hope he will. It would be so nice to know she had just seen you and - well when we talk about Bromwell Branch wouldn't you like to hear what we say? I am very much interested in his visit. Be sure to tell me how long he was there, who you introduced him to, and when he expects to call again. Did you get a Kodak of him? If so, send me one. Say, I just whooped over your remark - you said a girl who was crazy about him fainted - "not really, it scared me a little" Why? Are you afraid you will faint too?! It just makes me laugh out when I think of it. Now let me tell you if you are planning to be the sister to minister to Will, you had better make new ones. One old maid in the family is enough so it's up to you and besides, Will and I have it all fixed up that as soon as you are married he is coming out to take care of me so the sooner the better. You bet he is a peach and sis, we are fortunate in having such a brother. He grows more like Jim all the time so you see I am the richer for I have his memory and you haven't for you were too small to know what you had lost. They are two fine fellows and I'm proud of being their sister.

Like you I fear I am not going to get to any of the Germans this year for from 8:30-2:45 I am teaching excepting a dinner hour. Then for one month I am teaching every day from 3 to 4 in a Training Class for Bible Women. After that I have to write letters and study like a Billy goat. In all I teach 22 Bible classes, 3 Geography, 5 Arithmetic, 2 Physiology classes a week. That's why I'm not going to Germans.

My nightgowns are all splitting to pieces and underbodies are going the way of all clothes and I simply haven't a moment to sew. I should have said I have no "evening dresses" I am buying a hand sewing machine this winter but I don't know when I will use it. If Eleanor comes I will put her to work sewing for me.

You are dreaming I never gave $7.50 for a lunch cloth in my life. It may been marked $7.50 but that was Japanese money and the Japanese dollar is worth only $0.50 so $7.50 was really only $3.75 - so you see. Still if you can get them as cheap at home I certainly won't bother about sending them for the duty is high. I am anxious to see how you like your pongee, and when you get your pongee Mandarin coat please tell me truly what you think. That won't go for several months yet however.

School is moving along quite nicely and I am just feeling fine.

Am gaining the 25 lbs I lost in the early summer quite rapidly and in spite of heavy work don't feel at all tired. I am living alone and yet am not lonely. My woman feeds me well and I am getting fat and flourishing.

Had such a nice letter from Miss Blodgett last Saturday. Have you heard Mrs. J. speak of her? or has she cooled off somewhat?

Don't forget to send me some artichokes for planting and your recipe for putting them up.

Persimmons are now in and let me tell you a secret. You know what awful stains they make? Well, if when you drop any on anything, rub salt on the spot at once and it will take every bit of it out. Does our tree bear well now?

Draw me off one of the Rs you have been embroidering. I have got to get some new table linens and next summer when "Young soon" has nothing else to do I will teach her how to embroider. She made some nice lace for me last summer. Now don't forget.

Give my love to all the family and if you send me any Christmas things send me a bolt or two of maroon red ribbon for doing up Christmas packages.

Write again soon and tell me all the news.

Aunty's order came here in July was forwarded to me in Japan, and I did not get it till in Aug. and wrote her then, but the forwarding was the cause of the delay. Eat a lot of Thanksgiving turkey for me and think of me while you are doing it, for we don't have turkeys out here. Again, with lots of love to all and a big share for yourself I am

Your loving sister

Nellie B. Rankin

I thought Ruth was to be married in April or June?

Nov. 7th, 1910 [Chunju, Korea]

My dear Will,

As you observe I am a little late this time but when you hear that Eleanor's visit was the cause of it all I know you will excuse me.

I wasn't expecting her till the last of this week and lo, she has come & gone. Last Tuesday I got a telegram saying she was leaving Chemulpo and I forthwith took leave of my senses. She got in Wednesday night at 10 o'clock (Dr. Patterson drove her over from Kunsan). She hasn't changed one speck in the three years. Her hair is as lovely a red as ever, her skin as smooth and pretty as a child's and she is just the same unpretentious girl that I knew three years ago. She came all this way just to spend two days with me but joy! we found that there was no boat until today so she stayed over till this morning, drove over to Kunsan and a telegram just received states she caught her boat. I am truly thankful for her father leaves on the express Thursday for Mukden and if Eleanor had been late! Dr. Goucher has to go to central Western China - they go to Shanghai, take a house boat & travel 4 weeks up the Yangtze, then ten days overland by chair - How's that for a trip?

Words simply can't express the pleasure her visit gave. She is rather reserved in company but extremely affectionate in private and it was delicious to have some one demonstrative who you love as I do Eleanor. I haven't known what it was to be lonely for a long, long time and tho I live alone have never known a lonely moment since moving over but oh, this morning when I came in after telling Eleanor goodby, I just felt as tho the bottom had dropped out, and things weren't any better when after a busy morning I came home to eat my dinner by my lonesome.

I am writing this while giving an examination to a class of women from the country who have been in for a month, so if things are rather jumbled up you will have to excuse me, and then, as Eleanor had to get up at 4 A.M. and fearing we would oversleep, I waked every hour from midnight on, I am a pretty sleepy specimen. Now let me give you some advice, my dear kid brother. When Eleanor gets home next July or August just you go to Balt. and see her and if you are looking for a first class wife, why you have my blessing if you can get her. She is just your age, considerably smaller than I, has red hair, very pretty complexion and a very pretty figure. Her father will probably leave his money to missions and schools so the girls won't get a big dot, but Eleanor knows how to cook & sew and while she dresses prettily and well, you would never take her for a wealthy girl. Go see her, old man, and if you can get her you couldn't please me better.

Your letter came Saturday and I was surely glad to hear from you. There was one thing that made me awfully glad and one thing that worries me a great deal, Will, as you no doubt can guess the pleasure was caused by your joining the Bible Class. That is a step in the right direction and I am so glad, but Will, I hate to hear you speak of drinking. You said "eating and drinking till the wee small hours." That makes my heart sick. You say you know it is wrong, then why do you do it? The money you spent that one night would put a girl in school for months. Now I don't advocate "no fun" I like it and when I go home I mean to have a good time, but Will, don't drink any more if you love me. All think they are strong enough to stop when they want to but slide too far and tho you may not slide down to the bottom you may help a weaker brother to slide down to hell. Have you ever thought of the influence your example may have? Will, I don't say don't ever go to the theater for I don't think a good clean play any harm. Don't go to low or dirty things and don't by taking a social drink help another down hill.

Now right here let me correct a wrong impression you have - I don't expect to get home before the summer of 1913. When I gave up my trip this summer I did so till the term of my regular furlough, so don't build up any false hopes. I couldn't go unless I went into the money grandmother left me and I don't want to do that for I must have something for a rainy day, and when I go home I must have some decent clothes so you won't be ashamed of me.

Another thing I think had better be corrected, for tho it is pleasant to be up on a pedestal, it will be harder when the fall comes. You think of me as a kind of hero and I'm not. As to my sacrifice, there is no sacrifice but leaving your loved ones and how many are compelled to leave home for various reasons. I am very comfortable, have good food and never was in better health in my life. You will be surprised and pained when your imaginary heroine flies off at the handle, blesses the cook or wash woman out, and follows a brass band over town.

I am awfully glad you called on the Reynolds. They will appreciate it and by you doing so they will know I have appreciated their kindness to me for they are surely nice to me. The kids are great and as I said, if you can take them to a circus for me please do so. I would give anything to hear Carey expatiate to you. She is crazy about her father & brother but I tease her by telling her that they can't compare with you, etc, and that gets next to her.

The newspapers come very regularly and I do enjoy them so much. You see, the Atlanta paper gives Savannah and Columbus news too so I get a good deal of pleasure out of it.

There is a special campaign being held in Korea now. First for two weeks special services were held in Seoul and each station sent several men up to assist in that. Over 2500 definitely decided for Christ at that time. Then these leaders went to the large centers and are holding meetings assisted by men who have come in from country groups. That is now going on and several hundred are already reported for Chunju. Everywhere we go we are heard and I think every house in Chunju has been visited. Last Sunday 113 stood up and made profession of faith. We are so delighted that our new vice-governor is an earnest Christian. Ours is one of the 6 provinces that have Korean governors. Mr. Kim was four years at Washington as Supt of Korean Embassy, speaks Eng well. He has come several times to our Eng. service Sunday & is not ashamed of Christ. On Sunday when the new people were asked to remain a few moments, Mr. Kim went up and spoke to every one of them & he and Mrs. Kim have invited all the Christians to call. They are very unpretentious, a rare virtue in the East, and are very, very nice.

Let me tell you something funny. Sunday, Eleanor & I had a queer dish served to us. Yesterday I found it was a collection of rare dahlia roots that Mrs. Nisbet had sent me as a special gift.

This was begun Monday but I have spread it out over Wednesday for with exams and visiting in the city I don't have much time.

Eleanor may get back to Korea in the spring, so tho very uncertain I am counting on seeing her again then. Am still missing her dreadfully. The films haven't come yet, but I am going to send my thanks just the same. You surely are a dear.

Have you met many people in Richmond? Do you know any nice girls there?

When you write about Louise Dearing and Vida Chisholm being mothers, it makes me feel like an old grandmother sure enough - poor little babies!

Ruth wrote quite enthusiastically about Dr. Branch of Macon. He is a great friend of Eleanor's and a very fine fellow. Did you meet him? I do hope you can be at home more this winter - Mother & Ruth miss you so much.

Exam papers must be corrected so goodby. Eat a big lot of turkey for me Thanksgiving and write me soon.

We are having glorious weather and I just wish I could have a few nice rides.

Love to all and a special big share for yourself from your devoted sister

Nellie

Love to the Reynolds when you see them again.

Dec. 7th, 1910 [Chunju, Korea]

I'm just tired of being a circus and especially playing the part of ring-master Billy boy and I wish I could run home and spend Christmas with you and then come back and crack my whip again!

I always keep a big supply of castor oil on hand but we need some machine oil I guess for things aren't running smoothly.

First on my own ranch. My woman like all Koreans is in debt that is she represents the family for she does the work and the others play to the grandstand. She has a son 28 years old, married with a baby and he wants to study and be a gentleman while his mother supports the whole kit and ? of them. These family affairs in the East beat me. Now my woman's husband, Mr. Song, has an older brother who is the head of the tribe. He got into some trouble with the Japs and had to pony up a lot of money, some $25.00 gold which is a huge fortune out here so he sent here to his brother whom he had never helped or done any thing for in his life and demanded the money. As it was an older brother's demand, Mr. Song here had to fork it up even tho he had to sell his house, borrow or steal so I lent them the money. As the woman has been paying it back with her wages they have been running in debt for their living and interest out here is 75% so it is swamping them. Their creditors are pressing claims as rice is going up in price all the time on account of short crops in Japan due to floods this summer and everyone wants to put as much money in rice now as they can lay hands on. Now they use the woman as a wedge to get it interest free from me so I told her I would not let them have another cent for she owes me all the wages for 6 months in advance already and I told them the son ought to go to work, which made him mad and they get after her whenever she is at home and so have her worked up to a fit stage and goes off at the handle at the slightest provocation. Then I ordered the man of all work to assist another man I had at work in doing a piece of work today. They disagreed about it and the man of all work (he draws and brings water, fires the Korean rooms, attends to the stoves in class rooms etc. a regular janitor you see) ups and leaves. I sent for him and had to straighten him out.. very carefully for he is awfully fiery and got him going again.

Some of the girls had a scrap and I settled them.. a little less carefully and now while I am taking care of the building while all are at prayer meeting I'm telling my tale of woe to you! I don't mind the work but I hate to have to handle the fusses.

It won't be long before I "eat another cake" as the Koreans call birthdays and the greatest pleasure in writing 1911 will be it is a little nearer 1913 when I hope to be home with you all for a little while.

I was invited and meant to go to Kunsan for Christmas but can't find a keeper for my white elephant of a school so can't leave. Have written and asked Jean Forsythe to spend Christmas with me but don't much think she will.

November letter from you hasn't come yet but I got your postal sent from Baltimore. When Eleanor returns you must be sure to find some excuse to get to Balt.

We are going to have our tree over at the Daniels as the children are there. And I am going to have one for the school girls tho they don't know it. I want to surprise them if I can but they are great on scents (in more ways than one).

Mr. Brockman (YMCA) of Seoul wants to come down but I don't know whether he will or not, but if he does and the Forsythes should come we will have quite a little Christmas party.

My annual grocery order got in Saturday night and I had great fun unpacking it. Salt and sugar and flour for a year and with guests at annual meeting besides (It meets here next Aug) makes quite a show. My store room is a closet under the steps and it has quite a full appearance. With preserves and canned vegetables, soap and food of all sorts enough to last for a whole year. I will have enough sugar I think for two years for I use very (one line is not xeroxed.)

company Christmas will have enough to last through Jan. or Feb.

Now this is all very interesting to you I know but it fills my horizon now to such an extent I can find nothing more to write about.

Sunday over 60 or 70 were received into the church.. 9 being my school girls.

3/4 of our station are out now so we are few and far between. Was over to the D.'s for supper last night and little Marion was here to dinner with me. She is making a present for mother so has to come to see me to work on it. She is 5 and very cute.

All the girls I suspended are back and a very humble, happy

set they are. Write me all about your holidays.. the old crowd. How are Frank H. and Annie Simpkins getting along? Hope you will be at home more this winter than you were last. Were you home for the races?

With lots of love for all and a big share for yourself. I am with best wishes for a joyful, Happy New Year,

Jan. 10th, 1911 [Chunju, Korea]

My dear Will,

As you will observe I am a little late this month but I wrote mother all about my Christmas and asked her to send you the letter so you will excuse me. With exams just after Christmas and regular work since then, I have had very little time for letters and I haven't written all my Christmas notes yet.

This is my list.

Hdkfs - Allbritton girls

A blotter - Nina Pape

6 lovely Hdkfs, needle book & cushion from May Inglesby

A box of candy from Mr. Avery, N.Y. was sent but has never reached here.

The *Ladies Home Journal* for another year from the Lenoir Miss. Society

A lovely Japanese pillow cover - Mrs. Erickson, Japan

A fancy collar - Mrs. Hassell, Japan

A table cover - Mrs. Bull, Kunsan

Bedroom slippers - Miss Dysart, Kunsan

A silver pin - Mrs. Owen, Kwangju

A box of candy - Miss Martin, Mokpo

A book - Mr. Brockman, Seoul

A belt - Mrs. Preston, Kwangju

Something from everyone at the station & from many of the Koreans

Cards from Japan, China, & America and last but greatest of all my silver from home. I am just crazy for it to come. Am asking the Reynolds to bring it. Mother said you had written to get spoons. Now I won't have a spooning time with them in one sense for I'm an old maid now, a sure enough old maid, but I'll spoon with you three times a day and wish you were here to use them with me. Many, many thanks, brother mine. As I have said before, you are a peach.

I am sending a couple of pictures that may be of interest, out here they don't make cottonseed oil but they have the "bunny"(?) seed and make oil out of them. One of our elders is quite a well-to-do oil merchant and this is his plant. The pressure is applied by heavy weights sliding around (?) the beam. The owner of this mill supported a Bible woman last year. He is giving as much or more this year but in a different way. He is the mainstay in the new So. Gate church and has to boost it along financially. Chay is his name.

I don't think I have told you of my latest. When I first brought up the subject Dr. D. said -"Fine thing but you talk as tho you had nothing else to do." You go along the streets and there are flocks of dirty, ragged little arabs belonging to someone or no one. These poor little critters have always appealed to me and I have wanted to do something but never got to it. I talked it over with Dr. D. and he agreed to run things if I would teach the lesson, said he had no gift for teaching. So together we do the streets. None over 15 are allowed, yet we have 300 or about 300 every Sunday now. One Sunday we had an awful snow storm, there was a wind that cut one in two and the roads were so slick and hard to travel. It was an awful day yet we had 152. Last Sunday was clear & cold but the roads awful, we had 283. Dr. leads in singing, keeps order, prays and bosses. I teach new songs and teach the lesson. It is lots of fun, tho with regular S. S., Church & our Eng service there isn't much rest for the wicked!

The other pictures are taken on the Emperor's birthday. Eleanor, Dr. Patterson & I were downtown to see the decorations. You hear so much about the wonders the Emperor has done. They say it was all Ito. I heard it often in Japan that his Majesty is dead drunk most of the time. The great feast of Cherry blossoms cannot be held till the Emperor goes through with some ceremony in the great park (?) at Tokyo. Last spring the cherry blossoms were nearly over before they could get him sober enough to appear in public. The Crown Prince is a very nice sort of chap, has only one lung left and that is very seriously affected.

How do you like Mr. Brank? Ruth seems to like him. Carrie Miller seems very enthused about him. By the way, Carrie sent me such a delightful book, *Miss Minerva and William Green Hill* - If you want to laugh, read that.

I guess you find Savannah very much changed with so many of your crowd married. The Savannah papers came last week and I surely did enjoy them. Saw where a party had been given Mrs. Chas Mills - don't tell me Chas Mills is married! Who did he marry? Be sure to tell me what you did, where you went, how long you were home, etc. etc.

Was glad to hear of your visit to Aunt Nellie. Am surprised that she enjoyed my letter for she has never written me a line telling me so.

Sent Eleanor your message about loading up on dope. They spend most of their time at their country house a little out of Balt. Several years ago Dr. G gave their town house over to the college. They insist on his occupying it during his lifetime but the girls don't like living in it now, at least Eleanor doesn't, and much prefer the country place. They are great for having weekend parties, and if you should ever be invited be sure to go if you possible can get off. It is a mighty pretty place if pictures tell anything.

Elizabeth's (Miss Moreland) father is the head of the McDonough School near Baltimore. Hope you will meet her sometime for she is an unusually fine girl tho not as pretty as Eleanor.

It is bedtime and I am dead tired. This morning long before day, I was wakened by moving around downstairs. Thinking something was wrong, I jumped up and enquired. The girls didn't know what time it was and were getting breakfast. I struck a light and found it was only a little after four. There was no more sleep so I am ready for my little bed.

With lots and lots of love and best wishes that this may be the happiest year you have yet lived and the most useful I am

Your loving sister
Nellie B. Rankin

Feb. 7th, 1911 [Chunju, Korea]

My dear Ruth;

This is the dinner hour so I can hardly expect to get this done at this sitting but I am going to make a start anyway. Here it is going along in Feb. and not but one letter have I had during the year. Will's always come regularly but you and mother get worse and worse and father has given me up entirely.

The package came however so I suppose I will have to forgive you for not writing. Everything but the artichokes were fine. I suppose the molded things were artichokes but unless I had asked for them no one would have guessed what they were for the remains were so dried up and such a mass of green mold no one could guess what they had been. I am awfully sorry about them and hope you will try to send me a few more. The criton is very pretty and I feel very much set up in the manicure business. I think you must have sent me your card party prize. Didn't you? It will be so nice for travelling as I will make a pocket for it in my case and the small file-scissors etc. won't always be losing out.

Until you travel in the East you can not appreciate compact travelling conveniences. The belting is very pretty. Do they wear these severe belts with dressy things? My dress neon in blue.. waist & skirt is to be a kind of party dress and I thought a ribbon girdle would be more dressy to wear with it. If it is, you can send the ribbon later.

Now you can go North this winter but you must stay at home and save up next year and this next winter you are to come out and visit me and in the spring we will go home by way of Siberia & Europe.

Already I am counting the months and will count them more closely than ever if there is chance of your coming. Think about it for it will surely be a trip worth your while. It will cost you about six hundred dollars.. maybe five but most likely $600 so you can begin to save.

Am so glad Will was to have a little time at home this winter. He has been knocking about so much a little time with you all will do him good.

The Bible Conference or Study Class for the women of Chunju field is now on and this evening I am going to have 8 women to a supper. These women are some who have entertained me when I was out in the country teaching. Do you want to know what I am going to have. Sprouted beans, rice, kimchi, cooksu, a kind of vermicelli with a beef stew, oranges, persimmons, fried seaweed and candy. Now as I am exceedingly fond of each of these dishes you can put me down for enjoying it all as much as anybody. How would you like it you think!

Have you and Dr. Branch stopped playing with each other? Who do you go with especially now in Savannah?

Now honest Ruth I do not mean this as sarcasm but I would really like to know what your "Christian Science" friends have to say about Mrs. Eddy's death. In her book Mrs. E. says there is no such thing as disease and death so when she has gone the same road that others have, I wonder how her followers explain it. If her great fundamentals are wrong how can the structure be secure. She was a genius no doubt but there have been other and will be to the end but that is mighty poor comfort to those deceived.

Last week we had an unusual treat.. three companies. Miss Bedinger and Miss Kestler and Dr. Patterson of Kunsan spent the week with different ones at the station. I was invited out nearly every day to either dine or sup with them so surely did live high.

July Dysart came at the same time and is till here as she is teaching in our class. She is coming to me for Sat & Sunday for I am so busy other days I don't have time to entertain. It will be the first time together since our Japanese trip so we will have a plenty to talk over. We are going to write several joint letters to friends we met and I hope to get a good picture of the "Tripod"

One half of the school year is over and I am not sorry. I find the responsibility great and will be glad when it is over.. but it will only be over to start again for more sessions.. two more sessions and then I go home.

I sent a long list of commissions in a letter not long ago. Hope they won't give you very much trouble. Get the brown shoes a size larger than the high shoes you sent. I suffer so with my feet as a result of frost bite that I cannot endure a tight shoe.

With lots of love to all the family and a special big share for yourself I am

Your loving sister, Nellie

Feb. 24th, 1911 [Chunju, Korea]

My dear Georgia,

Opportunity they say knocks at everyone's door but I declare the one labelled "Write to Georgia" has never put in his appearance so I am going to manufacture a special one and make it take to you a little of my appreciation for a delightful long letter received sometime ago. I read that letter a dozen times at least as I do all of yours for there were so many jolly things in it. Just now I don't know where it is and don't dare go and find it for fear my newly made opportunity will slip away. I'll just try to remember some things that must be commented on and leave the rest for some other day.

The compliment you paid Carrie Belle was truly the highest you could have, for however dearly I love a friend I don't believe I would always want to share my husband with her and yet there is no one who knows better or appreciates that favor more than I. When the Reynolds were here I was made one of the family, I knew all the family affairs, could go & come when I pleased and was always made welcome. Now I am that way with the Daniels and no one knows how sweet it is to me. As to having a home of my own, I fear that is one thing that was given up when I left America. I am not dissatisfied or unhappy in my single blessedness, in fact when I see some matches, I thank my stars

I am single. On the other hand I am not "set". I believe a woman happily married is the happiest of women, but we can't all do work that must be done and marry Mr. Right, so I am making the best I can out of my life and take all the sweetness I can out of friendships and love other people's children.

Don't tell me little Koreans are dear, I know it. Sadie Daniel has a boy nearly three that I am foolish about. He is one of those big, strong, broad as long boys. Yet the most adorable of babies. One of the kind who is always in a good humor and happy. Sometimes I will run in in a hurry to see Sadie about something and forget the children. In a little while, Frank will say "You didn't kiss me Miss Lellie" and then be perfectly patient while I devour him. Or when I am in less of a hurry and take him in my lap when he wants a story he will sit with big eyes fixed on my face, then in a pause he will say "I wan'a love you" and those two chubby arms go around my neck and I nearly squeeze him in half. Don't tell me about sweet Koreans as long as I have Betty Virginia Knox and Frank Daniel in my memory. If Mr. Right ever asks me I'll say "yes" in a hurry, but he seems a little backward in coming forward.

Speaking of little ones, I can't say I am sorry to hear about Jennie's expectations but I am so sorry to hear W.C. is doing nothing. Do write and tell me how he does.

I was so glad to hear you say the doctor does not think William's trouble is tubercular for I was beginning to have some fears. Poor little fellow, he has had a hard time but I do hope he will soon outgrow them. Alida, I hope, has long, long ago gotten perfectly well and herself again. Carrie Belle wrote me what a pretty and dear baby she was. How I should love to see her in her cute baby days, but by the time I come home, perhaps there will be another just as cute or cuter still. Well, it is just 27 months before I leave for Savannah, so take notice! I am so glad that as you moved, you moved into a house I know the internal arrangements of as I do your new home. It must be lovely for your mother to have you and the babies so near and for you to have her right on the spot.

What is Charlie doing these days? Is he still fond of society? Has he a best girl? What? And Nora, what is she up to? Does she teach Music and is she contemplating matrimony? Ruth doesn't write much gossip so I hope you will find time for a long letter with all the news and probable matches, etc. Sometime ago I heard Frank Heyward was rushing Annie Simpkins, but her mother disapproved because he was a Catholic. How is that affair?

I wish my brother would find a nice girl and settle down. But I don't want Ruth to marry before I go home.

This afternoon I went out to look over my field and am going to have a little digging done so as to be ready for planting. We are having a few mild days, still freezes every night tho. I am very tired of winter this year. The school has been a big responsibility and everything being new makes it hard. I will be so glad when spring comes.

Last week we lost our trained nurse, a fine girl who came out last Aug. She was a very large, fine looking woman just my age. She was on the way to Kwangju for a little visit, never was better or in a gayer mood. That night she died of heart failure while sleeping. Never waked at all and had been dead hours when Mrs. Nisbet touched her hand and found her dead-cold at 2 AM. Missionaries in Korea are not long lived at best but Miss Pitts' death was very sad, her work ended when we thought it scarcely began. Our four stations have all had losses this year. Chunju is the only one that has lost by death, but Kunsan lost the Earles who had to return to A. on account of Mr. E.'s health. The Prestons of Kwangju were called home in Dec. on account of Mrs. P.'s mothers rapid failing and Mokpo has had Dr. Forsythe very ill and then Jean Forsythe was taken down and was in bed over two months and very low for a long time. They have both been ordered away from the station to recuperate. This climate seems very trying on some folks. After I survived my first summer I have done nothing but thrive tho it does mar on my nerves or something does, so I call it the climate. And my hair is getting gray, what little is left. Suppose every time you had to have a tooth fixed you had to travel two full days, then get to only a 3rd class dentist and have to pay fancy 1st class prices! You better be thankful you have a dentist at hand when your teeth ache and take upper or lower just as the fates decree!

The clothes I brought out from home are now reduced to a few strands between patches, and I am trying to do a little sewing in the evenings. It is mighty slow work but I have nearly finished a set of pants and I am very proud of them. A few underbodies must be made and by that time my summer waists ought to be getting here, that is, if Ruth doesn't stay North too long.

If Eleanor Goucher comes back to Korea in the early summer I have promised to go to Seoul with her so I want to be ready so I can leave as soon as school closes if necessary.

Mother wrote that the little box I sent home reached there after Christmas. She did not say whether the vases I sent her & you were all right or not but I do hope they were. I love that rough cloisonne and think it is especially pretty with nastursiums. I have one that was given me by Mrs. Erickson in Japan, larger than the one I sent you, and when it is filled with red and yellow nasturtiums it does me good just to look at it. I got yours while in Japan last summer. How I wish you could go to some of the cloisonne and Satsuma factories, or rather studios. They are simply bewildering with their exquisite wares. I went to some of the most famous places and I broke the decalogue every time I went into one of them. There is lots to be seen in Japan.

I am crazy for Ruth to come out and visit me winter after next. See some of Japan on her way through, and then we go home together via Siberia and Europe. Would that be a grand trip! But before then comes 27 months of hard work!

How do you like our new pastor. Mrs. Clay sent me a message which was a sentence copied from a letter of cousin May Copes to him, a very enthusiastic eulogy of him. I had heard a great deal of him before he went to Sav., for one of the missionaries was supported by his St. Louis church. He must be a very fine man and fine worker.

Now when you have nothing more of importance to do, please sit you down and write another GIEH(?) letter for they are surely enjoyed in Chunju, Asia.

With best to your mother, Nora, Will and the babies I am with "bold(?) lots" of love to yourself

Your sincere friend
Nellie B. Rankin

April 15th, 1911 [Chunju, Korea]

My dear Father:

It looks very much like you have given up making good resolutions for you used to write at least once a year and tell me that thereafter you were going to write regularly. It has been a long time since I heard from you direct but mother wrote of the fine Christmas present you had made me. Many many thanks for the bank stock shares and many more for the table spoons that you added to the fine supply the others are sending.

I always said I thought it wasn't fair for the girl who married to get everything while the old maids got nothing. The latter ought to have a kind of consolation party. Well, you see I am getting mine (the party and presents) and don't have to promise to obey and darn socks etc. either. It is a good thing we old maids are as contented as we are for after two months we won't have a single man in our mission. Dr. Forsythe had to leave for America last week on account of his health and Dr. Patterson's girl is coming out to him soon. I am planning a little trip north in June and tell them all I'm going hunting but game is very scarce these days so don't get alarmed.

I thought of you last night as I was going to bed for you were just getting up for your birthday. My how fast the years are slipping by and when I count off the rest of my time by months (25½) it doesn't seem so very long before I will be going home. When I look over the papers I realize what big changes have taken place. There are so many new names.. little children married now and so many of the older people have gone on the long journey. I am very anxious to have your opinion of Mr. Brank and church affairs in general. I have a very nice letter from Mr. Brank and he spoke of you in very friendly terms.

Mother says I beat you on the farming proposition. Well it's farm or starve with me for we have no garden products to buy out here tho the Japanese are beginning to do some truck farming.. planting some things we can use such as potatoes and onions but that is about all.

Now make another resolution and write and tell me about it real soon. Please save me some artichoke seed. The roots all rotten on the way out.

With lots of love and best wishes that this New Year may be the happiest and best of all so far and may be followed by many more. I am

Your off (?) daughter, Nellie B. Rankin

May 12th, 1911 [Chunju]

My dear Will:

Now don't get alarmed at this in the middle of the month epistle. I feel like having chat with you tonight and as I have been sorry about that sorry letter sent the 1st, am going to write again. Then I am afraid my June letter will be late for school closes June 3rd and you know what the end-of-school rush will mean to me and then I plan to hike out pretty soon after so my letter will be late no doubt so this will ease it off a little. When you read this I will probably be in Pyeng yang, the ancient capital of Korea where Kija was ruling Korea while Samuel was Judge in Israel! 3000 yrs ago. But more of that later.

Last week I nearly had a fainting spell when I got your post card. The first thing I got was greetings from E. E. Hahn... then, Hello Will! Before I saw the Billy I nearly expired. Will! of all things for you to run across Hahn! I just tell you I'm glad he left next day for he would have done you sure. That Hahn. And his nerve to send me a card when I don't consider I have a speaking acquaintance with him! I got a note from him today saying he brought me greetings from you and added a P.S. "When and where is your Annual Meeting?" That means he wants to attend and soak us. First let me tell you some remarks I've heard. I told Miss Tate I had the post card. Her reply was: "He'll do your brother ever."

Then when Dr. Daniel heard it he said, "I wonder how much he'll do him for." Today I was telling Mr. McC. about the letter and he said "That fellow surely has his nerve." This is why I'm out with him. He has been to Chunju at our Mission Meetings, done work and charges outrageously. I have entertained him at my house. 2 years ago he was at Kunsan and for a week before anyone else came we were together a good deal and he can be charming. Has a nice voice, plays very well on piano, a perfect actor and mimic and a very courteous fellow. I was at Mrs. Bull's and he had a good time there. In two months I went Seoul. I bowed to Dr. H. as I went into meeting (YMCA) and he gave me the stare and never moved a muscle. Two days later he played the wedding march at the Wilson-Knox wedding and was at the supper (in a private home) and I was one of the two bridesmaids and one word did he speak to me or come near me the whole time I was in Seoul. "I'm either so old or so ugly." Other men were lovely to me. Other men went out of the way to meet me so David made himself conspicuous. He came out first to China under the Meth. board. Left China and the mission and came to Korea for the money and got it. He of course was intimate with missionaries so as to get in. Then he cut religion entirely. That got him in with the business set. Then he repented and joined the Eng. Church. Then he got out and I don't know whether he is on or off again. He does miserable work and charges prices. He is so unsatisfactory that we thought he wouldn't come back. The Presby. are going to have a dental dept. in their medical school Seoul and are going to have a first class dentist come out this fall so we will all go to him. Last summer while in Japan the dentist there asked me about Dr. H. I was very guarded in my answer and he kept on. Finally he asked me some pretty straight questions and told me why. He said H. had gotten a lot of supplies from him and 2 other dentists in Japan that he knew of and they had never been able to get anything out of him. I am afraid I have a gold filling with a leak and I will have the Japanese dentist do it (A graduate of the Phil. dental school) I am wondering just how I will do if Dr. H. tries to be polite and nice etc. He's a sane bird he is.

I took care of Mrs. McCutchen this afternoon as Mr. McC. had to a nearby country church (about 10 miles) to a meeting. She is so much better and sits up for a few minutes every day now. I took my sewing and worked button holes in a new waist.

Mr. Brockman is coming down about the 15th Monday and expects to bring his mother for a visit. She is a dear old lady. She will be with me first then with the Daniels and then I'll take her north when I go. Maybe Mr. B. will come back and take up. He is on a tour of the schools in the south and I don't know what he plans.

Now if ever he comes around you can be nice to him. He is small, very homely, but as nice as can be. He's the standard beau.. lovely to all visiting girls and will go a mile or two out of his way to do a favor. He has certainly been awfully nice to me. He will go home next summer. Then there is Mr. Snyder at home now. He too is very nice and tho he has shown me no special attention he has always been very pleasant.

Uncle Josh (Dr. Reynolds) sent me 3 postcards from Sav. I do hope the folks put the shining pot on the little one when he was there for he and Aunt Patsy have surely been everything to me.

I have seven of the prettiest little pigs you ever saw. Are a week old tomorrow. They are growing so fast you can almost see them at it and they are so playful and cute.

Mr. McC. had a beautiful hunting dog and she had five lovely puppies. Mr. McC. promised me the first choice. Last night a mad dog came up. Killed the little beauty I had selected and bit and tore the mother so as she tried to protect the others she had to be shot today. The puppies are very small but able to lap a little so tomorrow I will bring my baby home. The second choice is pretty but hasn't the well marked face the dead one had. I think they are pointers (long silky hair and black and while flecked). Either setter or pointer.. I don't know one from the other.

I have set out 28 roses I raised from cutting and all are doing splendidly. I have about a dozen more yet to move. So at last I am getting some good roses. I wish you could see the flag lilies you sent me. Only 3 roots lived but they have multiplied like weeds so I have quite a bed and have given several others good starts. They are beautiful now. there is a big bunch on my table and they make me think of you.

(and a white dotted ?) Then I got such a pretty white dress in Japan with blue wisteria embroidered around the bottom of the skirt and on the waist I feel very sporty.

I wonder if you have been anywhere near Balt. and seen Eleanor or Elizabeth yet. Wish I was going to be near for I do love them both and would give a pretty to see them.

The Atlanta papers come regularly and I do enjoy them. *Life* has come twice and *Fliers* was in the last bunch.

My farm is doing nicely. Had my tomatoes set out yesterday

and transplanted some flowers and today there has been a steady gentle rain all day so I am sure they will all do finely. Wish my cabbages had gotten set out too. Our fine strawberries will be in about a week or ten days. My bed is new so won't have very many. It was set out this spring and I haven't been expecting any but there are lots of flowers. Wish you could run over and get some.

Well, the 9 o'clock bell is ringing and I haven't eaten my supper yet so I think I will and then close up shop for this day.

Love to any of the old crowd that may remember me. You have never answered my questions about G. and Miss Payne.

With whole lots of love, I am

Your devoted sister.
Nellie B. Rankin.

May 23rd, 1911 [Chunju, Korea]

Extract from letter of May 23, 1911

Ten days ago Mr. Brockman came down for a little visit and brought his mother. She is a dear old lady.. is 72 but very spry, and interested in everything. She was with me a week. Then went to the Daniels for a few days and moved today to the McCutchens. She will be there till Monday then she, Miss Tate & I go to Seoul together. I will go first to Song-do. The So. Methodists have work there and there is an awfully attractive Ga. girl there who has asked me to visit her. Then I go to Pyeng Yang. I expected to visit some business people at Chinampo but the girl's mother is very ill at the Severance Hospital, Seoul, so I won't get there. Then from June 27 to July 7th Dr. W. W. White of New York will conduct a Bible Conference in Seoul which I expect to attend. (will be with the Brockmans) and then home again. School closes day after tomorrow and maybe I won't be glad. I am nearly dead from exams. The films came OK and I hope to get some fine pictures. Many, many thanks.

Now about those little hand-painted cards. They cost only about .80 a hundred out here but they would cost nearer $10.00 at home so I don't want you to give them away too freely at home for I want to bring some presents when I come and don't tell the price whatever you do.

Now Ruth wrote not long ago she was going to send me some money soon to buy her a lot, she wants some as Christmas presents. I will send to my friend in Japan to get them this summer and then if you still want to give them to Ruth you can pay for them and if she wants some for Christmas presents I will have to send her some. So do as you please.

Hope you will get up in the neighborhood of Balt. soon and see Eleanor & Elizabeth. Be sure to write me everything about the visit if you go.

The money order came and I will find someone this summer that fills the requirement of having no chance but this and give them the chance in your name.

Girls don't often marry after thirty.. so you will find me ready to build our house up on "our" hill anytime you come out.

My little puppy is doing splendidly and my pigs are just fine. This is our strawberry season and I wish you were here to enjoy some. They are the finest here that I've ever seen anywhere. My grape vines are full of tiny bunches and some of my peach trees will bear this year. Other crops promise well.

With lots and lots of love,

Your devoted sister, Nellie.

July 10th, 1911 [Chunju]

My dear Will,

Home, home, there is no place like home. Yesterday I wrote mother all about my thrilling trip home and asked her to send the letter to you, so I won't repeat that part but plunge right into an account of my trip.

No, first I must thank you for *Molly Make-believe*. I have read it but am so glad to have a copy of it all of my own. The papers have come regularly and I acknowledged the films before I went away. You are a dear and I just love you lots, you old goat, and when I see you I'm going to squeeze the life out of you.

From here I went straight to Pyeng Yang and was there ten days. I went to attend an Educational Conference, engage a teacher and have a good time generally, and I did all three. I am sick over losing Mrs. Yi. She is the teacher I have had as a right hand and love devotedly and it is awfully hard to give her up. Her husband wanted to finish his college course so they have returned to Pyeng Yang. P.Y. is the most ancient of Korea's capitals. Keija founded it 3000 years ago. Parts of the ancient walls, or rather the ruins of them, still are visible. The present walls are of ancient date too, some 500 or 600 years old. I stood on the battleground where China made her last stand in the great war with Japan and rode over the range from which the Japanese drove China from the field. The Japanese have covered over the noted well that Keija dug for the people & masked it with a monument. The most noted building is the great Central Church where 3000 gather to worship every Sunday. This church has sent off 7 colonies and still you can't miss them. The pastor Mr. Kil (?) was a very devout Confucian before he became a Christian. In order to receive merit he would stand for hours in the cold & even pour cold water on his naked body & have it freeze in order to kill the flesh and purify the spirit. He was a great scholar so his conversion was a sensation. Cataracts on both eyes had made him almost totally blind, he could only distinguish light, an operation has relieved him tho he still suffers much from his eyes. He was one of the first men to be ordained and is a wonderful man. Everybody was nice to me in P.Y. especially the Moffets. Dr. M. has long been my ideal missionary, and tho the greatest man in Korea, is also one of the most approachable people I ever met. He was very busy, but his wife, who is a fit match for him, was lovely to me & I was invited there often. Another who was very nice to me was Mrs. Baird. An author of books on the Korean language, school books & books on Korea. She is away and ahead the most prominent woman in Korea. I told Mrs. B. I was awfully in awe of her till I got to know her and I found she was just like everybody else. She was so nice to me and I was thrown some with her brother, a widower that it was soon reported we were going to make a match. He is certainly a lovely man and considered one of the strongest men in Korea - but he needn't look at me.

From P.Y. I went to Song-do and spent five days with Miss Mary Johnstone. She is a pretty and unusually attractive girl. Dresses well and is very popular. Her father is now pastor of Trinity church, Sav., so we are planning to go home together in just 22 mos and 19 days. There are three awfully nice girls there and I had a good time. Then I went to Seoul for two weeks. I was the guest of old Mrs. Brockman. Mr. B. is giving me a rather stiff rush so I knew I was going to be talked of. Mr Gregg one of the YMCA Sectys, lives with Mr. B. and his mother and was awfully nice to me too. Mr. B. & Mrs. B. kept sending for me so I went down four days before the Bible Conference began. The YMCA Student Conference that was to be held in Seoul from June 20-25 had to be changed to Songdo at the last minute so that left me with Mr. G. as special. The result was that talk then went that it wasn't Mr. B. but Mr G. Missionaries are a mighty fine set of people but they are awfully match makers and gossip. If a fellow goes with a girl twice it is announced as a sure thing, so in one month I have been reported engaged to 3 men and as a matter of fact, I am more set on old maid freedom than ever. Next month the widower is coming to visit the Tates, Mr Gregg is coming here in Sept. if he can get off and Mr. B. says he is coming in the fall to attend to some student work ? so each in turn will be further talked about. Now don't you ever repeat this for it looks funny for a girl to talk but if I don't tell you the fun you won't hear it. Mr. B. is too little and Mr. G. is very pleasant but doesn't care at all for me except as a friend and Mr. Adams, he is a splendid man but hasn't marriage in his head and there is absolutely nothing to base a report on except we had several pleasant chats together in public and I was thrown with him at his sister's in Pyeng Yang. I'm not a man-hater by any means, but when a woman has made out for 31 years alone and has perfect freedom and has her own money to do as she pleases with it isn't often she sees a man that she considers fine enough to give up all for. I have a comfortable home, can go & come as I please and have lots of good friends so no poor stick for me!

The rainy season has been on for 3 weeks and vegetation is luxurious, weeds as well as plants. My flower bed is beautiful. There are hundreds of nasturtiums of every shade, roses, carnations, etc and my lawn has come out beautifully.

While in Seoul, I had a most delightful experience. The Gov. of our province is a Christian and quite a friend of ours. He was for 8 years at the Korean Embassy in Washington so very cordial to us Americans. His daughter visited him this spring and I called on her. When I was in Seoul she asked us Chunjuites to a dinner. I found her husband is 2nd cousin to the Queen Min who was murdered by the Japanese and the family are big Yang-bans. At the dinner, Prince Pak & wife were also guests. Prince Pak is a member of the Royal family. I sat next to him (the Prince) and never did I use so much high talk. He speaks no English so I had to talk to him especially as some of the others were timid about the job. He asked me how long I had been here. I told him 4½ years. "Is that all?" said his Highness "You speak such beautiful Korean I would have guessed much longer." And again later he said "Only 4 years and speak Korean this way." Now of course he knew the greatest compliment he could give a foreigner was to say they spoke well, but just the same it made me awfully stuck up, and as he told no one else that at the dinner it made the other ladies especially very shy about saying anything, so I had to talk more. I heard one say she wished she could find as much to talk about with Koreans as Miss Rankin, for tho she might learn to talk. So much for the gift of gab.

After dinner our host showed us his collection of Korean curios. He has a number of rare specimens of old Korean pottery, none under 600 years old. 600 years ago the Koreans were making fine pottery while the Japs were savages & had no arts. After a disastrous war in which the Japs were victors, the Japs captured all the men who knew the secret of this fine pottery and carried them to Japan, so the secret was lost to Korea and the Japs have developed it into the beautiful Satsuma ware. Mr. Yu (or Yun) has some exquisite samples. Then he has old seals, idols, grave furniture, rare old Chinese manuscripts, (20,000 vol in his library) and curios in general. Once two gold lacquer saddles were made for the royalty of Japan, in a war 400 years ago the Koreans captured one (Japan was not always victorious in the endless chain of warfare) and Mr. Yun has it now & the other is in the Royal Museum in Tokyo. It was a rare privilege I can tell you to see the house. It was far and away the finest sight I've had in Korea. We had a foreign 12 course dinner served by Japanese caterer.

The Bible Conference was fun. Dr. W.W. White of the big New York Bible School was the leader. Then Mr. Campbell White, his brother & head of the Laymen's Missionary Movement, gave us an hour a day and Mr. Sherwood Eddy, Y.M.C.A. Gen Sect for the East, gave an hour a day, so we had an all star faculty and it was fine.

Was invited out to supper every evening and surely had a good time.

After all I went to Dr. Hahn. I was afraid to trust my front tooth (to) Japanese (they love to spread the gold over so). I was polite but rather cool to Dr. H. and he was the same. Said he had met you but absolutely nothing else. He did my work and kept his usually busy tongue quiet.

Our Annual Meeting will meet here in Sept. & Dr Hahn said he was coming down to do work for the crowd. When he came before he was treated like one of the mission being invited to each home. I am not going to invite him to my house however this time.

It isn't hot but so sticky. There is a fine breeze blowing but if you go out between showers, perspiration just pours out and (*unfinished*)

Aug. 3rd, 1911 [Chunju, Korea]

My dear Will,

You see I am two days late but I have been hoping a letter from you would come in and I could answer it, but nothing has come so I'll have only a few scraps to write about.

The rainy season began in June and ran through July. We have had about ten days of good hot sun with only a light shower or two. Today is cloudy, so much pleasanter than yesterday and the day before - both days were scorching hot.

Yesterday Dr. D. came over and relieved me of a little piece of superfluous anatomy. I had cocaine so had use of my faculty and employed my hands in mapping Dr.'s face and arms. Rested for half hour afterwards, then put up 14 glasses of beautiful apple jelly. I just wish you knew Dr. Daniel, he is just about my ideal of a man. You remember my first summer when so miserable, I spent two months with them at Kunsan. Dr. & Sadie (his wife) & I are all within 6 months of each other as to age, are very congenial and they are so lovely about having me over there. They have three beautiful children, Frank aged 3 is my special pet. Sadie and the children are over in Kunsan for a month & Dr. expects to spend Sundays with them. Besides his clinics he is superintending building the dispensary, his house and the hospital. Our new hospital is going to be a beauty. It is being built on a hill overlooking the city and stands out prominently. We found beautiful grey granite just at the foot of the hill so the foundations & trimmings are of grey, the building red brick. We begin to look like a small city with 7 residences, two schools & hospital & dispensary. Everything is beautiful now - vegetation is luxurious from the rains. (& so is the grass in our gardens).

Since I came home have been taking life easy. Doing a little sewing, reading, etc. Unless one goes a mile or wades the creek there is no way of getting to town so I am at home about all of the time. Have been doing such frivolous things as embroidering my initial on some new napkins. You see, if I have fine silver I must have some pretty napkins. I can do an R in an hour so you see it doesn't amount to so much after all.

I have the Annual Station report to write for the mission. Everybody has to write up their work & then I combine them in a general station report. That is no fun for to have "Taught ___ so many classes", and mere statistics are hard to make interesting.

Monday I spent nearly all day working over the course of study for next year and finding out what I have to teach so I can begin to prepare. I will have an advanced physiology, a new geography, a physical geog, an ancient history, besides a new Bible to prepare for - all new - & an advanced class of arith. This means a lot of new terms.

Have added a pretty new kitten to my household & she is constantly demanding to be played with. Now she is in my lap slapping my hand and rubbing her head against it trying to get me to notice her.

School will open again the first of Sept. Annual Meeting will begin Sept. 24th or 25th. We have not heard from the Reynolds directly but indirectly we hear they were to leave America yesterday. I sure will be glad to see them. With the Reynolds & Daniels both at this station, I am fixed for friends O.K.

Haven't heard from Eleanor in some time. Am wondering if you have been up to Baltimore. Was planning to ride out to the Lotus pond this afternoon and see the lotus which are now in full bloom, but it has started to rain again so doubt if I get out.

My little celery plants are gorgeous so I will probably have a nice lot again next winter. Have the prettiest nasturtiums I ever saw and my roses are the admiration of the station.

At nights I am sleeping on my fine upstairs piazza. My bedroom is very warm in summer so I sleep out of doors and it is delightful. There hasn't been a night that I haven't slept under two thicknesses of sheets & two spreads (fold them that way for my cot) and often use a this comfort or quilt besides. It is hot in the day time but there is always a breeze at night.

Have sent to Japan for a handsome lunch cloth for your married friend & for those place cards.

Am wondering if you will spend your vacation in the mountains with mother and Ruth. Write me all about your summer.

How is Gordon Haines now - Has he gotten more blase than ever or does he still seem interested in his old friends? Who is Garrard rushing now? I'd like to chaperone that old crowd again.

How are Walter & Annie getting along - church affairs still unadjusted?

Now this is an awful scrappy affair but remember this is the good old summertime and brain juice is dry.

With lots of love I am

Your devoted sister
Nellie B. R.

Aug. 14th, 1911 [Chunju, (Korea)]

From Mrs. John S. Nisbet or "Anabel"

Mr. and Mrs. Rankin

My dear, dear friends,

I have been writing to you all day in my heart and yet now my letter dies upon my pen. It is so easy to hurt when we want to help, and yet I want you to know how dear Nelsie was to me, and how she loved you and talked of you daily to me.

She and I came to Korea just five weeks apart, we had Boys' school and she Girls' school, we lived near each other, so we were thrown much together. This summer she has been spending a good deal of time with me, taking two or three meals a week with me and often spending the day. I have always called her "Nelsie" and she liked it, for she said a friend at home did it too.

Friday night August 4th, she took supper with me and I had soft peaches for supper. She seemed to enjoy them very much and was so happy and bright that evening. The next day however she wrote me my peaches made her sick, to send her some blackberry cordial. Sunday she was again at my house to dinner, but said her "tummy hurt her". After dinner she went upstairs and took a long nap and said she felt better.

Dr. Daniel, Miss Tate, and others have written you of her illness.

Thursday I fanned her all evening, she spoke so lovingly of "Mother, Father. Will, Ruth, Auntie, Uncle, Ada and the baby". She told me of the shock Jim's loss had been to you all, and said tell them not to grieve for me that way. She said she wanted to live, but she had no fear of death. I was with her during the operation, and it my great privilege to sit by her side all of Saturday night.

She left us just as the sun was dawning on one of the most beautiful Sabbaths I ever saw.

I loved Nelsie as I have loved few people, and I was glad that it was my privilege to robe her in her pure white dress, one she had made to wear as bride's maid to Dr. and Mrs. Wilson. That was low neck, so we used the waist Ruth embroidered with a pattern like this. Nelsie always loved that waist, and I thought Ruth would like for her to wear it. I combed and fixed her hair like she wore it, but I first cut out a lock for you which I will send with other things.

She looked so sweet and happy. We laid her to rest on a beautiful hillside overlooking the city of Chunju. She is by the side of May Pitts, who lacked only one day of entering into rest just exactly six months before. Her grave was covered with Resurrection lilies. We are sending you some roots. I had a bolt of new pink ribbon & you know she loved pink, so we tied the lilies and fern with long bows of pink ribbons. Her grave is in a beautiful spot, and I will take it as my special work to keep the grass cut and flowers there.

Dear ones, she said several times "I wish I could see Mother," "If Will were just here", "If I could feel Father's hand", "I wanted to see Ruth once more", and yet over and over again she expressed her great joy that she had come to Korea.

She said to me when I was fanning her "I would give my life many times for the sake of the joy I have had in the work here." She loved the Koreans and she was happy in her work.

I know how you will feel "If she had only been home, her life might have been saved", but she said she was glad to go home to her Father from Korea. She said God and Heaven were very near to her here.

Nelsie was one of the brightest women I ever knew, clear headed, level, well balanced, a good business woman. She had learned the Korean language with wonderful ease and spoke it well. The Koreans loved her devotedly. If you could have seen old men, women and children crowding around her grave, this one saying "She first told me about Christ" and another adding "She caused me to put away my idols" you would grieve less for the four years and a half spent away from you.

Humanly speaking, we are so glad we had two good doctors whom Nelsie loved and trusted implicitly, that we had ice and lemon to make her more comfortable, that we had good experienced nurses to wait on her, that we moved her to cool, comfortable rooms, all these things comfort, but most of all her own radiant faith, her willingness to leave all in her Father's hands, the fact that for her, Death had no sting, that the grave was swallowed up in victory, that is our comfort.

I wish I could say something to make it easier for you, but I can only leave you with the Heart that bled and broke on Calvary that we might be comforted.

Across nine thousand miles, our hearts ache with you and our tears fall too. I am sending you two kodaks of Nelsie that I had. I thought they might be ones you did not have, and I always thought her expression was so sweet in them both.

God bless and give you strength is my Prayer.

Yours in a common sorrow,
Anabel M. Nisbet

Aug. 1911

Letter of Mrs. Anabel M. Nisbet telling of Miss Rankin's death

My dear friends:

You have probably already seen the cablegram, that we sent yesterday announcing that Nellie Rankin had entered into rest, but I was sure you would want to know more so I am writing at once to let you know some of the details.

Friday, August 4th, she took supper with me and was in good health and fine spirits. We were planning for some special work among the women and she said "I am hoping to be able to do more active work next winter and be more used of the Master than ever before." On the next day I had a note from her saying she was not well. Sunday however she was at our house to dinner. Mr. Nisbet led the English service on Peter's question to our Lord and the answer "What is that to thee? Follow thou me." bringing out the thought that we must make our one purpose in life a direct, close following after the Master, never going off into side issues. Later in evening Miss Rankin remarked to me she was trying more and more to make the Love of Christ the key note of all her work with her girls.

Monday she was right sick and Tuesday morning Dr. Daniel telegraphed for Dr. Patterson to come from Kunsan. He reached here about nine o'clock that night and both doctors decided that it was appendicitis, but decided to wait hoping an immediate operation would not be necessary. Wednesday and Thursday she was slightly better but Friday the symptoms were not so favorable and they decided to operate that evening. She stood the operation splendidly but her system had already been poisoned and she joined the hosts of the Church Triumphant just as the day was breaking on one of the most beautiful sabbaths I ever saw.

She was rational and perfectly conscious up to late Saturday evening and gave loving messages for those in the Homeland and for her Korean friends. Over and over again she spoke of her joy that she had been permitted to give four and a half years of service here, where the fields are so ripe for the harvest and the laborers so few, she said there had never been one minute that she was not glad that she came.

Just as the sun was setting Sunday evening, August 13th, we laid her to rest on one of our beautiful hills overlooking the city of Chunju. She rest beside May Pitts, our trained nurse, who "fell asleep" in a little mud Korean room while in the country. It lacked just one day of being exactly six months since we stood with aching hearts by that first lonely grave and each asked the question "How can we do without her?" And now again as we watch the weeping school girls gather around the coffin, as we see the little ragged children of the city that Miss Rankin had gathered into an afternoon Sunday school, as we look in the faces of her Saturday Bible class, as we hear her Sunday school class say "Who will teach us now?" as we listen to a Korean boy she was educating say "Who will help me now?" We can but echo with aching hearts and burdened minds "Who will take up her work?"

We know that God buries his workmen but carries on his work and we can trust, but when we think of those two unselfish, capable, consecrated women and the work that they have laid down we can but send again the Macedonian cry to those in the Homeland "Come over and help us." Miss Rankin was a woman of unusual quick mind, she mastered the Korean language with unusual ease and spoke it with great fluency for the time she had been here. She was a good business woman, clear headed and possessing that most desirable thing... common sense. She was a good teacher, making her points clear and plain and presenting the truth in an attractive way; she loved the Koreans and they said "Smiles grew here ever Rankin Pouin passed."

We rejoice in the legacy she left her loved ones, she was very rich in those treasures that neither rust nor moth can corrupt; her loving unselfish thought of others, her joy in her life of service, her radiant faith and unfailing trust in her Heavenly Father that not even her fear of an operation could dim, these are things to make us glad. For her indeed death had no sting and the grave was swallowed up in victory.

Thursday is our prayer meeting night and that afternoon as I sat fanning Nellie, she asked me to have Mr. Nisbet ask the people that night at prayer meeting to pray that if her work in Korea was not finished to spare her life, but she said be sure and tell them "It is all right with me. I am not afraid to go and I have been so happy here." It was the first night we had our enlarged church, the floor is not all in and the walls not quite finished yet but we were to worship there in its enlarged form with pulpit in regular place for the first time (Sunday before we had used the old part) so that night as Mr. Nisbet gave her message, he told how you all had sent money in response to her request to help enlarge the church, he told them of your and her desire that each one would bring some new person to church so that soon again the room might be filled to overflowing. Tears streamed down faces as Korean hearts reached out in loving thanks to the Great Father of us all and made us one through the gift of his son.

Your gift of the enlarged church made Miss Rankin very happy; I wish you could have seen her as I did the day she ran over here with Mr. Brank's letter and the money. May your gift be the means of giving many a chance to hear of the life everlasting. Chunju and the *Independent* Church will always be very close together for we own together the grave out on the hill side, together we share the precious legacy of her work and her love and her farewell message for us to "carry on the work." May each of us be true to our trust.

Yours in the work and in the sorrow. Anabel M. Nisbet.

Aug. 15th, 1911 [Kunsan, Korea]

My dear, dear Mother,

A month before you get this you will know of Nellie's death from the cable. It seemed unbelievable, impossible that she was so full of life, she must rally, & yet in one short week she was gone.

She had been not quite well for a day or two, & early Mon. morning or all Sunday night of last week was taken ill apparently with acute indigestion. Tom wired Tues. for Dr. Patterson, anticipating a possible operation for appendicitis, but after Dr. Patterson came that night and advised waiting a little, Tom agreed with him, though both said the majority of doctors at home would operate at once, & neither of them would hesitate if the case were a Korean. So they waited Wed., watching her moment by moment, and Thu. morning she seemed a trifle better. During that improvement, she was allowed to make her will etc. & the subsequent alarming pulse was attributed partly to the natural excitement. But by Fri. afternoon she was distinctly worse, & they operated that night, finding her condition almost hopeless, but she rallied, made every effort for life, finally became delirious Sat. afternoon and died at four Sunday morning. On account of the intense heat the funeral was held late that afternoon.

Tom waited to straighten out some mistakes that had been made during the week in our house & then yielded to everybody's entreaties that he get away. He rode over last night, reaching here at dawn this morning, & even my grief for Nellie has been swallowed up in the bitterness of his trial. "I loved her too much to be her doctor", is his only word of extenuation for himself for looking back now on his decision to delay operating, he blames himself piteously. "If she had been a coolie, a Korean washwoman, she would be here now", he says, "There was every indication that an immediate operation was necessary, and I thought of the little reasons against it, the danger of infection, our lack of so many safeguards, and stood still and let her die! "Why didn't we operate? I don't know, I never will know." "God knows", we have tried to comfort him, but he only says "God gives us our minds, and expects us to use them."

For myself, I do believe God's plan was to take Nellie home right now, maybe through it to save her adored brother Will, for which she would praise Him in unspeakable thanksgiving throughout eternity. But even if it was God Himself, holding back the doctors' hand, letting his human love and anxiety cloud his brain, O how dreadful to be the human instrument! For Tom it is a dispensation worse than any bereavement - the worse agony of remorse. And surely the Father's heart is pitiful and of tender mercy, "He doth not willingly afflict or grieve", and He will someday show His child the meaning of this terrible chastisement. My poor helpless, fluttering human love can only weep over him - it cannot go into the blackness where he goes over and over the same heart-breaking round of misery; but God can go in, God is there, God understands, God loves. That is as far as I have learned for today. Her poor, poor family in America, father, mother, sister, brother, and a dear old aunt - I wonder how it is with them today.

Tom brought me your letter of a month ago, and I am certainly glad to hear again. It had been three and a half weeks since the last one.

Monday Sept. 11th, 1911 [Blowing Rock, N.C.]

From Nellie Rankin's mother to "Georgia", Mrs. William Harper. Letter dated "Aug 11" but postmark is "Sept" which is probably accurate since Nellie died on Aug 13.

My dear Georgia,

Your kind letter of sympathy was received a few days ago - as also one from your mother. You expressed the wish to hear of Nellie's sickness as soon as I could write you all particulars. Her death has been a great shock to her many friends, as it has been to me, for as Dr. Reynolds expressed it - "it came like a bolt from a clear sky!" She always enjoyed such perfect health, and was so strong and vigorous that I cannot realize that sickness and death have come to her. Only Saturday night a letter came from Dr. Daniel who attended her, giving us an account of her sickness. He wrote that on the evening of August 4th (Friday) they all took tea together with Mr. and Mrs. Nisbet, and that Nellie was so bright and full of life, and that then there was no signs of sickness whatever. That night, however, she was taken with cramps in stomach and while she was up next day, and Sunday, did not feel altogether right. On Monday morning very early he received a note from her saying she had suffered all night, and asking that he would send her some medicine - he went over at once and prescribed for her but the trouble would not yield to treatment and he began to fear that it was something serious. On Tuesday she was worse, and he then sent to Kunsan for Dr. Patterson. They held a consultation and decided that it was appendicitis. They felt that to operate would be running too great a risk as the facilities for operative work were so poor out there. She was better again the next day, so they were in hopes the attack would pass off. On Friday however, she was worse again and they decided to operate at once. It was then too late for she was already poisoned, and grew rapidly worse, until she passed away on Sunday morning at 4:40 o'clock. He wrote that her mind was perfectly clear until five o'clock Saturday afternoon and all through her sickness was as bright and cheerful as when well, even laughing and joking as they passed in and out preparing for the operation. He said she wanted to live and cooperated with him in all that he did for her, but said she was not afraid to die. She left messages for all her friends but he was writing in a hurry and would write again later when he would send them.

Isn't it hard that just as she had studied so faithfully and mastered the language she should be snatched away, and at a time when she appeared to be doing so much good? She was so happy out there and loved the Koreans and her work. Dr. Daniel said in his letter - "Miss Nellie was too dear a friend of mine for me to even try to tell you how much I loved her and what a loss it means to me personally." You have perhaps in some of her letters heard her mention Dr. & Mrs. Daniel - she considered him an ideal medical missionary.

Georgia, please give my love to your mother and tell her how much I appreciated her kind letter and ask her to accept this as an answer to it. Hoping to see you when I return home I am with love

Nellie's Mother

EXECUTIVE COMMITTEE OF FOREIGN MISSIONS   SPECIAL REPRESENTATIVES
PRESBYTERIAN CHURCH IN THE U. S.   J. FAIRMAN PRESTON
NASHIVILLE. TENN.   SALISBURY, N. C.
CHAS. H. PRATT
RICHMOND, VA.

The Korea Campaign

Salisbury, N. C., March, 14th, 1912.

Mr. Wm. S. Rankin,

Care Virginia-Carolina Chemical Co.,

Richmond, Va.

My dear Sir:

In response to your letter I will be glad to take out the articles you mention. However, cannot say now just when we will be able to return, owing to the continued illness of my wife's mother.

Rev. J. K. Parker, of Union Seminary, Richmond, Va. will be going to our mission in Korea the first week in May, and I have no doubt that he would take them with him. Perhaps owing to the uncertainty as to our sailing it might be advisable to ask him, but I leave the matter entirely to your judgement. Rest assured that we will be glad to accommodate you.

If you decide to send them to us, forward them here any time at your convenience.

With very best wishes,

Sincerely yours

J. Fairman Preston

April 21st, 1915 [Chunju, Korea]

From Dr. T. H. Daniel

My dear Mr. Rankin

The money order came several days ago when I was away from home and I wish to thank you for sending the money so promptly.

I have just now gotten out a stone for Miss Pitts who died (half) a year before Miss Nellie. We have not been able to get any instructions from her family but as I had the money for it, I went ahead. We liked the one I got for Miss Nellie so much that we duplicated it.

I wonder if you understood the items correctly in the statement I sent you? I think I put "Lettering $7.50" and told you that Mr. Linton did the lettering. Of course I meant that Linton drew the letters and we paid the chinaman $7.50 for carving them. I was afraid afterward that you might think Linton was getting something for his work.

I am having my hands pretty full of work now. I quite frequently have over seventy patients a day now in addition to those in the hospital, and that is about as many as one man wants to manage.

I am planning to leave Korea for good next year and hope that we may meet sometime. My plans as to where I shall settle are entirely uncertain, but we will go to our home in Charlottesville, Va. first.

With best wishes, I am

Sincerely yours,

T. H. Daniel

P.S. I have written the Ga. State Savings Asso. to have all the money transferred to my account as trustee. They will, I suppose, call on you for the old certificates and if it agreeable to you I would be glad for you to keep the new certificates.

T. H. D.

송상훈

순천매산고등학교와 고려대학교 영어교육과를 졸업하고 공군기술고등학교 영어교관
으로 군 복무를 하였다. 전역 후 전주기전여고에서 영어교사로 근무하던 중 전북대학교
영어영문학과에서 석사 학위를 받고 박사과정을 수료하였다. 현재 전주신흥고등학교
에서 영어교사로 살아가며, 전주강림교회를 섬기고 있다.

내한선교사편지번역총서 6

기전여학교 교장 랭킨 선교사 편지

2022년 6월 10일 초판 1쇄 펴냄

지은이 넬리 랭킨
옮긴이 송상훈
펴낸이 김흥국
펴낸곳 도서출판 보고사

책임편집 이경민
표지디자인 김규범

등록 1990년 12월 13일 제6-0429호
주소 경기도 파주시 회동길 337-15 2층
전화 031-955-9797(대표)
　　　02-922-5120~1(편집), 02-922-2246(영업)
팩스 02-922-6990
메일 kanapub3@naver.com / bogosabooks@naver.com
http://www.bogosabooks.co.kr

ISBN 979-11-6587-324-0
　　　979-11-6587-265-6　94910 (세트)
ⓒ 송상훈, 2022

정가 27,000원